我国中文体育报刊篇目索引
1909—1949

张天白 主编

人民体育出版社

目 录

编例	（1）
中国近代体育报刊发展简史（代序）	（1）
（一）体育期刊	（1）
体育界（1909）	（3）
体育杂志（1914）	（4）
体育研究会会刊（1918）	（6）
体育周报（1918）	（8）
体育杂志（1919）	（19）
精武杂志（1920）	（20）
武术（1921）	（25）
体育研究（1921）	（27）
体育季刊（1922）	（29）
教育与人生（1923）	（35）
体育研究（1925）	（47）
体育世界季刊（1927）	（49）
体育（1927）	（52）
体育杂志（1929）	（57）
新体育（1930）	（59）
国术周刊（1930）	（60）
浙江体育半月刊（1931）	（88）
体育新声（1931）	（90）
体育（1932）	（91）
体育周报（1932）	（109）
体育月刊（1932）	（135）
黑白体育周刊（1932）	（138）
体育研究与通讯（1932）	（140）
体育季刊（1933）	（149）
勤奋体育月报（1933）	（151）
国术、体育、军事周刊（1933）	（185）
体育周刊（1933）	（193）

乒乓世界（1934）	(205)
国术统一月刊（1934）	(213)
国术月刊（1934）	(217)
国术声（1935）	(219)
体育季刊（1935）	(224)
足球世界（1935）	(231)
国术周刊（1935）	(235)
求是月刊（1935）	(245)
体育杂志（1935）	(252)
体育世界（1935）	(255)
乒乓周报（1935）	(276)
国民体育汇刊（1936）	(280)
湖北省党政军学体育促进委员会会刊（1936）	(282)
上海体育（1937）	(285)
体育月刊（1938）	(288)
华北体育（1941）	(290)
体育与健康教育（1941）	(296)
国民体育季刊（1941）	(299)
中国滑翔（1941）	(301)
中国体育（1942）	(306)
现代体育（1942）	(308)
新中国体育（1944）	(311)
体育通讯（1944）	(312)
中华体育（1945）	(322)
中国青年体育季刊（1945）	(324)
广东体育（1946）	(326)
中国体育（1946）	(328)
体育与音乐（1946）	(329)
体育世界月报（1947）	(331)
体育月报（1948）	(336)

（二）体育专号 .... (337)

进步杂志（第二次远东运动会之特载）（1915）	(339)
青年进步（第36册体育研究号）（1920）	(340)
北京大学日刊（第1008号一九二二年春季运动会增刊）（1922）	(341)
学灯（体育专号）（1922）	(342)
学生杂志（体育研究号）（1923）	(343)

南洋周刊（体育号）（1923） ……………………………………………… （344）
新教育（体育专号）（1925） ……………………………………………… （345）
南洋周刊（体育专号）（1926） …………………………………………… （346）
康健杂志（全运会专号）（1933） ………………………………………… （347）
科学的中国（体育专号）（1933） ………………………………………… （348）
东方杂志（第五届全国运动会号）（1933） ……………………………… （349）
时事月报（全国运动会特大号）（1933） ………………………………… （351）
现代学生（体育专号）（1933） …………………………………………… （353）
小学教师（运动游戏号）（1934） ………………………………………… （355）
华美（第十届远东运动会专号）（1934） ………………………………… （356）
新中华（全国运动大会特辑）（1935） …………………………………… （357）
江苏教育（体育专号）（1935） …………………………………………… （358）
图书展望（体育专号）（1936） …………………………………………… （359）
教与学（体育教育专号）（1937） ………………………………………… （361）
教与学（体育专号）（1940） ……………………………………………… （363）
世界月刊（第七届全国运动会特辑）（1948） …………………………… （364）

（三）体育专刊 ……………………………………………………………… （365）

精武本纪（1919） …………………………………………………………… （367）
东亚体育学校校刊（1920） ………………………………………………… （370）
体育丛刊（1924） …………………………………………………………… （371）
中华全国体育协进会年刊（1927） ………………………………………… （374）
南华体育会年刊（1928） …………………………………………………… （376）
浙江体育专门学校运动特刊（1928） ……………………………………… （378）
江苏省国术馆年刊（1929） ………………………………………………… （379）
爱国女学体育科十六届纪念刊（1929） …………………………………… （381）
广东体育专门学校特刊（1929） …………………………………………… （382）
（第四届）全国运动大会总报告（1930） ………………………………… （385）
浙江国术游艺大会汇刊（1930） …………………………………………… （387）
第九届远东运动会特刊（1930） …………………………………………… （392）
白虹田径赛队纪念刊（1931） ……………………………………………… （393）
张之江先生国术言论集（1931） …………………………………………… （394）
第五届全运专集（1933） …………………………………………………… （395）
第十届世界运动会（1933） ………………………………………………… （397）
东华体育刊（1933） ………………………………………………………… （398）
中央第二届国术国考专刊（1933） ………………………………………… （399）
体育特刊（1933） …………………………………………………………… （403）

白虹年刊（1934） ……………………………………………………………… （404）
二十二年全国运动大会总报告书（1934） ……………………………………… （405）
广东省体育委员会之沿革与历年会务概况（1935） …………………………… （408）
国术战迹（1936） ………………………………………………………………… （409）
国术特刊（1936） ………………………………………………………………… （410）
第六届全国运动大会报告（1937） ……………………………………………… （411）
出席第十一届世界运动大会中华代表团报告（1937） ………………………… （413）
上海足球（1945） ………………………………………………………………… （417）
国立体育师范专科学校六周年纪念特刊（1947） ……………………………… （418）
全运会特辑（1948） ……………………………………………………………… （419）
新生体育会纪念特刊（1948） …………………………………………………… （420）
世界运动会（1949） ……………………………………………………………… （421）

编　例

一、本书汇录我国近代比较重要的中文体育报刊篇目，所收集的报刊，自 1909 年起，至 1949 年止。

二、本书收录报刊计 109 种，分三类

（一）体育期刊（报）：定期出版之连续性体育报刊（57 种）。

（二）体育专号：非体育报刊以某卷某期出版以体育内容为主的专号（21 种）。

（三）体育专刊：体育校系、体育团体出版之年刊、纪念刊、特刊，全国运动会、世界运动大会出版的总报告、特刊（31 种）。

以上各类期刊，基本上按创刊年月先后排列。

三、本书所收体育报刊的各项著录

（一）第一类

1. 刊名；
2. 创刊及停刊时间、刊期、编辑者、发行者、出版地；
3. 卷次、期次及出版年、月、日；
4. 栏目标题；
5. 篇名；
6. 著、译者。

（二）第二类

1. 刊名及专号名称；
2. 编辑者、发行者、出版地；
3. 该专号的卷、期次及出版日期；
4. 栏目标题；
5. 篇名；
6. 著、译者。

（三）第三类

1. 刊名；
2. 编辑者；
3. 出版日期；
4. 栏目标题；
5. 篇名；
6. 著、译者。

四、本书所有篇目，均照原刊著录，不予改动。部分原刊目录页未编入的篇目，或原刊无目录的篇目，本书均据原文补录。

五、一些未见全帙的刊物，即据已见各期编目，如见有对未见各期要目介绍，一并收录。

六、卷期名称（如卷、册、期、号等），从原刊、增刊、特刊均予列入。

七、出版时间一律按公元年月日著录，并将原刊所署纪年及年月加（ ）号注于后。

八、关于典藏

（一）本书所著录各刊，除极少部分因属于个人或不对外公开单位所藏不予注明典藏外，其他各刊典藏情况均注于该各刊目录全文之后。

（二）典藏介绍内容有：总藏（起止卷期及年月）、藏书单位、所藏卷期及年代。

（三）个别报刊所著录总藏卷期多于馆藏者，均为个人或不对外公开单位所藏。

（四）本书所注各刊典藏情况，主要依据全国图书联合目录编辑组所编《1833—1949全国中文期刊联合目录》（书目文献出版社，1961年版）编写，因此书问世已多年，有些期刊的馆藏业经变化。编者在编此书中，对部分馆藏情况进行了查对，并就原编中的一些错误进行了纠正，但大部分馆藏情况编者不可能一一核对，因此，仅供参考用。

中国近代体育报刊发展简史
（代序）

朱萍华：

本书序作者。1953年出生，北京人。从事新闻工作多年，任播音员、主任记者、报社主编等职务。

考中国近代有体育方面专门期刊，始自清季末叶。以后随着体育运动在近代中国的发展，初兴于五四新文化运动前后时期，而发达于抗日战争前十年间。抗战军兴，各种报刊陷于停顿状态，至抗战中后期，方稍有起色；但随着抗战胜利后内战的峰起，体育报刊业终走濒势……本文即据此兴衰起伏之脉络，将中国近代体育报刊发展情形之大略，分四个阶段简述于后。

第一阶段　发端时期（清末民初）

体育能有刊，这对于一向重文轻武的中华民族来说，确是一件不平凡之举。

自清光绪廿八年（1902）兴办新学，设置体操一科。最初国人大多以为此科仅为"军国民"之训练，内容只以兵式操为主，即所谓"小队教练""中队教练"者，而教习亦多采自武备学堂毕业生，或干脆由兵将担任。此时学堂的体操，既无"术科"而言，亦无"学科"之谈，当然也就不会有什么体育刊物出版了。

1935年后，随着一批东渡扶桑专攻体操专科的先进们陆续回国，引入普通体操、游戏等新鲜内容，并创办正规化的体育师资学校，开设各种学、术科，使体操一科逐渐步出"兵式"的樊笼，有了学术的意味。体操既然已是一门"学问"，研究、介绍它的体育杂志也因此应运而生。

目前发现我国近代最早出版的中文体育期刊是《体育界》。它创刊于清宣统元年三月初一日（1909.4.20），由上海中国体操学校编辑、出版。该刊物以宣传体育学术、联络留学日本体育界同志并交流心得为宗旨，内设论说、研究、教材、问答、杂录等栏目，不定期出刊。这份杂志曾在当时体育界（主要是华东地区）产生过相当的影响，直到30年代中期，仍有人登文愿以重金收购它。

这一时期中另一种重要的期刊是《体育杂志》，也是上海中国体操学校办的。于民国三年（1914）创刊。该刊较注重于对中国传统体育的研究和介绍，并开始介绍欧美国家的学校体育。值得注意的是，校长徐一冰氏针对时弊，在杂志上发表了《体育与武力辨》《整理全国学校体育上教育部文》等重要文章，抨击军国民教育宗旨下的畸形体育，是为我国近代体育教育改革之第一声。

非体育性质的报纸出版《体育专号》，这是近代中国报刊业进行体育宣传的一种重要的形式，它也产生于这一时期。这一形式的创造者及产生的原因，最初显然是与基督教青年会组织及其在华提倡运动的宗旨不无关联。目前发现最早出版的体育专号，即为青年会在上海所办的《进步杂志》，它在第八卷第三号出版了《第二次远东运动会之特载》（1915.7）。该专号的出版，不仅提供了我国近代第一次举办国际综合运动会最有价值的记实资料，同时也为体育宣传提供了一种新的形式，不少杂志以后纷纷仿效，出版了一批体育专号。

此期体育报刊出版处于萌芽时期，出版的少且零星，并基本上集中在上海一隅。

第二阶段　初兴时期（五四运动前后）

五四新文化运动的酝酿和发动，促使着中国近代体育从思想观念一直到内容形式，都发生了一系列的重大变革。形成这种变革当然有着其特定的社会、政治、经济、文化等方面的背景，及在这些社会背景下所产生的诸多因素；但变革的趋向——从日本式体操转向欧美体育——不可否认有着基督教青年会在华体育事业的发达及其派华体育专家们所施加的影响。特别是麦克乐博士在华期间（1913—1926），将当时美国在人文科学和自然科学基础上形成的新体育观及体育理论、方法输入中国，起了重要的作用。但是这场革命还产生了另一个戏剧性的结果，就是中国人从外国人手中收回了体育权。

处于这种急剧变革的时期，宣传有着举足轻重的作用，体育报刊业因之而迅速崛起，形成了一时的兴盛景象。

拉开这一时期体育报刊出版兴盛景象帷幕的，无论从哪一方面说，都应属在湖南长沙出版的一份小小的《体育周报》。它创刊于1918年2月9日（民国七年十二月九日），至1920年10月（民国九年十月）停刊，计出版60期（另有特刊一期）。主要编辑者是在长沙楚怡小学担任过八年体操教员的黄醒。这是一份充满着"革命"精神的刊物。如果把当时体育变革的过程看成是一次"破"和"立"的有机组合的话，那么，长沙出版的《体育周报》，在"破"字上可以说是颇有建树的。刊物就体育的概念、方法进行了多种探索，并针对一些"热点"问题进行批评、争鸣。如"兵操存废"、"师范体育"、"妇女体育"、"静坐"、"运动会"等。该刊影响远及华东、华北。1922年著名体育家王健吾从北京高师毕业后，千里迢迢赴长沙执教，来湘的主要原因之一就是希望与黄醒复办这份刊物，可惜因黄醒离湘未果。

此阶段中唱改革"重头戏"的刊物主要是由南京高等师范学校（后改名为"东南大学"）体育专修科编辑出版的，有《体育研究会会刊》（该科首届学生主编，1918年出版）；《体育研究》（第二届学生主编，1921年出版）；《体育季刊》（麦克乐主编，1922—1924年，第三卷起更名《体育与卫生》）。这些出版物对当时中国体育产生了极为深刻的影响。《体育研究》在短短几年间竟数次再版，而《体育季刊》更被近代中国体育界奉为我国科学体育刊物之嚆矢。

在宣传新体育方面除上述刊物外，各种教育类杂志也起了相当重要的作用。它们除经常发表一些体育著述外，还出版了一批体育专号。如：《青年进步》出版的"体育研究号"（1920）；《学灯》之"体育专号"（1922）；《学生杂志》的"体育研究号"（1923）；《南洋周刊》之"体育号"（1923，1926）；《新教育》"体育专号"（1925）。

这些说明，体育的改革，已成为整个教育改革中不可分割的一部分，体育在教育中已占有越来越重要的地位了。

在近代中西文化的撞击中，"国粹派"的形成和发展，或多或少地影响着体育界，一些以提倡传统体育为宗旨的民间组织相继成立，并在此期中加强了宣传工作，开始出版一些刊物。如：北京体育研究社出版的《体育季刊》（1918）；上海中央精武体育会出版的《精武本纪》（1919）、《精武杂志》（1920）；上海中华武术会编行的《武术》（1921）；广东佛山精武体育会编行的《佛山精武月刊》（1925）等。这些刊物，对我国近代武术理论的启蒙、武术流派的发掘整理，及对其提倡推广上起了相当的作用。

申报《教育与人生（周刊）》体育栏的创办，开我国近代以报纸副刊形式出版连续性体育期刊之先河。该栏由圣约翰大学体育教师蒋湘青担任主编，自1923年10月至1924年12月，计出版60期。这份刊物虽然仍属综合性质，即有论说、评论、教材、教法、译文、研究等栏目，但体育消息占有相对较多的分量。该刊在收回体育权斗争中，曾发表过一些重要的评论和主张，并在促进成立中华全国体育协进会组织上，起了积极的宣传、疏导和推动作用。

本阶段末，随着新体育的提倡已成定局，麦克乐氏归国，以及国民革命战争等原因，体育报刊的出版又走入了低谷。

本阶段中体育报刊出版的数量虽然不多，特别是定期刊物少，并且发行时间不长。但出版的形式有所增加，出版体育报刊的地区也已扩展到全国。这些体育报刊的出版，对我国近代体育理论的形成产生了重要的作用。

第三阶段　鼎盛时期（抗战前十年间）

随着北洋政府军阀统治的终结，中国国民党执政，中国政局进入了一段相对稳定的时期。在这个时期中，体育事业同其他行业一样，得到了较大的发展，而体育报刊业，也迅速达到近代史上的"鼎盛时期"。尤其是在"九一八""一二八"事变相继发生后，"体育救国"呼声顿起，体育刊物也如雨后春笋般的在全国各地出现。据不完全统计，全国大约有七八十种之多。它们无论在数量上、质量上、形式内容上，均大大超过了其他时期。

这一时期中体育报刊发展情形及特征，从以下的几个方面分别简述于后。

一、综合性刊物占主导地位。 这些刊物集学术研究、体育评论、体育问题争鸣、教材教法、国内外体育趋势、运动技术、体育历史、体育消息报道等于一身，受到国内外体育界人士的欢迎和支持。较为著名的有：上海勤奋书局出版的《勤奋体育月报》（1933）、中华全国体育协进会编行的《体育季刊》（1935）、天津体育周报社编行的《体育周报》（1932）、江苏镇江省立体育场编行的《体育研究与通讯》（1932）等。

二、国术刊物发展迅速。 自1928年3月（民国十七年三月）中央国术馆在南京成立，各地相继成立省、市、县国术馆。随着国术的提倡和发展，国术的宣传运动也发展起来。这一时期中，除中央国术馆办有《中央国术旬刊》（1929）、《国术周刊》（1930）以外，许多省市国术馆或国术团体都有定期或不定期的刊物。如：上海国术馆办的《国术声》、北平国术馆办的《体育（月刊）》（1932）、天津道德武学社编行的《国术周刊》（1935），此外还有浙江的《国术月刊》（1934）、山西的《山西国术体育旬刊》（1934）等。这些刊物通常版面不多，设有论说、著作、技击、公牍、馆（会）务情况等栏目。因稿源缺乏，经常充以一些长篇著述，多期连载。

三、单项运动杂志的创办。 在竞技运动业余化的普及时代，能办起某些单项运动杂志，确可表现出国人对这些项目的偏爱。也许是解释今天中国能够成为"乒乓强国"的历史原因，能从这里得到一些启迪：我国历史上创办的第一个单项运动杂志，就是《乒乓世界》（1934年创刊，上海乒乓研究会编行）。此外，上海大方书局还出版有《足球世界》（1935）。

四、体育报纸的发展。 近代中国一些通商大埠的报纸，很早起就划出一些版面登载体育消息和文章，如上海的《时报》《时事新报》《申报》等。最初属教育栏，到20年代中期，不少报纸开始增辟独立的体育栏。随着体育运动的发展，这种方式已不能适应发展的需要，于是，一些面向普通民众、以报道体育新闻、体育时事评述、体育消息为主的报纸开始创办，弥补了这一空白，它们大多是4开纸的小报，每周一期。如：香港出版的《体育周报》（1929），上海乐华体育书报社出版的《体育周报》（1929），广州的《广州体育周报》（1930），上海蒋槐青、沈镇潮、裴顺元等编的《体育评论》（1932），青岛体育协进会编的《体育周刊》（1933），沈镇潮主编的《体育世界》（1935），上海体育周报社出版的《体育周报》（1936）。此外，南京《中国日报》还以副刊形式出版了56期《国术、体育、军事周刊》（1933），由程登科、刘慎旃主编，以宣传国术、体育、军事一体化为宗旨，不刊载体育消息，是一份学术性体育报纸。

五、体育画报的出版。 以图片为主的体育期刊的出版，为近代体育宣传增添了一些色彩。目前发现定期出版的体育画报，最早的（也是唯一的）是上海良友图书印刷有限公司编印的《体育世界》（1927），该画报出版5期后与《新银星》合并为《新银星与体育》（月刊），1931年停刊。因为印刷成本昂贵，所以近代体育画报大多以专刊形式出版，如《东方杂志》出版的《第六届全运会画刊》（1935），上海良友公司出版的《第十一届世界运动大会图画专刊》（1936），上海申报馆出版的《第七届全国运动会画刊》（1948）等。这些画报的出版，为我们留下了大批珍贵的图片资料。

六、专号、专刊的出版情况。 此期中，出版体育专号的非体育杂志增多，并且已不仅仅限于教育类杂志，如《东方杂志》《时事月报》《华美》《新中华》《科学的中国》等均有体育专号之出版。这在一定程度上说明了全社会对于体育的关注增加，是体育日益社会化发展的结果。体育专刊，主要是由体育团体、体育学校或各种类型运动会（含国术国考）组织机构编辑出版。形式内容多样，有运动会总报告书、年刊、纪念刊等。这些专号、年刊的出版，对当时体育运动的倡导起了一定的促进作用，还从各个角度汇录了大批珍贵的资料，是我国近代体育报刊事业的重要组成部分。

1937年夏，日本全面发起侵华战争，体育报刊业的繁荣景象顿被战火吞没，各报刊均告停顿。

综览体育报刊业在本期中的发展，不仅极大地宣传了体育运动，还促使了体育理论的繁荣发展。许多著名体育家就民族体育、学校体育、社会体育、运动竞技等各个领域进行了广泛的探讨，并就一些体育问题（如土洋体育、体育是否要军事化等）发表各自不同的观点、主张。这些，为形成具有中国特点的、独立的体育理论体系打下了一定的基础。

第四阶段　衰落时期（抗战以后）

本阶段初全国仅有几种体育杂志零星出版，直到进入 40 年代，沉寂已久的体育报刊业才有了复苏的迹象。首先是大后方重庆正中书局出版的《教与学》杂志，集体育名家郝更生、吴蕴瑞、程登科、吴德懋、章辑五、董守义、萧忠国、吴邦伟、吴澄等人战时的体育论著，出版一期体育专号。而福建沙县省立体育场遥相呼应，编辑发行《福建体育通讯》（1940）。接着教育部在重庆召开全国国民体育会议（1940.10.10）以后，又有一些刊物问世。如湖南蓝田师范学院编辑出版的《体育与健康教育》（1941.5），教育部体育委员会编行的《国民体育季刊》（1941.9），重庆滑翔总会编行的《中国滑翔》（1941.12）等。到了抗战末期又有几种期刊出版：中华全国体育协进会编行的《体育通讯》（1944），重庆中华体育学会编辑出版的《中华体育》（1945），三民主义青年团中央团部体育指导委员会编行的《中国青年体育季刊》（1945）。这些刊物都是在极端艰苦的环境中出版的，纸张质量粗劣，为节省版面，又大多采用小号铅字，以致印刷出来，不少地方字迹模糊难辨，即使这样，每种刊物，都难以支持较长时间连续出版。

抗战期间体育报刊业一个令人费解的现象是：尽管全国战火隆隆，但却相继有一些鼓吹健美身体的杂志问世。如：由香港健与力杂志社王学政主编的《健与力》（1938），上海健身学院赵竹光主编的《健力美》（1941），香港李氏健身学院出版的《健与美》（1941），上海现代体育馆出版的《现代体育》（1942）等。出版这些"超现实"的杂志，对于自清末引入西方体育以来，即把体育与国家命运紧密联系在一起的中国人来说，实在是"离经叛道"之举。它们专门向人们介绍使人肌肉发达、体型健美的方法，不谈"政治"，这或许是它们在当时特殊环境下得以生存的基本保证之一。这些刊物办刊时间一般要较其他类体育刊物长些。

在此阶段中，日本统治区也有几种体育杂志出版，如北方吴逸民等编行的《华北体育》等。

抗日战争胜利后，体育报刊业并未随着国土的收复而"复兴"。全国所办刊物，屈指可数，且通常出刊几期后，即告夭折。其中能连续出版半年以上者，仅有广东《体育世界》等三两份杂志。而当时首都的南京体育场出版《体育月报》，竟不得不用手刻写蜡纸油印出版。这种惨淡经营、垂垂挣扎的衰败景象，写下了中国近代体育报刊史上的最后一页。

朱萍华
撰稿于 1992 年 10 月菜市口家中

(一) 体育期刊

体 育 界
第 1 期
(1909.4)

*《体育界》，1909年4月（清宣统元年三月初一日）创刊，在上海出版。初为不定期出刊，后改为月刊。由上海中国体操学校体育界杂志社编辑，总编辑徐一冰，中国图书公司发行。该刊出至第10期时一度停刊，1918年10月复刊，改为月刊，刊号续前，出至第20期因为学校迁往浙江南浔停刊。该刊为我国近代迄今发现的最早的体育期刊。本书仅收录创刊号。

第 1 期
1909年4月20日
（清宣统元年己酉三月朔日）

插 图
　发起人之一：高仲南
论说
　敬告教育界　　　　　　　七　五
研究资料
　体育史　　　　　　　　　佩　弦
　各种体操主动之筋肉　　　岂　我
教授资料
　坪开氏改正连续徒手操第一部　也 骷
　早春（中学女生用）　　　一　恨
问答（四则）
批评
　读书笔记一　　　　　　　亚　孙
　参观笔记一　　　（来稿）滨川孤客

杂录
　中国体操学校黑夜行军记　程鸿声
　中国体操学校理论考题
　天津列国军人竞技会　　　乐　天
　场隅琐谈　　　　　　　　可　可
中外汇报
　南浔女子学校运动会　　南浔访事员
　万国体育会　　　　　　　记　者
　脊柱弯曲与学校生徒
　　　　　　　　　　录日本《日日新闻》
　体育家今日之责任　　　　黄君锦
小说
　体操教员　　　　　　　　美　哉
专件
　武士道（上篇）　　　　录河南杂志
[典藏] 总藏1期（1909.4）
原杭州大学体育系（现浙江大学教育学院体育系）资料室、北京体育大学图书馆各藏1期（1909）

体 育 杂 志

第 1 期—第 2 期

(1914.6—1914.7)

*《体育杂志》，1914年6月（民国三年六月）创刊，在上海出版。月刊。由上海中国体操学校体育杂志社编辑，编辑人为王均卿、徐一冰。国学维持社、鸿文书局、国华书局发行。停刊日期未详。本书收录第1至第2期。

第 1 期

1914年6月

（民国三年六月）

照 片

　　中国体操学校六周年纪念会全体摄影

　　中国女子体操学堂戊申年假摄影

　　中国体操学校七年前创始人摄影

　　本社编辑王均卿、徐一冰照片

序　言　　　　　　　　　　　均　卿

论　说

　　体育与武力辨　　　　　　一　冰

　　体育史（第一章，古代之体育）　徐益彬

体操资料

　　中国式普通体操　　　　　　徐筑岩

　　编辑潭腿浅言

　　　　中国女子体操学校第四期同学会

游技资料

　　（甲）音乐游技法　　　　　徐一冰

　　（乙）竞争游技法

　　　　中国女子体操学校第四期同学会

教授法

　　体操教授上之过程　　　　　倔　哉

生　理

　　尿论　　　　　　　　　　破翁译述

本校纪事

　　六周年纪念会志盛

　　部视学莅校调查

　　省长补助本校临时经费

　　第十期毕业生成绩展览会志盛

　　第十期本科生毕业案

　　毕业生赴东游学

　　校长派送毕业生专习技击

　　女子部校舍迁移

　　毕业生纷纷受聘

　　女子热心技击

　　第十三期新生报名之踊跃

校外纪事

　　赛球之战（南京）

　　华美联合运动会将来北京（北京）

　　河南女师范学校之缺点

时　评

　　教育部注重体操电　　　　　废　物

　　李后主之贻殃　　　　　　　废　物

问　答

文　艺

译　林

　　女子体育所以美容　　　　　周　槃

短篇小说

体育大家　　　　　　　　　　卓呆
脚心谈　　　　　　　　　　　卓呆
中国体操学校章程
本校第一期同学录
浙江省城高小以上各学校体操教师一览表
浙江体育学校教职员一览表

第 2 期

1914年7月1日
(民国三年七月一日)

照　片
　　上海中国体操学校全体摄影
　　中国女子体操学校第四期本科生摄影
　　整顿全国学校体育上教育部文　　一冰
论　说
　　最近欧美各国学校体操之趋势　　徐傅霖
　　论体操书籍　　　　　　　　　　徐傅霖
　　说体育与学业之关系　　　　　　七五
　　体育史（续）　　　　　　　　　徐益彬
教授法
　　体操教授上之过程　　　　　　　蔡倨哉
体操资料
　　中国式普通体操（续）　　　　　徐筑岩
游技资料
　　(甲) 音乐游技法：
　　　清和麦浪　　　　　　　　　　程任安
　　(乙) 竞争游技法：
　　　一飞冲天　　　　　　　　　　朱维久
　　　游技教材　　　　　　　　　　陆济
　　　竞争游技行军　　　　　　　　张维罴
卫　生

眼之卫生　　　　　　　　　　周槃
译　林
　　欧美体育大家之言论　　　　　　周槃
　　拳术家楷罗彭岂哀
短篇小说（四则）
文　艺
诗　余
本校纪事
　　校长北上
　　学生参观物产会
　　学生之刻苦
　　举行远足会
校外纪事
　　北京步军统领之阅兵
　　复旦公学运动会
　　捕房添设健身场
　　北京女子师范附属小学校运动会
时　评
　　运动会之趣旨　　　　　　　　　陆济
　　旅湘江西五校联合运动会
　　湖南周南女子师范学校开春季运动会
本校第 2 期同学录
本校第 3 期同学录
来　函　　　　　　　　　　　　梁楚彦
［典藏］总藏 1—2 期（1914.6—7）
　　原杭州大学体育系（现浙江大学教育学院体育系）资料室、北京体育大学图书馆、武汉体院图书馆、西安体院图书馆、上海体院图书馆、湖南省体育科研所藏 1—2 期（1914）、浙江图书馆藏第 2 期（1914）

体育研究会会刊

第 1 期

(1918.1)

*《体育研究会会刊》，1918年1月（民国七年一月）出刊，南京出版。由南京高等师范学校体育研究会编辑并出版。该会指导员为麦克乐、祁屋克，会员有吴蕴瑞、邵汝干等32人，大都为南京高师体育专修科首届学员。仅出一期，本书予以收录。

一、发刊词　　　　　　　　　史忍　贡沛成
二、论说
　　(1) 中国古时体育谈　　　　　　　曾球
　　(2) 瑞德体育之真相　　　　　　贡沛成
　　(3) 德瑞英三国之体育
　　　　　　　　　　　　张元枑、谢守恒
　　(4) 瑞德美三国徒手操之异点　贡沛成
　　(5) 日本妇女体育之一斑　　　　　史忍
　　(6) 青年之体育　　　　　　　蒋协唐
　　(7) 义务的运动员与职业的运动员
　　　　　　　　　　　　　　　　邵汝干
三、教学法
　　(1) 体育教师须知　　　　　　王梦彪
　　(2) 体育教师及管理之责任　　贺国梁
　　(3) 体育教材选择法　　　　　　宋朴
　　(4) 运动员须知　　　　　　　　许岩
　　(5) 练习运动之要点　　　　　谢守恒
　　(6) 游戏教授上之注意　　　　袁济东
四、国技
　　(1) 提倡国技刍言　　　　　　沈书斑
　　(2) 对于国技之感言　　　　　　樊骏
　　(3) 潭腿　　　　　　　　　　　许岩
五、兵式操
　　(1) 实行征兵制度之学校体育设施方法
　　　　　　　　　　　　　　　　须家桢
　　(2) 一小时兵式体操之配置　　须家桢
六、柔软操
　　(1) 柔软体操要义　　　　　　　宋朴
　　(2) 坡氏柔软体操进步之要点　张煦光
　　(3) 造成中国式柔软操之研究　谢守恒
　　(4) 瑞典式柔软体操顺序之简说
　　　　　　　　　　　　　　　　　伍健
　　(5) 老人木棒操　　　　　　　　吴澄
　　(6) 司忒尺耳氏之短棒操　　　　邓毅
　　(7) 柏琼氏球竿体操　　　　　须家桢
　　(8) 波尔吞氏之女子垫上运动　张锡庆
　　(9) 白敦氏之团体徒手操　　　朱士方
七、器械操
　　(1) 练习器械之要诀　　　　　王德裕
　　(2) 器械体操练习之捷径法　　袁盛柳
　　(3) 波尔氏肋木操　　　　　　张元枑
八、游戏
　　(1) 游戏场与职业教育之关系　谢守恒
　　(2) 游戏与德智体三育之价值　黄斌生
　　(3) 小学游戏之感言　　　　　袁济东
　　(4) 足踢垒球游戏　　　　　　程昌圻
　　(5) 篮球游戏法之管见　　　　　王懋
　　(6) 篮球传球法　　　　　　　吴蕴瑞
　　(7) 网球之管见　　　　　　　蔡绍逵
　　(8) 场手球　　　　　　　　　张维健

(9) 游戏六种　　　　　　　陈　鲲
(10) 游戏六种　　　　　　朱士方
九、舞蹈
　(1) 德国司忒尺耳氏之圆阵　　许　岩
　(2) 瞽舞三节附曲　　　　　　涂　文
十、游泳
　游泳之初步练法　　　　　　谢守恒
十一、卫生
　(1) 运动卫生术之概要　　　　陆士衡
　(2) 肺之卫生与健康　　　　　史　忍
　(3) 疗痨之要诀　　　　　　　邓　毅
十二、急救法
　急救淹溺回生法　　　　　　　张元祎
十三、附录
　(1) 暨南学校体育场计画书
　　　　　　　　　张元祎、谢守恒

(2) 毕业后体育研究会之商榷　邵汝干
(3) 本会会务记录
(4) 本会简章
(5) 会务细则
(6) 职务规程
(7) 计画书
(8) 预算书
(9) 本会第一届职员一览表
(10) 会员一览表
[典藏] 总藏1期（1918.1）
　　　南京图书馆、原杭州大学体育系
　　　（现浙江大学教育学院体育系）
　　　资料室各藏1期（1918）

体育周报

第 1 期—第 60 期

(1918.12—1920.10)

*《体育周报》，1918 年 12 月（民国七年十二月）创刊，在湖南长沙出版。周刊。由长沙储英源 23 号体育周报社编辑并发行，黄醒主编。1920 年 10 月（民国九年十月）停刊。出至第 60 期，另出"体育周报周年纪念特刊"一期，本书全部收录。

第 1 期

1918 年 12 月 9 日
（民国七年十二月九日）

宣言书
战后之战备　　　　　　　　　　黄　醒
今后学校体育上应有之觉悟　　　昌兀生
运动生理学述要　　　　　　　　角庐纂述
竞技者之心得　　　　　　　　　昌兀生节译
拟学校体育计划　　　　　　　　胜白
纪周南女校之运动会　　　　　　记者
人体之和平会议　　　　　　　　碌鹿
游戏歌
学校设备与卫生　　　　　　　　陶知行
蔡子民先生之体育谈
编辑余谈　　　　　　　　　　　醒

第 2 期

1918 年 12 月 16 日
（民国七年十二月十六日）

悬赏征文
本版紧要启事

本社社员表
世界和平后体育上之趋势　　　　黄　醒
今后学校体育上应有之觉悟（续完）
　　　　　　　　　　　　　　　昌兀生
运动生理学述要（续）　　　　　角庐纂述
低栏赛跑之练习法　　　　　　　东　海
拟学校体育计划（续）　　　　　胜　白
长沙之体育机关
最近之运动会纪盛
人体之和平会议（续）　　　　　碌　鹿
学校设备与卫生（续）　　　　　陶知行
社员陈奎生自南京高等师范来函

第 3 期

1918 年 12 月 23 日
（民国七年十二月二十三日）

静坐与体育家　　　　　　　　　衍　仁
体育罪言　　　　　　　　　　　曹柏寒
体育厄言　　　　　　　　　　　一　诃
食番椒之利弊　　　　　　　　　戴玉章
五分钟呼吸运动　　　　朱勒原著、张士一译
湘中女界体育发达之动机
人体之和平会议（续）　　　　　碌　鹿

| 学校设备与卫生 | 陶知行 |
| 剃头司夫的德政牌 | 台宦 |

第 4 期

1918年12月30日
（民国七年十二月三十日）

内脏锻炼与筋肉锻炼（一）	黄 醒
体育罪言（续完）	曹柏寒
体育卮言（续）	一 诃
运动生理学述要（续）	角庐纂述
五分钟呼吸运动（续）	张士一译
人体和平会议（续）	碌 鹿
学校设备与卫生（续完）	陶知行
辞岁	黄 醒
请看空前之夜间室内运动会	

第 5 期

1919年1月6日
（民国八年一月六日）

对于民国八年体育上之希望	陆琪霖
体育卮言（续）	一 诃
运动生理学述要（续）	角庐纂述
养生谈荟	汉几译述
冬季卫生	曾 球
内脏锻炼与筋肉锻炼（二）	黄 醒
五分钟呼吸运动（续）	张士一译
早老预防之强健术	
（日）坚田十次郎著，罗黑子译	
梅花三弄	
静……动	衍 仁
体育奖励意见	唐碧译述
体育之真价	金之铮
致田寿昌君论静坐术书	衍 仁
养生谈荟附言	汉 几

新年长沙教育上之新事业	牛
新年长沙体育上之新生气	牛 子
民国七年全国教育联合会议决案	

第 6 期

1919年1月13日
（民国八年一月十三日）

妇女体育	博 苏
体育卮言（续）	一 诃
养生谈荟（续）	汉 几
手工与体育	穆翼南
早老预防之健强术（续）	罗黑子译
学校游戏	曾 球
梅花三弄	
花柳病之毒害	
小学教师与肺病	
致田君寿昌论静坐术书（续）	衍 仁
读者俱乐部	
来阳体育上之新发展	
新年长沙体育上之新生气（二）	牛

第 7 期

1919年1月20日
（民国八年一月二十日）

禅那中的体育	衍 仁
体育卮言（续）	一 诃
运动生理学述要（续）	角庐纂述
养生谈荟（续）	汉 几
早老预防之强健术（续）	罗黑子译
学校游戏	王佛曼
梅花三弄	
致田君寿昌论静坐术书（续）	衍 仁
新年长沙体育上之新生气（三）	牛

第 8 期
1919年1月27日
（民国八年一月二十七日）

禅那中的体育（续）	衍 仁
女子与体育	（日）寺田勇吉著，强怀译
体育厄言（续）	一 诃
运动生理学述要（续）	角庐纂述
养生谈荟（续）	汉 儿
美国薛斯劳君之垒球谈	曼群译
手工与体育（续第6期）	穆翼南
梅花三弄	
通常之体育法	素 心

第 9 期
1919年2月17日
（民国八年二月十七日）

习惯之势力	牛
禅那中的体育（续完）	衍 仁
运动生理学述要	角庐纂述
春季卫生	邓晓云
养生谈荟（续）	汉 儿
美国薛斯劳君之垒球谈（续）	曼群译
留日学生陆上运动会两次纪录比较表	

第 10 期
1919年2月24日
（民国八年二月二十四日）

为什么提倡静的体育？	黄 醒
儿童体育	陈奎生
春季卫生（续）	邓晓云
美国薛斯劳君之垒球谈（续）	曼群译
早老预防之强健术（续）	罗黑子译
留日学生陆上运动会两次纪录比较表（续）	

第 11 期
1919年3月3日
（民国八年三月三日）

为什么提倡静的体育？（续完）	黄 醒
运动生理学述要（续）	角庐纂述
春季卫生（续）	邓晓云
养生谈荟（续）	汉 儿
早老预防之强健术	罗黑子译
一点钟的体操	子 暲
梅花三弄（续完）	

第 12 期
1919年3月10日
（民国八年三月十日）

儿童体育（续完）	陈奎生
春季卫生（续）	邓晓云
运动生理学述要（续）	角庐纂述
养生谈荟（续）	汉 儿
美国薛斯劳君之垒球谈（续完）	罗黑子译
运动与身心锻炼	（日）小野钟山著，任白涛译
远东运动会近讯	
北京武术体育会简章	

第 13 期
1919年3月17日
（民国八年三月十七日）

人的体育	昌兀生
春季卫生（续）	邓晓云
养生谈荟（续）	汉儿译
早老预防之强健术（续）	罗黑子译

运动与身心锻炼（续） 任白涛译
中国体操学校发行《体育界》简章
黄醒谨白：发起体育学会

第 14 期

1919 年 3 月 24 日

（民国八年三月二十四日）

近视眼之别解 黄 醒
研究体育者之自觉心与眼光
　　　　　　　　麦克乐演讲，陈奎生记
春季卫生（续） 邓晓云
通俗近视眼之谈话 杨树典、季常甫译
我的体育修养心得 铁 汉

第 15 期

1919 年 3 月 31 日

（民国八年三月三十一日）

对于学校运动会之商榷 吴小山
养生谈荟（续） 汉几译
通俗近视眼之谈话（续）
　　　　　　　　　杨树典、季常甫译
远东运动会之消息
中华民国国语研究会暂定简章

第 16 期

1919 年 4 月 7 日

（民国八年四月七日）

策体育 方维夏
通俗近视眼之谈话（续） 杨季常译
柔软海操 陈奎生
运动与身体之关系 江孝贤译
柔道击剑太极拳新武术四者之价值 庞延禄
游泳 陈绍林

第 17 期

1919 年 4 月 14 日

（民国八年四月十四日）

策体育（续完） 方维夏
养生谈荟（续） 汉几译
矫正脊柱之研究 胜 白
游泳 陈绍林

第 18 期

1919 年 4 月 21 日

（民国八年四月二十一日）

办体育周报做什么？ 黄 醒
春季卫生（续） 邓晓云
日本学校体育发达变迁记 鲁也参
通俗近视眼之谈话（续） 杨季常译
通信

第 19 期

1919 年 4 月 28 日

（民国八年四月二十八日）

对于教育调查会尽先调查事项之意见 黄 醒
日本学校体育发达变迁记（续） 鲁也参
养生谈荟（续） 汉几译
通俗近视眼之谈话（续） 杨季常译
通讯

第 20 期

1919 年 5 月 5 日

（民国八年五月五日）

危机！警告！
美国瓦萨女学校之体育 方维夏译

春季卫生（续）	邓晓云
运动生理学述要（续）	角庐纂述
通俗近视眼之谈话（续）	杨季常译
两个小孩子	碌鹿

第 21 期

1919年5月12日
（民国八年五月十二日）

运动会与提倡体育	黄醒
教育部谘送订定学校体育标准文	
日本学校体育发达变迁记（续）	鲁也参
夏季适宜之游戏运动	六郎
夏季生活怎样	六郎
东方大学挑选运动代表之成绩	
本年春季三大运动会之成绩比较：	
1. 北京学界联合运动会	
2. 华北运动会第7次大会	
3. 广东第7次运动大会	

第 22 期

1919年5月19日
（民国八年五月十九日）

女子体育之根本问题	素心女士
"缄口"的新解说	遇公
夏季卫生易行	素心女士
日本学校体育发达变迁记（续）	鲁也参
参观东方三大学运动会笔记	陈奎生

第 23 期

1919年5月26日
（民国八年五月二十六日）

山东问题与体育问题	昌兀生
夏季卫生易行（续完）	素心女士
与蒋竹庄先生谈静坐	子暲
齿	曼群译
我的病好了	默默
吊桶子取水	六郎
本社第一次征文揭晓	

第 24 期

1919年6月2日
（民国八年六月二日）

陶侃运瓷	六郎
二年前作的梦	昌兀生
日本学校体育发达变迁记（续）	鲁也参
齿（续完）	曼群译

第 25 期

1919年6月9日
（民国八年六月九日）

什么叫做体育？	W.S
游泳之陆上练习	乐水
通俗近视眼之谈话（续完）	杨季常译
江苏第二次体育通讯比赛的60码赛跑	
对于黄君游历京沪等处的感想	野人
我之体育观	曹绍谷

第 26 期

1919年6月16日
（民国八年六月十六日）

怎样解决体育问题？	铁汉
强健心肺之体操	傅廷栋选译，陈奎生参订
日本学校体育发达变迁记（续）	鲁也参
走路	赞
劳工	黑叟
当头棒喝——青年男女其速猛醒!	陈奎生

第 27 期

1919 年 6 月 23 日

（民国八年六月二十三日）

学校体育	W.S
强健心肺之体操（续）	傅廷栋，陈奎生译订
齿之卫生	
小学唱歌游戏	陈奎生
杜威博士对于军国民主义教育之意见	郑宗海译
粤汉车中杂感	胜 白
湖南工商两校学生新剧演讲	

第 28 期

1919 年 6 月 30 日

（民国八年六月三十日）

为什么要早婚？	苏化女士
波尔吞氏之女子垫上运动	张锡庆译
孕妇卫生及婴儿之保育	
避孕与堕胎	W.S

第 29 期

1919 年 7 月 7 日

（民国八年七月七日）

军国民体育的结果	朱剑凡
范静生先生的体操谈话	黄醒记
强健心肺之体操（续完）	傅廷栋译
可怕的夏天	
长沙教职员网球对战消息	一旁观者

第 30 期

1919 年 7 月 14 日

（民国八年七月十四日）

讲求体育果为"增进"体力者乎？	黄 醒
室内运动	许南译
一个不懂得体育法的人的自然体育	六 郎
我的治口吃的方法	许南译
我看了"黑甜乡"的意思	陈奎生

第 31 期

1919 年 7 月 21 日

（民国八年七月二十一日）

体育前途的大障碍	黄 醒
欠伸式的体操	六 郎
闭着口呼吸	子 暲
慎防目疾论	傅步兰
陆军第三师吴师长来函	

第 32 期

1919 年 7 月 28 日

（民国八年七月二十八日）

运动的限度	禹澜译
筑路	黄 醒
新式柔软体操	记 者
日本学校体育发达变迁记（续）	鲁也参
慎防目疾记（续）	傅步兰

第 33 期

1919 年 8 月 4 日

（民国八年八月四日）

体育的真价	W.S
波尔吞氏之女子垫上运动（续）	张锡庆译
浴的功用和方法	冶
日本学校体育发达变迁记（续）	鲁也参
慎防目疾记（续）	傅步兰

第 34 期

1919 年 9 月 1 日

（民国八年九月一日）

传染病流行的时节体育怎样讲法？	黄 醒

"虎列拉" 自述	黄醒
捉苍蝇	黄醒
伍博士防疫谈（录晨报）	
健身运动六节	汉译
慎防目疾记（续）	傅步兰

第 35 期

1919 年 9 月 8 日
（民国八年九月八日）

在我现在所得的知识上觉得体育似乎要是这样的解释	黄醒
步行的好处	暲
武术教材	
忠告体操教师（一）	默

第 36 期

1919 年 9 月 15 日
（民国八年九月十五日）

征求全国体育家讨论体育问题	
痫	黄醒
人"为什么"要运动？	黄醒
体育杂谈（三则）	
武术教材（续）	

第 37 期

1919 年 9 月 22 日
（民国八年九月二十二日）

"脚"的"解放"运动	黄醒
"脚的解放"之必要	黄醒
"脚"的观察	昌兀生
解放脚的方法	素心女士、黄醒
广"脚的解放"	昌兀生
体育杂谈（二则）	

第 38 期

1919 年 9 月 29 日
（民国八年九月二十九日）

我就是痨病鬼！	碌鹿
小学校一个问题	李少陵
本届全国教育联合会议之组织体育委员会提案	
湘城学校教职员网球团简章	
体育杂谈：	
组织体育委员会的提议案	醒
湘城学校教职员网球团	醒
德废皇的体育生活	默
住家人的体育生活一例	素心女士
劳动与体育	牛

第 39 期

1919 年 10 月 6 日
（民国八年十月六日）

竞争？	东苏
说明住家人的体育生活一例	丽鹃
家庭体育的一个大问题	默
体育杂谈：	
一位乡下教员的《体育周报》批评	醒
读《体育界》第十九期中的"寂寞寡欢的体育界"	醒
介绍《体育界》于体育界	黄醒

第 40 期

1919 年 10 月 13 日
（民国八年十月十三日）

我对于组织体育委员会的意见	黄醒
长沙学生界的国庆纪念会	昌兀生
拟长沙今秋适宜的联合运动会办法	

郝伯阳氏的体育讲演　　　　　陈奎生记录
体育杂谈：
　　马克思和巴枯宁的出身　　　　　牛
　　什么是真体育？　　　　　　　　默

第 41 期
1919 年 10 月 20 日
(民国八年十月二十日)

你夜晚睡不着吗？　　　　　　　　默
教育家应负的责任一种　　　　　黄醒
杂谈：
　　暗无天日之长沙　　　　　　不懂
　　星期日与小学教师　　　　　李少陵
新鲜空气与呼吸运动　　傅廷栋，陈奎生译
郝伯阳氏的体育讲演（续完）　陈奎生记录

第 42 期
1919 年 10 月 27 日
(民国八年十月二十七日)

我教体操时的罪过　　　　　　　黄醒
我对于李少陵君"小学校一个问题"的意见
　　　　　　　　　　　　　　　野人
新鲜空气与呼吸运动（续）
　　　　　　　　　傅廷栋，陈奎生译
杂谈（三则）

第 43 期
1919 年 11 月 3 日
(民国八年十一月三日)

我对于体育思想的变迁　　　　　陈达任
二十分钟晨操法　　　　　　　　倔哉
分等运动会　　　　　　　　　　王小峰
新鲜空气与呼吸运动（续完）
　　　　　　　　　傅廷栋，陈奎生译

杂谈：
　　徐一冰办贫儿教养院　　　　　牛
　　竞争！宣战！　　　　　　　　醒
　　小孩子为什么喜欢做竞争游戏？　醒
　　请统计家算一算？　　　　　不懂
　　出汗　　　　　　　　　　　　默

第 44 期
1919 年 11 月 10 日
(民国八年十一月十日)

病的心理　　　　　　　　　　　野人
睡眠时间与年龄　　　　　　　　方万邦
康德之卫生法
伍秩庸之卫生法
发表体育家对于本报提出讨论的问题
　　　　　　　　　　　　　　　黄醒
师范学校的体育问题　　　　　　李惠迪
杂谈三则　　　　　　　　　　　百龄
黄醒启事

第 45 期
1919 年 11 月 17 日
(民国八年十一月十七日)

性育！　　　　　　　　　　　　黄醒
雅礼学校运动会纪事　　　　　　直荀
到底为什么？　　　　　　　　素心女士
作工！　　　　　　　　　　　　未醒
女子体育如何（一）　　　　　　无名氏
女子体育如何（二）　　　　　黄洁如女士

第 46 期
1919 年 11 月 24 日
(民国八年十一月二十四日)

学校应否废止兵操？　　　　　　黄醒

学校应否废止兵操？（一）	张宝琛
学校应否废止兵操？（二）	江孝贤
上操要穿紧小的衣？	伉

第 47 期

1919 年 12 月 1 日

（民国八年十二月一日）

矫正脊柱底研究（续完）	未醒
淡巴菇确实有害吗？	典琦
吃烟	隐

第 48 期

1919 年 12 月 8 日

（民国八年十二月八日）

师范学校的体育应如何？	黄醒
女师范生对于体育的修养	黄醒
这是一堂有研究的缝纫	
杂谈：	
体育委员会议的修正	醒
我心目中之体育	叶友芝
准备	黄醒

第 49 期

1920 年 1 月 12 日

（民国九年一月十二日）

不断的希望	黄醒
儿童研究	舒新城
运动生理学	罗黑子
游戏教育	王长平
体操教授的经验谈	陆祺霈
张士一之体育谈	陆祺霈
吃	黄醒
新年的游戏	素心

杂谈

| "一"胜了"二"放爆竹和卫生 | 黄醒 |

第 50 期

1920 年 1 月 19 日

（民国九年一月十九日）

我认为最重要的体育	项翔高
运动生理学	罗黑子
游戏教育	王长平，穆海鹏
个人、卫生家庭体操	谭世鑫译
对于"学校应否废止兵操"的意见	张中侯
前题	张彩珊
答刘谷僧君	黄醒
吃	黄醒

第 51 期

1920 年 1 月 26 日

（民国九年一月二十六日）

我的静坐观	黄醒
儿童研究	舒新城
游戏教育	王长平，穆海鹏
个人、卫生家庭体操	谭世鑫译
"立正"的教授谈	黄醒
只管放大方点罢	杨润余

第 52 期

1920 年 2 月 2 日

（民国九年二月二日）

我的静坐观	黄醒
运动生理学	罗黑子
游戏教育	王长平，穆海鹏
个人、卫生家庭体操	谭世鑫译
体操上的旧主义	典琦

五六年来一个没有解决的小小问题　王鉴武

第 53 期

1920年2月9日

（民国九年二月九日）

长腿人和短腿人底疾病观　　　　　黄　醒
儿童研究　　　　　　　　　　　　舒新城
游戏教育　　　　　　　王长平，穆海鹏
起来！（小学教材之一）　　　　　黄　醒
个人、卫生家庭体操　　　　　　谭世鑫译
杂　谈
　（一）体操教师做什么去了？　　黄　醒
　（二）十二点钟的工作　　　　　黄　醒
　（三）好吃零碎　　　　　　　　黄　醒
介绍我的几个同乡给体育周报的朋友　本　社

第 54 期

1920年2月16日

（民国九年二月十六日）

不妨害健康的工作　　　　　　　　黄　醒
运动生理学　　　　　　　　　　　罗黑子
儿童研究　　　　　　　　　　　　舒新城
个人、卫生家庭体操　　　　　　谭世鑫译
我对于体操教授的意见　　　　　　李惠迪
通　信
　体育分类——小学教材　　　　　业　裕

第 55 期

1920年2月23日

（民国九年二月二十三日）

立正的研究　　　　　　　　　　　杜鋆辉
游戏教育　　　　　　　王长平，穆海鹏
运动生理学　　　　　　　　　　　罗黑子
婴儿之卫生　　　　　　　　　　　谭世鑫

德智体三育之关系及其间共通之点　陈奎生
体育教员所当注意的万分之一　　　张中侯

第 56 期

1920年3月1日

（民国九年三月一日）

体育的归宿在哪里？　　　　　　　王鉴武
儿童研究　　　　　　　　　　　　舒新城
运动生理学　　　　　　　　　　　罗黑子
妇女解放与体育
通　信
　小学体操教授法　　　　　　　　铁　民

第 57 期

1920年3月8日

（民国九年三月八日）

说什么体育！　　　　　　　　　　野　人
游戏教育　　　　　　　王长平，穆翼南
运动生理学　　　　　　　　　　　罗黑子
婴儿之卫生　　　　　　　　　　　谭世鑫
杂　谈
　盲从与瞎说　　　　　　　　　　王鉴武
通　信
　体育革命的宣战　　　　　　　　王鉴武

第 58 期

1920年3月15日

（民国九年三月十五日）

"实用肌学"考题答案　　　　　　　陈奎生
儿童研究　　　　　　　　　　　　舒新城
运动生理学　　　　　　　　　　　罗黑子
婴儿之卫生　　　　　　　　　　　谭世鑫
科学游戏　　　　　　　　　　　　须家桢
除疫　　　　　　　　　　　　　　野　人

第59、60合期

1920年10月25日
(民国九年十月二十五日)

体育革命	本社同仁
法兰西体育的大概	萧子升
我对于小学校体育的研究	蒋宝三
肥人适用之体操法	好事
遗传的关系么？（小说）	冶
此外杂谈附录及其他之长期续稿不备载	

体育周报特刊（周年纪念号）

1920年1月5日
(民国九年一月五日)

体育周报周年纪念之祝辞	蔡元培
欢迎湖南人底精神	陈独秀
人生一个大问题	沈玄庐
我的体育观	沈仲九
我的体育观	蒋维乔
我们所需要的健康	黄醒
女子体育当如何？	AC
"儿童研究"大意	舒新城
二十年来体操谈	徐一冰
个人、卫生体操	谭世鑫译
睡的生理	龙毓莹译
食物的经济方法之研究	张效敏译
辟"静坐"	龙毓莹
姿势优劣比较图说	傅廷栋译
吾人对于身体上的谬见	野人
记北京女子高等师范学校第十一周年纪念会	孔廉白
论言与行	罗黑子
体育论	穆海鹏

讨 论

女子体育如何？	项翔高
学校应否废去课表中的体操	陈达任

文 艺

他为什么却坐在这里呢？（小说）	杨润余
母亲！保重！（诗）	野人
秋雨有感寄未醒（诗）	百龄

通 信

屎尿处置问题	知沂
体育委员会议案的通过情形	朱剑帆
做小事	黄胜白

杂 谈
四则

〔典藏〕总藏1—60期（另附特刊1期）
（1918.12—1920.10）

　　首都图书馆藏1—48期（1918—1919年）

　　四川省图书馆5—19，27—48期（1919年）

　　湖南省中山图书馆42—44期（1919年）

　　广东省中山图书馆藏49—60期（1920年）

　　安徽省图书馆藏49—50，57—58期（1920年）

　　北京图书馆藏57，59—60期（1920年）

　　清华大学图书馆藏59—60期（1920年）

　　特刊

　　清华大学、四川省、广东省中山图书馆藏1期（1920年）

体育杂志

第 1 期

(1919.5)

*《体育杂志》，1919 年 5 月（民国八年五月）创刊，在浙江出版。由浙江诸暨国民体育会编辑并发行，傅国芬，黄承熙等编辑。刊期、停刊日期未详，仅见第 1 期，本书收录。

第 1 期

1919 年 5 月 15 日
（民国八年五月十五日）

插　图
　　本志出版纪念摄影一幅
序　文　　　　　　　　王荦，章微颖，郦玲
祝　词
论　说
　　改进教育之刍议　　　　　　　傅国芬
　　体育篇　　　　　　　　　　　蠖庐
　　我之女子美容谈　　　　　　　素秋
著　述
　　各国体育发达考　　　　　　　黄承熙
　　廿分钟心身完全强健术　　　　傅国芬
　　我国游戏运动志略　　　　　　徐颂棫
研　究
　　身长之研究　　　　　　　　　胡芦
调　查
　　美国体育之现状　　　　　　　陈在明
　　日本体育协议会记事　　　　　宣一成
　　述浙江体育学校之概略　　　　傅鸣盛
　　县立中学校早操概况　　　　　何佳泉
谈　丛
　　问答五则
　　笔记四则
记　载
　　全国教育会推广体育计划案
　　致县视学员函
　　致宣讲所函
　　致警察所长函
　　运动会场临时新闻组织法
　　暨阳学校运动记
余　兴
　　诗词
　　小说
附　录
　　国民体育会简章
　　本会教练部国技科细则
　　诸暨国民体育会体育临时调查员要则
　　名誉捐谢辞
　　助捐会员姓氏录
　　本会总务部启事二则
　　出版部启事五则

精武杂志
第1期—第50期
(1920—1925.10)

*《精武杂志》，约于1920年（民国九年）创刊，在上海出版。月刊。原名"中央杂志"，后改为"精武"，期号续前。上海中央精武体育会编辑并发行。编辑者陈铁笙，发行者卢炜昌。停刊日期不详，本书收录第38、40、42、43、46、50期目录。

第 38 期
1924年2月15日
（民国十三年二月十五日）

上海精武征求会员宣言	罗伯夔
上海精武征求队记名	
上海精武粤乐部宣言	陈铁笙
精武同人与黄包车夫	姚蟾伯
我们的希望	刘佩规
精武之利益	陈铁笙
体育一得	崔聘西
征求简章	
中国精武体育会章程	
团体征求章程	
说　海	
隔壁传声	陆鄂不
上海的广东戏历史	陈铁笙
吉祥语	陈吴缊卿
多情乃佛心	王小隐
模范军人	余毅公
盾卢食谱	陈铁笙
国文之价值	郑灼辰
楹联佳话	蔡志枬
孔子之武士道	薛巩初
说剑	陈铁笙
武　库	
五虎枪谱（九）	陈铁笙
我之拳术意见百则（十五）	卢炜昌
乐　府	
文　苑	
纪　事	
上海精武议案	黄维庆
肄江鞭影	伍饱广
联话	陈铁笙
争席骇闻猪奋斗	
老熊当道	
纪香港精武欢迎会	
广东精武新年演剧	
庇能（槟榔屿）精武纪事	
中央精武教歌记	陈铁笙
澳门精武消息	
航海界之大精武主义	陈沅芳
武昌精武职员录	
纪上海精武粤乐部	翁耀衡
枫泾精武会成立记	
枫泾精武会第一届职员记名	
汉口精武第二届职员记名	
上海精武职员记名	
江西精武大会操之盛况	

星洲精武消息
纪芙蓉精武欢迎会　　　　　　朱戟门

星洲精武女子部简章
庇能精武成立典礼纪
我所见潭腿之效益　　　　　　朴　生

第 40 期

1924年4月15日
（民国十三年四月十五日）

敬告体育会议诸君　　　　　　木　子
与吴体育视学论潭腿　　　　　苏守洁
我所眼见和身受潭腿之效益　　陈　彦
吴定辉之自辨语

（插图）
　济宁公立精武国民学校全体摄影
　上海精武技击主任布告

再与吴体育视学论潭腿书　　　苏守洁
精武会员之疑问

（说海）

告参加讨论潭腿及阅者　　　　木　子

　李孝子　　　　　　　　　　林　纾
　还妻得妻　　　　　　　　　李怀湘
　孔子与中国　　　　　　　　陈铁笙
　救护　　　　　　　　　　　拙　园
　苏小妹　　　　　　　　　　啸　霞
　音乐之比列　　　　　　　　陈铁笙
　好个共产主义　　　　　　　忆　淮
　瞎扯　　　　　　　　　　　孙　刘
　女先生　　　　　　　　　　有　名
　五羊城的怪现象　　　　　　奇　公
　外国式交际法　　　　　　　三　三
　无线电灯　　　　　　　　　时　哉
　秀才人情　　　　　　　　　陈铁笙
　记脚色　　　　　　　　　　陈铁笙

我亦与吴体育视学一论潭腿　　陈　彦
中国新观念
上海精武音乐部第一次聚餐记
上海精武新设医社
会员消息录
广东精武征求会员纪
九龙精武恳亲会纪
上海精武女会今年毕业学员表
中央精武通告（一）
中央精武通告（二）
广东精武五周年纪念录
香港精武三周年纪念录
香港精武之大进步
龙华游记
中央精武通告（三）
欢迎庐姚两主任回国纪

（武库）
　五虎枪谱

上海精武征求会之佳讯
第五届征求会分数表
精武职员录
春茅怒发之江西精武
精武篮球队简章
精武篮球队章程

（乐府）
（纪事）
　上海精武技击科会议记
　技击教员自办学校
　金宝精武消息
　勇于赴义　　　　　　　　　余毅公
　排球须知　　　　　　　　　简贻孙
　广东精武第四届职员表
　怡保精武初纪

日用须知　　　　　　　　　　刘老老
侨越精武同仁旅行记　　　　　曾传流
旧雨重逢记　　　　　　　　　陈铁笙
上海精武第四次议案　　　　　黄维庆

第 42 期

1924 年 6 月 15 日
(民国十三年六月十五日)

插　图
　　第三届全国运动会精武全队摄影
　　第三届全国运动会会场平面图
　　全国运动会登在报纸上之广告
特　载
　　国操纪事本末　　　　　　　　陈铁笙
武　库
　　降龙棒（二）　　　　　　　　陈铁笙
新武化
　　潭腿讲义　　　　　　　　　　卢炜昌
乐　府
艺　苑
　　敬告上海精武排球队　　　　　陈　彦
　　挽联、无题　　　　　　　　　罗伯夔
游　记
　　槟城旅行记　　　　　　　　　梁尚德
　　参观香港精武游泳会纪　　　　刘老老
　　南游杂掇（二）　　　　　　　卢炜昌
名　论
　　汪精卫先生演讲记　　　　　　庞宜之
　　吴稚辉先生演讲记　　　　　　庞宜之
纪　事
　　澳门精武第二届征求会纪要
　　雪兰莪女子精武会近况
　　欢迎港会技击主任纪
　　改良精武服式的我见　　　　　陈　彦
　　神功济众水之效验
　　厦门精武将成立
　　卢炜昌在江西教育会讲演
　　广东精武欢迎各埠商团
　　江西精武参加全国运动会
　　上海精武欢迎枫泾精武旅行团记
　　上海精武参事会议案
　　上海精武总会励志团得奖诸君题名
　　上海精武第一分会励志团得奖诸君题名
　　精武医社已开幕

第 43 期

1924 年 7 月 15 日
(民国十三年七月十五日)

说　海
　　听了新教育之趋势以后　　　　余竹籁
　　筹安盗名记　　　　　　　　　侯　毅
　　张衡　　　　　　　　　　　　苏守洁
　　说板　　　　　　　　　　　　疑　始
　　对于老婆的新式称呼　　　　　李　钧
　　林琴南的知己　　　　　　　　不　慧
　　善哉善哉　　　　　　　　　　铁　笙
　　盾庐音乐谈　　　　　　　　　陈铁笙
　　全是旧东西　　　　　　　　　陈铁笙
　　耶教办学的本心　　　　　　　毕　磊
武　库
　　降龙棒（三）　　　　　　　　陈铁笙
乐　府
游　记
　　南游杂掇（三）　　　　　　　卢炜昌
名　论
　　抵抗文化侵略　　　　　　　　汪精卫
　　关于演剧的杂感　　　　　　　李朴生
文　囿
　　与袁寒云书　　　　　　　　　廉南湖
记　事
　　中央精武通告
　　上海精武会员大会记　　　　　黄维庆
　　精武简史
　　上海精武体育会章程
　　上海精武参事会组织大纲
　　金宝精武职员记名

纪上海精武粤乐组	陈　芳	香港精武庆祝双十节	
到乡村去	蔡匹志	香山各界欢迎卢炜昌	
中华体育联合会成立会		纪水上游艺场	
华东运动会之两次筹备会记		同仁消息录	
教员自办学校之成绩	铁　笙	上海精武欢送会长梁树棠君纪	
纪广肇女学之恳亲会		上海精武参事会议案	
杭州行役记	龙宜之	上海精武启事	
广东精武提倡游泳		上海精武音乐部消息	
国内外各处精武地址		中央精武通告（一）（二）	

第 46 期

1924 年 12 月 1 日
（民国十三年十二月一日）

插　图
  澳门精武振济三江水灾劝捐队出发图
  澳门精武振灾会化装摄影
说　海
  一饭难　　　　　　　　　　冯君木
  武当山　　　　　　　　　　陈铁笙
  浅语　　　　　　　　　　　陈铁笙
  滑稽问答　　　　　　　　　笑　佛
  剑仙　　　　　　　　　　　陈铁笙
  法国排斥宗教教育　　　　　舜　生
武　库
  伏虎拳　　　　　　　　　　陈铁笙
  与友人论技击书　　　　　　薛巩初
乐　府
纪　事
  汕头精武成立记
  新会精武赞助江门振灾会　　林荫棠
  汉口精武中秋同乐会纪　　　褚文龙
  佛山精武临时宣讲会纪　　　心　火
  佛山精武女会征求录
  参观会同精武记　　　　　　梁菊荪
  海防精武近讯　　　　　　　苏仲文
  纪广东精武童子团　　　　　潘公润

第 50 期

1925 年 10 月 1 日
（民国十四年十月一日）

插　图
论　坛
  下栅精武成立感言　　　　　卢炜昌
  精武传言录　　　　　　　　黄维庆
  女子有入精武之必要　　　　冯绮霞
会　务
  各科报告
  十六周年纪念会记
  中央精武通告
通　讯
  汉口精武旅行团赴赣记　　　庞宜之
  海防精武举行一周年纪念情形
  广东精武六周年庆祝游艺会
  台山精武成立志盛
  枫泾精武向外发展
  越南精武排球之振发可嘉
  厦门精武新建会所
  芙蓉精武启事
  无锡精武庆祝纪念会志略　　春　风
  佛山精武庆祝开创纪念记事
  星会庆祝十六周年纪念情形
  金宝精武之庆祝
  汉口精武特别会议记　　　　庞宜之

越南精武游艺会志盛
越南精武足球之猛进
汉会建筑新会所之计划
梧州成立精武会之先声
又一乡村精武会成立
厦门精武启事
武　库
　降龙棒（拳经）　　　　　陈铁笙
　技击谈　　　　　　　　　薛巩初
乐　府
游　记
　南中精武视察记　　　　　陈铁笙
　南游漫记　　　　　　　　连炎川
　南游杂掇　　　　　　　　卢炜昌
　越南精武团旅行头顿记　　黄逸林
文　苑
　残兵　　　　　　　　　　杨云史
　偕卢信公登八达岭有感　　江孔殷
　挽陈升堂先生　　　　　　罗伯夔
〔典藏〕总藏第38、40、42、43、46、50期（1924.2—1925.10）

原杭州大学体育系（现浙江大学教育学院体育系）资料室藏第38、40、42、43、46、50期（1924—1925）

武 术

第一卷 第1期—第2期

(1921.1—1921.2)

*《武术》，1921年1月（民国十年一月）创刊，在上海出版。月刊。由上海中华武术会编辑发行，谢强公任总编辑，吴志青任经理人。停刊日期不详，只见该刊第一卷1—2期，均为非卖品。本书收录该两期。

第一卷第1期

1921年1月
（民国十年一月）

插　图
发刊词　　　　　　　　　　　　强　公
论　说
　　民国十年之希望　　　　　　强　公
　　说中华武术会　　　　　　　文　琦
　　武术会前途之关系　　　　　吴　山
专　件
　　本会一年来之历史　　　　　吴志青
武术之研究
　　应用科学之武术　　　　　　吴志青
　　武术教师须知　　　　　　　强　公
卫　生
　　吸纸烟之习惯可疗治软
　　家庭卫生常识　　　　　　　假　凳
谈　丛
　　中国游侠谈
　　欧洲武士考
　　徐生
　　顾月侠
　　日人之言

小　说
　　兵毒
会　务
　　中华武术会章程
　　本会职员一览
　　第二届征求大会各队队长队员衔名及成绩
　　会务日记，9月—10月
余屑（八则）
杂　纂
　　自治与统一　　　　　　　　强　公
　　何日实行裁兵乎　　　　　　强　公
　　禁止酿酒说　　　　　　　　济　沧

第一卷第2期

1921年2月
（民国十年二月）

插　图
　　本会传习女青年会体育师范学校武术表演摄影
　　中华武术会会员表演武术摄影
　　本刊总编辑谢强公先生摄影
论　说
　　论民国十年以来之不武无术　强　公
　　武术会附设图书馆宣言　　　强　公

专　件
　　麦克乐君演辞
　　新旧思潮冲突之结穴　　　　紫福沅
　　我之武术观　　　　　　　　杨　莹
　　说中华武术会图书馆　　　　王天经
武术之研究
　　应用科学之武术（续）　　　吴志青
　　武术的体育价值　　　　　　新　雨
　　说武术中之气合术　　　　　强　公
卫　生
　　说卫生　　　　　　　　　　素　庵
　　铲除卫生上的魔术　　　　　谢啸仙
丛　谈
　　靓仔玉与英人山涛
　　刘孝铭毙假鬼
　　洪道士
　　哀笛声之略历
小　说
　　一朵受委曲的山花　　　　　杨　絮
时评
　　竟是论家之库伦　　　　　　素
　　裁兵添匪　　　　　　　　　强
　　以毒攻毒之自治　　　　　　强
　　如此选举不如其已　　　　　强
文苑（五则）
会务日志，1920年11月—12月
余屑（七则）
斟误表
〔典藏〕总藏第一卷1—2期（1921，1—2）
　　　　原杭州大学体育系（现浙江大学教育学院体育系）资料室藏第十卷1—2期（1921年）

体 育 研 究

(1921.10)

* 《体育研究》，1921年10月（民国十年十月）在上海出版。该刊由南京高等师范学校体育科辛酉级编辑，编者为陈奎生、傅廷栋、吴邦伟、夏燧城等人。由上海商务印书馆印刷并发行。该刊为当时宣传新体育的代表作，两年内曾三次再版。仅出一册，本书予以收录。

插　图
发刊词
论　著
　　对于我国体育之计划　　　　　范执中
　　我之体育观　　　　　　　　　蒋希曾
　　我国田径赛运动两大缺点　　　傅廷栋
　　儿童游戏的代价可以计算吗　　王熙寿
　　普及社会体育之管见　　　　　袁宗泽
研　究
　　论空地在居室中所占的地位如何　张钟藩
　　沙井特博士对于学校兵操之意见　傅廷栋
　　游戏之意义及其价值　　　　　江孝贤
　　柔软操大纲　　　　　　　　　蒋湘青
　　吾国国民游戏之商榷　　　　　金兆均
　　小学儿童身体底能率　　　　　黄霞松
　　早操之利益　　　　　　　　　金翊文
　　体育场组织法　　　　吴邦倬，张钟藩
　　所得于体育之几种代价　　　　陈荣祖
　　美国女童子军之历史　　　　　金兆均
生理卫生
　　青年身体的发育及其他生理的改变
　　　　　　　　　　　　　　　　黄霞松
　　便秘之原因及其疗法　　　　　蒋湘青
　　肾病　　　　　　　　　　　　屠鼎英
　　运动对于人身之影响　　　　　傅廷栋

演　讲
　　理想之体育教师　　饶冰士讲，陈奎生记
　　医学与体育的关系　赵士法讲，陈奎生记
　　儿童体育训练之方法　裴滋讲，王子鹤记
教　材
　　游戏数则　　　　　　　　　　陈奎生
　　进步的柔软操教程十则　吴邦伟，江祖泽
　　仿效体操示例　　　　　　　　陈奎生
　　游艺会用柔软操　　　　　　　屠鼎英
　　单杠练习之方法　　　　　　　李庆铭
　　哑铃两部　　　　　　　　　　蒋湘青
　　木棒两部　　　　　　　　　　蒋湘青
　　拍手操　　　　　　　　　　　蒋湘青
　　花圈操　　　　　　　　　　　蒋湘青
　　步法一种　　　　　　吴邦伟，张钟藩
　　番薯赛跑四种　　　　　　　　屠鼎英
　　故事游戏示例　　　　蒋湘青，张钟藩
　　竞技舞蹈　　　　　　　　　　蒋湘青
　　乡土游戏数则　　　　　　　　金兆均
杂　俎
　　本级同学小史
　　　　　　陈奎生，蒋希曾，江孝贤，张钟藩
　　南高体育科辛酉级会简章
　　破衣裳　　　　　　　　　　　王子鹤
　　但见新人笑　　　　　　　　　陈奎生

如何成一完善之人	袁宗泽
薛君赓行述	陈奎生
祝君其祥行述	倪文宙
许君济华行述	陈奎生
观本级大事记有感	陈奎生

纪　事

南京高等师范的体育状况	陈奎生
南京高等师范体育科第二学级大事记	陈奎生
东方八大学运动会记事	蒋湘青
南京高等师范体育科第二学级同学一览	
本刊职员表	

体 育 季 刊

第一卷第1期—第三卷第4期

（1922.5—1924.12）

*《体育季刊》，1922年5月（民国十一年五月）创刊，在上海出版。季刊。由南京东南大学体育季刊社（后改由中华全国体育研究会）编辑，麦克乐主编。1924年3月（民国十三年三月）第三卷第1期起更名为《体育与卫生》，卷期号续前。1924年12月（民国十三年十二月）停刊，共出版三卷，每卷4期。本书全部收录。

第一卷第1期
1922年5月
（民国十一年五月）

学校体育教授底方针
编辑大意
对于体育同志的希望
科学方法和体育教育底关系　　麦克乐
体育教学法　　饶冰士著，江孝贤译
高等小学男女学生合理的运动系统
　　　　　尔爱理原著，麦克乐译述
正常体重之重要及其提倡之方法　金兆均
大家要怎样预备明年的远东运动会　麦克乐
篮球游戏及训练提要　　卢颂恩
运动员练习时间之饮食　　卢颂恩
女子篮球规则　　顾谷若
体育目的　　青年会体育部
运动场之建筑与设备　　涂羽卿，麦克乐
美国格拉买孰公立学校体育组织大纲
　　　　　　　　　　吴蕴瑞
学校卫生状况之自省　　郑宗海
中国卫生会之筹备　　周志伊
美国国务卿休士氏在纽约公共体育场演说词
　　　　　　　　　　张冠春译
中小学校佃猎格斗与追逐之游戏组织计划
　　　　　　　　　　江孝贤
当选的体育目的　　唐新雨
儿童摹仿体操　　杨史伦女士
印度儿童分析体力试验之方法　卢颂恩译
游戏规则　　吴蕴瑞
柔软体操次序　　顾谷若
篮球体操次序　　麦克乐
跳舞二则　　金兆均
中华业余运动联合会宣言
介绍体育用书

第一卷第2期
1922年8月
（民国十一年八月）

编辑小言　　　　　　　　记　者
　（一）失败的原因
　（二）体育教员的联合
　（三）试行体育制度
　（四）地方体育联合会小引
体育的目的和范围　　麦克乐
运动上君子的精神　　麦克乐

地方体育联合会
　　　　　　麦克乐，中国业余运动联合会书记
体育教学法（续）　　饶冰士著，江孝贤译
高等小学男女学生合理的运动系统（续）
　　　　　　　　　尔爱理原著，麦克乐译述
篮球游戏及训练提要（续）　　　　卢颂恩
运动场之建筑与设备（续）麦克乐，涂羽卿
运动之理论与实验
　　　　　Ernest Hjertberg 著，王毅诚选译
武的游戏之价值　　　　　　　　　吴蕴瑞
游戏　　　　　　　　　　　　　　吴蕴瑞
笼球　　　　　　　　　　　　　　张冠春
人体姿式概要　　　　　　　　　　麦克乐
日用饮食的需要
　　　　北京协和医学营养化学系艾慕礼女士
学校体育会组织之必要及其组织方法与应注
意之几点　　　　　　　　　　　　金兆均
体育班内之分组比赛　　　　　　金兆均译
儿童摹仿体操（续）　　　　　杨史伦女士
柔软体操次序（续）　　　　　　　顾谷若
小学舞蹈四则　　　　　　　　顾谷若女士译
世界田径赛成绩一览　　　　　　　江孝贤
问答栏
消息
征求中国游戏启

第一卷第 3 期

1922 年 11 月
（民国十一年十一月）

中华教育改进社第一次年会体育及国民游戏
组所做的事和个人的感想　　　　　袁敦礼
编辑小言
　　中华全国体育研究会
　　中国体育制度
　　体育和全国高尚自信精神的关系

对于体育专门学校毕业生之通告
体育审定标准　　　　　　　　　　麦克乐
体育教学法（续）　　饶冰士著，江孝贤译
弗斯脱氏之体能测验　　　　　　吴蕴瑞译
运动场之建筑与设备（续）麦克乐，涂羽卿
高等小学男女学生合理的运动系统（续）
　　　　　　　　　尔爱理原著，麦克乐译述
医药常识　　　　　　　　　　　　赵士法
足球游戏　　　　　　　　　　　　卢颂恩
篮球游戏联合进攻法　　　　　　　卢颂恩
武的游戏　　　　　　　　　　　　吴蕴瑞
团体竞争　　　　　　　　　　　　吴　澄
团体运动通信比赛　　　　　　　　金兆均
菲拉道尔非亚公共学校体育需要　麦克乐译
柔软体操次序（续）　　　　　　　顾谷若
医疗操术　　　　　　　　　　　　卢颂恩
小学用跳舞四则　　　　　　　　　顾谷若
问答栏
介绍体育用书
消息

第一卷第 4 期

1923 年 1 月
（民国十二年一月）

编辑小言　　　　　　　　　　　　记　者
　　远东运动会的准备
　　越野跑
学校体育普及问题之研究　　　　　黄伯斌
按年龄身高体重分组的标准　　　　麦克乐
普通体操评判的标准　　　　　　　麦克乐
体育教员底医学的责任
　　　　北京协和医学校卫生系主任兰安生
体育教学法（续）　　饶冰士著，江孝贤译
高等小学男女学生合理的运动系统（续）
　　　　　　　　　尔爱理原著，麦克乐译述

按体能分级之方法   吴蕴瑞
运动之理论与实验（续）
     Ernest Hjertberg 著，王毅诚选译
医药常识（续）   赵士法
中华教育改进社第一次年会学校卫生组会议
概况   赵士法
菲拉道尔非亚公共学校体育需要（续）
     麦克乐译
柔软体操次序（续）   顾谷若
机巧运动   袁宗泽
足球游戏（续）   卢颂恩
篮球游戏联合进攻法（续）   卢颂恩
武的游戏   王毅诚
团体竞争（续）   吴 澄
儿童仿效体操   唐新雨
小学舞蹈四则   顾谷若
问答
消息

第二卷第 1 期

1923 年 4 月
（民国十二年四月）

编辑小言   记 者
 （一）中华全国体育研究会
 （二）远东运动会
 （三）驱除蚊蝇
 （四）联合问题
体育上两性之分别   麦克乐
女子田径赛运动说   张端珍
体育教员分级法   中华全国体育研究会
高等小学男女学生合理的运动系统（续）
     尔爱理原著，麦克乐译述
运动场之建筑与设备（续） 涂羽卿，麦克乐
标准运动的测验   黄斌生
运动之理论与实验（续）   王毅诚
驱除蚊蝇法   杨惟义

医药常识（续）   赵士法
简要学校卫生法   赵士法
菲拉道尔非亚公共学校体育需要（续）
     麦克乐译
瑞典式教育体操   王毅诚
队球练习法   陶少甫
网球练习方法   崔峙如
网球计分表记法说明   金兆均
武的游戏（续）   吴蕴瑞
竞斗游戏   黄斌生
团体竞争（续）   吴 澄
中国游戏   董守义
儿童仿效体操（续）   唐新雨
机巧运动（续）   袁宗泽
柔软体操次序（续）   顾谷若
小学跳舞四则   顾谷若
唱歌游戏   张冠春
问答栏
消息

第二卷第 2 期

1923 年 7 月
（民国十二年七月）

第六届远东运动会的教训   麦克乐
女子竞争运动   麦克乐
运动通用分数表   麦克乐
查验身体方法   麦克乐
欧美体育史
     Dr. E. E. Leonard 著，卢颂恩译
运动之理论与实验（续）   王毅诚
医药常识（续）   赵士法
介绍小学卫生习惯应用图表   杨惟义
网球练习方法（续）   崔峙如
掷标枪   麦克乐
团体竞争（续）   吴 澄
柔软体操次序   麦克乐

儿童仿效体操	唐新雨
跳舞四则	
问答栏	
消息	

第二卷第3期
1923年9月
（民国十二年九月）

编辑小言	
运动技术标准附分数表	麦克乐
中国男女儿童年龄身高体重对照表	麦克乐
查验身体方法（续）	麦克乐
运动之理论与实验（续）	王毅诚译
运动与肌肉之发展	赵士法
医药常识（续）	赵士法
网球练习方法（续）	崔峙如
速球	麦克乐译
户内垒球	吴邦伟译
武的游戏（续）	吴蕴瑞
团体竞争（续）	吴　澄
弗斯脱氏体能测验之改良	吴蕴瑞
中国小学游戏	
机巧运动（续）	袁宗泽译
舞蹈	卢颂恩
消息	

第二卷第4期
1923年12月
（民国十二年十二月）

中华全国体育研究会章程	
中华全国体育研究会第一年成绩报告	麦克乐
编辑小言	记　者
远东运动会及中国各地运动会均改用米突制	麦克乐
文化与体育	麦克乐
健康与体育	侯文英译
欧美体育史（续）	卢颂恩
查验身体方法（续）	麦克乐
体操释名	吴蕴瑞
医药常识（续）	赵士法
军事体育	王子鹤译
掷铁饼	麦克乐
户内垒球（续）	吴邦伟译
网球练习方法（续）	崔峙如
中国小学游戏（续）	金兆均
小学舞蹈	
问答	
消息	
卫生栏	
祝词	
中国卫生会宣言及章程	
婴孩哺乳时间表	
卫生之观念	
健康教育之提倡	
剧烈运动宜有节制	
童子军公共卫生讲义	

第三卷第1期
（更名"体育与卫生"）
1924年3月
（民国十三年三月）

编辑小言	记　者
本刊改名	
一个需要的名词	
体育教员的修养引言	
查验身体方法（续）	麦克乐
体育教员的自修	麦克乐
体育与德谟克拉西	麦克乐
疲乏之研究	赵士法
医药常识（续）	赵士法

善得善失的精神　　巴格女士 V. V. Barger
户内垒球（续）　　　　　　　吴邦伟译
太阳镜　　　　　　　　　　　麦克乐
军事体育（续）　　　　　　　王子鹤译
体操释名（续）　　　　　　　吴蕴瑞
撑竿跳高　　　　　　　　　　麦克乐
叠罗汉　　　　Paskovsky 著，张维健译
卫生栏
　　学校传染病管理法
　　地方卫生组织之必要及实施计划之商榷
　　人体中之战争
　　常州卫生会纪要

第三卷第 2 期

1924 年 6 月
（民国十三年六月）

体育栏
　　编辑小言　　　　　　　　　麦克乐
　　现今童子军几个问题　　　　章辑五
　　运动生理　　　　　　　　　赵士法
　　呼吸运动的价值和方法　　　麦克乐
　　体操释名（续）　　　　　　吴蕴瑞
　　查验身体方法（续）　　　　麦克乐
　　医药常识（续）　　　　　　赵士法
　　走步　　　　　　　　　　　吴澄译
　　滚式跳高　　　　　　　　　麦克乐
　　中国游戏　　　　　　　　　金兆均
　　军事体育（续）　　　　　　王子鹤译
　　跳舞四则　　　　　　　　　胡凤英
卫生栏
　　市卫生行政　　　　　　　　胡宣明
　　卫生教授法纲要
　　小学校中卫生组织的纲要
　　学校传染病管理法（续）　　高镜朗译
　　蚊蝇的谈话　　　　　　　卫生教育会

第三卷第 3 期

1924 年 9 月
（民国十三年九月）

体育栏
　　编辑小言
　　体育为社会教育的基础　　　麦克乐
　　东南大学十三年度下学期普通体育教程
　　中华北方武术体育五十余年纪略　马　良
　　网球练习方法（续）　　　　崔峙如
　　户内垒球（续）　　　　　　吴邦伟译
　　查验身体方法（续）　　　　麦克乐
　　中国女子的运动问题　　　　柏格菲
　　踢毽术　　　　　　　　　　潘蛰虹
　　体重与体高合胸围的对照　　麦克乐
　　舞蹈　　　　　　　　　　　胡凤英
　　问答
卫生栏
　　初步卫生实习课程
　　　　医学博士、卫生学士密勒原著
　　应用生理原理医治经期困难与经期不按时
　　之病症　　　　　　　　　　胡凤英
　　疯畜咬伤症　　　　　原著者罗森绕
　　传染病的常识　　　　　　　高镜朗

第三卷第 4 期

1924 年 12 月
（民国十三年十二月）

体育栏
　　编辑小言
　　测量肺部的研究　　　　　　麦克乐
　　体育教学法
　　　　美国 Dr. William Skarstorm，张信孚译
　　社会体育问题　　　　　　　郝更生
　　作新民的伟人　　　　　　　麦克乐

美国西点陆军学校之体育	张道宏
中国女子体育的急需	张汇兰
美国之瑞典学校体操	卢颂恩
查验身体方法（续）	麦克乐
蕃薯赛跑的研究	麦克乐
我对于今日中国女子体育教员之忠告	X 女士
女子网球	潘知本
网球场之建设	潘知本
军事体育（续）	王子鹤
舞蹈	胡凤英
东南大学男生秋季教材	麦克乐

卫生栏

你要胖么	胡宣明
卫生之观念	高镜朗

瘦咬病、疯畜咬伤症

幻篮（儿童卫生新戏）

〔典藏〕总藏1—3卷（1922.5—1924.12）

　　中央教育科研所图书馆藏1—3卷（1922—1924年）

　　北京师范大学、上海图书馆藏第1卷（1922—1923年）

　　清华大学、南京大学图书馆藏第1卷1—3期（1922年）

　　湖南省中山图书馆藏第1卷1，3期（1922年）

　　北京图书馆藏第1卷3—4期（1923年）

　　首都图书馆藏第1卷4期（1923年）

　　重庆市图书馆藏第2卷（1923—1924年）

　　重庆市图书馆藏第3卷（1924年）

　　北京图书馆藏第2—3卷（1923—1924年）

　　厦门大学图书馆藏第2—3卷（1923—1924年）

　　安徽省图书馆藏第2卷1—2期（1923年）

　　南京大学图书馆藏第2卷2—4期（1923—1924年）

　　湖南省中山图书馆藏第2卷4期（1924年）

　　首都图书馆藏第3卷1—2期（1924年）

　　南京大学图书馆藏第3卷1，3—4期（1924年）

　　浙江省图书馆藏第3卷1期（1924年）

　　北京大学图书馆藏第3卷2期（1924年）

　　湖南省中山图书馆藏第3卷4期（1924年）

教育与人生
第1期—第60期
（1923.10—1924.12）

*《教育与人生》，1923年10月（民国十二年十月）创刊，在上海出版（周刊）。该刊为上海《申报》副刊，内设"体育栏"。初占两个版面，后扩充至四版。由蒋湘青担任主编。1924年12月（民国十三年十二月）出至第六十期后停刊。该栏为我国近代报纸副刊设体育专栏之嚆矢。本书收录1—10，13，15—18，20—30，32—49，55期之全部目录，其余各期（11，12，14，19，31，50—54，56—60）为部分目录。

第 1 期
1923年10月15日
（民国十二年十月十五日）

体育栏编辑之趣旨	蒋湘青
体育究竟是什么？	蒋湘青
学校体育	张钟藩

消　息
　　田径及游泳规则之改变
　　华东大学体育联合会修改章程
　　华东网球定期比赛
　　南京公共体育场创办体育专门学校
　　中国足球队连战连捷

第 2 期
1923年10月22日
（民国十二年十月二十二日）

普及游戏运动	张钟藩
运动员应具的道德	蒋湘青

消　息
　　中国足球队之捷讯
　　上海体育竞进会举行越野跑
专　件
　　"体育"投稿简章
　　上海中等学校足球联合会成立
　　日本第二次全国水泳选手权竞技大会

第 3 期
1923年10月29日
（民国十二年十月二十九日）

远东运动会的追溯	蒋湘青
妇女体育问题	王　庚
小学感应测验的报告	陈奎生
评东方八大学网球比赛	张维健
中国足球队又获胜利	

第 4 期
1923年11月5日
（民国十二年十一月五日）

游戏与人生	金兆均

足球初步练习法	吴邦伟
力学与运动之关系	吴蕴瑞
网球之力学根据	吴蕴瑞

消　息
　　日本谷氏之新纪录
　　浙江省会中校运动会预志
　　东亚爱国联合运动会预志
　　北京师范十一周年纪念运动会
　　中国足球队在澳获胜
　　上海体育竞进会第一次越野跑结果

第 5 期

1923 年 11 月 12 日

（民国十二年十一月十二日）

学校体育经费谈	张钟藩
足球"越位"的解释	吴邦伟

消　息
　　日本举行竞技预选会
　　日本加入万国运动会问题
　　浙江省会中校联合运动会
　　女高师十五周年纪念之运动游艺会
　　中国赴澳足球队定期回国
　　上海体育竞进会第二次越野跑结果
　　队球比赛汇志
　　上海足球比赛表

第 6 期

1923 年 11 月 19 日

（民国十二年十一月十九日）

本届杭州省会各校联合运动会的感想	
	麦克乐
论社会体育之重要	张维健
滚球游戏	陈奎生
中华全国体育研究会章程	
体育消息一束	

　　日本之万国竞技预选会
　　中国赴澳足球队所受之不平待遇
　　上海万国徒步竞走会规则
　　杭垣小学联合运动会
　　上海华人篮球比赛
　　中国足球队远征消息
　　苏州之足球声

第 7 期

1923 年 11 月 26 日

（民国十二年十一月二十六日）

组织运动评判委员会之必要	张钟藩
实行课外强迫运动的一个办法	金兆均
舞蹈基本练习	张信孚
篮球之预备游戏	吴蕴瑞，等

体育消息
　　中华教育改进社第二届年会体育组会议要
　　闻　　　　　　　　　　　　　　陈奎生
　　日本运动界之活跃
　　各地球讯
　　上海越野跑汇志

第 8 期

1923 年 12 月 3 日

（民国十二年十二月三日）

身体运用之效率	屠鼎瑛
实行课外强迫运动的一个办法	金兆均
篮球之预备游戏	吴蕴瑞，等
体育琐谈	沈嗣良

国外体育消息
　　美国运动联合会之田径赛大会
　　日本二大学之棒球比赛
国内体育消息
　　保定秋季网球赛之结果
　　东大运动会记事

江苏体育研究会将开委员会
各地消息

第 9 期
1923 年 12 月 10 日
（民国十二年十二月十日）

踢角球法 吴邦伟
球规琐谈 蒋湘青
东大普通科体育规程 裴熙元
篮球之预备游戏 吴蕴瑞，等
国外体育消息（二则）
国内体育消息
    全国联合运动会之先声
    八大学足球比赛汇志
    长沙体育消息二则
    各地体育消息五则
    上海发起女校联合运动
    上海球讯

第 10 期
1923 年 12 月 17 日
（民国十二年十二月十七日）

体育与人生 蒋全基
球规琐谈 蒋湘青
足球员注意 丁嘉福
英美足球小史 陈奎生
体育小言 吴蕴瑞
篮球之预备游戏 吴蕴瑞，等
体育消息
    牛津剑桥比赛足球之结果
    中国运动家留美之盛誉
    侨日华人棒球队
    济西运动消息
    南京全城联合运动会消息 吴 澄
    沪江女子体育专门学校学艺会纪略

张东屏
八大学足球比赛汇志
上海一周间球赛

第 11 期
1923 年 12 月 24 日
（民国十二年十二月二十四日）

比赛之真义 蒋湘青
篮球运动员之普通弱点 屠鼎瑛
英美足球小史 陈奎生
篮球之预备游戏 吴蕴瑞，等
体育消息一束

第 12 期
1923 年 12 月 31 日
（民国十二年十二月三十一日）

体育感言 黄雪广
对于学校体育的感言 王 庚
运动原理提要 陈奎生
玩篮球时应注意之点 王子鹤
篮球之预备游戏 吴蕴瑞，等
体育消息一束

第 13 期
1924 年 1 月 7 日
（民国十三年一月七日）

学校兵操是否有存在之价值 王 庚
体育与教育 张 恒
运动十诫 唐希贤
"深呼吸"在中国历史上的考据 陆善初
效外运动法 丁嘉福
篮球之预备游戏 吴蕴瑞，等
体育消息
    八大学足球志

上海联合比赛之余声
南通球讯
姑苏球讯

第 14 期

1924 年 1 月 14 日

（民国十三年一月十四日）

考查体育成绩之商榷　　　　　　张钟藩
效外运动法　　　　　　　　　　丁嘉福
体育教材选配之研究　　　　　　张钟藩
器械体操之评判法　　　　　　吴蕴瑞译
篮球之预备游戏　　　　　　　吴蕴瑞，等
体育消息

第 15 期

1924 年 1 月 21 日

（民国十三年一月二十一日）

为创办私立体育学校者进一言　　张钟藩
县体育指道员应具的资格　　　　甘公纳
学生体育成绩报告家庭之必要　　张钟藩
体操上几种基本动作的研究和改良　王　庚
洛克与卢梭两大哲学家之体育教育学说
　　　　　　　　　　　　　　王肇岐译
篮球之预备游戏　　　　　　　吴蕴瑞，等
体育消息
　全国运动大会之近闻
　上海中学篮球联合会成立
　南京全城联合运动会消息
江阴、怀远球讯

第 16 期

1924 年 1 月 28 日

（民国十三年一月二十八日）

游戏与工作　　　　　　　　　　裴熙元

游戏运动在教育上之价值　　　　裴熙元
体操上几种基本动作的研究和改良　王　庚
篮球之预备游戏　　　　　　　吴蕴瑞，等
体育消息
　全国运动会消息
　世界游泳新纪录
　万国运动会消息
　华中体育联合会章程草案
各地消息（九则）

第 17 期

1924 年 2 月 11 日

（民国十三年二月十一日）

兵操自有它的价值　　　　姜长麟，姜远麟
练习篮球的基本知识　　　　　　金省真
苏州教会学校体育测验成绩报告　唐希贤
篮球之预备游戏　　　　　　　吴蕴瑞，等
二分钟体操　　　　　　　　　　吴　澄
运动员须知　　　　　　　　　　杨可振
体育教员与运动员应注意之事项　李毓洁
体育消息
　万国冬季运动会消息
　东方八大学体育会开会纪
　无锡中校运动会消息

第 18 期

1924 年 2 月 18 日

（民国十三年二月十八日）

对于全国运动会的感想和贡献　　王　庚
体育之敌　　　　　　　　　　　　英
我对于学校体育训练的信条　　　张东屏
体育杂志　　　　　　　　　　　王　庚
篮球之预备游戏　　　　　　　吴蕴瑞，等
体育消息
　日本派赴万国运动会选手经费

国内体育消息三则

第 19 期
1924 年 2 月 25 日
（民国十三年二月二十五日）

学校兵操确有绝对废止的必要　　　王　庚
对于女体育同志的希望　　　　　　翦默心女士
中等学校体育经费问题　　　　　　黄伯斌
篮球游戏诀要　　　　　　　　　　张维健
篮球之预备游戏　　　　　　　　　吴蕴瑞，等
体育消息

第 20 期
1924 年 3 月 3 日
（民国十三年三月三日）

兵操与体育　　　　　　　　　　　　份
篮球罚球的重要和方法　　　　　　王叔浩
篮球记分方法　　　　　　　　　　吴蕴瑞
篮球游戏之变迁　　　　　　　　　张信孚
篮球系统攻守法　　　　　　　　　王叔浩
运动员必具之常识　　　　　　　　戴学光
篮球之预备游戏　　　　　　　　　吴蕴瑞，等
最新远东运动会田径赛规则　　　　魁　译
体育消息
　　第三次中华全国运动会通告一
　　十中学篮球联合比赛　　　　　屠鼎瑛
　　晏成篮球讯　　　　　　　　　唐希贤

第 21 期
1924 年 3 月 10 日
（民国十三年三月十日）

最近美国体育之趋势　　　　　　　张信孚
第八次万国运动会器械体操比赛标准
　　　　　　　　　　　　　　　　吴麟若译
最新远东运动会田径赛规则　　　　魁　译
中华全国运动会通告第 2 号
体育消息
　　全国运动会近闻
　　华东八大学篮球比赛记
　　上海中学篮球联合比赛消息
　　女校联合运动团近讯
　　吴门、厦门球讯

第 22 期
1924 年 3 月 17 日
（民国十三年三月十七日）

体育教师应取之态度与方针　　　　东　屏
第八次万国运动器械体操比赛标准
　　　　　　　　　　　　　　　　吴麟若译
最新远东运动会田径规则　　　　　魁　译
体育消息
　　日本政府拨款参与世界运动
　　华北运动会定期举行
　　第二届华中运动会之湘讯　　　均
　　湖北、山西、浙江、江苏筹开运动会讯
　　江苏体育研究会在苏集会
　　华东八大学篮球比赛记
　　上海十中学篮球联合比赛

第 23 期
1924 年 3 月 24 日
（民国十三年三月二十四日）

舞蹈的性质和真价　　　　　　　　翦默心女士
第八次万国运动会器械体操比赛标准
　　　　　　　　　　　　　　　　吴麟若译
第二届华中运动会通告（一）（二）
江苏体育研究会开会详志
国外消息（七则）
国内消息

全国运动会近讯
华中、华北运动会消息
各地体育讯
华东八大学篮球比赛纪
上海十中学篮球比赛纪

第 24 期

1924 年 3 月 31 日

(民国十三年三月三十一日)

中国足球队赴新西兰比赛问题　　蒋湘青
第八次万国运动会器械体操比赛标准
　　　　　　　　　　　　　　　吴麟若译
女子篮球规则的更生　　　　　　黄伯斌
国外消息（四则）
国内消息
　　华东八大学篮球比赛汇志
　　华中运动会近讯
　　湖南全省运动会通告（一）
　　浙江省体育协会开会纪闻
　　杭州、无锡球讯

第 25 期

1924 年 4 月 7 日

(民国十三年四月七日)

田径赛运动　　　　　　　　　　张信孚
第八次万国运动会器械体操比赛标准
　　　　　　　　　　　　　　　吴麟若译
华中体育发展史　　　　　　　　宋如海
武昌模范公共体育场成立始末　　宋如海
体育消息
　　英美将有国际运动会
　　檀香山女子二百二十码游泳新纪录
　　英国大学越野赛跑
　　西欧三国陆军足球比赛

华东八大学篮球比赛始末记
南京中等学校夺标赛

第 26 期

1924 年 4 月 14 日

(民国十三年四月十四日)

我国今日体育之厄运　　　　　　江孝贤
篮球比赛的一个暗通消息法　　唐希贤译
运动员应当注意的条件　　　　　张君达
第一届华中运动会报告　　　　　宋如海
体育消息
　　国外三则
　　江苏三区运动会定期举行
　　武昌师大体育近讯
　　广州孤儿院之运动会
　　粤垣联校田径赛
　　杭州球讯

第 27 期

1924 年 4 月 21 日

(民国十三年四月二十一日)

历届远东运动会成绩比较　　　　朱重明
中国赴澳洲球员申、王二君对于澳洲申明之
辩护
雪尼日报所载中国赴澳足球队交涉内幕
　　　　　　　　　　　　　　　康　译
短距离赛跑之研究　　　　　　　屠鼎瑛
中华全国运动会通告第三号
体育消息
　　日本筹备参加万国大会消息（四则）
　　中国足球队赴新西兰比赛消息
　　晋省两大体育会议
　　华东组织篮球队参加全国大会
　　华北球类比赛结束

第二次华中运动会消息
鄂省运动会
青年协会运动比赛
苏、杭体育简讯

第 28 期
1924 年 4 月 28 日
（民国十三年四月二十八日）

对于全国运动会之意见　　　　　　蒋湘青
发起中华体育协会宣言
中华体育协会简章
练习运动的基本知识　　　　　　　王彭寿
三封有关小学体育的信　　　　　　杨彬如
体育消息
　　菲律宾将于马尼拉建大体育场
　　全国运动会之反对声
　　全国运动会上海办事处二次通告
　　全国运动会函请女界参加
　　黔人筹备加入全国运动会
　　华东八大学运动会举行
　　中华体育协会之通函
　　华北球类比赛消息
　　华中运动会消息二则
　　武汉、杭州、苏州体育消息

第 29 期
1924 年 5 月 5 日
（民国十三年五月五日）

全国运动成绩的低落有关于中等学校者
　　　　　　　　　　　　　　　　黄伯斌
一个模范运动员　　　　　　　　　项翔高
第二次华中运动会湖南省会中等学校大团体
运动表演教材　　　　　　　　　　金兆均
体育消息

外国简讯（三则）
第三次全国运动大会程序纲要
全国运动会解释内容
全国运动会消息种种
华东预选赛
浙江预赛会纪闻
华中运动会次序表

第 30 期
1924 年 5 月 20 日
（民国十三年五月二十日）

运动评判员应注意之点　　　　　　张维健
足球比赛时的道德　　　　　　　　张君达
国人应注意世界运动大会　　　　　孟　阳
体育消息
　　华东八大学运动会结果
　　武汉学校联合运动会纪
　　浸会中学联合运动大会评情

第 31 期
1924 年 5 月 19 日
（民国十三年五月十九日）

全国运动会之前途　　　　　　　　萧耀南
对于将来全国运动大会发展的希望　宋如海
全国运动会与全国体育消息　　　　王　庚
全国运动会之旨趣　　　　　　　　屠鼎瑛
全国运动会感言及今后之觉悟　　　吴蕴瑞
全国运动会之往史　　　　　　　　蒋湘青
全国运动会之感想及建议　　　　　卢颂恩
第三次中华全国运动会大事记　　　止　端
第三次全国运动大会之经过及希望
　　　　　　　　　　　　　　　　郝更生
体育与运动会　　　　　　　　　　陈　冷
运动会之我见　　　　　　　　　　张钟藩

运动会与中国语言文字　　　　　马崇淦
爱国观念之体育谈　　　　　　　潘毅华
敬告健儿　　　　　　　　　　　王　庚
运动员临场须知　　　　张信孚，张维健
十三年春季各省运动会日表　　史济远编

第 32 期

1924 年 5 月 26 日
（民国十三年五月二十六日）

对于中华体育协会的希望和贡献　　王　庚
世界田径赛与游泳成绩讨论　　　余孟阳
第二届华中运动会拉杂记　　　　陈奎生
第二届华中运动会之纪录
第十一届华北运动会之纪录
全国运动会消息
湖南省运动会之游泳纪录　　　　陈奎生

第 33 期

1924 年 6 月 2 日
（民国十三年六月二日）

第三届全国运动会之感言　　　　潘毅华
第三届全国运动会之纪录
世界田径赛运动纪录
世界游泳纪录
普及体育教育之计划及体育教员之责任
　　　　　　　　　　　　　　　卢颂恩
按摩术之释意及历史　　金兆均，陈奎生译
按摩与运动成绩之关系及其方法　吴邦伟

第 34 期

1924 年 6 月 9 日
（民国十三年六月九日）

为创办远东公共体育场者进一言　张东屏

看了第三届全国运动会以后　　　萍　青
参观此次江苏省立学校第一区运动会感
　　　　　　　　　　　　　　　国　严
体育消息
　日本将举行全国女子运动会
　上海各团体慰劳全国运动会选手会纪

第 35 期

1924 年 6 月 16 日
（民国十三年六月十六日）

比赛与奖励　　　　　　　　　　陈奎生
江苏省联合运动会有组织委员会之必要
　　　　　　　　　　　　　　　朱重明
为江苏私立体育学校联合会进一忠告
　　　　　　　　　　　　　　　朱重明
角力之研究　　　　　　　　　　伍绳武
华东八大学棒球夺标比赛纪略
中国足球队出征新西兰
华东参与全国运动会之经济报告　沈嗣良

第 36 期

1924 年 6 月 23 日
（民国十三年六月二十三日）

论体操与游戏　　　　　　　　　裴熙元
角力之研究（续完）　　　　　　伍绳武
深呼吸的价值　　　　　　　　　项翔高
健身跳舞三种　　　　　　　　　裴熙元
体育消息
　上海女子运动团队赛
　上海八中学队球决赛
　体育研究会发起组织华东运动会
　体育研究会举行常会
　南洋之普及运动会
　杭州网球竞胜会

介绍"第三次全国运动会特刊"

第 37 期

1924 年 6 月 30 日

（民国十三年六月三十日）

为筹备组织全国体育总机关者进一言	蒋湘青
考查体育成绩之标准问题	张宝琛
垒球与棒球之预备游戏	金兆均
对于将来全国运动大会发展的希望	宋如海

体育消息
    司巴尔亭银杯之网球比赛
    浙江省会体育协会开会纪略

第 38 期

1924 年 7 月 7 日

（民国十三年七月七日）

学校体育问题的讨论	黄伯斌
垒球与棒球之预备游戏（续完）	金兆均
小学体育之研究	谢颐年

体育消息
    华东运动会筹备会纪要

第 39 期

1924 年 7 月 14 日

（民国十三年七月十四日）

国人对于中华全国体育协进会应具的态度	蒋湘青
中华全国体育协进会成立大会纪	沈嗣良
中华全国体育协进会章程	
第三届中华教育改进社年会体育组会议纪录	吴蕴瑞
中国足球队通信	王复旦
智慧与体育	英

体育消息
    第八届万国运动会记事
    第七届远东运动会确期
    华东运动会筹备会纪
    杭州网球竞赛会结果

第 40 期

1924 年 7 月 21 日

（民国十三年七月二十一日）

队球游戏法	吴邦伟
告友人美国体育状况	倪尚达

体育消息
    巴黎万国运动会消息
    湖南体育会之筹备
    湖南体育会章程草案

第 41 期

1924 年 7 月 28 日

（民国十三年七月二十八日）

游泳之提倡	项翔高
体育者的责任	金省真
网球要诀	吴邦伟
告友人美国体育状况书（续完）	倪尚达
巴黎万国运动会消息	

第 42 期

1924 年 8 月 4 日

（民国十三年八月四日）

练习田径赛运动者的错误观念	邹法鲁
游泳之重要	侯彧华
万国运动会田径赛成绩概论	余孟阳
南洋大学体育会组织概要	蒋凤五

体育消息

第八届万国运动会之尾声
台费斯杯网球比赛消息
小吕宋将有运动院之建筑
广东组织远东运动会游泳选手训练会
湖南省教育会暑期学校之体育教育组
　　　　　　　　　　　　　　　奎

第 43 期
1924 年 8 月 11 日
(民国十三年八月十一日)

体育训练之目的方法及其进行手续　乃康译
小学游戏教授谈　　　　　　　　　谢颐年
后期小学的非正式球类游戏　　　　杨定一
体育消息
　华东运动会筹备会定期开会
　湖南体育会已成立
　苏教厅添派体育指导员
　万国运动会闭幕后琐闻
　台费斯杯网球赛续讯

第 44 期
1924 年 8 月 18 日
(民国十三年八月十八日)

体育教员的进修问题　　　　　　　朴　民
改进体育场之我见　　　　　　　　刘锡藩
两性体育的分班和妇女体育教材的研究
　　　　　　　　　　　　　　　　王　庚
足球规例应知　　　　　　　　　　黄柏秋
谈谈游泳　　　　　　　　　　　　王　庚
体育消息
　体育研究会消息
　万国童子军大会中我国代表个人比赛之节目
　华东运动会浙江省筹备会纪略

第 45 期
1924 年 8 月 25 日
(民国十三年八月二十五日)

强健求之于己　　　　　　　　　　项翔高译
小学运动课分组练习之方法　　　　陈奎生
体操与体育　　　　　　　　　　　黄斌生
中等师范学校学生应具管理小学体育知识的
我见　　　　　　　　　　　　　　邹法鲁
客观运动和主观运动　　　　　　　杨定一
水球规则　　　　　　　　　　香港华人游泳会译
体育消息
　湖南体育会的进行
　芬兰运动家赴日比赛之消息
　四川童子军积极进行

第 46 期
1924 年 9 月 1 日
(民国十三年九月一日)

个人体育　　　　　　　　　　　　裴熙元
医学体操　　　　　　　　　　　　裴熙元
游戏教材　　　　　　　　　　　　王庚编译
篮球游戏一得　　　　　　　　　　杨彬如

第 47 期
1924 年 9 月 8 日
(民国十三年九月八日)

运动员在日常生活上应注意之点　　谢颐年
医学体操　　　　　　　　　　　　裴熙元
游泳初学浅说　　　　　　　　　　陶少甫
篮球游戏方法概略　　　　　　　　邹法鲁
单级小学运动分组问题之研究　　　陈奎生
体育消息

中国童子军代表参与万国童子军大会消息
湖南体育界欢迎卢（颂恩）、张（信孚）、袁（宗泽）三君

第 48 期

1924 年 9 月 15 日

（民国十三年九月十五日）

和体育学校同学们讨论的几个问题	邹法鲁
曲线传掷游戏	吴邦伟
中国女子体育之现在与将来	陆礼华讲，姜长麟记
小学体育应当如何	刘锡藩
学生为什么不注意体育	徐烈扬
湖南体育会章程	
体育消息	
中国足球队在新西兰比赛消息	
香港南华垒球冠军	
广东游泳成绩	

第 49 期

1924 年 9 月 22 日

（民国十三年九月二十二日）

体操教授之要点	裴熙元
浙江七中师范部体育运动之实施	张宝琛
公共运动场之选择及规则	屠鼎瑛
中国足球队远征新西兰纪略	王复旦
足球规则之修正	

第 50 期

1924 年 9 月 29 日

（民国十三年九月二十九日）

积极提倡女子体育的办法	黄翠英
改良小学体育的管理	赵海屏
公共体育场的使命	金兆均

第 51 期

1924 年 10 月 6 日

（民国十三年十月六日）

网球游戏概要	蒋湘青
网球方法	吴邦伟
网球比赛分配法	吴邦伟

第 52 期

1924 年 10 月 13 日

（民国十三年十月十三日）

敬告办运动会的校长和体育教员们	范玉麟
与芬兰选手谈话后之感言	潘毅华

第 53 期

1924 年 10 月 20 日

（民国十三年十月二十日）

大学体育训练	可燺译

第 54 期

1924 年 10 月 27 日

（民国十三年十月二十七日）

习练田径运动一得	邹法鲁
读美国体育先导沙氏事略以后	陈奎生
研究拳术之注意	赵海屏
拳术练习之程序	赵海屏

第 55 期

（小学体育号、上）

1924 年 11 月 3 日

（民国十三年十一月三日）

小学体育概论	邵可羡

小学体育应当如何　　　　　　　刘锡藩
体育消息
　　华东八大学网球决赛
　　上海组织华人足球联合会
　　上海中学足球联合会之发起
体育栏启事

第 56 期
（小学体育专号、下）
1924 年 11 月 10 日
（民国十三年十一月十日）

小学体育实施状况　　　　　　　杨彬如
急应提倡小学女生玩足球游戏的理由及方法
　　　　　　　　　　　　　　　陈奎生
初级小学六十米蕃薯跑的统计报告　陈奎生

第 57 期
1924 年 11 月 17 日
（民国十三年十一月十七日）

青年体育　　　　　　　　　　　徐亚生
体育与卫生　　　　　　　　　　钱挹青
团体运动比赛法　　　　　　　　裴熙元

第 58 期
1924 年 11 月 24 日
（民国十三年十一月二十四日）

体育学校之应行改革者　　　　　邹法鲁
教授体育之目的　　　　　　　　屠鼎瑛

东亚体育专门学校篮球队组织概况　邹法鲁
女子奖牌运动比赛法　　　　　　裴熙元

第 59 期
（足球专号）
1924 年 12 月 1 日
（民国十三年十二月一日）

我国古代之足球　　　　　　　　陈柏青
足球教学法　　　　　　　　　　沈嗣良
足球联合教学法　　　　　　　　吴邦伟
足球方法之研究　　　　　　　　陈柏青

第 60 期
1924 年 12 月 8 日
（民国十三年十二月八日）

战后体育的补救　　　　　　　　朱重明
第七次远东运动会之筹备
华东大学体育联合会历年各大学得锦标之比赛　　　　　　　　　　　　　蒋湘青
指导小学生足球游戏一得　　　　杨彬如
小学足球游戏基本动作教学法举例　陈奎生
苏四师小体育最近概况　　　　　戴驾山

〔典藏〕总藏 1—60 期（1923.10—1924.12）
　　　　清华大学图书馆、上海图书馆藏
　　　　1—60 期（1923—1924 年）
　　　　中央教育科研所图书馆藏
　　　　13，15—18，20—30，32—49 期
　　　　（1924 年）
　　　　四川省图书馆藏 52 期（1924 年）

体育研究

第 1 期

(1925.5)

*《体育研究》，1925年5月（民国十四年五月）出刊，在四川省成都市出版。刊期未定。由国立成都高等师范学校体育研究会编辑发行。编辑者段平泰、卿纠云，发行者黄远安、宋美璠。停刊日期未详，仅见第一期。本书收录此期。

第 1 期

1925年5月9日
（民国二十四年五月九日）

序	傅子东
体育目录	
卷头语	
论 著	
体育之真义	陆佩萱
我的学校体育观	陈士型
第三届全国运动会的观感（附运动成绩）	
	陈士型
对于第三届全国运动会的感想	斗 文
体育教师必要的品行与修养	友 柏
体育之意义及其价值	林兴仁
呼吸运动与人生之关系	林兴仁
心志发展和身体发展底关系	黄远安
体育对于个人之关系	刘成宗
研 究	
吾川体育不发达之原因及其补救之方法	
	伯 诚
中国国民体性上优劣何在	雨 庵
休闲教育与体育	李琼玫
与研究体育的朋友一谈	郑义宣
小学体育教材之研究	黄远安
拟学校体育成绩考查法	华 彬
体育教材之选配法	何建章
呼吸谈	邵维周
为争女权者进一助——体育	段 齐
学 艺	
为误会童子军者进一解	谢啸仙
练习器械操之一得	黄远安
童子军之宗旨何在	林兴仁
说 明	
对于怀疑体育的解释	华 彬
体育科课程之说明	吴 甯
教 材	
唱歌游戏	伯 成
仿效操	彭 璋
简易徒手呼吸操	彭 璋
农夫舞	段 齐
设计的模仿操举例	吴 甯
文 苑	
击球记	雨 庵
竹枝词十首	知 希
昆曲有何益处	雨 庵
专 载	

米勒氏早操及其学说	郭绍猷	杂 俎
米氏五分钟呼吸运动	宋美璠	成都高师体育研究会生活概况
成都高师第三次陆上运动会		国立成都高师体育研究会简章
高师校报特刊		成都高师体育研究会会员姓名录

体育世界季刊
第 1 期—第 5 期
（1927.3—1929.9）

*《体育世界季刊》，1927年3月（民国十六年三月）创刊，在上海出版。季刊。由上海良友图书印刷有限公司出版发行，编辑人余巨贤、李伟才（第二期后改为体育世界社编）。该刊为八开版面，以图画（照片）为主。1929年9月（民国十八年九月）出至第五期后，与《新银星》画报合并，改名为《新银星与体育》。本书收录《体育世界季刊》第1—5期全部目录。

第 1 期
1927 年 3 月 30 日
（民国十六年三月三十日）

发刊词
序　　　　　　　　　　　　　　伍联德
图片内容
　参加远东运动会著名选手（8幅）
　上海万国运动会之中国得奖选手合影（1幅）
　上海万国运动会内容之一瞥（8幅）
　广东参加远东运动会著名选手（11幅）
　世界体育介绍（8幅）
　赴澳比赛之南华足球队（4幅）
　英舰"学监士"之足球、拳术队（2幅）
　香港海陆军足球联赛冠军队——东沙利队（3幅）
　新年港沪足球比赛情形（12幅）
　华南体育集锦（46幅）
文字内容
体育界著名人士介绍（各附照片若干）
　张君荣汉历史
　唐福祥君小史
　华人最先之分队足球比赛队员
　最初赴美学习体育专科之华人
　美国春田大学体育社高锡威君
　体育界先觉李自重君
　李自重君在南华体育会演说词
　郭晏波君小史
　郭宝根君小史
　莫庆君小史
　梁诚信君小史
　远东足球健将梁玉堂君简介
　远东排球健将郭琳爽君简介
　香港英侨体育老将"光老头"
　咸美顿
　足球健将陈苏
　中国之垒球先进钟景福君
　技击师林世荣先生小史
体育机关是不是越多越好？
女子要注重体育么？　　　　　　　美
华东足球队赴港比赛日记　　　　李惠堂
香港球场忆旧录　　　　　　　　老　君

南华与东沙利新兵足球比赛中之一幕
Chinese Women and Physical Culture.
　　　　　　　　　　　　By Agnes Fung
Of What Usc is Football
　　　　　　　　　　　By An Old Foot-Baller
编者道

第 2 期

1927年7月30日

（民国十六年七月三十日）

最近旅澳华人足球记及首次比赛详情
　　　　　　　　　　　　　球场旧侣
介绍体育老明星照片及小史
　　许玉辉君履历　　　　　　丘纪祥
　　丘纪祥君小史　　　　　　梁无恙
介绍中国排球健将
全国运动会预选代表中国之远东选手详情记录
第八届远东运动会总秩序表
最近世界体育消息及万国运动会之成绩
欧美女子体育家介绍
论　说
　　体育与生理学之关系　　　李自重
　　运动与职业　　　　　　　仲
　　出风头和提倡体育事业　　渔
最近日本垒球大比赛情形
中国女子体育家介绍
介绍国人留学美国春田体育大学　高锡威
投稿简章

第 3 期

（远东运动会特刊）

1927年9月30日

（民国十六年九月三十日）

第八届远东运动会开幕式上致词者照片
入场式之我国代表
远东运动会史略　　　　　　　沈嗣良
欢迎辞　　　　　　　　　　　王正廷
序　　　　　　　　　　　　　黄道明
第八届远东运动会祝词
　　　　　　　　（菲总代表）亚西斯
本届大会领导人像片及致词
第八届远东运动会职员委员表
各代表团抵沪之情形
开幕礼
本届选手姓名一览
第八届远东运动会总秩序表
各项比赛情形及结果记详
第八届远东运动会八项锦标之概评　黄文建
本届锦标分数一览表
远东与世界田径、游泳最高纪录比较表
大会闭幕给奖典礼
各团离会

第 4 期

1929年1月1日

（民国十八年一月一日）

褚民谊先生之体魄（照片）
中华体育协进会董事
中央国术馆考试
田径赛规则（远东运动会订）
第九次世界运动大会详情及成绩纪录
新订垒球规则
中央大学区各中学联合运动会
国内球类比赛
篮球规则（远东运动会订）
上海万国长途竞走
复旦大学运动会
人体美及歌舞
编辑余谈

第 5 期

1929 年 9 月 1 日
（民国十八年九月一日）

党国要人体育家褚民谊先生题赠本报
广东全省运动大会介绍
上海复旦排球队
林珠江领导之旅美篮球队
全国分区足球比赛
第三届江大运动会
新订足球规则
华东华北与天津西商比赛足球
国技
光华之网球锦标队
香港南华之排球
新订排球规则
华侨体育
马来亚华侨足球队莅粤
南华体育会同人联欢大会
暨南足球获三届江大冠军
美国足球
上海万国竞走
编辑余谈

〔典藏〕总藏 1—5 期（1927.3—1929.9）
北京大学、吉林大学图书馆藏 1—5 期（1927—1929 年）
清华大学、南京大学、四川省图书馆藏第 3 期（1927 年）

体 育

第一卷第1期—第二卷第1期

（1927.5—1931.4）

*《体育》，1927年5月（民国十六年五月）创刊，在北京出版。月刊，自第一卷第3期起改为季刊。由北京体育杂志社编辑并出版，郝更生任总编辑。停刊日期不详，第一卷出版1—5期，第二卷第1期改在辽宁东北大学出版。本书全部收录。

第一卷第1期

1927年5月15日
（民国十六年五月十五日）

序	周贻春
题词	谭毅武
积健为雄	范源廉
自强不息	颜惠庆
关于体育问题与克伯屈教授的谈话	郝更生
体育与"努力时期"	曹云祥
为提倡学校体育事忠告各校校长	章辑五
普及学校体育的几个提议	涂 文
儿童与游戏	李飞云
我国体育用品自给的问题	李 腾
我对于中国体育的几个问题	董守义
我对于中等学校体育设施之意见	魏树桓
全世界远东全国田径赛成绩记录一览表	尹鸿训，宋建铭，余永祚

卫生栏
　卫生概论　　李子云大夫讲，武三多记
　本杂志启事

1915 HOPES FOR CHINA, S ATHLETIC ADVANCE
　　　　　　　　　　LUCIUS C. PORTER

SOME NOTES ON ATHLETICS
　　　　　　　　　　FU-TIEN CHEN

第一卷第2期

1927年6月15日
（民国十六年六月十五日）

插 画
　民国十四年全国运动大会中之舞蹈
　第六次远东运动大会中之起跑姿势
　北京各校本年春季体育进展之一斑（一）
　（二）（三）（四）（五）（六）（七）（八）
　（九）（十）（十一）

言论栏

十年来我国之体育	郝更生
娱乐	高 梓
乡村教育与妇女体育	龚业雅
现代我国体育发展上之缺点	宋建铭
中国体育之背景	余永祚
体育与社会	李 芸
体育家与社会	杜庭修

研究栏

瑞典式体操	屠鼎瑛译
跳舞	顾谷若
小学体育教员学识之商榷	杜庭修

武术之讨论　　　　　　　　杨文辉
棒球　　　　　　　　　　　王慎名
杂谈栏
　为本届远东运动会中国选手诸君子进一言
　　　　　　　　　　　　　杜庭修
　我国体育之我见　　　　　尹鸿训
　现代体育上批评之一斑　　尚树梅
　关于远东运动会一个简单的提议　杜庭修
卫生栏
　卫生概论（续前）
　　　　　　　　李子云大夫讲，武三多记
　体育与康健　　　　　　　格兰大夫
　康健之要素　　　　　　　李广勋大夫
通信栏
　今年北京中等以上学校体育联合会之工作
　及我的感想　　　　　　　魏树桓
　北京"高夫"球本年发展概况　梁致祥
　全球体育新闻一束

第一卷第3期

1927年10月15日
（民国十六年十月十五日）

本杂志启事四则
插　画
　第八届远东运动大会中日菲三国职员及选
　手全体摄影
　（一）大会开幕礼
　（二）获得本届足球锦标中国足球队
　（三）获得本届网球锦标中国网球队
　（四）获得本届排球锦标中国排球队
　（五）获得本届游泳锦标菲律宾游泳队
　（六）获得本届田径赛锦标日本田径赛队
　（七）获得本届棒球锦标日本棒球队
　（八）获得本届篮球锦标菲律宾篮球队
　（九）女子排球表演优胜之日本队
　（十）中国女子排球队
　（十一）日本篮球队
　（十二）菲律宾足球队
　（十三）日本排球队
　（十四）日本足球队
　（十五）菲律宾排球队
　（十六）大会田径赛中跳高栏之姿势
第八届远东运动大会会场全图
远东运动大会史略　　　　　钱一勤
远东运动会组织之经过及其历届比赛之成
绩——附录历届成绩总表
　　　　　　　　佟振家，黄金鳌合译
我底第八届远东运动会观　　董守义
我对于第八届远东运动大会中篮球游泳及田
径赛的管见　　　　　　　徐国祥
远东运动会札记（第八届）　杜庭修
第八届之远东运动会　　　　心一冷辑
本届远东运动会之感言　　　蒋桥荪
参观第八届远东运动会记　　谢似颜
第八届远东运动会八项锦标之概评　黄文建
天津大公报关于本届远东运动大会之"社
评"——
　（一）勉华北运动界
　（二）今后之体育问题
　（三）望社会有力者奖励体育
第八届远东运动会之女子体育观　张汇兰
上海申报教育消息栏远东运动大会特刊（十
六年八月二十七日至九月五日）——
　远东运动会之感想　　　　　默
　欢迎辞　　　　　　　　会长王正廷
　对于本届大会之希望　中国总代表张伯苓
　远东运动会史略　　　名誉干事沈嗣良
　历届远东锦标一览表
　中日菲三国选手实力之比较　昂千
　远东运动会之组织及胜负计算法　蒋湘青
　大会职员及协会职员兼竞赛委员
　会场布置之情形
　各场参观指南　　　　　　吴邦伟

八日总秩序表
三国次序之礼节
三国选手之名单
第八届远东运动会之希望　　　武廷琛
祝辞　　　　　　　　菲总代表亚西斯
开幕盛况
会场一瞥（大会第一日）
足球锦标—中国大胜日本
篮球锦标—中国胜利日本败
网球锦标—中国单打大胜菲律宾
排球锦标—中国军痛击日本队
棒球锦标—日以六对零胜中
游泳—预赛成绩（第一次）
田径锦标—预赛及决赛之各组名单
远东运动会的断片（第一日）　金华亭
余之会场见闻（大会第一日）　林达仓
日本参加之使命　　日总代表平沼亮三
会场概况（大会第二日）
网球锦标—双打中国大胜菲律宾
棒球锦标—日本又胜菲律宾
排球锦标—菲胜日
篮球锦标—菲律宾胜日本
田径锦标—预赛成绩（大会第二日）
游泳锦标—决赛结果（大会第二日）
女子排球表演—日胜中
男生团体表演
童子军服务与表演
看了运动以后的几句话　　　　张寄涯
远东运动会的断片（第二日）　金华亭
会场速记（大会第二日）　　　林达仓
会场情形（大会第三日）
排球锦标—中国队大胜菲律宾
中日菲三国球类成绩表（大会第三日）
棒球锦标—中以四与三战败菲律宾
田径锦标—日本获得锦标
本届远东纪录与世界纪录之比较
网球锦标—中菲单打赛中弃权

篮球锦标—菲律宾胜中国
足球锦标—日胜菲
游泳锦标—预赛成绩（大会第三日）
全能锦标—（各项次序及名单）
女子网球表演—中日表演日本缺席
乒乓表演—（比赛规序）
女生表演国粹体操
会场拾遗（大会第三日）　　　寄　涯
会场概述（大会第四日）
排球锦标—中国又大胜日本
中日菲八项锦标成绩表（大会第四日）
网球锦标—中日两单打中全胜
篮球锦标—中国再胜日本
游泳锦标—菲获得锦标
全能运动—比赛结束（大会第四日）
棒球锦标—日本获得锦标
女子排球表演—日本获表演胜利
乒乓表演—个人锦标比赛
远东运动会的断片（第三及第四两日）
　　　　　　　　　　　　　　金华亭
三国竞争之形势（大会第五日）　昂　千
远东运动会之职员会议
足球锦标—中国夺得锦标
网球锦标—中日双打各胜两盘
篮球锦标—菲律宾大胜日本
棒球锦标—菲律宾再战再北
全能锦标—日本获得锦标
乒乓表演—日获团体赛锦标
三国游泳选手之总评
公开田径赛—选手名单
日本幸得总锦标　　　　　　　昂　千
网球锦标—中日双打仍无胜负（大会第六日）
八种锦标三国成绩表（大会第六日）
棒球锦标—中国二胜菲律宾
篮球锦标—菲律宾夺得锦标
排球锦标—菲胜日

公开足球锦标—中国痛击犹太队
公开网球锦标—第三日比赛结果
公开田径锦标—第一日比赛成绩
我国田径赛失败原因及救济方法　　陈奎生
远东运动会的断片（第六日）　　　金华亭
国民性之表现　　　　　　　　　　一　得
排球锦标—中国夺得锦标
八种锦标三国成绩表（大会第七日）
欢宴会—三国代表之演说均以提倡体育增加友谊相勉
公开网球锦标—第四日比赛结果
公开田径锦标—比赛各项总结果
公开足球锦标—英国大胜日本
各团体之欢送
选手比赛与普及体育的关系　　　　陈奎生
再论日本幸得总锦标　　　　　　　昂　千
网球锦标—中国毕竟得锦标
八届以来锦标一览
女子网球表演—中日单打结果
大会闭幕给奖
奖品一览
公开棒球锦标—中国得锦标
公开网球锦标—单打结果
公开足球锦标—中英剧战英得锦标
八种锦标之结束（上）
欢送会之盛况
东亚体育教育会成立记
编辑余话　　　　　　　　　　　　崇　淦
远东运动会之尾声　　　　　　　　昂　千
八种锦标之盛况（下）
中日乒乓表演概论
上海时报中关于本届大会之言论（十六年八月二十七日至九月五日）
敬告参与远东运动会之全国青年　　万　叶
告健儿　　　　　　　　　　　　　王　庚
大会给与我们的教训　　　　黄警颃，王庚
浩灵运动　　　　　　　　　　　　万　叶

对于本届大会之感言　　　　黄警颃，王庚
北京体育学会发起纪略　　　　　　姚鼎新
辑余小言　　　　　　　　　　　　郝更生

第一卷第4期

1928年3月15日

（民国十七年三月十五日）

本杂志启事（四则）
北京清华学校暑期体育学校简章
插　画
　　华北第十二次运动大会
　　范静生先生遗像
　　范静生先生遗墨
范静生先生与运动界　陈筱田口述，征言记
康健教育之重要　　　　　　　　　袁敦礼
今后我国学校体育实施之我见　　　曾绍兴
体育论文索引　　　　　　　　　　彭文余
心身相关论　　　　　　　　　　　曾绍兴
星期六卫生谈　　　　　　　　　　沈　浩
篮球　　　　　　　　　　　　　　董守义
中学校中田径赛运动如何才能进步　魏树桓
中小学体育教材栏
　1. 编辑小言　　　　　　　　　　高　梓
　2. 乐哉磨磨郎　　　　　　　　　唐贯译
　3. 及时行乐　　　　　　　　　　唐　赟
　4. FOUR DANCE　　　　　　　　顾谷若
　5. THREE MEN, S POLKA　　　　顾谷若

第一卷第5期

1929年5月

（民国十八年五月）

本杂志启事
插　画
　一、华北女子队球比赛(在山西太原举行)
　二、全国国术考试大会(角力姿势之近观)

三、全国分区足球比赛（华北队与华东队）

四、华东球门接球姿势（盘马弯弓惜不发）

今后国民体育上之建设　　　　　　郝更生

新书介绍　　　　　　　　　　　　郝更生

学校体育设备之调查（附图）　　　尚树梅

体育的目的　　　　　　　　　　　郭刁萍

中小学体育教材栏

　一、"分数奖励法"与体育之普及　高梓译

　二、MALLELROK（丹国土风舞）

　　　　　　　　　　　　　　　顾谷若译

　三、SWEET KATE（英国土风舞）

　　　　　　　　　　　　　　　顾谷若译

讲义栏

　一、体操专论（待续）　　　　曾仲鲁编

　二、体育原理纲要　　　　　　郝更生译

　三、体育教授法大纲　　　　　许民辉讲

　四、游泳教授法　　　　马约翰，涂文译

近半年来华北体育界大事记　　　　滕树谷

第二卷第1期

1931年4月15日

（民国二十年四月十五日）

校长题词　　　　　　　　　　　　张汉卿

插　画

　张汉卿校长体育生活之一斑

　东北大学教育学院体育专修科全体摄影

　东北大学教育学院附设辽宁体育专修科全体摄影

我国体育人材之培植问题　　　　　郝更生

反应时间之重要及其研究　　　　　吴蕴瑞

测验篮球运动员及篮球队之方法　　宋君复

排球发球训练法　　　　　　　　　许民辉

身体形式与运动成绩之关系

　　　　　W. KOLRAUSCH 著，吴蕴瑞译

简易运动　　　　　　　　　　　　高　梓

发展东北童子军教育之我见　　　　夏云浦

今后国术授受上之改善　　　　　　李剑华

"篮球队"之进攻术　　　　　　　　宋君复

二百米及四百米跳栏之置栏法

　　　　　　　　胡安善，徐广慧，程学仁

四百米中栏在四百米曲式跑道上之放置法

　　　　　　　　　　　　　　　　王锡九

田径运动　　　　　　　　白富云，傅宝瑞

手球　　　　　　　　　　　　　吴蕴瑞译

女子篮球练习法　　　　　　　　　宋君复

抛石子运动之研究　　　　　　　　宋毓泉

足球越位之图解　　　　　　　　　宋君复

东北大学体育专修科附设辽宁体育专修科学程及其说明

〔典藏〕总藏第一卷1—5，第二卷1期（1927.5—1931.4）

　北京大学、清华大学藏第一卷1—5期（1927—1929年）

　北京图书馆藏第一卷1—4期（1927—1929年）

　四川省图书馆藏第一卷1，4—5期（1927—1929年）

　南京大学图书馆藏第一卷4—5期（1929年）

　上海图书馆藏第一卷5期（1929年）

　首都图书馆藏第一卷3—4期（1927年）

　首都图书馆藏第二卷1期（1928年）

　北京图书馆藏第二卷1期（1931年）

　北京大学图书馆藏第二卷1期（1931年）

体育杂志
第 1 期—第 3 期
(1929.6—1931.6)

*《体育杂志》，1929年6月（民国十八年六月）创刊，在南京出版。半年刊。由南京国立中央大学中央体育研究会编辑出版。1931年6月（民国二十年六月）出版至第3期后停刊。本书收编第1—2期。

第 1 期
1929年6月30日
（民国十八年六月三十日）

题　词　　　　　　　　　　　　　　王正廷
照　片
　　获得首都足球联合会锦标之中央大学足球队
　　中央大学AB两组篮球队
　　中央大学教育学院体育科全体教职员
论著及译述
　　美德体育之近况及吾国体育今后之趋势
　　　　　　　　　　　　　　　　　吴蕴瑞
　　自然活动　　　　　　　　　　　袁敦礼
　　女子体育普及之我见　　　　　　张汇兰
　　国技论略自序　　　　　　　　　徐　震
　　颈项与胸围的研究　　　　　　　王　庚
　　跑道之形式及其计算方法　　　　吴蕴瑞
　　游戏与教育　　　　　　　　　　陈柏青
　　便秘的原因及预防方法　　　　　赵士法
　　运动成绩的进步有限制的还是无穷的
　　　　　　　　　　　　　　　　　吴蕴瑞
　　练习跳高之研究　　　　　　　　金兆均
　　替换赛跑　　　　　　　　　　　吴蕴瑞
　　从第八届远东运动会中日菲三国选手职业
　　的调查批评三国的体育　　　　　金兆均
　　足球练习法　　　　　　　　　　王毅诚
　　闪球　　　　　　　　　　　　　孙征和
　　团体篮球　　　　　　　　　　　金兆均
　　自然体操　　　　　　　　　　　吴　澄
　　游泳的鱼跃动作二十则　　　　　王子鹤
　　秘密旗语　　　　　　　　　　　姜荣林
　　初中体育科课程标准草案　　　　袁敦礼
　　国立中央大学体育概况　　　　　吴蕴瑞
附　录
　　国民体育法
　　国立中央大学教育学院体育科现任教职员录
　　国立中央大学教育学院体育科同学最近调查表
　　中央体育研究会章程草案

第 2 期
1929年12月（民国十八年十二月）

照　片
　　中央大学体育科教职员学生全体摄影
　　世界中距离赛跑家德人柏尔采氏来校表演摄影
论著及译述
　　校际竞赛　　　　　　　　　　　袁敦礼

普及体育之意见	吴蕴瑞
大学校女子体育专科之设施概要	张汇兰
运动及训练期间血液变化之特征	赵士法
一九四〇年体育测验之程序	吴蕴瑞
体育建筑	吴蕴瑞
一个不规则的场上建筑适宜跑道的计算法	吴蕴瑞
足球练习法	王毅诚
游泳救护法	姜学臣
竞赛运动与全体学生	袁敦礼
推铅球	吴蕴瑞
学生运动系统之个人竞技运动实施法	金兆均
一九二九—三〇年篮球规则之增改	王毅诚
机巧运动	王子鹤
学技卫生	王 庚
女子篮球练习法	孙征和

附 录

高级中学普通科体育暂行课程标准
中大体育科章程
中央大学教育学院体育科十九年暑假新生入学试验简章

〔典藏〕总藏1—3期（1929.6—1931.6）
　　　　南京大学图书馆藏1—2期
　　　　（1929—1931年）
　　　　湖南省中山图书馆藏1，3期
　　　　（1929—1931年）
　　　　上海图书馆藏3期（1931年）

新体育

第一卷第 1 期—第一卷第 3 期

(1930 年 3 月—1930 年 10 月)

*《新体育》，1930 年 3 月（民国十九年三月）创刊，在北平出版。季刊。由北平中华乐社编译部编辑兼发行，谢似颜等编辑。停刊日期未详，仅见第一卷第 1—3 期，本书收录第一卷第 2、3 合期目录。

第一卷第 2、3 合期

1930 年 10 月 10 日
（民国十九年十月十日）

封面 GUTS MUTHS 像	
GUTS MUTHS 略传	谢似颜
体育之价值	邱 椿
美国体育之新潮	方万邦
身体运动之发生	曾仲鲁
运动家的身体与传染病的关系	周振禹
国术生理学摘要	张鉴唐
新时代的生活与竞技运动	张秀山
女子体育之我见	沈瑞珍
舞蹈略史（二）	柯政和
生体机能与哲学的关系（二）	柯政和
怀陈元斌先生	谢似颜
救急法（二）	金 浩
北平市立师范附属小学校一学期的体育实施计划	马永春
游戏教材	金复庆
参加全国运动大会以后	赵文选
第九届远东运动会之成绩及其感想	谢似颜
小学体育我见	俞子箴

〔典藏〕总藏第一卷 1—3 期（1930.3—1930.10 年）

北京图书馆藏第一卷 1 期（1930 年）

原杭州大学体育系（现浙江大学教育学院体育系）资料室藏第一卷 2、3 期（1930 年）

国术周刊

第 1 期—第 169 期

(1930.5—1936.5)

*《国术周刊》，1930年5月（民国十九年五月）创刊，在南京出版。周刊。由南京中央国术馆编行。主要编校者有张之江、唐豪、姜容樵、金一明、陈敦正、骨以谦等人。该刊初为《文化日报》副刊，四开单张纸发行，13期后改单行本独立发行。1932年2月（"一二八"事变后）一度停刊，共出78期。1932年9月复刊，期号续前。1936年5月（民国二十五年五月）停刊，计出版1—169期。本书收录：第30—34，37—42，44—47，49，51—57，59—61，64—66，72，77—169期。

第 30 期

1931年1月11日
（民国二十年一月十一日）

梅花刀	吕光华，李元智
国术文献丛刊（续）	范生编
日本归来以后的一个报告	范 生
中央党部国术研究会成立大会演讲词（续）	
	刘纪伦记

第 31 期

1931年1月18日
（民国二十年一月十八日）

梅花刀	吕光华，李元智
谈片	友 三
国术文献丛刊（续）	范生编
日本归来以后的一个报告（续）	范 生

第 32 期

1931年1月25日
（民国二十年一月二十五日）

梅花刀	吕光华，李元智
国术文献丛刊	范生编
游日本东京游就馆后的感想	兴 城
武术在体育上的地位	振
BOXING 的译名	范 生
日本归来以后的一个报告	范 生

第 33 期

1931年2月1日
（民国二十年二月一日）

民国二十年告诫本馆同志书	张之江
游日本东京游就馆后的感想（续）	兴 城
武术在体育上的地位（续）	振

| 梅花刀 | 吕光华、李元智 |
| 古今刀剑录 | 范生编 |

第 34 期

1931年2月15日
（民国二十年二月十五日）

日本归来以后的一个报告	范　生
太极拳不是内家拳、内家拳不是太极拳的证据	范　生
梅花刀	吕光华、李元智
古今刀剑录	陶弘景
告爱读本刊的诸君	范　生

第 37 期

1931年3月15日
（民国二十年三月十五日）

为国术比赛事致全国运动大会筹备委员会函	张之江
武侠小说与电影的流毒	范　生
日本归来以后的一个报告	范　生
太极拳不是内家拳、内家拳不是太极拳的证据	范　生
西洋的拳斗	高　明
梅花刀	吕光华、李元智
古今刀剑录	陶弘景

第 38 期

1931年3月22日
（民国二十年三月二十二日）

为本届全国运动大会国术比赛事宜致各省市国术馆	电　一
为本届全国运动大会国术比赛事宜致各省市国术馆	电　二
太极拳不是内家拳、内家拳不是太极拳的证据	范　生
答杭州许义伯	范　生
古今刀剑录	陶弘景
梅花刀	吕光华、李元智
中华全国体育协进会董事会议决明年派业余国术专家参加世界运动会	编　者
附告	编　者

第 39 期

1931年3月29日
（民国二十年三月二十九日）

日本归来以后的一个报告	范　生
太极拳不是内家拳、内家拳不是太极拳的证据	范　生
西洋的拳斗	高　明
答范生先生所询八点	许禹生
浙江省国术馆复本馆调查太极拳家年岁函	张人杰
古今刀剑录	陶弘景
答杭州许义伯	范　生
好一个勇于私斗者	家　武
余渖	范　生

第 40 期

1931年4月5日
（民国二十年四月五日）

国术竞技化的一个理由	范　生
日本归来以后的一个报告	范　生
太极拳不是内家拳、内家拳不是太极拳的证据	范　生
西洋的拳斗	高　明
刘玉春小传	范　生
致范生先生书	许禹生
请取缔武侠电影的第一声	编　者
余渖	范　生

第 41 期

1931 年 4 月 12 日
(民国二十年四月十二日)

日本归来以后的一个报告	范　生
太极拳不是内家拳、内家拳不是太极拳的证据	范　生
刘玉春小传	范　生
十八般武艺	杨延芳
西洋的拳斗	高　明
论宋谱太极拳源之谬致许禹生先生书	范　生
武术书目提要	范　生

第 42 期

1931 年 4 月 19 日
(民国二十年四月十九日)

劝勉女同志应注重体育国术	张之江
在浙江省国术馆的演讲词	范　生
日本归来以后的一个报告	范　生
太极拳不是内家拳、内家拳不是太极拳的证据	范　生
太极操	褚民谊
柔道	金之铮
西洋的拳斗	高　明
十八般武艺	杨延芳
武术书目提要	范　生

第 44 期

1931 年 5 月 3 日
(民国二十年五月三日)

西洋的拳斗	高　明
太极操	褚民谊
柔道	金之铮
日本归来以后的一个报告	范　生
复李剑华先生函	范　生
致范生先生函	李剑华
复一个尊重国术者的信	范　生
致编者函	一个尊重国术者

第 45 期

1931 年 5 月 10 日
(民国二十年五月十日)

柔道	金之铮
黄解内家拳诀叙	
太极操	褚民谊
西洋的拳斗	高　明
十八般武艺	杨延芳
复一个尊重国术者的信	范　生

第 46 期

1931 年 5 月 17 日
(民国二十年五月十七日)

中央国术馆三周年纪念大会宣言	
中央国术馆三周年纪念题词	王宠惠
中央国术馆三周年纪念赠言	李烈均
中央国术馆三周年纪念词	张　群
柔道（续）	金之铮
告读者	编者附

第 47 期

1931 年 5 月 24 日
(民国二十年五月二十四日)

中央国术馆三周年纪念祝词	
柔道与学理	金之铮
柔道	金之铮
太极操	褚民谊
西洋的蹋跤	高　明译
十八般武艺	杨延芳
民国二十年全国运动大会国术比赛规则	

余音　　　　　　　　　　　　　编者

第 49 期

1931 年 6 月 7 日
（民国二十年六月七日）

柔道　　　　　　　　　　　　金之铮
太极操　　　　　　　　　　　褚民谊
西洋的蹞跤　　　　　　　　　高明译
十八般武艺　　　　　　　　　杨延芳
对国术史的观念　　　　　　　陈家让
民国二十年全国运动大会国术比赛规则
尾声　　　　　　　　　　　　编者

第 51 期

1931 年 6 月 20 日
（民国二十年六月二十日）

言 论
　佛学与国术　　　　　　　太虚法师讲
　对国术史的观念　　　　　陈家让
著 述
　太极操　　　　　　　　　褚民谊
　柔道　　　　　　　　　　金之铮
　西洋的蹞跤　　　　　　　高明译
杂 俎
　中央国术馆奖励国术同志贡献发明暂行办法
　提倡国术十要义　　　　　内政部
编 后

第 52 期

1931 年 6 月 28 日
（民国二十年六月二十八日）

论 说
　佛学与国术　　　　　　　太虚法师讲
　对国术史的观念　　　　　陈家让
　国学与国术　　　　　　　支山

著 述
　太极操　　　　　　　　　褚民谊
　柔道　　　　　　　　　　金之铮
　十八般武艺　　　　　　　杨延芳
杂 俎
　民国二十年全国运动大会国术比赛规则
编 后

第 53 期

1931 年 7 月 5 日
（民国二十年七月五日）

论 说
　佛学与国术　　　　　　　太虚法师讲
　对国术史的观念　　　　　陈家让
著 述
　柔道　　　　　　　　　　金之铮
　太极拳探源　　　　　　　陈志进
　十八般武艺　　　　　　　杨延芳
杂 俎
　民国二十年全国运动大会国术比赛规则
编 后

第 54 期

1931 年 7 月 11 日
（民国二十年七月十一日）

论 说
　为定国术为国操事呈国府文　张之江
　褚民谊先生在东吴大学讲太极操
著 述
　柔道　　　　　　　　　　金之铮
　太极拳探源　　　　　　　陈志进
　十八般兵器　　　　　　　杨延芳
杂 俎
　民国二十年全国运动大会国术比赛规则
　（附搏击护具图样）
编 后

第 55 期

1931年7月18日
（民国二十年七月十八日）

著 述
　柔道　　　　　　　　　　　金之铮
　拳斗的片言　　　　　　　　陈家让
　拳斗　　　　　　　　　　　金之铮
　太极拳探源　　　　　　　　陈志进
　十八般兵器　　　　　　　　杨延芳
杂 俎
　民国二十年全国运动大会国术比赛规则
　中央国术馆体育传习所第一次常务会议纪录
编 后

第 56 期

1931年7月28日
（民国二十年七月二十八日）

言 论
　馆长对全体员生训话补志　　尹再光
著 述
　柔道　　　　　　　　　　　金之铮
　拳斗　　　　　　　　　　　金之铮
　太极拳探源　　　　　　　　陈志进
杂 俎
　民国二十年全国运动大会国术比赛规则
编 后

第 57 期

1931年8月3日
（民国二十年八月三日）

著 述
　柔道　　　　　　　　　　　金之铮
　拳斗　　　　　　　　　　　金之铮

杂 俎
　关于达摩事迹的一些资料
　中央国术馆体育传习所第二次常务会议纪录
　民国二十年全国运动大会国术比赛规则
编 后

第 59 期

1931年8月22日
（民国二十年八月二十二日）

言 论
　东游感想录　　　　　　　　张之江
　为怀疑国术——青白世界的记者进一言
　　　　　　　　　　　　　　陈家让
著 述
　柔道　　　　　　　　　　　金之铮
　拳斗　　　　　　　　　　　金之铮
　太极拳探源　　　　　　　　陈志进
编 后

第 60 期

1931年8月29日
（民国二十年八月二十九日）

言 论
　东游感想录　　　　　　　　张之江
　武侠电影与国术　　　　　　尹再光
著 述
　柔道　　　　　　　　　　　金之铮
　拳斗　　　　　　　　　　　金之铮
　太极拳探源　　　　　　　　陈志进
　朔方大侠传　　　　　　　　矢强生

第 61 期

1931年9月6日
（民国二十年九月六日）

言 论

中央国术体育专门学校筹募基金委员会宣言草案
 东游感想录   张之江
著 述
 柔道   金之铮
 拳斗   金之铮
 太极拳探源   陈志进
小 说
 朔方大侠传   矢强生

第 64 期
1931 年 9 月 28 日
（民国二十年九月二十八日）

东游感想录   张之江
寿盐山张上将军歌   黄乃桢
龙形剑法之一气   姜容樵
柔道   金之铮
拳斗   金之铮
龙形剑法之八面九路   姜容樵
国难声中的国术周刊征求抗日救国的文字
            陈家让
为日兵暴行我东北告国术家临事启事
            陈家让

第 65 期
1931 年 10 月 3 日
（民国二十年十月三日）

东游感想录   张之江
普及国术议   李
龙形剑法之历史   姜容樵
拳斗   金之铮
国术练习者呼吸作用之分析
预告
朔方大侠传   矢强生

日本暴力所及处（插图） 兴 国
沈城的那晚
献给青年救国同志   潘玉林
征求抗日救国的文字

第 66 期
1931 年 10 月 10 日
（民国二十年十月十日）

言 论
 东游感想录   张之江
 答复崇恭君之瞎提倡和瞎反对 姜容樵
 对于陈君志进太极拳探源一篇之感想
            陈宝璩
 复上海市国术馆函
著 述
 柔道   金之铮
 本刊两周年的呼声
 献给青年救国同志   潘玉林
 由冯庸大学而联想到国术 陈家让
编 后

第 72 期
1931 年 11 月 28 日
（民国二十年十一月二十八日）

言 论
 东游感想录   张之江
 对于国术家之小贡献   姜容樵
著 述
 柔道   金之铮
 拳斗   金之铮
余 兴
 姚意欣传   姜容樵
 摔角亦有暗器也   兴 国
编后的几句话

第 77 期
1932 年 1 月 16 日
(民国二十一年一月十六日)

言 论
 国术概论   张剑泉
 太极拳与静坐相同之意   陈微文
著 述
 国术源流   姜容樵
 拳斗   金之铮
文 苑
 忆李景林先生之演说   矢强生
 技击家赵邃弇小传   姜容樵
插 图   姜宗霙

第 78 期
1932 年 1 月 24 日
(民国二十一年一月二十四日)

言 论
 最新搏击术序   张之江
 武术小言   韩慕侠
著 述
 国术源流   姜容樵
 拳斗   金之铮
文 苑
 姜宗霙女士小传   尹再光
 新旗袍足以亡国   姜容樵
小 说
 神州十八侠   矢强生
紧要启事

第 79 期
1932 年 9 月 17 日
(民国二十一年九月十七日)

小 评
 张之江先生著国术与国难序   钮永建
 复刊的几句话   兴
 全国体育会议所得的感想
专 著
 搏击   金之铮
 国术源流   姜容樵
 中央国术馆国术体育班招生简章
余兴种种
 苗刀考证   赵正清
 曹操剑   半狂
 九一八与九一七   兴
简 报
编 后

第 80 期
1932 年 9 月 24 日
(民国二十一年九月二十四日)

小 评
 敬劝女同胞速练国术备纾国难书   张之江
 国术派别谈   竺永华
专 著
 搏击   金之铮
 国术源流   姜容樵
 中央国术馆国术体育班招生简章
余兴种种
 谈大刀队   李亲民
 宇宙矛盾   兴
简 报
代 邮

第 81 期
1932 年 10 月 1 日
(民国二十一年十月一日)

小 评
 今后之国民体育问题   大公报

国术中之四步功夫　　　　　姜容樵
专　著
　　国术源流　　　　　　　　　姜容樵
　　中央国术馆体育班招生简章—附女生自备生招生简章
余兴种种
　　张之江之国术救国谈　　　时事新报
　　铁布衫　　　　　　　　　　寄　沧
简　报
编　后

第 82 期

1932 年 10 月 8 日

（民国二十一年十月八日）

小　评
　　国术与体育（异同之辩证）　张之江
　　国术中之四步功夫　　　　　姜容樵
专　著
　　国术源流　　　　　　　　　姜容樵
插　图
　　太极操口诀　　　　　　　　褚民谊
余兴种种
　　短评—太极拳与野战　　　　兴
　　国术馆全体职员朝习国术有感　云　青
简　报

第 83 期

1932 年 10 月 15 日

（民国二十一年十月十五日）

小　评
　　劈刺术在战场冲锋格斗的效用　张之江
　　国术中之四层道理　　　　　姜容樵
　　怎样去纪念国庆　　　　　　兴
专　著
　　国术源流　　　　　　　　　姜容樵

　　国术文献集成
余兴种种
　　铁布衫　　　　　　　　　　寄　沧
　　李成斌之自由车表演　　　　矢强生
简　报

第 84 期

1932 年 10 月 22 日

（民国二十一年十月二十二日）

小　评
　　敬劝同胞速练国术备纾国难书　张之江
　　怎样去纪念国庆　　　　　　兴
专　著
　　国术源流　　　　　　　　　姜容樵
　　国术文献集成
插　图
余兴种种
　　苗刀考证　　　　　　　　　姜容樵
　　课余随笔　　　　　　　　　吴芳林
　　国术名称对　　　　　　　　矢强生
简　报

第 85 期

1932 年 10 月 29 日

（民国二十一年十月二十九日）

小　评
　　大刀队奏奇功于沪上　　　　张之江
　　评论形意八卦太极之原理　　孙禄堂
插　图
专　著
　　火法及救济法　　　　　　　金之铮
　　国术源流（十一续）　　　　姜容樵
　　国术文献集成（续）
余兴种种
　　太极拳考证一　　　　　　　姜容樵

朱国福同志　　　　　　　　矢强生
金铁牛捉豹　　　　　　　　冠　军
简　报

第 86 期
1932年11月5日
（民国二十一年十一月五日）

小　评
　为国术施于战阵致全国各绥靖主任各省政
　府各路军师旅通电　　　　张之江
插　图
　中央国术馆附设初级义务小学兼教室落成
　典礼馆长兼董事长张之江先生讲话
　　　　　　　　　　　　（兴）笔记
专　著
　点穴法及救济法（续）　　金之铮
　国术源流（十二续）　　　姜容樵
　国术文献集成（续）
余兴种种
　青萍剑考证　　　　　　　姜容樵
　中央国术馆学生旅行记　　李汉杰
　国术专家二龙戏珠　　　　矢强生
简　报

第 87 期
1932年12月31日
（民国二十一年十二月三十一日）

论　坛
　呈中央党部通令各级党部附设国术训练班
　文　　　　　　　　　　　张之江
消　息
　本馆欢迎二全大会委员讲词
专　著
　点穴法及救济法（续）　　金之铮
　国术源流（十三续）　　　姜容樵

太极八卦考证二　　　　　　姜容樵
余兴种种
　体育论　　　　　　　　　刘廷焕
　铁眉禅师所授手法歌诀　　周本渭

第 88 期
1933年1月14日
（民国二十二年一月十四日）

论　坛
　近战制胜之要诀　　　　　张之江
　学校宜注重国术　　　　　朱定球
　国术功夫与丹道贯通说　　姜容樵
　日本柔道与中国摔角　　　郭世铨
专　著
　点穴法及救济法（续）　　金之铮
　国术源流（十四续）　　　姜容樵
余兴种种
　张之江先生传
　太极拳考证三　　　　　　姜容樵
　介绍为国家民族争光的国术专家王子平
　小练拳全路歌诀　　　　　周本渭

第 89 期
1933年1月21日
（民国二十二年一月二十一日）

论　坛
　国考的意义　　　　　　　张之江
　国术的源流　　　　　　　王壮飞
专　著
　点穴法及救济法（续）　　金之铮
　国术源流（十五续）　　　姜容樵
　搏击中的三个姿势（上）　金之铮
余兴种种
　梅花刀考证　　　　　　　姜容樵
　武术家何玉田先生事略　　于　澄

寄兴武风特刊　　　　　　　　　（兴）
秘宗纠手拳　　　　　　　　　矢强生
插　图
　（一）少林寺之山门
　（二）少林寺贞绪之武术

第 90 期
1933 年 2 月 4 日
（民国二十二年二月四日）

论　坛
　国考的意义（二）　　　　　　张之江
　国术与科学　　　　　　　　　（籁）
消　息
　本馆第五期学生举行毕业典礼国府吕参军
　长训词　　　　　　　　　　　陈敦正
专　著
　国术源流（十六续）　　　　　姜容樵
　搏击中的三个姿势（下）　　　金之铮
余兴种种
　八卦掌考证　　　　　　　　　姜容樵
　秘宗六合刀（律诗）　　　　　姜容樵
简　报
编　余

第 91 期
1933 年 2 月 11 日
（民国二十二年二月十一日）

论　坛
　国术同志应有的思想和风度及其目标
　　　　　　　　　　　　　　　张之江
　敬告国术同仁加紧提倡国术救国书
　　　　　　　　　　　　　　　陈泮岭
纪　录
　石市长蘅青讲演词　　　　　　陈敦正
专　著

　国术源流（十七续）　　　　　姜容樵
　八极拳考证　　　　　　　　　（容）
余兴种种
　勇者不惧　　　　　　　　　　陈敦正
　秘宗六合刀（律诗续）　　　　姜容樵
消　息

第 92 期
1933 年 2 月 18 日
（民国二十二年二月十八日）

论　坛
　尚武精神与民族生存　　　　　何应钦
　国术同志应有的思想和风度及其目标
　（续）　　　　　　　　　　　张之江
　劝女同胞练国术书　　　　　　芳节女士
纪　录
　林竞厅长讲演词　　　　　　　陈敦正
专　著
　点穴法及救济法（续）　　　　金之铮
　国术源流（十八续）　　　　　姜容樵
余兴种种
　不患无位患所以立　　　　　　陈敦正
　梅花刀考证　　　　　　　　　姜容樵
　铁眉禅师所授易筋八段锦歌诀　周本渭
消　息

第 93 期
1933 年 2 月 25 日
（民国二十二年二月二十五日）

论　坛
　国术在世界上之地位与我们的新认识
　　　　　　　　　　　　　　　张之江
　国术界应学术并重　　　　　　陈敦正
　湖南第二届国术考试汇刊序　　何　键
　四川隆昌第二届国术考证宣言要闻
　本馆在沪举行春季交谊会

纪　录
　　王用实先生讲演词　　　　　　陈敦正
专　著
　　点穴法及救济法（续）　　　　金之铮
　　国术源流（十九续）　　　　　姜容樵
余兴种种
　　谈谈环境　　　　　　　　　　陈敦正
　　新武术考证　　　　　　　　　姜容樵
　　铁眉禅师梨花枪歌诀　　　　　周本渭
消　息

第 94 期
1993 年 3 月 4 日
（民国二十二年三月四日）

论　坛
　　站在国术的立场上敬告民众书　张之江
　　有文事者必有武备　　　　　　陈敦正
　　关于总经理纪念周馆长训话的检讨
　　　　　　　　　　　　　　　蒲芳节女士
记　录
　　龚斯德博士讲演词　　　　　　陈敦正
　　国术源流（二十续）　　　　　姜容樵
余　兴
　　蛮横怯弱知耻三者并论　　　　陈敦正
　　披挂拳本证　　　　　　　　　姜容樵
消　息

第 95 期
1933 年 3 月 11 日
（民国二十二年三月十一日）

言　论
　　国民外交之后盾　　　　　　　张之江
专　著
　　国术源流（二十一续）　　　　姜容樵
　　国术文献集成　　　　　　　　辑　者

纪　录
　　李协和先生讲演　　　　　　　朱靖宇
　　龚斯德博士讲演词　　　　　　陈敦正
余　兴
　　谭腿考证　　　　　　　　　　姜容樵
　　旅行记事　　　　　　　　　　周本渭
　　这一周　　　　　　　　　　　编　者

第 96 期
1933 年 3 月 18 日
（民国二十二年三月十八日）

言　论
　　站在国术的立场上敬告民众书　张之江
　　中国摔角与日本柔术之我见　　朱文伟
专　著
　　国术源流（二十二续）　　　　姜容樵
　　国术文献集成（续）　　　　　辑　者
余　兴
　　国术名人传　　　　　　　　　姜容樵
　　我对于环境所有之观念　　　　齐　子
　　女子今后应有的觉悟　　　　　蒲芳节

第 97 期
1933 年 4 月 29 日
（民国二十二年四月二十九日）

言　论
　　国民外交之后盾（续）　　　　张之江
　　五周年纪念祝词　　　　　　　黄　梦
专　著
　　国术源流（续）　　　　　　　姜容樵
　　太极拳之要点　　　　　　　　陈子明
　　国术文献集成　　　　　　　　辑　者
余　兴
　　国术名人传　　　　　　　　　姜容樵
　　女子觉悟后的做人　　　　　　蒲芳节

代 邮
　　答张润珊先生　　　　　　　　矢强生
回 味

第 98 期
1933 年 5 月 6 日
(民国二十二年五月六日)

言 论
　　为本馆五周年纪念告国人书　　张之江
专 著
　　国术源流（续）　　　　　　　姜容樵
　　国术文献集成　　　　　　　　辑　者
余 兴
　　国术名人传　　　　　　　　　姜容樵
　　自救救国　　　　　　　　　　蒲芳节
　　九天玄女微妙心印剑经　　　　周本渭
代 邮
　　答张润珊先生　　　　　　　　矢强生
周 闻

第 99 期
1933 年 5 月 20 日
(民国二十二年五月二十日)

言 论
　　国术与体育论　　　　　　　　张之江
　　讨伐叛逆檄文　　　　　　　　仙秀山
专 著
　　国术源流（续）　　　　　　　姜容樵
　　国术文献集成　　　　　　　　辑　者
余 兴
　　国术名人传（四）　　　　　　姜容樵
　　太极拳之图
　　国术疗疾之经过　　　　　　　陈子明
　　随笔　　　　　　　　　　　　编　者

第 100 期
1933 年 6 月 3 日
(民国二十二年六月三日)

言 论
　　同胞们速练国术备赴国难　　　张之江
专 著
　　国术源流（续）　　　　　　　姜容樵
　　国术文献集成（续）　　　　　辑　者
余 兴
　　国术名人传（续）　　　　　　姜容樵
　　馆旗详细图式
　　练习国术须知
　　随笔　　　　　　　　　　　　编　者

第 101 期
1933 年 6 月 10 日
(民国二十二年六月十日)

言 论
　　预为国考进一言　　　　　　　张之江
　　山东国术考试始末记　　　　　姜容樵
　　神勇之大刀队　　　　　　　　仙秀山
专 著
　　国术源流（续）　　　　　　　姜容樵
　　国术文献集成（续）　　　　　辑　者
余 兴
　　国术名人传（续）　　　　　　姜容樵
　　各省市馆旗尺寸颜色分别图

第 102 期
1933 年 6 月 17 日
(民国二十二年六月十七日)

言 论

武士道解　　　　　　　　　戴季陶
国难期间的国考　　　　　　张之江
历史观　　　　　　　　　　张之江
山东省国术考试始末记（续）　姜容樵
专　著
　国术源流（续）
　国术文献集成（续）
余　兴
　国术名人传（续）　　　　姜容樵
　太极拳之用　　　　　　　陈子明
　摔角与马术　　　　　　　郭世铨
　国术歌

第 103 期

1933 年 9 月 23 日

（民国二十二年九月二十三日）

言　论
　中央国术馆国术五周年纪念特刊题词
　　　　　　　　　　　　　　孙　科
　再论日本柔道与中国摔角　郭世铨
专　著
　国术源流（续）　　　　　姜容樵
　国术中之四种练法　　　　姜容樵
　国术史料内容略述　　　　金一明
　国术试考细则
余　兴
　山东省国术考试始末记（续）　姜容樵

第 104 期

1933 年 9 月 30 日

（民国二十二年九月三十日）

言　论
　张之江函复褚民谊论国考应注重比赛之我见
　中央国术馆纪念周张馆长之江讲话
　　　　　　　　　　　　　　志刚笔记

专　著
　国术源流（续）　　　　　姜容樵
　国术中之四种练法　　　　姜容樵
　国术史料内容略述　　　　金一明
　国术试考细则
余　兴
　山东省国术考试始末记（续）　姜容樵
　国术铭　　　　　　　　　韩炳麟
各地通讯
　湘省国术选手的始末……　郭世铨
　编后杂写　　　　　　　　（兴）

第 105 期

1933 年 10 月 8 日

（民国二十二年十月八日）

言　论
　二二年全国运动大会特刊祝词　张之江
　摔角与马术（续）　　　　郭世铨
纪　录
　中央国术馆纪念周张馆长之江讲话
　　　　　　　　　　　　　　志刚笔记
专　著
　国术源流（续）　　　　　姜容樵
　革命家之国术化　　　　　金一明
　国术试考细则
余　兴
　山东省国术考试始末记（续）　姜容樵
　读苏将军诗后　　　　　　蒲芳节
　消息一束

第 106 期

1933 年 10 月 10 日

（民国二十二年十月十日）

前奏声
　为国考再告国术家　　　　张之江

褚民谊不愿任国考评委之意见
　褚民谊先生意见的侧面观　中国日报记者
　国术"全运""国考"评判之异同
　　　　　　　　　　　　　　　金一明
　国术比赛与国考　　　　　　　金一明
　中央日报载国考谈话之一段
　褚氏对于国考之意见
特　载
　本刊四周年之回顾与将来　　　（兴）

第 107 期
1934 年 1 月 7 日
（民国二十三年一月七日）

讲　坛
　国术馆的性质　　　　　　　　张之江
专　著
　国术源流（续）　　　　　　　姜容樵
　国术教学法编制大意　　　　　金一明
记　事
　本馆第二百四十九次馆务会议议案
　本馆二十二年年终大考记
杂　俎
　各省市国术馆调查一览表
　国术新年第一声　　　　　　　谭翼鹏
　述摔角　　　　　　　　　　　文其昌
　本馆沿革
　第二届国术国考对联

第 108 期
1934 年 1 月 14 日
（民国二十三年一月十四日）

封　面
　马子真将军近影
讲　坛
　张馆长训话　　　　　　　　　记　者

　我对于国术体育军事三者的分析与检讨
　　　　　　　　　　　　　　　陈敦正
专　著
　国术源流　　　　　　　　　　姜容樵
　国术教学法大要（一续）　　　金一明
杂　俎
　摔角谱序　　　　　　　　　　一　明
　劝男女同胞速练国术共纾国难书　张之江

第 109 期
1934 年 1 月 21 日
（民国二十三年一月二十一日）

　馆长训话　　　　　　　　　　张之江
　国术源流　　　　　　　　　　姜容樵
　国术教学法大要（二续）　　　金一明
　馆务会议纪录
　记事二则　　　　　　　　　　记　者
　小评　　　　　　　　　　　　金　人
　择录军事杂志沪战琐谈　　　　松　涛
　师范班男女生学术科课程表

第 110 期
1934 年 1 月 28 日
（民国二十三年一月二十八日）

馆长训话　　　　　　　　　　　（记者）
公　牍
　山东省国术馆报告十二月份工作呈文及附件
论　说
　敬劝男女同胞速练国术共纾国难书
　　　　　　　　　　　　　　　张之江
　由复兴民族说到过去体育的失败与今后如
　何有效的提倡国术体育　　　　陈敦正
专　著
　国术源流　　　　　　　　　　姜容樵
　国术教学法大要（续）　　　　金一明

六合对棍 　　　　　　　　　吴峻山
披挂刀 　　　　　　　　　　姜容樵
十八般兵器补志 　　　　　　刘凤林
议　案
馆务会议第二百五十一次纪录
记　事
本馆师范班男女生年考成绩人名录

第 111 期
1934 年 2 月 4 日
(民国二十三年二月四日)

论　坛
馆长训话 　　　　　　　　　张之江
由复兴民族说到过去体育的失败与今后如
何有效的提倡国术体育 　　　陈敦正
著　述
国术源流 　　　　　　　　　姜容樵
十路弹腿教授法 　　　　　　马永胜
四路劈刀 　　　　　　　　　龚润田
六合十式枪 　　　　　　　　龚润田
国术教学法大要 　　　　　　金一明
会　议
本馆第二百五十二次馆务会议
记　事
本馆师范生在陆军大学表演一则

第 112 期
1934 年 2 月 11 日
(民国二十三年二月十一日)

总理遗训 　　　　　　　　　孙　文
武德论 　　　　　　　　　　胡　达
专　著
国术源流 　　　　　　　　　姜容樵
新太极剑歌诀 　　　　　　　马永胜
国术教学法大要 　　　　　　金一明
余　墨
国术心得 　　　　　　　　　刘凤林
第二届国术国考对联 　　　　向恺然
记　事
本馆师范生在陆军大学表演续志
本馆第二百五十三次馆务会议志
本馆国术教材编审委员第一次会议志
本馆教务会议纪录

第 113 期
1934 年 2 月 24 日
(民国二十三年二月二十四日)

讲　座
蒋介石先生之言论 　　　　　蒋中正
张馆长二月十九日纪念周演讲辞 　张之江
国术探源 　　　　　　　　　顾元光
专　著
形意拳源流 　　　　　　　　黄介梓
八极拳拳术名称 　　　　　　郭锡三
三合剑 　　　　　　　　　　罗成立
昆仑剑 　　　　　　　　　　龚润田
太极抉微 　　　　　　　　　姜容樵
国术教学法 　　　　　　　　金一明
呈　文
山东省国术馆一月份工作报告呈文暨附件
全国国术统一委员会第一次筹备委员会
纪录
会　议
本馆第二百五十三次馆务会议纪录
本馆第二百五十四次馆务会议纪录
余　墨
满江红 　　　　　　　　　　吴芳林
七律二首 　　　　　　　　　金一明
记　事

中央国术馆年终大考教员练习员学生拳术最优者升级表

第 114 期
1934年3月3日
（民国二十三年三月三日）

讲　座
　　国术统一的促进与前途之展望　　张之江
　　再谈统一国术　　　　　　　　程登科、吴澄
　　统一国术之我见　　　　　　　　吴图南
　　统一国术之意义与希望　　　　　刘慎旃
　　写在全国国术统一之前　　　　　姜容樵
专　著
　　国术源流　　　　　　　　　　　姜容樵
　　国术教学法　　　　　　　　　　金一明
曲　词
　　题张子姜先生玉照南北曲　　　　吴东园
章　则
　　中央国术馆总值日规则
　　中央国术馆师范生添设练习生简章
会　议
　　全国国术统一委员会筹备委员会常务会第一次会议议案
　　中央国术馆馆务会议第二百五十五次会议纪录
　　全国国术统一委员会筹备委员会常委会第二次会议纪录
　　全国国术统一委员会筹备委员会组织大纲

第 115 期
1934年3月18日
（民国二十三年三月十八日）

论　坛
　　张馆长在军政部讲演辞　　　　　胥以谦记
　　国术与体育之分途探源　　　　　顾元光
　　中国民族衰弱之原因　　　　　　孙愚
专　著
　　三合剑图解　　　　　　　　　　罗成立
　　国术源流　　　　　　　　　　　姜容樵
　　国术教学法　　　　　　　　　　金一明
记　事
　　本馆教务处举行春季考试科目
　　中央国术馆第二百五十六次馆务会议
　　中央国术馆第二百五十七次馆务会议

第 116—120 合期
中央国术馆六周年纪念特刊
1934年4月
（民国二十三年四月）

题词题字
　　林主席训词
　　蒋委员长题字
　　蔡元培先生题字
　　沈鸿烈先生题词
　　刘峙先生题词
　　闻承烈先生题词
　　张叙忠先生题词
　　朱培德先生题字
　　居正先生题词
　　石青阳先生题词
　　陈焯先生题词
　　侯家源先生题词
　　李元鼎先生题词
　　葛敬恩先生题词
　　唐襄先生题词
　　夏斗寅先生题词
　　宋子文先生题字
　　朱家骅先生题词
　　毕鼎琛先生题字
　　朱履和先生题字

李调生先生题字
王正廷先生题词
易培基先生题词
李烈钧先生题词
林主席先生题字
温敬良先生题词
许世英先生题词
陈家轸先生题词
罗文干先生题词
朱文忠先生题词
章鸿春先生题词
陈家馆先生题字
李树春先生题词
萧同兹先生题词
赵鸣九先生题词
司法院题词
陆礼华先生题词
中央陆军军官学校题词
马鹤天先生题词
韩骏杰先生题词
陈家馆先生题词

插　图
（1）弓矢壶袋
（2）古刀遗迹
（3）古剑留痕
（4）胡云华查拳跨虎姿势
（5）李益棠魁星踢斗姿势
（6）姜处长容樵青萍剑姿势之一
（7）姜处长容樵青萍剑姿势之二
（8）赵飞霞飞燕抄水姿势
（9）范之芳八卦掖掌姿势
（10）刘桐贞形意鹰捉燕雀姿势
（11）高师贞八卦金鸡撒膀姿势
（12）刘慧真八卦冲天火炮姿势
（13）胡云华八卦黑熊探掌姿势
（14）李益棠却地龙姿势
（15）李元智梅刀姿势之一
（16）李元智梅刀姿势之二

序　文
中央国术馆六周年纪念特刊序一　　蒋介石
中央国术馆六周年纪念特刊序二　　戴传贤
中央国术馆六周年弁言　　　　　　竺景崧
中央国术馆六周年特刊序　　　　　魏　怀

纪　要
本馆缘起
本馆筹备会纪事
本馆成立会纪事
本馆宣言
中央国术馆和竞武场的使命
中央国术馆体育传习所缘起
中央国术馆三周年纪念大会宣言
中央国术馆五周年纪念宣言
中央国术馆六周年纪念宣言
全国国术统一委员会筹备委员会宣言

名言汇编
（一）总理遗训
（二）朱执信先生遗著
（三）伍廷芳先生遗著
（四）李景林先生遗著
（五）王宠惠
（六）何应钦
（七）戴季陶
（八）汪精卫
（九）吴稚晖
（十）褚民谊
（十一）胡朴安
（十二）钮永建
（十三）张之江

公牍函电
本馆成立日期通电
请各省市征求在野国术人才举行登记通电
请审定国术为国操推行全国学校暨陆海空军

省警民团实行普及以图精神建设期达强种救国案
请指定公款限期成立各省市县区国术馆社案
呈国府定国术为国操文
再呈国民政府恳速定国术为国操文
国民政府军事委员会训令
国民政府文官处公函（一）
国民政府文官处公函（二）
为竞武场举行落成典礼呈中央党部国民政府赐派代表训词文
为招初级教授班致各省政府公函
呈中央党部通令各级党部附设国术训练班文
致全国各绥靖主任各省政府各路军师旅通电
本馆举行五周年纪念请莅临指导函
请赐特刊文稿函
本馆举行六周年纪念请贲临指导函

专　著

国术学说	姜容樵
对于孔子之国术观	顾元光
青萍剑考证	
披挂拳考证	
苗刀考证（一）	
苗刀考证（二）	
形意拳考证	
八卦掌考证	
太极八卦考证（一）	
太极拳考证（二）	
新武术考证	
谭腿考证	
八极拳考证	
梅花刀考证	

议案章则

中央国术馆第二百六十次馆务会议议案
中央国术馆教职员请假规则
中央国术馆奖励教职员操守办法
全国国术统一委员会筹备会成立
全国国术统一委员会筹备会委员会常务会第一次会议议案
全国国术统一委员会筹备会委员会常务会第二次会议议案
全国国术统一委员会筹备会委员会常务会第三次会议议案
全国国术统一委员会筹备会委员会组织大纲
全国国术统一委员会筹备会委员会常务会第四次会议议案
全国国术统一委员会筹备会委员会常务会第五次会议议案
全国国术统一委员会筹备会教材调查表
全国国术统一委员会组织大纲草案

笔记文艺

三月二十三日张馆长在励志社招待本京暨津京沪汉各报记者席间讲辞记略	
本馆举行六周年纪念大会志盛	
国民政府代表朱文中训词	
居院长代表刘伯英训词	
于院长代表赵振洲训词	
中央国术体育专科学校参加本馆六周年纪念国术表演秩序单	
本馆六周年纪念师范班男女生国术表演节目	
中央国术馆六周年纪念大会余兴节目	
张馆长纪念周讲辞	以谦笔记
张馆长纪念周讲辞	一明笔记
摩泥蜍	郭世铨
沙袋之炼法与功用及其制造法	陈敦正
张馆长印象记	窦云溪
我之期望	刘凤林
黄花岗七十二烈士中国术专家志略	金一明
第二届国术国考开幕志盛	金一明
满江红词	吴芳林
重刊国术与国难校对既竣敬题七律二首	金一明

各省市国术馆调查一览表
补 志
　中央国术馆六周年纪念感言　　　刘慎旞

第 121 期
1934 年 9 月 15 日
(民国二十三年九月十五日)

插 图
　摔角比赛之一幕（见三版）
论 坛
　怎样叫做明耻力行　　　　　　张之江
　复刊的今后并告读者　　　　　陈敦正
专 著
　国术学说　　　　　　　　　　姜容樵
　国术派别考　　　　　　　　　金一明
　太极元功之源流　　　　　　　胥以谦
会 议
　中央国术馆第二百七十二次馆务会议纪录
章 则
　中央国术馆职教员会客规则
消 息
　国考专刊发售预约
　河南举行第五届国术省考

第 122 期
1934 年 9 月 22 日
(民国二十三年九月二十二日)

插 图
　短兵比赛之一幕（见三版）
论 坛
　诫本馆同志书　　　　　　　　张之江
专 著
　国术学说（二）　　　　　　　姜容樵
　国术派别考　　　　　　　　　金一明
　太极元功　　　　　　　　　　胥以谦
　国术溯源　　　　　　　　　　陈敦正
公 牍
　中央国术馆指令 河南国术馆馆长 陈泮岭
　中央国术馆训令 杨副处长松山
会 议
　中央国术馆第二百七十三、四次馆务会议记录
同志公园
　穿拿图解序　　　　　　　　　金一明
各地通讯
　湖南各界练习国术之热烈状况
消 息
　蒋委员长嘉慰张馆长之江
　本馆已正式开课
代 邮
　致各省市国术馆征集全国国术概况（附调查表）
　致云南罗兰森先生
　致全国国术同志

第 123 期
1934 年 9 月 29 日
(民国二十三年九月二十九日)

插 图
　摔角比赛之又一幕（见三版）
论 谈
　云南国术现况的评议　　　　　陈敦正
　纪念九一八我们应有的觉悟　　张之江
专 著
　国术学说（三）　　　　　　　姜容樵
　国术派别考　　　　　　　　　金一明
　太极元功初步功夫之练法　　　胥以谦
会 议

中央国术馆第二百七十五次馆务会议记录
各地通讯
    云南国术的鸟瞰 　　　　　　　　　罗兰生

第 124 期

1934 年 10 月 6 日

（民国二十三年十月六日）

插　图
    整装待发之一幕（见第一版）
论　坛
    国术统一之真谛 　　　　　　　　　张之江
特　载
    蒋委员长令认真练习国术 　　　　　蒋中正
专　著
    国术学说 　　　　　　　　　　　　姜容樵
    国术派别考 　　　　　　　　　　　金一明
    太极元功 　　　　　　　　　　　　胥以谦
研　究
    国术部位名称之研究 　　　　　　　吴图南
各地通讯
    云南国术的鸟瞰（续） 　　　　　　罗兰生
国术大事记
    国术大事辑要 　　　　　　　　　　陈敦正
代邮一则

第 125 期

1934 年 10 月 13 日

（民国二十三年十月十三日）

插　图
    琳琅满目奖品陈列室之一角
论　坛
    中央国术体育研究会缘起
特　载
    陆海空各种比赛奖章给与规则 　　　军政部

讲　演
    张处长瑞堂讲演词 　　　　　　　　以谦笔记
研　究
    国术打法之研究（一打） 　　　　　金一明
    国术部位名称之研究（二） 　　　　吴图南
专　著
    国术学说（五） 　　　　　　　　　姜容樵
    太极元功（续） 　　　　　　　　　胥以谦
国术大事记
    国术大事辑要 　　　　　　　　　　陈敦正
会　议
    中央国术馆第二百七十六次馆务会议纪录
代　邮
    致天津市山东省陕西省国术馆致阮奉天吴剑平两同志

第 126 期

1934 年 10 月 20 日

（民国二十三年十月二十日）

插　图
    张馆长监考神情之一幕
论　坛
    锻炼与修养 　　　　　　　　　　　张之江
    二届国考之回顾 　　　　　　　　　王开南
专　著
    国术学说（续） 　　　　　　　　　姜容樵
    太极元功（续） 　　　　　　　　　胥以谦
研　究
    国术部位名称之研究（三） 　　　　吴图南
同志公园
    读"云南国术的鸟瞰"及"云南国术现况的评议"书后 　　　　　　　　　窦云溪
    张之江先生小史 　　　　　　　　　金一明
    编者谈话 　　　　　　　　　　　　陈敦正

代　邮

第 127 期
1934 年 10 月 27 日
(民国二十三年十月二十七日)

论　坛
　　复兴民族与提倡国术之意义　　陈敦正
　　张处长瑞堂讲演辞　　于天骥记
专　著
　　联珠刺枪术　　吴峻山
　　新编练步拳图说　　胥以谦
　　国术史　　金一明
研　究
　　国术部位名称之研究（四）　　吴图南
同志公园
　　国术在教育上之地位　　张大昕
　　编者谈话　　编　者
代　邮

第 128 期
1934 年 11 月 3 日
(民国二十三年十一月三日)

论　坛
　　国术家要术学并重　　张之江
　　复兴民族与提倡国术之意义（二）　　陈敦正
专　著
　　联珠刺枪术（二）　　吴峻山
　　国术史（二）　　金一明
　　新编练步拳图说（二）　　胥以谦
　　穿拿拳图说序　　胥吉六
研　究
　　国术部位名称之研究（五）　　吴图南
同志公园

国术在教育上之地位　　张大昕
代　邮

第 129 期
1934 年 11 月 11 日
(民国二十三年十一月十一日)

论　坛
　　论勤练国术以纾国难　　张之江
　　复兴民族与提倡国术之意义（三）　　陈敦正
专　著
　　联珠刺枪术（三）　　吴峻山
　　国术史（三）　　金一明
　　新编练步拳图说（三）　　胥以谦
同志公园
　　为什么要复兴国术　　章伟渭
　　岳家手秘论　　周本川
特　载
　　全国国术概况调查（一）

第 130 期
1934 年 11 月 18 日
(民国二十三年十一月十八日)

论　坛
　　中央国体专校一周年大事记　　苏锡祺
专　著
　　联珠刺枪术（四）　　吴峻山
　　国术史（四）　　金一明
　　新编练步拳图说（四）　　胥以谦
　　穿拿拳图说目录　　胥以谦
同志公园
　　为甚么要复兴国术（续）　　章伟渭
特　载
　　全国国术概况调查（二）

附　录
　　本馆实行新生活口号四十条
　　国术大事记
代　邮

第 131 期
1934 年 11 月 25 日
（民国二十三年十一月二十五日）

记　事
　　中央国体专校一周年大事记　　　　吴文忠
　　庆祝本校健育场落成　　　　　　　　陈卓人
专　著
　　国术史（五）　　　　　　　　　　　金一明
　　联珠刺枪术（双练联环刺）（五）　　吴峻山
　　新编练步拳图说（五）　　　　　　　胥以谦
　　穿拿拳图说（二）　　　　　　　　　胥以谦
附　录
　　同学录调查表（一）
特　载
　　全国国术概况调查（三）

第 132 期
1934 年 12 月 2 日
（民国二十三年十二月二日）

论　坛
　　国术家的新生活　　　　　　　　　　于天骥记
纪　事
　　中央国体专校一周年大事记　　　　　杨作儒
专　著
　　国术史（六）　　　　　　　　　　　金一明
　　联珠刺枪术（六）　　　　　　　　　吴峻山
　　新编练步拳图说（六）　　　　　　　胥以谦
　　穿拿拳图说（三）　　　　　　　　　胥以谦

附　录
　　同学录调查表（二）
特　载
　　全国国术概况调查表（四）

第 133 期
1934 年 12 月 9 日
（民国二十三年十二月九日）

论　坛
　　统一国术之意见　　　　　　　　　　苏锡祺
专　著
　　国术史（七）　　　　　　　　　　　金一明
　　联珠刺枪术（七）　　　　　　　　　吴峻山
　　新编练步拳图说（七）　　　　　　　胥以谦
　　穿拿拳图说（四）　　　　　　　　　胥以谦
　　太极元功原序　　　　　　　　　　　王越群遗著
　　张正先生之遗言　　　　　　　　　　胥以谦
附　录
　　同学录调查表（三）
特　载
　　全国国术概况调查表（五）

第 134 期
1934 年 12 月 16 日
（民国二十三年十二月十六日）

论　坛
　　国术之新途径　　　　　　　　　　　张大昕
专　著
　　国术史（八）　　　　　　　　　　　金一明
　　联珠刺枪术（八）　　　　　　　　　吴峻山
　　新编练步拳图说（八）　　　　　　　胥以谦
　　穿拿拳图说（五）　　　　　　　　　胥以谦
特　载

全国国术概况调查表（六）

第 135 期
1934 年 12 月 23 日
（民国二十三年十二月二十三日）

论　坛
　　非战主义是否适宜今日之中国试抒所见
　　　　　　　　　　　　　　　　龙志礼

专　著
　　国术史（九）　　　　　　　　金一明
　　联珠刺枪术（九）　　　　　　吴峻山
　　新编练步拳图说（九）　　　　胥以谦
　　穿拿拳图说（六）　　　　　　胥以谦
　　赠同学（满江红）　　　　　　吴芳林
　　庆祝国体专校健育场落成　　　刘寅官

特　载
　　全国国术概况调查表（七）
　　"安徽省馆""陕西省馆"概况

第 136、137 合期
1935 年 1 月 20 日
（民国二十四年一月二十日）

论　坛
　　复励志周刊社函　　　　　　　张之江
　　实施国术于军队之方案　　　　张之江
　　国术门类分歧之原因　　　　　蒋英华

专　著
　　国术史（十）　　　　　　　　金一明
　　联珠刺枪术（十）　　　　　　吴峻山
　　国术内功拳讲义　　　　　　　黄柏年
　　穿拿拳图说（七）　　　　　　胥以谦
　　国术家之经验谈　　　　　　　胥以谦

同志公园
　　我练国术的经过　　　　　　　于天骥

　　漫谈提倡国术　　　　　　　　蒲芳节
　　国术与中国前途的关系　　　　袁黎明
　　录瞻云楼外史　　　　　　　　胥以谦

特　载
　　全国国术概况调查表（八）
　　张副馆长在纪念周训话　　　　一明记
国术大事记

第 138、139 合期
（国术体育特刊号）
1935 年 10 月 2 日
（民国二十四年十月二日）

中央国术体育研究会缘起
呈国民政府文
国民政府文官处公函附抄行政院公函
呈中央党部执行委员会
中央执行委员会秘书处公函
邀约同志共同发起函
开成立会致各发起人函
中央国术体育研究会成立大会纪事
蒋委员长来电
选举正副董事记事
致各当选董事函
致各董事定期选举董事长函
呈中央执行委员会文
中央执行委员会民众运动指导委员会批答
中央国术体育研究会简章
中央国术体育研究会办事细则
中央国术体育研究会第一届征求会员办法
中央国术体育专门研究会组织规程
中央国术体育研究会各级分会组织通则草案
中央国术体育研究会入会志愿书会证
中华体育会征求特刊序　　　　　张之江
八极拳　　　　　　　　　　　　胥以谦
练习国术之经验　　　　　　　　邱梦楼

天津道德武学社筹办赈灾义务戏暨国术表演	
启事	金警钟
刀之概论	李丽久
练步拳序	金一明
中央国术馆民众训练班简章	
本馆最近课余俱乐部简章	

第 140、141 合期
1935 年 10 月 16 日
（民国二十四年十月十六日）

中央国术馆七周年纪念感言	张之江
中央国术馆消费合作社宣言	张之江
国术史	金一明
八极拳（二）	胥以谦
王金铭主仆同时就义	公 侠
陈氏太极拳序	张之江
练步拳序	胥以谦
中央国术馆训育处奖惩规程	
中央国术馆训育处规则须知	
中央国术馆训育处训导大意	
附消费合作社简章	

第 142、143 合期
1935 年 10 月 30 日
（民国二十四年十月三十日）

防空应有之健康教育	张之江
张睢阳事略	王承齐讲
国术史（续）	金一明
太极拳八十八势名词	龚润田
八极拳（三续）	胥以谦
山东省国术馆公函	
山东省国术馆二十四年度概况表	
湖南国术训练所二十三年度概况表	
河南省国术馆二十三年度概况表	

汉口市国术馆最近概况表	
陕西省国术馆二十三年度概况表	
四川省国术馆二十三年度概况表	
芜湖国术馆丛刊序	张之江
口刀歌	明
武穆词	明
国术运动和国民性的探讨	郑振汉
陈泮岭先生讲词	张建圻记录
中央国术馆消费合作社章程（续）	
形意拳讲义第一编	黄柏年
本周纪事	

第 144、145 合期
1935 年 11 月 30 日
（民国二十四年十一月三十日）

江苏省国术馆第二期同学录序	钮永建
河南国术馆馆长陈泮岭讲话	董士斌
国术史（续）	金一明
八极拳（四续）	胥以谦
形意拳讲义第一编（续）	黄柏年
八卦转掌源流史	吴峻山
六合刀运动各姿势顺序表	吴峻山
国术运动和国民性的探讨（续）	郑振汉
安徽省国术馆二十三年度概况一览	
致五全大会代表函	
欢迎五全大会代表国术表演节目单	
国术珍闻	金一明
点穴法	金一明
军事委员会军事杂志投稿简章	

第 146、147 合期
1935 年 12 月 15 日
（民国二十四年十二月十五日）

中央国术馆暨中央国术体育研究会欢迎五全

大会海内外代表讲辞	李宗黄
改进国术应先考查种类分别教授之意见	
	吴峻山
国术体育漫谈	金警钟
国术史	金一明
陈希夷六合拳	张长信
螳螂拳源流（附引）	孙文伯
八极拳（五续）	胥以谦
三才剑（一）	胥以谦
青萍剑考证	
苗刀考证	
新武术考证	
潭腿考证	
八极拳考证	
梅花刀考证	
国术珍闻	金一明
点穴法（续）	金一明
六路戟法略说	龚润田
形意拳的十法摘要	申子荣
青岛市国术馆二十四年度概况一览表	

第148、149合期

1936年1月1日

（民国二十五年一月一日）

青岛市第三届国术考试李烈钧先生致开幕词	
青岛市第三届国术考试沈鸿烈先生讲词	
国术之特质与功效	陈泮岭
沙大川轶事	胥以谦
国术史	金一明
八极拳（六续）	胥以谦
刀枪剑棍术名之调查	金一明
三才剑（二）	胥以谦
本馆教员暨学生履历表	
国体专校训育主任张莺先生讲演防空演习	
	王福麟记

第150、151合期

1936年1月15日

（民国二十五年一月十五日）

钮代馆长演讲"国术同志所负的责任"	
	王福麟记
中央国术馆暨中央国术体育研究会欢迎五全	
大会海内外代表致词	李宗黄
国术科学化	陈泮岭
青岛市第三届国术市考名誉考试委员长致开	
会词	韩复榘
青岛市第三届国术考试委员长致闭幕词	
	沈鸿烈
青岛市第三届国术市考总裁判致闭幕词	
	窦峰山
提倡国术与民族发展关系	程定远
劝友人锻炼国术救国书	刘无畏
八极拳（七）	胥以谦
国术史（十七）	金一明
三才剑（三）	胥以谦
少林嫡派练拳的十条戒约	申子荣
本馆历年学员派往各机关服务调查表	

第152、153合期

1936年1月31日

（民国二十五年一月三十一日）

国术运动会中创造力的感想和复兴民族的展	
望	健夫
李宗黄先生讲"怎样创造国术的新环境"	
	王福麟记
对青岛市摔角学员讲辞	向禹九
今后女子体育的动向	曾祺
广西省国术运动大会评判长黄柏年先生演讲	
词	莫邪

择录颜习斋先生年谱　　　　　　　金一明
八极拳（八续）　　　　　　　　　胥以谦
国术史（十八）　　　　　　　　　金一明
八极拳序　　　　　　　　　　　　胥以谦
醉八仙八段锦词　　　　　　　　　亦　鸣
三才剑（四续）　　　　　　　　　胥以谦
国术书籍调查录　　　　　　　　　一　明
国术新论　　　　　　　　　　　　一　明

第154、155合期

1936年2月15日
（民国二十五年二月十五日）

新加坡中华总商会协助中央国术馆南游团筹
备表演委员会宣言
提倡国术为救国根源　　　　　　　陈家庚
在新加坡怡和轩俱乐部欢宴时之答词
　　　　　　　　　　　　　　　　张之江
广西全省第一届国术运动大会会长李品仙致
开幕词　　　　　　　　　　　　　莫邪速记
国术与现代精神　　　　　　　　　楼际霄
广西游行记　　　　　　　　　　　吴峻山
择录颜习斋先生年谱　　　　　　　金一明
金著太极拳序　　　　　　　　　　胥以谦
南宁来电
国术史　　　　　　　　　　　　　金一明
国术新论（续）　　　　　　　　　金一明
三才剑（五续）　　　　　　　　　胥以谦
转载新加坡南洋商报篮球线昨晚战事爆发
国术表演团南征经过　　　　　　　转　载
大胆颂　　　　　　　　　　　　　拔　古

第156、157合期

1936年2月29日
（民国二十五年二月二十九日）

总理提倡国术之遗教　　　　　　　陈家轸
在中央军校教导总队之讲词　　　　张之江
国术应以儒家为正宗　　　　　　　金一明
择录孟子　　　　　　　　　　　　金一明
国术集序　　　　　　　　　　　　金一明
我对于过去提倡国术之观感和今后推进国术
的贡献　　　　　　　　　　　　　于天骥
金著太极拳序　　　　　　　　　　蒲芳节
三才剑（六续）　　　　　　　　　胥以谦
特刊题词　　　　　　　　　　　　张之江
续吴峻山旅邕日记　　　　　　　　黄柏年
国术史　　　　　　　　　　　　　金一明
中级腿法　　　　　　（中央国术馆编审处）
本馆八周纪念征文函　　　　　　　记　者
首都国民军事委员会社会军事队
本馆所派各处国术教员备查表
本馆最近课程表

第158、159、160合期

1936年3月24日
（民国二十五年三月二十四日）

中央国术馆八周年纪念宣言
祝词十篇
序一　　　　　　　　　　　　　　程善之
仙吕人双调曲词一　　　　　　　　吴东园
新生活运动讲辞　　　　　　　　　向宗鼎
国术史　　　　　　　　　　　　　金一明
述发明联意拳之本意　　　　　　　金一明
射史　　　　　　　　　　　　　　记　者
三才剑（七续）　　　　　　　　　胥以谦
中级腿法　　　　　　　　中央国术馆编审处
二十四年份中央暨各省市国术一览表
　　　　　　　　　　　　　　　　编审处
广西国术省考中之特殊记载　　　　转　载
是一篇国术同志专家的来函　　　　陈志进
国术同志应有之努力　　　　　　　汪　镜
女子锻炼国术与复兴民族之意义　　天　骥

国术与节育之关系	陈先德	日本武士道之精神	刘无畏
中央国术馆八周年纪念有感	金警钟	中央国术馆八周纪念献词	陈敦正
猛进!猛进!	黄 寅	复兴民族与国术	志 然
		国术与国防	张汉杰

第161-169合期
(中央国术馆八周年纪念特刊)
1936年5月30日
(民国二十五年五月三十日)

		国术之优于体育与选定教材以及普及全民根本方法	董士斌
		八周纪念感言	夏芳材
中央国术馆八周年纪念特刊总目		中央国术馆八周年纪念	张剑泉
序一	吴东园	国术专家必备之信条	佟忠义
序二	程善之	国术为中华国魂	张之江
序三	陈子祥	旅行中对国术体育的感想	温敬铭
颂一	吴承烜	吾人应如何来挽救危亡的中国	于天骥
诗一	吴霭青	国术与民族的关系	潘 余
诗二	李孝琼	清代压迫下的武士及其著作	唐 豪
诗三	吴玉佩	中国弓箭史略与提倡射箭	张唯中
歌一	耿思赞	苌家拳之源流考	陈泮岭
词一	吴蕊仙	中级腿法图解	编审处
词二	童树民	三才剑图解	胥以谦
词三	吴锦旋	三才剑自序	胥以谦
词四	高受之	女演太极拳缘起	金一明
词五	王伯逊	欢迎张子姜将军及诸执事回国序	吴东园
词六	吴祖馨	题张馆长国术与国难七律二首	吴东园
词七	高谦让	赠李容庄使君书联志谢	吴东园
词八	窦来庚	本馆总务处工作报告	郑振汉
词九	唐应晨	中央国术馆全体学员欢迎馆长张之江先生及南洋旅行团返国志盛	董士斌、王福麟笔记
词十	郝 铭	四月二十日纪念周张馆长讲辞	王福麟笔记
中央国术馆八周年纪念宣言		五月二十五日馆长在纪念周训话	董士斌记
八周年以后之期望	李宗黄	馆长在纪念周训话	董士斌记
国术之回顾与前瞻	陈振民	满江红词(赠参加世界全运国术选手)	陈一民
国术之特质与功效	陈泮岭		
国术教学刍言	吴图南		
国术的史略与派别	阮蔚村		
中央国术馆八周纪念有感	金警钟		
改良国术比赛的我见	刘奋强		

〔典藏〕总藏30—34,37—42,44—47,49,51—57,59—61,64—66,72,77—169期(1930.5—1936.5)

南京图书馆藏30—34,37—42,44—47,49,51—57,59—61,

64—66，72，77—78 期（1930—1932 年）

北京图书馆藏 79—169 期（1932—1936 年）

北京大学图书馆藏 79—120，110—111 期（1931—1934 年）

清华大学图书馆藏 148—159 期（1935 年）

湖南中山图书馆藏 79—96，121—132，138—157，161—169 期（1932—1936 年）

四川省图书馆藏 126，130，132，142—143，161—169 期（1934—1936 年）

四川大学图书馆藏 127—143 期（1934—1936 年）

福建省图书馆藏 85—115，121—134，138—143，146—153，156—159 期(1932—1936 年）

厦门大学图书馆藏 81—82，92—97，99，121，125，127—130，135—137 期（1932—1935 年）

原杭州大学体育系（现浙江大学教育学院体育系）资料室藏 102—137 期(1933—1935 年）

浙江体育半月刊
第 1 期—第 61 期
（1931.1—1933.7）

*《浙江体育半月刊》，1931年1月（民国二十年一月）创刊，在杭州出版，半月刊。由浙江省立体育场编辑发行。1933年7月（民国二十二年七月）出版至第61期时改为"浙江体育月刊"，卷期另起，1936年3月又改名为"浙江体育"，卷期续前。本书仅收录该刊（半月刊）之第1—2期。

第 1 期
1931年1月16日
（民国二十年一月十六日）

封面题字	张道藩
题词	陈布雷
发刊词	钱家治
发刊词	金嵘轩
浙江省立体育场开幕演说词大要	陈柏青
省立体育场之使命	王彭寿
条顿民族之体育	陈柏青译
运动与民族性	大谷武一著，张希为译
丹麦的国民体操	吉田清著，张希为译
本场筹备经过	陈柏青
本场概况	杜松寿
苏俄体育消息	
十一岁幼女出席国际赛	
今年台维斯杯比赛程序	
本场简章草案	
本场场务会议规程草案	
本场组织系统表	
本场职员录	
国民体育法（专载）	
本刊启事	
本刊征稿启事	

第 2 期
1931年1月16日
（民国二十年一月十六日）

国际健康问题	陈柏青
德国对于体育的热烈及其卫生	服部丰彦著，张希为译
选手的健康问题与运动卫生	吉田章信著，李政民译
理想中的体育指导者	王彭寿
运动与血液的关系	冈正著，张希为译
民族与体育	王彭寿
浙江全省球类比赛办法	
英国足球界之近讯	
上海万国自由车比赛	
北平五大学足球战程	
世界重体拳赛家许美林（德）将战夏凯	

〔典藏〕总藏1—61期（1931.1—1933.7）
浙江省图书馆藏1—61期

(1931—1933年)

北京图书馆藏 1—33 期（1932—1933年）

上海图书馆藏 1—3，5—38 期（1932—1933年）

北京大学图书馆藏 2—38 期（1932—1933年）

南京大学图书馆藏 4—9 期（1932年）

福建省图书馆藏 17—29，31—38 期（1932—1933年）

体育新声
第 1 期—第 2 期
（1931.10—1931.11）

*《体育新声》，1931年10月（民国二十年十月）创刊，在上海出版。月刊。由上海大中国体育新声社出版发行，经理兼总编辑蔡国平，主编汪树棠。停刊日期不详，仅见第1—2期，本书收录第1期。

创作号
1931年10月
（民国二十年十月）

体育新声宣言	编　者
编者话	
题词	张伯苓、沈嗣良
中国体育	启　中
全运会群英聚首之运动场	
半年来全国最高纪录的健儿	
世界重量拳术锦标之薛氏	
网球的认识	汪树棠
世界网球点将录	
两位近代小英雄	
法英之网球霸王	
世界球王铁尔登	
两位女杰	
中日网球概评	权
一队健儿	
哀悼人见娟枝	尧
和西子湖滨算算账	
全运与水灾	敏
追悼李女士牡丹	
德国运动谈	柳　君
游泳常识	道
牧野君轶事	道　译
日美携手	
中华再胜扶轮杯	
世界运动场开幕前夕	

〔典藏〕总藏1—2期（1931.10—1931.11）
厦门大学图书馆藏1—2期（1931年）
上海、南京大学图书馆藏1期（1931年）

体 育

第一卷第1期—第六卷第4期

(1932.1—1940.8)

*《体育》，1932年1月（民国二十一年一月）创刊，在北平出版。月刊。由北平市国术馆编辑并出版发行。该刊在出版中曾数度停刊。继续出版时，卷期续前。1940年8月（民国二十九年八月）停刊，计出版第一卷1—12期，第二卷1—6期，第三卷1—12期，第四卷1—12期，第五卷1—12期，第六卷1—4期。本书全部收录。

第一卷第1期
1932年1月
（民国二十一年一月）

言 论
　　为国术家进一忠告　　　　　　禹　生
　　对于国术馆及国术考试刍议　　王新午
译 述
　　运动生理学　　　　　　　　体育研究社
专 著
　　国术理论　　　　　　　　　　许禹厚
　　形意六合拳论　　　　　　　　性　空
教 材
　　剑术基本教练法　　　　　　　剑　隐
　　岳氏连拳　　　　　　　　　　许绂曾
传 记
　　拳师刘凤春传　　　　　　　　杨　敝
轶 闻
　　余培黄某二则　　　　　　　　强增闳

第一卷第2期
1932年2月
（民国二十一年二月）

言 论
　　论国家对于年老国术家应给予养老金以维生活　　　　　　　　　　禹　生
译 述
　　运动生理学（续）　　　　　体育研究社
专 著
　　黄百家内家拳法　　　　　　许禹生校
　　国术理论　　　　　　　　　　许禹厚
教 材
　　剑术基本教练法（续）　　　　剑　隐
　　岳氏连拳（续）　　　　　　　许绂曾
传 记
　　拳师纪德传　　　　　　　　　杨季子
轶 闻
　　大枪刘师德宽轶事四则（续）　杨　敝

第一卷第3期
1932年3月11日
（民国二十一年三月十一日）

卷首语
　　提倡国术非是开倒车　　　　　时　安
言 论
　　国术与道德　　　　　　　　　周大文
译 述

运动生理学（续） 体育研究社译
专　著
　国术理论 许靇厚
　太极拳学 沈家桢
　形意六合拳论（续） 李存义原著
研　究
　太极拳行功真谛及著劲应用 王新午
　太极拳由易理推述 王旭东
　体育教学法（续） 许小鲁
教　材
　剑术基本教练法（续完） 剑隐
通　讯
　再答南京训练统监部谭君梦贤质疑太极拳函 许禹生
传　记
　王厚田与范彭椿先生 李剑华
轶　闻
　剑术　某生　戴锦堂　黄振臣　强云门
专　件
　北平市国术馆各科职掌及办事细则

第一卷第 4 期

1932 年 4 月 30 日

（民国二十一年四月三十日）

插　图
　北平市国术馆教练团体剑术摄影
言　论
　论国术与体育三要素 禹生
　国术馆应集国术大成推行全国说 刘希哲
　国术及其研究之方法 李剑华
译　述
　运动生理学（续） 体育研究社译
专　著
　国术理论 许靇厚
　太极拳学 沈家桢
　形意六合拳论（续） 李存义原著

研　究
　太极拳由易理推术（续） 王旭东
　查拳简略说明 张玉连稿
教　材
　岳氏连拳（续完） 许绂曾
通　讯
　许君禹生与王君新午论太极拳书三则
　　 许禹生
传　记
　宜兴大侠徐公宗眉家传 一麟
轶　闻
　西冷老僧　蛋　汤某　陈孝廉　强云门

第一卷第 5 期

1932 年 5 月

（民国二十一年五月）

言　论
　论学校体育宜普及全校生徒不应仅注重选手 谔言
　国术之不传与不同 景苏
译　述
　运动生理学（续） 体育研究社
专　著
　国术理论（续完） 许靇厚
　太极拳学（续） 沈家桢
　名剑纪 李承勋
传　记
　记董武师
轶　闻
　任某　道某　某王者　南浔某姓
　　 强云门

第一卷第 6 期

1932 年 6 月

（民国二十一年六月）

言　论

国术与体育
译　述
　　运动生理学（续）　　　　　体育研究社
专　著
　　太极拳学（续）　　　　　　沈家桢
　　少林棍术单式教练法　　　　许禹生
传　记
　　札万斋先生传记　　　　　　禹　生
轶　闻
　　武进某生　某司计　　　　　强云门

第一卷第7期
1932年7月
（民国二十一年七月）

言　论
　　体育新趋势
译　述
　　运动生理学（续）　　　　　体育研究社
专　著
　　太极拳学（续）　　　　　　沈家桢
　　少林棍术单式教练法（续）　许禹生
传　记
　　张三丰先生传　　　　　　　禹　生
轶　闻
　　老船户　某捕役　　　　　　强云门

第一卷第8期
1932年8月
（民国二十一年八月）

言　论
　　论各派太极拳家宜速谋统一以事竞存说
　　　　　　　　　　　　　　　许禹生
译　述
　　运动生理学（续）　　　　　体育研究社
专　著
　　太极拳学（续）　　　　　　沈家桢
　　少林棍术单式教练法　　　　许禹生

第一卷第9期
1932年9月30日
（民国二十一年九月三十日）

言　论
　　全国体育会议闭幕后对于体育前途之希望
　　　　　　　　　　　　　　　强云门
　　对于国民体育实施方案之意见　剑　隐
章　则
　　全国体育会议规程
　　全国体育会议筹备委员会组织大纲
　　全国体育会议议事细则
　　全国体育会议议案审查规则
　　全国体育会议旁听规则
　　全国体育会议招待简则
全国体育会议筹备委员会职员名单
全国体育会议会员一览
全国体育会议筹备之经过
全国体育会议开会日程
全国体育会议开幕纪盛
　　会场一瞥
　　宣告开会
　　主席教育部朱部长致开会词
　　陈立夫代表中央党部致词
　　何应钦代表国民政府致词
　　彭学沛代表行政院致词
大会情况
　　第一次大会纪录
　　第二次大会纪录
　　第三次大会纪录
　　第四次大会纪录
　　第五次大会纪录
　　第六次大会纪录
各组审查会议

各组第一次审查会议
各组第二次审查会议
各组第三次审查会议
体育目标组审查总报告
体育行政组审查总报告
体育研究组审查总报告
实施与推行组审查总报告
体育考成组审查总报告
大会圆满闭幕
 朱家骅致闭幕词
 王正廷答词
全国体育会议宣言
国民体育实施方案
全国体育会议提议案汇志
纪事
 本馆、社代表出席全国体育会议纪事
          小 鲁
 中央国术馆参观纪   禹 生
 中央体育场参观纪   云 门
 全国体育会议见闻琐记   剑 华
 欢迎本馆、社出席全国体育会议代表大会
 纪事   时安、励青
专 件
附 录

第一卷第 10 期

1932 年 10 月

（民国二十一年十月）

言 论
 论洋体育与土体育提倡之不平等
 提倡体育之真意义
译 述
 运动生理学（续）   体育研究社
专 著
 太极拳学（续）   沈家桢

第一卷第 11 期

1932 年 11 月

（民国二十一年十一月）

言 论
 提倡国术不可徒重应用说 许禹生
 提倡体育之真意义   褚民谊
 提倡国术应施行文化宣传 周耘青
译 述
 运动生理学（续）   体育研究社
专 著
 太极拳学（续）   沈家桢
 太极操   褚民谊
研 究
 体育教学法   许小鲁
专 件
 全国体育会议国术提议案
杂 俎
 刘丕显先生拳术源流叙 许禹生

第一卷第 12 期

1932 年 12 月

（民国二十一年十二月）

言 论
 我之国术观   许小鲁
译 述
 运动生理学（续）   体育研究社
专 著
 今后国民体育问题   沈维周

第二卷第 1 期

1933 年 1 月

（民国二十二年一月）

言 论

中国体育之前途
提倡国术应求合于教育原则　　　　许禹生
提倡国术当破除迷信力求科学化说
　　　　　　　　　　　　　　　　弼　范
专　著
　太极拳学（续）　　　　　　　　沈家桢
教　材
　通臂拳术浅说　　　　　　　　　张秀林

第二卷第2期
1933年2月
（民国二十二年二月）

言　论
　对于编订国术教材及统一国术之刍议
　　　　　　　　　　　　　　　　通　玄
译　述
　大都市体育问题　　　　　　　　无我译
专　著
　太极拳学（续）　　　　　　　　沈家桢
　国术理论　　　　　　　　　　　许禹生
　拳术基本　　　　　　　　　　　许小鲁
记　载
　北平市国术馆民众国术训练班记事
　北平市社会局体育委员会第四次常会议事
　日程
　北平市公共体育场建筑之计划草案
　中央国术馆编辑高初中国术教材
　中央国术馆设国术统一筹备会
杂　俎
　陈绩甫先生太极拳真诠叙文　　　许禹生
通　讯
　上王部长书
　青岛市国术馆何秘书长来函
　山东省国术馆窦来庚来函
　太原国术促进会会长王新午来函
　绥远省国术馆馆长吴子琴来函

河南省国术团体来函

第二卷第3期
1933年3月
（民国二十二年三月）

言　论
　论国术亟宜整理　　　　　　　　季　子
译　述
　大都市体育问题（续）
　　　　　　　　日本佐佐木等著　无我译
专　著
　太极拳学　　　　　　　　　　　沈家桢
　国术理论　　　　　　　　　　　许禹生
教　材
　通臂刀术　　　　　　　　　　　张秀林
记　事
　本馆民众国术训练班举行授凭典礼
　本馆设立小学国术讲习班
　本馆设立高级国术训练班
　本馆续招民众国术训练班
　上海暑期体育讲习会函聘许馆长为名誉顾问
　本馆蹋跤研究组成立志盛

第二卷第4期
1933年4月
（民国二十二年四月）

言　论
　国术之科学性　　　　　　　　　陈泮岭
专　著
　太极拳学（十一续）　　　　　　沈家桢
　国术理论　　　　　　　　　　　许禹生
译　述
　苏生法　　　　　　　　　　　　记　者
调　查
　山西省国术促进会史略　　　　　芳　五

文 件
  呈一件 函五件
纪 事
  北平市第十八届华运会国术预选记事

第二卷第 5 期
1933 年 5 月
（民国二十二年五月）

言 论
  国术乃田径赛进化而再进之产物　沈维周
译 述
  苏生法　　　　　　　　　　　记者译
专 著
  太极拳学（续）　　　　　　　　沈家桢
教 材
  通臂枪术（续）　　　　　　　　张秀林

第二卷第 6 期
1933 年 6 月
（民国二十二年六月）

言 论
  论内家拳与太极拳禁病相同之点　许禹生
译 述
  苏生法　　　　　　　　　　　记者译
专 著
  太极拳学（续）　　　　　　　　沈家桢
教 材
  通臂拆拳　　　　　　　　　　　张秀林

第三卷第 1 期
1935 年 1 月
（民国二十四年一月）

社 论
  论内家拳与太极拳禁病相同之点（续）
　　　　　　　　　　　　　　　　许禹生

专 著
  手臂录序　　　沧尘子吴殳修龄遗著
  弓论要诀　　　于天白下氏　郭金汤原著
  太极拳学（十四续）　　　　　　沈家桢
教 材
  通臂拆拳（续）　　　　　　张秀林遗著
纪 事
  本馆小学教员国术讲习班、民众国术训练班举行毕业典礼纪
文 件
  呈、函北平市市政府、社会局全市立各学校添授国术文
成 绩
  提倡国术之途径
　　　　　小学教员国术讲习班学员赵培铎
  提倡国术之途径
　　　　　小学教员国术讲习班学员张长兴
转 载
  少林寺及其僧徒志略　　　　　　顾承周

第三卷第 2 期
1935 年 2 月
（民国二十四年二月）

社 论
  敬告此后运动员　　　　　　　　记　者
专 著
  手臂录（一续）　　　古吴吴殳修龄氏著
  太极拳学（十五续）　　　　　　沈家桢
  弓论要诀　　　于天白下氏　郭金汤原著
教 材
  通臂拆拳（续）　　　　　　　张秀林著
翻 译
  苏生法（续）　　　　　　　　　记　者
成 绩
  提倡国术之途径练习国术应注意之事项
　　　　　小学教员国术讲习班学员杨观澜

提倡国术之途径练习国术应注意之事项
　　　　小学教员国术讲习班学员张资平
纪　事
　二十四年元旦新年茶话会纪事　　记　者
转　载
　少林寺及其僧徒志略（续）　　顾承周

第三卷第 3 期
1935 年 3 月
（民国二十四年三月）

社　论
　冰上运动与越野竞赛感言　　编　者
专　著
　太极拳学　　沈家桢
　手臂录（三续）
　　　　古吴吴殳修龄著　古燕许禹生校
　张三丰先师纪略　　范圣揆
文　件
　呈中央国术馆
　中央国术馆函准教育部函体育师范学校学生毕业会考科目已列入国术一项转令知照函
　致华北国术促进会函
　国术名家鲍仲澜先生致许馆长函（其一其二）
纪　事
　本馆国术俱乐部射箭组射鹄比赛纪事
　本馆二十四年度工作大纲
　平市首届越野赛跑始末记
转　载
　少林寺及其僧徒志略（三续）　　顾承周

第三卷第 4 期
1935 年 4 月
（民国二十四年四月）

社　论
　国术之失传与普及　　王新午
专　著
　手臂录（四续）
　　　　沧尘子吴殳修龄遗著　古燕许禹生校
　张三丰先师纪略（续）　　范圣揆
　射法指归　　曲沃王国翰著
译　述
　缊活静卸法（续）　　记　者
文　件
　本馆董事朱桂辛先生函
　复朱桂辛董事函
纪　事
　本馆外宾参观志盛
转　载
　少林寺及其僧徒志略（四续）　　顾承周

第三卷第 5 期
1935 年 5 月 30 日
（民国二十四年五月三十日）

社　论
　国术之失传与普及（一续）　　王新午
　对于北平市春季运动观摩会团体表演成绩测验之疑义　　记　者
专　著
　手臂录（四续）
　　　　沧尘子吴殳修龄遗著　古燕许禹生校
　射法指归（一续）　　曲沃王国翰遗著
教　材
　岳氏散手讲义　　吴彦清著
纪　事
　北平市国术馆第三期民众国术训练班开学纪事
　北平市体育专科学校春季运动会纪事
　北平市春季运动观摩会纪事

第三卷第6期

1935年6月30日

（民国二十四年六月三十日）

社 论

　　国术之失传与普及（二续）　　王新午

专 著

　　手臂录（五续）

　　　　沧尘子吴殳修龄遗著　古燕许禹生校

　　射法指归（二续）　　曲沃王国翰遗著

　　张三丰先师别纪　　聂志成

翻 译

　　现代体育之施设及管理

　　　　　　　　日本文部省编　无我译

教 材

　　岳氏散手讲义（一续）　　吴彦清著

纪 事

　　北平市立体育专科学校全体学生来馆参观纪

转 载

　　少林寺及其僧徒志略　　顾承周

第三卷第7期

1935年7月30日

（民国二十四年七月三十日）

社 论

　　读大公报章辑五氏体育谈书后　　范圣揆

专 著

　　手臂录（六续）

　　　　沧尘子吴殳修龄遗著　古燕许禹生校

　　射法指归（三续）　　曲沃王国翰遗著

教 材

　　岳氏散手讲义（三续）　　吴彦清编

译 述

　　现代体育之施设及管理

　　　　　　　　日本文部省编　无我译

专 载

　　太极拳学自序与例言　　沈维周

纪 事

　　北平市国术馆国术专修班成立纪

第三卷第8期

1935年8月30日

（民国二十四年八月三十日）

社 论

　　为体育讨论会之国术体育问题敬告张伯苓
　　校长　　沈维周

　　对于本市春运观摩会的批评　　白肇杰

专 著

　　手臂录（七续）

　　　　沧尘子吴殳修龄遗著　古燕许禹生校

　　射法指归（四续）　　曲沃王国翰遗著

教 材

　　岳氏散手讲义（四续）　　吴彦清编

译 述

　　现代体育之施设及管理（二续）

　　　　　　　　日本文部省编　无我译

纪 事

　　参观青岛体育讨论会之情形　　记　者

　　本馆许馆长出席青岛市国术馆欢迎会纪事

转 载

　　少林寺及其僧徒志略　　顾承周

第三卷第9期

1935年9月30日

（民国二十四年九月三十日）

社 论

世界体育标准之太极拳　　　　沈维周
专　著
　　手臂录（八续）
　　　　沧尘子吴殳修龄遗著　古燕许禹生校
　　射法指归（五续）　　曲沃王国翰遗著
教　材
　　岳氏散手讲义（四续）　　吴彦清编
译　述
　　现代体育之施设及管理（续第八期）
　　　　　日本文部省编　无我译
纪　事
　　第六届全运会北平市国术预选会纪事
文　件
　　太极名家胡俪笙先生致许副馆长函
转　载
　　少林寺及其僧徒志略　　　　顾承周

第三卷第 10 期

1935 年 11 月 1 日

（民国二十四年十一月一日）

社　论
　　国术之失传与普及（续前）　　王新午
专　著
　　手臂录（九续）
　　　　沧尘子吴殳修龄遗著　古燕许禹生校
　　射法指归（六续）　　曲沃王国翰遗著
教　材
　　岳氏散手讲义（五续）　　吴彦清编
译　述
　　现代体育之施设及管理（续第九期）
　　　　　日本文部省编　无我译
纪　事
　　第六届全运大会十日记
　　第六届全国运动大会见闻录
转　载
　　少林寺及其僧徒志略　　　　顾承周

第三卷第 11 期

1935 年 12 月 1 日

（民国二十四年十二月一日）

社　论
　　我国体育不发达之原因　　　章凌信
专　著
　　手臂录（十续）
　　　　沧尘子吴殳修龄遗著　古燕许禹生校
　　射法指归（七续）　　曲沃王国翰遗著
教　材
　　岳氏散手讲义（六续）　　吴彦清编
译　述
　　现代体育之施设及管理（续第十期）
　　　　　日本文部省编　无我译
纪　事
　　北平市国术馆第四期民众国术训练班开学记
转　载
　　少林寺及其僧徒志略　　　　顾承周
附　录
　　何为太极、武当拳（目录）　沈家桢

第三卷第 12 期

1935 年 12 月 31 日

（民国二十四年十二月三十一日）

社　论
　　武德的模范人物　　　　　　袁道冲
专　著
　　手臂录（十一续）
　　　　沧尘子吴殳修龄遗著　古燕许禹生校
　　射法指归（八续）　　曲沃王国翰遗著
教　材
　　岳氏散手讲义（七续）　　吴彦清编

译 述
  现代体育之设施及管理（续第十一期）
       日本文部省编　无我译
文 件
  体育月刊第四卷发行在即致体育界先进征求谠言宏著以光篇幅函
纪 事
  国术专修班第一学期考试成绩
附 录
  本刊第四卷第1期目录预告

第四卷第1期

1936年1月30日
（民国二十五年一月三十日）

言 论
  武德的模范人物（续）　　　　　袁道冲
专 著
  何为太极武当拳　　　　　　　沈家桢著
  内家拳经　　　　　　　　　古燕许禹生校
  手臂录（十二续）
    沧尘子吴殳修龄遗著　古燕许禹生校
教 材
  岳氏散手讲义（八续）　　　　　吴彦清编
译 述
  现代体育之设施及管理（续第十二期）
       日本文部省编　无我译
纪 事
  秦市长继任本馆馆长
文 件
  中华全国体育协进会函
  致中华全国体育协会函
  致华北国术促进会函
体育纪闻
  社会局体委会举行越野赛跑
  清华大学职教员练习太极拳

第四卷第2期

1936年2月29日
（民国二十五年二月二十九日）

言 论
  武德的模范人物（续）　　　　　袁道冲
专 著
  何为太极武当拳（一续）　　　沈家桢著
  射法指归（九续）　　　　曲沃王国翰遗著
  内家拳经（一续）　　　　古燕许禹生补校
教 材
  岳氏散手讲义（九续）　　　　　吴彦清编
译 述
  现代体育之施设及管理（续前）
       日本文部省编　无我译
访问记
  中国蹓冰家齐子林访问记　　　　郎晋池
国术琐闻二则　　　　　　　　　　　圣　撰
纪 事
  本馆民众国术训练班举行毕业考试记
  本馆第四届民众国术训练班毕业记
文 件
  致陈峻峰馆长函
  陈峻峰馆长复函
体育纪闻六则
  （一）教育部颁发全国各级学校选派运动代表规程
  （二）十九届华北运动会有将在豫举行讯
  （三）本市体育委员会第一次常会录
  （四）鲁省举行国术省考
  （五）中央国术馆国术训练班招生
  （六）本市体育委员会发表去岁平市春运会成绩以国术为最佳

第四卷第 3 期
1936 年 3 月 29 日
(民国二十五年三月二十九日)

言　论
　　提倡体育当从根本上入手说　　　记　者
专　著
　　苌家拳源流考　　　　　　　　陈泮岭
　　何为太极武当拳（二续）　　　沈家桢著
　　手臂录（十三续）
　　　　沧尘子吴修龄遗著　古燕许禹生校
　　内家拳经（二续）　　　　古燕许禹生校
教　材
　　查拳（第四路）　　　　　　　许笑羽编
译　述
　　现代体育之施设及管理（续前）
　　　　　　　　日本文部省编　无我译
纪　事
　　本馆专修班参加北平市青年会年会纪
文　件
　　北平基督教青年会函（二通）
体育纪闻六则
　　平社会局体委会成立竞赛裁判委员会
　　教部成立体育组
　　教部征求赴德考察体育专员办法公布
　　本馆董事褚民谊先生就任浙江省国术馆长
　　中央民训部体育科拟定国民体育指导工作实施方法
　　本市越野赛跑纪要

第四卷第 4 期
1936 年 4 月 29 日
(民国二十五年四月二十九日)

言　论
　　改良拳术之我见　　　　　　　张四维
专　著
　　何为太极武当拳（续）　　　沈家桢著
　　苌家拳源流考（续）　　　　　陈泮岭
教　材
　　查拳（第四路）　　　　　　　许笑羽编
纪　事
　　本馆高级国术训练班毕业考试记
文　件
　　银剑如致许馆长函
　　许馆长复银剑如函
　　北平市体育专科学校为举行第二届运动会函请莅会表演及惠赐锦标专函申请函（二通）
体育纪闻九则
　　北平市立体育专科学校第二届运动会记
　　鲁省第四届国术考试结果
　　参加世运会各省市简闻
　　社会局体委员开会记
　　平市体委会裁判员分组执委选定
　　辅仁队远征扶桑
　　中央国术馆与国体新组之南洋远征队载誉归来
　　浙踢毽比赛
　　全市春季球类赛

第四卷第 5 期
1936 年 5 月 29 日
(民国二十五年五月二十九日)

言　论
　　改良拳术之我见　　　　　　　张四维
专　著
　　何为太极武当拳（续）　　　沈家桢著
　　苌家拳源流考（续）　　　　　陈泮岭
教　材
　　查拳（第四路）续　　　　　　许笑羽编
纪　事

中央国体专校来馆参观纪
体育纪闻
　平市派李洲赴德考察体育
　世运健儿在师大表演
　平市五大学春运纪
　全市春运会纪

第四卷第 6 期

1936 年 6 月 29 日
（民国二十五年六月二十九日）

言　论
　改良拳术之我见（续）　　　　　张四维
专　著
　何为太极武当拳（续）　　　　　沈家桢著
　苌家拳源流考（续）　　　　　　陈泮岭
教　材
　查拳（第四路）续　　　　　　　许笑羽编
文　件
　北平市立聋哑学校函二件
　中央国体学校函一件
纪　事
　北平市立聋哑学校学生来馆参观纪
　民众国术训练班开学纪
体育纪闻
　全市春季球类赛结果
　出席世运会代表团晋京聆训后即行出国
　我国参加第十一届世界田径选手志略
　参加世运举重代表及国术表演队预选经过
　平春运会团体表演全部成绩报告

第四卷第 7 期

1936 年 7 月 29 日
（民国二十五年七月二十九日）

言　论
　改良拳术之我见（续）　　　　　张四维
专　著
　何为太极武当拳（续）　　　　　沈家桢著
教　材
　查拳第四路（续）　　　　　　　许笑羽编
文　件
　本馆二十五年度工作大纲
　函本市各机关及各学校为注重体育特设公
　务员国术研究组并请广为宣传由
　为特设公务员国术研究组呈请市政府通令
　各机关及中小学校有志讲习者，俾便参加
　由呈及函
体育纪闻
　世运会简纪
　我国出席世运国术代表在京沪两处表演纪

第四卷第 8 期

1936 年 8 月 31 日
（民国二十五年八月三十一日）

言　论
　本届世运会我篮球失败的成因　　王耀东
专　著
　何为太极武当拳（续）　　　　　沈家桢著
教　材
　查拳第四路（续）　　　　　　　许笑羽编
纪　事
　公务员研究组成立纪
　日本拓殖大学学员来馆参观纪
体育纪闻
　世运会简纪
　我国出席世运国术代表在德表演受观众
　欢迎

第四卷第 9 期

1936 年 9 月 30 日
（民国二十五年九月三十日）

言　论

世运会我篮球失败的感想　　　　白肇杰
专　著
　　何为太极武当拳（续）　　　沈家桢著
教　材
　　岳氏散手（续第二期）　　　吴彦清编
纪　事
　　第二届高级国术训练班开学纪
　　许馆长赴晋讲学纪
　　中央国术馆馆长张子姜先生莅平欢迎纪
　　本馆学生参加第二届民众教育馆开幕表演纪
文　件
　　北平市立第二社教区民众教育馆，为举行开幕典礼敬请参加表演函，及谢函
　　出席世运国术选手某君来函

第四卷第 10 期

1936 年 10 月 30 日

（民国二十五年十月三十日）

言　论
　　论正宗之定义　　　　　　　记　者
专　著
　　何为太极武当拳（续）　　　沈家桢著
教　材
　　岳氏散手讲义（续第二期）　吴彦清编
纪　事
　　欢迎靳翼青先生纪
　　纪俄大力士康泰尔在北京中央公园表演失败之异闻
文　件
　　豫省第六届省考骑射比赛大会函
体育纪闻
　　豫省国术考暨骑射大会
　　我世运代表团返国
　　河南省政府举行公务员运动大会
　　北平体专篮球队征保纪事
　　北平市中第二届秋运会

第四卷第 11 期

1936 年 11 月 30 日

（民国二十五年十一月三十日）

言　论
　　我国参加本届世运会失败后的教训
　　　　　　　　　　　　　　谢似颜
教　材
　　何为太极拳武当拳（续）　　沈家桢著
　　捷拳　　　　　　　　　　　许笑羽编
纪　事
　　本馆参加第三民众教育馆国术表演大会记
文　件
　　上张馆长函
　　中央国术馆张馆长来电致各登记团体函
　　致北平市第三民众教育馆函
　　北平市第三民众教育馆函
　　北平市体育专科学校函
体育纪闻
　　体育家张尔鼎仍返日攻读
　　天津青年会表演国术
　　全国体协会请政府设体育总监
　　北平市冬季球赛
　　世界男子田径赛运动最高纪录表
　　平市公共体育场纪闻

第四卷第 12 期

1936 年 12 月 30 日

（民国二十五年十二月三十日）

言　论
　　提倡体育之我见　　　　　　通　玄
专　著
　　何为太极拳武当拳（续）　　沈家桢
教　材
　　捷拳（续）　　　　　　　　许笑羽

译 述
　　体育之施设及管理（续）　　　无　我
纪 事
　　欢迎马子贞将军及陈伯涵教务长纪事
体育纪闻
　　世运委员会组织就绪
　　黄伯祥技艺超群
　　各省市县体育会组织条例

第五卷第 1 期
1937 年 1 月
（民国二十六年一月）

言 论
　　提倡国术之途径　　　　　　　许禹生
专 著
　　何为太极拳武当拳（续）　　　沈家桢
教 材
　　捷拳（续）　　　　　　　　　许笑羽
译 述
　　体育诸问题
　　　　　　（日）大谷武一著　无我译

第五卷第 2 期
1937 年 2 月
（民国二十六年二月）

言 论
　　关于体育前途之管窥　　　　　听　驼
专 著
　　何为太极拳武当拳（续）　　　沈家桢
教 材
　　白猿棍　　　　　　　　　　　许笑羽
译 述
　　体育之目的及其范围
　　　　　　（日）大谷武一著　圣揆译

谈 琐
　　记北京太极拳之起源　　　　　圣　揆

第五卷第 3 期
1937 年 3 月
（民国二十六年三月）

言 论
　　学校体育之目的
　　　　　（日）大谷武一著　杨会遇译
专 著
　　何为太极拳武当拳（续）　　　沈家桢
教 材
　　白猿棍（续）　　　　　　　　许笑羽
译 述
　　水泳　（日）　大谷武一著　杨会遇译
附 录
　　张三丰先师考　　　　　　　　景　苏

第五卷第 4 期
1937 年 4 月
（民国二十六年四月）

言 论
　　国术与武德　　　　　　　　　听　驼
专 著
　　何为太极拳武当拳（续）　　　沈家桢
教 材
　　白猿棍（续完）　　　　　　　许笑羽
译 述
　　最高尚之剑术
　　　　　　（日）佐藤卯吉著　圣揆译
传 记
　　杨建侯先生传　　　　　　　　许禹生
技击琐闻
　　铜指甲、猎语　　　　　　　　听　驼

第五卷第5期

1938年5月1日

（民国二十七年五月一日）

言 论

　　对于国术门类之检讨　　　　　听　驼

专 著

　　何为太极拳武当拳（续）　　　沈家桢

教 材

　　春秋刀　　　　　　　　　　　许笑羽

研 究

　　射箭术　　　　　　　　　　　金毓彭

成绩选粹

　　现在我们应该怎样提倡国术

　　　　　　　　　　　李希惠、王本荣

　　试述自己学国术目的及方法

　　　　　　　　　　　吴志纲、叶正斋

　　练拳术时该当怎样的讲究卫生　王德鉴

纪 事

　　余馆长就职典礼志盛

第五卷第6期

1938年6月1日

（民国二十七年六月一日）

言 论

　　对于国术应有的认识　　　　　听　驼

专 著

　　何为太极拳武当拳（续）　　　沈家桢

教 材

　　岳氏散手（十二）　　　　　　吴彦清

译 述

　　体育的目的与范围

　　　　　　　（日）大谷武一著　陆俊生译

传 记

　　形意拳宗师尚公云祥略传

　　　　　　　　　　　何秋杨、马祖仁

纪 事

　　中外来宾莅馆参观

　　本馆第七期民众训练班举行毕业试验志盛

第五卷第7期

1938年7月1日

（民国二十七年七月一日）

言 论

　　国术历史的研究　　　　　　　听　驼

专 著

　　何为太极拳武当拳（续）　　　沈家桢

教 材

　　岳氏散手（十三）　　　　　　吴彦清

译 述

　　体育的诸问题——选择运动的根据

　　　　　　　（日）大谷武一著　陆俊生译

纪 事

　　嘉宾莅馆参观并表演特技

传 记

　　国术大师陈公子正轶事

　　　　　　　　　　　郭成尧述　唐甫记

第五卷第8期

1938年8月1日

（民国二十七年八月一日）

言 论

　　国术历史的研究（续）　　　　听　驼

专 著

　　何为太极拳武当拳（续）　　　沈家桢

教 材

　　岳式散手（续完）　　　　　　吴彦清

史 料

　　国术史

纪 事

本馆高级班第二期修业期满志盛

第五卷第9期

1938年9月1日

(民国二十七年九月一日)

言 论
　　国术未来之动向　　　　　　　　听　驼
专 著
　　何为太极拳武当拳（续）　　　　沈家桢
史 料
　　国术史（续）　　　　　　　　　许禹生
小学教材
　　小学体育游戏教材三则　　　　　毕　骐
纪 事
　　本馆设立国术传习班幼年组
技击丛谈（三则）

第五卷第10期

1938年10月1日

(民国二十七年十月一日)

言 论
　　国术一元说　　　　　　　　　　听　驼
专 著
　　何为太极拳武当拳（续）　　　　沈家桢
史 料
　　国术史（续）　　　　　　　　　许禹生
纪 事
　　本馆国术传习班举行考试
技击丛谈
　　轻身术　　　　　　　某隐翁　诗　二

第五卷第11期

1938年11月1日

(民国二十七年十一月一日)

言 论

　　国术改进之方策　　　　　　　　听　驼
专 著
　　何为太极拳武当拳（续）　　　　沈家桢
史 料
　　国术史（续）　　　　　　　　　许禹生
拳 谱
　　通臂拳谱　　　　　　　　　　　郭述唐
纪 事
　　本馆设立古兵器陈列室
技击琐谈（二则）　　　　　　　　　驼　公

第五卷第12期

1938年12月1日

(民国二十七年十二月一日)

言 论
　　国术将来所负之希望　　　　　　听　驼
专 著
　　何为太极拳武当拳（续完）　　　沈家桢
史 料
　　国术史（续）　　　　　　　　　许禹生
卷 谱
　　通臂拳谱　　　　　　　　　　　郭述唐
纪 事
　　本馆表彰国术界先贤
技击丛谈
　　铁沙掌　　　　　　　　　　　　实　秋

第六卷第1期

1939年5月1日

(民国二十八年五月一日)

代 论
　　请教育当局增加国术钟点
专 著
　　内家拳经（续）　　　　　　　许禹生释注
　　手臂录（续）　　　　　　　　许禹生释注

范节之拳术论　　　　　许禹生校订
研　究
　　国术教学法　　　　　　　许小鲁
教　材
　　四平枪　　　　　　　　　许禹生
史　料
　　国术史（续）　　　　　　许禹生
纪　事
　　华北四省市联合运动会之国术表演
　　本馆续办国术研究班
　　上戊恭祀武成王
技击琐谈（二则）

第六卷第 2 期
1939 年 8 月 1 日
（民国二十八年八月一日）

言　论
　　提倡国术须铲除迷信说　　记　者
专　著
　　内家拳经（续）　　　　　许禹生释注
　　手臂录（续）　　　　　　许禹生释注
研　究
　　国术教学法（续）　　　　许小鲁
译　述
　　体操原论
　　　　芬兰毕约尔克斯丹女士原著，何非译
纪　事
　　刘采臣先生追悼会记
体育丛话
　　体育月刊的透视　　　　　陆俊生
　　运动与盲肠炎　　　　　　听　驼
技击琐谈（二则）

第六卷第 3 期
1940 年 1 月 1 日
（民国二十九年一月一日）

言　论
　　体育宜身心并重于全身大小肌肉均应锻炼
　　不可偏废说　　　　　　　许禹生
专　著
　　内家拳经（续）　　　　　许禹生释注
　　手臂录（续）　　　　　　许禹生释注
研　究
　　国术教学法　　　　　　　许小鲁
译　述
　　女子体育的目标　佐佐木著、陆俊生译
史　料
　　国术史（续）　　　　　　许禹生
体育丛话
　　何谓举振运动　　　　　　陆俊生
国术谈屑（二则）

第六卷第 4 期
1940 年 8 月 1 日
（民国二十九年八月一日）

言　论
　　吾人研究国术应本王阳明先生知行合一之
　　说　　　　　　　　　　　许禹生
专　著
　　手臂录（续）　　　　　　许禹生释注
　　内家拳经（续）　　　　　许禹生释注
研　究
　　国术教学之研究　　　　　听　驼

译 述
　　中学第一学年六、七月份的体操指导
　　　　　　（日）中内辰熊著，陆俊生译
纪 事
　　第十二期初级训练班升学纪事
　　许副馆长参加庸报座谈会
1. 中国武德精神与日本武道精神之比较
2. 庸报社致许副馆长函
3. 座谈会讨论之问题（略）
　〔典藏〕总藏 1—4 卷，5 卷 5—12 期，6 卷 1—4 期（1932.1—1940.8）
　　　　北京图书馆藏 1—3 卷（1932—1935 年）
　　　　中国科学院图书馆藏第一卷 1—7 期，9—12 期（1932 年）
　　　　北京大学图书馆藏第一卷 2—12 期（1932 年）
　　　　上海图书馆藏第一卷 6—7 期，9 期（1933 年）
　　　　南京图书馆藏第一卷 9 期（1932 年）
　　　　上海图书馆藏第二卷 3，5—6 期（1934 年）
　　　　南京图书馆藏第二卷 3 期（1934 年）
　　　　北京大学图书馆藏第二卷 4—6 期（1934 年）
　　　　中国科学图书馆藏第二卷 5—6 期（1934 年）
　　　　中央教育科研所图书馆藏第三—四卷（1935—1936 年）
　　　　北京大学图书馆藏第三卷（1935 年）
　　　　中国科学院图书馆藏第三卷 1—10 期（1935 年）
　　　　四川省图书馆藏第三卷 1—5 期，7—9 期，11—12 期（1935 年）
　　　　清华大学图书馆藏第三卷 1—3 期，5—6 期，8—12 期（1935 年）
　　　　首都图书馆藏第三卷 2—12 期（1935 年）
　　　　广东省中山图书馆藏第三卷 4—5 期（1935 年）
　　　　北京师范大学图书馆藏第四卷（1936 年）
　　　　首都图书馆藏第四卷（1936 年）
　　　　清华大学图书馆藏第四卷 1—10 期，12 期（1936 年）
　　　　北京大学图书馆藏第四卷 1—4 期，12 期（1936 年）
　　　　四川省图书馆藏第四卷 1—3 期，5 期（1936 年）
　　　　南京图书馆藏第四卷 2 期，4 期，6—7 期（1936 年）
　　　　中国科学院图书馆藏第四卷 12 期（1936 年）
　　　　首都图书馆藏第五卷 5—12 期（1937—1938 年）
　　　　山东省图书馆藏第五卷 8，10 期（1938 年）
　　　　首都图书馆藏第六卷 1—4 期（1939 年）

体 育 周 报

第一卷第 1 期—第二卷第 30 期

(1932.2—1933.9)

*《体育周报》，1932 年 2 月（民国二十一年二月）创刊，在天津出版。周刊。由天津法租界二十六号路基泰大楼十九号体育周报社编辑并发行，编辑人有周科征、沈祖徽、李世琦、赵泉、吕秀芬等。经理为志同公司。1933 年 9 月（民国二十二年九月）停刊，计出第一卷 1—50 期（另出"周年纪念特刊"一期），第二卷 1—30 期。本书全部收录。

第一卷第 1 期

1932 年 2 月 6 日

（民国二十一年二月六日）

封面	童漪珊绘
起码（start）	
今后我国之体育界	张伯苓
运动员应守的三个信条	董守义
有望于体育周报	李友珍
时代供献	阮蔚村
体育在教育上的意义和使命	朱稚舒
妇女与运动	阮蔚村
国术简史	郝　铭
蓝白队复活记	信　甫
北平球界近况	铭
北甯滑冰印象记	记　者
世界滑冰会有十一龄女郎	志　刚
美国昨年运动界鸟瞰	健　美
一九三一年爪哇体育事业之回顾	碧　奇
日人心目中之英雄与美人	哲　夫
各国运动杂志名录	
运动界纪事	仁　颖
"Time-out"（短篇小说）	伯
名人传——张伯苓	
碎锦	
归垒（Home-Run）	

第一卷第 2 期

1932 年 2 月 13 日

（民国二十一年二月十三日）

天津篮球界之分析	涓
篮球小史	董守义
滑冰运动	一　员
世界滑冰会本月开幕	少　壮
跑冰法略述	阮蔚村
北平篮球界之鸟瞰	见　斋
运动与卫生	阮蔚村
记平津美海陆军篮球战	记　者
两白相遇记	记　者
加拿大足球队征日记	村
女子台维斯杯的建议	可　正
英国网球硬度之改变	志　刚
埋首烟埠之两老将	村
运动界纪事	

昨年欧美田径赛比较表	村
短篇小说——一个小小的玩笑	伯
名人传——王正廷	
碎锦	
编余	

第一卷第3期
1932年2月20日
(民国二十一年二月二十日)

不必吃辣椒	涓
五年来我国篮球技艺观	董守义
对篮球指导运动员及观众的建议	李友珍
记中国第一次美式足球队	记　者
关于天津乒乓球运动	毛骏民
北平足篮球三健队	铭
介绍国术家李子廉	记　者
北平在全运会席上占何地位	铭
天津万国篮球赛形势	记　者
第三届世界滑冰大会详记	友　青
世界女子田径赛之猛进	阮蔚村
运动与卫生	阮蔚村
昨年全球运动界总决算	记　者
运动界纪事	记　者
短篇小说——银杯	吴秋尘
名人传——董守义	
碎锦	
编余	

第一卷第4期
1932年2月27日
(民国二十一年二月二十七日)

国难期中的运动员	奇
五年来我国篮球技术观	董守义
记开滦之胜美兵	记　者
辅大最近的体育	西　文
介绍老母鸡篮球队	士　焯
日加美式足球赛	华　之
西班牙斗牛	剑　青
离津赴法参加欧林匹克大会之汉莱李罗氏	记　者
德日体育及其田径	毓　驷
第三届世界滑冰大会详记（中）	友　青
运动与卫生	阮蔚村
世界游泳锦标预测	阮蔚村
运动界纪事	
短篇小说——"这样才是我的儿子呀！"	伯
名人传——章辑五	
碎锦	
编余	

第一卷第5期
1932年3月5日
(民国二十一年三月五日)

"南开精神"之演变	涓
美国大学体育哲学谈	健美
短笛	
中国棒球史	阮蔚村
肉体广告	艾　斯
尖端矫正姿态运动	剑　青
鸡毛球杂谈	少　壮
北平毛球运动勃兴	宋世济
寄居故都之关外健儿	翔
对黑白队说的话	冬　郎
第三届世界滑冰大会详纪（下）	友　青
运动与卫生	阮蔚村
运动界纪事	记　者
社会长篇小说《野马》	无　隐
名人传——袁敦礼	
碎锦	

编余

第一卷第6期
1932年3月12日
（民国二十一年三月十二日）

义务的贡献	涓
裁判员的尊严	仁颖
短笛	记者
美国大学体育哲学谈（二）	健美
体育之趋势	赵经廉
对黑白队说的话（续）	冬郎
棒球明星刘濑章为国增光	村
北平大学的体育现况	南茁
西洋的剑术	友青
芬德田径足球队今秋征日	村
美国之高尔夫球热	村
欧洲人的运动生活	陈乐桥
故都室内篮球赛之回顾	张守义
运动界纪事	
社会长篇小说：野马	无隐
名人传——郝更生	
碎锦	
编余	

第一卷第7期
1932年3月19日
（民国二十一年三月十九日）

提倡学校体育方案	董守义
中国之跳舞热	王健吾
美国大学体育哲学谈（续）	健美译
网球术要诀	蓝森译
对黑白队说的话（续完）	冬郎
纪旧都足球界义举	翔
广州男女环市赛跑记	蓝森
中院附中女篮球突起	宋世济
北平冰场上之战痕	翔
津毛球运动突进	记者
朝大体育近况	芹
本届欧林匹克运动大会之前瞻（一）	
欧洲人的运动生活（续）	陈乐桥
运动界纪事	
社会长篇小说：野马（三）	无隐
名人传——许民辉	
短笛	
碎锦	
编余	

第一卷第8期
1932年3月26日
（民国二十一年三月二十六日）

从骂街说到打篮球	钟骐
短笛	
观众应具的精神	铮
汉魏风行之交际舞	王健吾
美国大学体育哲学谈（四）	健美
津劳军篮球之收获	公敏
民大足球队在济作战之经过	陈嘉震
女师体育馆落成	可正
记平市慰军足球赛	铭
篮球最新规则	记者
翊教琐志	林雪江
本届欧林匹克运动大会之前瞻（二）	
世界网球十杰	记者
运动界纪事	
华姐的噩梦	林雪江
名人传——尚树梅	
碎锦	
编余	

第一卷第9期

1932年4月2日
(民国二十一年四月二日)

臭！	钟骐
短笛	
美国大学体育哲学谈（五）	健美
运动选手管理规则	师大
华北运动会展双十节举行	记者
百万观众下之剑桥牛津划船赛	钟辛茹
清华最近的体育	亮
漫画：	
她入场之前	孙竦女士
他入场之前	孙竦女士
我国足球界之瞻顾	奋
本届欧林匹克运动大会之前瞻（三）	
田径预测	谭邦杰
全国足球精锐将征爪哇	森
记平市劳军篮球赛	铭
运动界纪事	
长篇小说：野马	无隐
名人传——郝伯阳	
碎锦	
编余	

第一卷第10期

1932年4月29日
(民国二十一年四月二十九日)

"竞赛"与友谊	董守义
美国大学体育哲学谈（六）	健美
短笛	
需要普遍化的体育	严仁颖
沪篮球联队在粤失败	奋
东变后之东北大学的体育	温怀玉
港粤埠际篮球赛	奋
黑白女子篮球队自成立到现在	唐绣华
九届远东会风流案翔纪外苑夕阆	阮蔚村
本届欧林匹克运动大会之前瞻（四）	
田径预测（二）	谭邦杰
运动界纪事	
社会长篇小说：野马	无隐
名人传——郝更生	
碎锦	
编余	

第一卷第11期

1932年4月16日
(民国二十一年四月十六日)

由日本女子田径的沉闷说到中国女子田径赛	
美国大学体育哲学谈（七）	健美
短笛	
女运动员服装之演进	陈乐桥
檀岛混合棒球队征日	村
青大排球队在济始末	陈嘉震
中大开滦篮球战纪	奇
警察胜沪粤联队	奋
济南市的篮球队	陈嘉震
一颗网球新星	
读者园地：	
奈何！	唐绣华
本届欧林匹克运动大会之前瞻（五）	
大会神话	敏求
大会珍闻	健美
平育英最近的体育	铭
运动界纪事	记者
长篇小说——野马	无隐
名人传——高梓	记者
碎锦	
编余	

第一卷第 12 期

1932 年 4 月 23 日

(民国二十一年四月二十三日)

对夏令篮球的建议	涓
短笛	
美国大学体育哲学谈（八）	健 美
运动员的腿	希 云
中国舞蹈之起源	王健吾
全国大会操的重要	张其昀
掷铁饼研究	阮蔚村
济南体育近况	陈嘉震
济一师篮球队赴青远征	陈嘉震
读者园地：	
黑白惜败于美兵	一 观
本届欧林匹克运动大会之前瞻（六）	
大会珍闻	林雪江
大会建筑的素描	少 壮
三十年来烟台体育的演变（上）	秦 晋
运动界纪事	
长篇小说——野马	无 隐
碎锦	
编余	

第一卷第 13 期

1932 年 4 月 30 日

(民国二十一年四月三十日)

津春运会的悲哀	涓
笛短	
美国大学体育哲学谈	健 美
社会对排球的误解	李友珍
大智大勇四守四戒	吴佩孚讲演
走钢丝的考证	王健吾
三级跳远的研究	阮蔚村
几队篮球队的征保	萧 勇
济春季球赛开幕	陈嘉震
严格的法西斯党治下之意大利体育	陈乐桥
田径岛队的介绍	王 兰
读者园地：	
国难期间体育界应有的努力	宋恩波
本届欧林匹克运动大会之前瞻（七）	
世界女子田径锦标预测	阮蔚村
三十年来烟台体育的演变（下）	秦 晋
运动界纪事	
长篇小说——野马	无 隐
名人传——李友珍	
碎锦	
编余	

第一卷第 14 期

1932 年 5 月 7 日

(民国二十一年五月七日)

田径界要认清了目标	涓
短笛	
美国大学体育哲学谈	健美译
津春季运动会纪翔	公 敏
现代体育趋势的演进	章辑五讲
万国乙组运动会纪	奇
济南春季球类赛锦标预测	陈嘉震
德国之体育设施（上）	阮蔚村
世界女童子军史略	陈广湘
运动界纪事	
长篇小说——野马	无 隐
名人传——王健吾	
碎锦	
编余	

第一卷第 15 期

1932 年 5 月 14 日

(民国二十一年五月十四日)

要认清了对象的背景	涓

短笛
美国大学体育哲学谈　　　　　　　　健　美
中国之交际舞（一）　　　　　　　　王健吾
武汉盛大运动会　　　　　　　　　　克　明
汉中运动会空前盛举　　　　　　　　南　茁
济春季球类赛第三周详情　　　　　　陈嘉震
读者园地：
　答涓君　　　　　　　　　　　　朱学海
　复朱君　　　　　　　　　　　　　　涓
德国之体育设施（下）　　　　　　　阮蔚村
本届欧林匹克运动大会之前瞻：
　世界欧林匹克运动会的价值及对于我国体
　育的影响　　　　　　　　　　　袁敦礼
徐州体育将来计划　　　　　　　　　王仲南
世界女童子军史略（二）　　　　　　陈广湘
运动界纪事
名人传——沈嗣良
碎锦
编余

第一卷第16期

1932年5月21日

（民国二十一年五月二十一日）

津排球赛之波澜　　　　　　　　　　　涓
短笛
美国大学体育哲学谈　　　　　　　　健　美
中国之交际舞（二）　　　　　　　　王健吾
津女师首次运动会　　　　　　　　　柔　璧
台湾华胄女子惊人　　　　　　　　　　村
青岛大学运动会　　　　　　　　　　　嫣
华北运动会场一瞥　　　　　　　　　郁　连
上海网球界蠢然思动　　　　　　　　何　忆
济南男女排球一幕决战　　　　　　　陈嘉震
炮火后之上海体育　　　　　　　　　何　忆
吊魏君树桓　　　　　　　　　　　　王健吾
光芒的殒灭　　　　　　　　　　　　阎鹏翔

读者园地：
　关于运动员的种种　　　　　　　　　晋
　春宵漫话　　　　　　　　　　　　王　兰
情窃　　　　　　　　　　　　　　　阮蔚村
世界女童子军史略（三）　　　　　　陈广湘
运动界纪事
长篇小说——野马　　　　　　　　　无　隐
名人传——金兆均
碎锦
编余

第一卷第17期

1932年5月28日

（民国二十一年五月二十八日）

平运会职员侮辱新闻界　　　　　　　　涓
短笛
美国大学体育哲学谈　　　　　　　　健美译
列国元首之运动狂　　　　　　　　　　村
中国女子体育的过去与将来　　　　陈咏声讲
平市运动大会及侮辱记者案　　　　　记　者
侮辱记者案真相　　　　　　　　　　记　者
韩国篮球队远征日本　　　　　　　　　村
日本之田径季　　　　　　　　　　　阮蔚村
太谷铭贤学校之体育　　　　　　　　滨　岛
日本著名棒球选手的浪漫史　　　　　钟辛茹
世界女童子军史略　　　　　　　　　陈广湘
运动界纪事
长篇小说——野马　　　　　　　　　无　隐
名人传——刘明义
碎锦
编余

第一卷第18期

1932年6月4日

（民国二十一年六月四日）

关于辽津对抗会的话

短笛
评平侮辱新闻记者事件　　　大　公
美国大学体育哲学谈（十四）　健　美
教部应督饬各校注重体育　　何应钦
辽津田径对抗盛会纪翔　　　　　奇
班师途次的忆想　　　　　　王　兰
平运会造六项新纪录　　　　　　芹
美国游泳明星在荷莱坞受难事件　钟辛茹
济春季球赛第六周一瞥　　　陈嘉震
北平辅仁体育概况　　　　　王健吾
如何提倡体育！　　　　　　世界日报
漫画：
　海怪严仁颖　　　　　　孙竦女士绘
　陆怪张锡祜　　　　　　孙竦女士绘
德国惊讶我国女子何瘦小！
世界女童子军史略　　　　　陈广湘
运动界纪事
长篇小说——野马　　　　　无　隐
名人传——王复旦
碎锦
编余

第一卷第19期

1932年6月11日

（民国二十一年六月十一日）

全国体育会议
短笛
美国大学体育哲学谈　　　　健　美
如何养成运动家（一）　　　季林译
我凭着什么步行全国　　　　郑　尚
镇江中学第四届运动会纪事　景振球
济南春季球赛圆满闭幕　　　陈嘉震
记中央大学春季运动会　　　　　郭
世界著名体育选手小传（一）钟辛茹
本届欧林匹克运动大会之前瞻（续一）：
　我代表出席　　　　　　　滕树谷

欧林匹克大会与中国　　　　阮蔚村
出征前各国选手实力观　　　罗　璧
记参与第九次世界运动会之盛况并述我见
　　　　　　　　　　　　　宋如海
漫画：
　裤子的侵略　　　　　　　无　隐
　领子的可怜　　　　　　　无　隐
运动界纪事
长篇小说——野马　　　　　无　隐
名人传——宋君复
碎锦
编余

第一卷第20期

1932年6月18日

（民国二十一年六月十八日）

伪选手出席世界会
短笛
美国大学体育哲学谈　　　　健　美
如何养成运动家（二）　　　季　林
自然活动的教学法　　　　　俞子箴
全国体育会议积极筹备中　　记　者
上海今年之空前田径大会　　何　忆
世界著名体育选手小传（二）钟辛茹
坠落者　　　　　　　　　　阮蔚村
漫画：婚前与婚后　　　　　莲　子
本届欧林匹克运动大会之前瞻（续二）
　伪国派遣选手出席大会之面面观
　各国选手纷纷起程空气异常紧张
纳米新伉俪　　　　　　　　　　村
记参与第九次世界运动会之盛况并述我见
（二）　　　　　　　　　　宋如海
运动界纪事
长篇小说——野马　　　　　无　隐
名人传——卢颂恩
碎锦

编余

第一卷第 21 期
1932 年 6 月 25 日
（民国二十一年六月二十五日）

应否废除比赛制	
短笛	
美国大学体育哲学谈（十六）	健　美
小学生课室内的几种游戏	董守义
褚民谊说体育新趋势	
全国体协会复本报所询四问题	记　者
全国体育会议拟订国民体育实施方案	
如何养成运动家	季林译
沈嗣良氏答本报记者问	何　忆
全国体育会议与全国体协会	何忆记
世界重量拳斗开幕	记　者
世界著名体育选手小传（三）	钟辛茹
日本女性棒球狂列传	林雪江
本届欧林匹克运动大会之前瞻（续三）	
记参与第九届世界运动会之盛况并述我见（续）	宋如海
介绍燕京大学之体育	祖　徽
运动界纪事	
长篇小说——野马	无　隐
名人传——吴蕴瑞、陈咏声女士	
碎锦	
编余	

第一卷第 22 期
1932 年 7 月 2 日
（民国二十一年七月二日）

暑期中学生应做的几件事	
短笛	
美国大学体育哲学谈（十七）	健美译
中国之跳舞术（一）	王健吾
全国体育会议两提案	
供献于全国体育会议	俞子箴
国难中全国体育会议之招集	郝更生
首都四校联合会纪闻	翔
拳斗讲座	阮蔚村
谢盖荣膺世界拳王	记　者
铁大在济南	陈嘉震
我国将举行网球争霸赛	何　忆
世界著名体育选手小传（四）	钟辛茹辑
本届欧林匹克运动大会之前瞻	
记参与第九届世界运动会之盛况并述我见（完）	宋如海
欧林匹克最高纪录	村
各国选手弩张剑拔	
世界女童子军史略（六）	陈广湘
运动界纪事	
名人传——高锡威	
碎锦	
编余	

第一卷第 23 期
1932 年 7 月 9 日
（民国二十一年七月九日）

参加世界运动会之意义	
短笛	
小学生课室内的几种游戏（二）	董守义
改革小学体育意见	俞子箴
如何养成运动家（四）	季林译
漫图：运动员考前与考后	
各国的运动状况	健美译述
介绍少年人的唯一良友	骏　民
辽东队的近况杂谈	王　兰
第三次全国体育筹备会议	
评网球王之失败并述其成功史	蒋槐青

跳远术（上篇） 南部忠平著 阮蔚林译
世界著名体育选手小传（五） 钟辛茹特编
世界欧林匹克运动大会之前瞻（续五）
刘长春出席世界会之酝酿 记　者
天津送刘麟爪 记　者
参加欧林匹克大会之感想 询
世界女童子军史略（七） 陈广湘
运动界纪事
名人传——宋君复
碎锦
编余

第一卷第 24 期

1932 年 7 月 16 日

(民国二十一年七月十六日)

全国体育会议之前
短笛
小学生课室内的几种游戏（三） 董守义
世界最新式中央游泳池开幕 林　宣
港粤埠际排球最后鏖赛 毓　琨
各国的运动状况（二） 健　美
如何养成运动家（五） 季　林
世界著名体育选手小传 钟辛茹
跳远术（中篇） 南部忠平著 阮蔚村译
本届欧林匹克大会之前瞻（续六）
授旗礼后刘长春负使命赴美 记　者
各国选手先后抵美 记　者
世界会下三届会场 阮蔚村
大会设十九项锦标 询
美国西部十巨头运动会记 槐　青
世界女童子军史略（八） 陈广湘
运动界纪事
名人传——蒋湘青
碎锦
编余

第一卷第 25 期

1932 年 7 月 23 日

(民国二十一年七月二十三日)

国术提倡
短笛
小学生课室内的几种游戏（四） 董守义
中国之跳舞术（二） 王健吾
小学体育问题 章辑五讲演
贡献与全国体育会议 娄湘涛
第四次全国体育筹委会
各国的运动状况（三） 健美译
如何养成运动家 季林译
跳远术（下篇） 南部忠平著，阮蔚村译
世界著名体育选手小传（七） 钟辛茹
本届欧林匹克运动大会之前瞻（续七）
促成刘长春参加世界会之动机及经过
　　　　　　　　　　　　　　郝更生
大会历届田径赛成绩
世界女童子军史略（完） 陈广湘
运动界纪事
长篇小说——野马 无　隐
名人传——张恒
碎锦
编余

第一卷第 26 期

1932 年 7 月 30 日

(民国二十一年七月三十日)

世界运动会今日开幕
短笛
写给体育会议两点 俞子箴
各国的运动状况（四） 健美译
达利的游泳法 阮蔚村

网球王对美之忠告	少　壮
上海网球界的巡礼	植　之
水中女王麦迪森成功史	蒋槐青
海仑麦迪森将投身银幕	钟辛如
台杯选手评述及预测	范恩士著　可正译
网球家临阵须知（上）	铁尔顿著　可正译
世界著名体育选手小传（八）	钟辛茹
本届欧林匹克运动大会之前瞻（续八）	
刘长春途中喜恨交加	
大会历届田径赛成绩	
运动界纪事	
长篇小说——野马	无　隐
名人传——高锡威	
碎锦	
编余	

第一卷第 27 期

1932 年 8 月 6 日

（民国二十一年八月六日）

刘长春备受欢迎	
短笛	
医界对运动之惊人新论	阮蔚村译
我国固有的乡土游戏	俞子箴
体育会议五次筹委会	
网球家临阵须知（中）	健美译
短的快乐	阮蔚村译
世界著名体育选手小传	钟辛茹特辑
世界运动大会	
跳高术	晓　昂
德县体育状况	国　华
运动界纪事	
名人传——郭毓彬	
碎锦	
编余	

第一卷第 28 期

1932 年 8 月 13 日

（民国二十一年八月十三日）

封面	童漪珊
体育何分洋土	
短笛	
中国古代之舞蹈	王健吾
体育教员对于小学生的注意	杜隆元
体育会议六次筹委会议	
各国的运动状况（五）	健　美
美法台杯鏖战纪	
跛足女子竟成名舞蹈家	
少女游泳之成功	少　壮
世界著名体育选手小传（十）	钟辛茹
欧林匹克运动大会：	
男女田径决赛终了	
花花絮絮	
冠军小史	
运动界纪事	
长篇小说——野马	无　隐
名人传——李自重	
碎锦	
编余	

第一卷第 29 期

1932 年 8 月 20 日

（民国二十一年八月二十日）

欢迎全国体育会议各代表	
短笛	
各国的运动状况（六）	健美译
网球家临阵须知（下）	铁尔顿著　可正译
进行中之全国体育会议	记　者

送平津代表晋京琐话　　　　　　　少　壮
水球运动规则　　　　　　　　　白庆国译
世界著名体育选手小传（十一）　钟辛茹译
运动于生理上之效果　　　　　　阮蔚村
世界欧林匹克大会：
　　大会男女游泳决赛情形
　　花花絮絮
　　沈嗣良自洛杉矶来函
　　世界会前先举行分区会
　　男女冠军小史
运动界纪事
长篇小说——野马　　　　　　　　无　隐
名人传——郭晏国
碎锦
编余

第一卷第 30 期

1932 年 8 月 27 日
（民国二十一年八月二十七日）

评大公报七日社评　　　　　　　谢似颜
短笛
世界著名体育选手小传（十二）　钟辛茹译
各国的运动状况（七）　　　　　健美译
第一次全国体育会议特刊
国民体育实施方案
　　　　　　袁敦礼、郝更生、吴蕴瑞编制
见夭亡一周纪念　　　　　　　　　　星
欧林匹克运动大会其他各项锦标赛
　　会旗下降篝火熄灭大会闭幕
　　英美日三国对抗
　　宋君复来电
世界选手座谈会　　　　　　　　村　译
运动界纪事
长篇小说——野马　　　　　　　　无　隐
名人传——谭道景
碎锦

编余

第一卷第 31 期

1932 年 9 月 3 日
（民国二十一年九月三日）

全国体育会议后之感想
各国的运动状况（八）　　　　　　健　美
华北运动会规程
第一次全国体育会议特刊（二）
　　第一日情形
　　第二日情形
　　第三日情形
　　国民体育实施方案
欧林匹克运动大会
　　世界体育会议纪
　　世界会正式结果
运动界纪事
体育界名人录——张守义
碎锦
编余

第一卷第 32 期

1932 年 9 月 10 日
（民国二十一年九月十日）

北平的观众
伟丽理想的实现　　　　　　　　可　正
各国运动状况　　　　　　　　　健美译
南开学校健康训练实施大纲草案　章辑五
第一次全国体育会议特刊
　　第四日情形
　　第五日情形
　　第六日情形
　　大会圆满闭幕
　　全国体育会议宣言
　　大会闭会后之结果会

体育委员会即成立
世界欧林匹克运动大会
　　沈嗣良第二次来函
　　刘长春的日记
运动界纪事
长篇小说——野马　　　　　　　无　隐
碎锦
编余

第一卷第 33 期

1932 年 9 月 17 日
(民国二十一年九月十七日)

体育界与新闻界
今后之国民体育问题之我见　　　吴蕴瑞
各国的运动状况　　　　　　　　健美译
全国体育委员会规程
足球规则之修改
南开学校健康训练实施大纲草案（续）
　　　　　　　　　　　　　　　章辑五
划船动作分解　　　　　　　　　周　楫
棍球运动　　　　　　　　　　　阮蔚村
沪网球界的论辩　　　　　　　　寄　北
欧林匹克运动大会
　　审订公布之世界田径新纪录
　　德国主张恢复足球锦标
　　刘长春的日记
运动界纪事
长篇小说——野马　　　　　　　无　隐
碎锦

第一卷第 34 期

1932 年 9 月 24 日
(民国二十一年九月二十四日)

勖二十军球队

短笛
各国的运动状况　　　　　　　健美译述
小学体育教学法　　　　　　　俞子箴著
划船动作分解　　　　　　　　　周　楫
齐大体育　　　　　　　　　　陈嘉震
辉煌的星条旗　　　铁尔顿著　阮蔚村译
世界著名体育选手小传（十三）　钟辛茹
欧林匹克运动大会
　　大会之总成绩
　　世界运动会闭幕时情形
　　我代表团返国状况
　　刘长春的日记
　　芬兰选手在日表演
　　欧林匹克村
运动界纪事
体育界人士名录——杜隆元、俞子箴
碎锦

第一卷第 35 期

1932 年 10 月 1 日
(民国二十一年十月一日)

评冀省华北预选会
各国运动状况　　　　　　　　　健美译
短笛
四将成功的回忆　　　　　　　　少　壮
今日湘省举行第二届国术比试　　端　止
铁尔顿网球术　　　　　　　　　阮蔚村译
安徽体育概况　　　　　　　　　俞子箴
篮球的哲学　　　　　　　　　　王健吾
世界著名体育选手小传（十三）　钟辛茹
欧林匹克运动大会
　　奥瑞欧林匹克委员莅沪　　　　素
　　问沈嗣良建议参加下届竞走赛　史友惠
　　芬日田径竞技情形
运动界纪事

第一卷第 36 期

1932 年 10 月 8 日

（民国二十一年十月八日）

华北运动会	
短笛	
各国的运动状况	健 美
发令员	刘长春
篮球的哲学（续）	王健吾
篮球新规则	全国体育会审订
我国发明之马球运动	阮蔚村
国立浙江大学体育学程及实施办法	
世界著名体育选手小传（十四）	钟辛茹
铁尔顿网球术（续一）	阮蔚村
四川的体育	赵行言
运动界纪事	
长篇小说——野马	无 隐
体育界人士名录——张汇兰	
碎锦	
编余	

第一卷第 37 期

1932 年 10 月 15 日

（民国二十一年十月十五日）

业余运动	
短笛	
各国的运动状况（十四）	健美译述
世界著名选手小传（十五）	钟辛茹
党同伐异之湘国术省考	端 止
铁尔顿网球术（完）	阮蔚村
准备操与姿势训练法	俞子箴
从网球女王说到拳斗霸主	少 壮
橄榄球运动	阮蔚村
橄榄球名指导的话	可 正
长篇小说——野马	无 隐

运动界纪事	记 者
碎锦	
编余	

第一卷第 38 期

1932 年 10 月 22 日

（民国二十一年十月二十二日）

华北会后之感	
短笛	
各国的运动状况（十五）	健 美
第十六届华北运动大会特刊	
开幕之前后情形	
十四项锦标竞争素描	
华北体联会在汴开会翔纪	
大会之轻风微浪	
欢宴纪	
选手人数的统计	
我国著名运动选手名录（一）	阮蔚村特辑
运动界纪事	
长篇小说——野马	无 隐
体育界人士名录——叶贵森	
碎锦	
编余	

第一卷第 39 期

1932 年 10 月 29 日

（民国二十一年十月二十九日）

不必到国外去卧薪尝胆	记 者
短笛	
各国的运动状况（十六）	健 美
读者园地：华北运动会短评	黄金鳌
体育与国民性	阮蔚村
世界著名体育选手小传（十六）	钟辛茹
我国著名运动选手名录（二）	阮蔚村
足球裁判员之责任与权力	振 民

团体运动比赛法　　　　　　　俞子箴
与君一小时　　　　　　　　　少　壮
湘国术比赛之余闻　　　　　　端　止
运动界纪事　　　　　　　　　记　者
长篇小说——野马　　　　　　无　隐
体育界人士名录——梁诚信
碎锦
编余

第一卷第 40 期
1932 年 11 月 5 日
（民国二十一年十一月五日）

河北省体育的检讨
短笛
各国的运动状况（完）　　　　健　美
五人徒手操的教材　　　　　　俞子箴
我国著名运动选手名录（三）　阮蔚村
韦司摩勒之游泳秘诀　　　　　寄　吾
四川军队的体育　　　　　　　陈昌裕
美国铁球十杰　　　　　　　　阮蔚村
参加世界运动会感言　　　　　刘长春
济一师体育的状况和展望　　　马盛厚
义务裁判员　　　　　　　　　北平师大
运动界纪事　　　　　　　　　记　者
长篇小说——野马　　　　　　无　隐
碎锦　　　　　　　　　　　　仁　颖
体育界人士名录——丘纪祥、郭宝根

第一卷第 41 期
1932 年 11 月 12 日
（民国二十一年十一月十二日）

体育界又一污点
短笛
华北运动会之感想　　　　　　董守义

法国裸运的遭劫　　　　　　　记　者
一九三二年田径纪录集　　　　阮蔚村
评皖三届中小联合运动会　　　俞子箴
篮球是激烈运动么?　　　　　一　伟
世界童子军消息　　　　　　　自助社
天津汇文体育状况　　　　　　旭　辉
LACROSSE?　　　　　　　　　 村
法国之体育设施　　　　　　　阮蔚村
平警高的体育及军训　　　　　宋世济
民众运动比赛的方法　　　　　俞子箴
运动界纪事　　　　　　　　　记　者
体育界人士名录——林昭云、莫庆
碎锦

第一卷第 42 期
1932 年 11 月 19 日
（民国二十一年十一月十九日）

给各国真实的认识
短笛
体育的目标是什么?　　　　　张廷勋
水球最新规则　　本报编辑　阮蔚村译
女子篮球新规则　　　　全国体协会公布
如何组织体委会?
女子体操的原祖　　　　　　　K　译
天津新学体育状况　　　　　　宝　琨
小学体育行政　　　　　　　　俞子箴
运动界纪事
长篇小说——野马　　　　　　无　隐
体育界人士名录——罗旭和、蔡廷庸
碎锦

第一卷第 43 期
1932 年 11 月 26 日
（民国二十一年十一月二十六日）

篮球技术转移点

短笛
东西对照之裸体运动　　　　　　　　可　正
跑雪运动　　　　　　　　　　　　　少　壮
速度滑冰规则　　　　本报特辑沈祖徽译
本年世界游泳新纪录　　　　　　　　　村
体操要义　　　　　　　　　　　　阮蔚村
济南冬季球赛之热闹　　　　　　　陈嘉震
小学体育行政（续）　　　　　　　俞子箴
运动界纪事　　　　　　　　　　　记　者
体育界人士名录——黄沧一
碎锦

第一卷第 44 期

1932 年 12 月 3 日
（民国二十一年十二月三日）

对运动员出路的感言
短笛
美国之裸体运动　　　　　　　　　记　者
打猎的生活　　　　　　　　　　　记　者
花样滑冰规则　沈祖徽译　　　　本报特辑
跑雪　　　　　　　　　　　　　　亨　译
有清一代的滑冰史和冰鞋　　　　　晋　卿
并新民中学体育状况　　　　　　　亨　山
济南球赛第二周　　　　　　　　　陈嘉震
全运筹委会组织规程　　　　　　教育部公布
运动学　　　　　　　　　　　　　阮蔚村
抗日表情操　　　　　　　　　　　俞子箴
长篇小说——野马　　　　　　　　无　隐
运动界纪事　　　　　　　　　　　记　者
碎锦
编余

第一卷第 45 期

1932 年 12 月 10 日
（民国二十一年十二月十日）

南开应否恢复选手制？

短笛
清华的轩然大波
"运动故事"引词　　　　　　　　　编　者
读者园地　　　　　　　　　　　　严仁颖
运动会的哲学　　　　　　　　　　王健吾
有清一代的滑冰史和冰鞋（续）　　晋　卿
滑冰乐　　　　　　　　　　　　　　　享
滑冰术　　　　　　　　　　　　　墨札译
济南球赛第三周　　　　　　　　　陈嘉震
裸体院和裸人岛　　　　　　　　　记　者
运动学（续）　　　　　　　　　　阮蔚村
安芜田径对抗记　　　　　　　　　俞子箴
器械操教学法　　　　　　　　　　俞子箴
运动界纪事
碎锦
体育界人士名录——叶坤、梁兆文

第一卷第 46 期

1932 年 12 月 17 日
（民国二十一年十二月十七日）

裸体的教育意义在哪里？
短笛
褚民谊与蒙古王公赛马
人见绢枝纪念碑　　　　　　　　　　　村
保护健康与增进健康　　　　　　　娄湘涛
五十四种运动故事之一——绅士落水变为鸡
　　　　　　　　　　　　　　　　良　生
滑冰术（二）　　　　　　　　　　祖　微
滑冰滑稽画之一　　　　忍辱负重的臀部
有清一代的溜冰史和冰鞋（续）　　晋　卿
"小弟"已随流水去！　　　　　　　　　棣
济南球赛第四周　　　　　　　　　陈嘉震
崛起之粤培正校友排篮球队　　　　志　强
中国足球史（一）　　　　　　　　阮蔚村
足球术（一）　　　　　　　　　　祖徽译
我国著名运动选手名录（四）　　　　　村

运动界纪事
长篇小说——野马　　　　　　　　无　隐
体育界人士名录——李惠堂
碎锦
编余

第一卷第47期
1932年12月24日
（民国二十一年十二月二十四日）

运动——与为什么要运动
短笛
华北体联会要议案
察省筹备华北足篮球赛
运动会的哲学（二）　　　　　　　王健吾
滑冰术（三）　　　　　　　　　　祖徽译
滑冰漫画之二　　　　暴露了她的秘密
有清一代的溜冰史和冰鞋（续）　　振　卿
五十四种运动故事之二——可怜的小兔
　　　　　　　　　　　　　　　　锡璋译
足球术（二）　　　　　　　　　　亨　译
中国足球史（二）　　　　　　　　阮蔚村
晋并州学院体育状况　　　　　　　赵心直
济南球赛第五周　　　　　　　　　陈嘉震
我国著名运动选手名录（五）　　　村
运动界纪事　　　　　　　　　　　记　者
长篇小说——野马　　　　　　　　无　隐
体育界人士名录——黄文建
碎锦
编余

第一卷第48期
1932年12月31日
（民国二十一年十二月三十一日）

短笛

二十一年之回顾
裸一下子　　　　　　　　　　　　钟　琪
足球术（三）　　　　　　　　　　亨　译
中国足球史（三）　　　　　　　　阮蔚村
小学运动会组织法　　　　　　　　俞子箴
搏击摔跤击剑刺枪考　　　　　　　金一明
滑冰术（四）　　　　　　　　　　祖徽译
五十四种运动故事之三——成与败
　　　　　　　　　　　　　　　　可正译
冰场闲话
有清一代的溜冰史和冰鞋（续）　　晋　卿
济南球赛第七周　　　　　　　　　陈嘉震
我国著名运动选手名录（六）　　　村
运动界纪事　　　　　　　　　　　记　者
长篇小说——野马　　　　　　　　无　隐
碎锦
编余
体育界人士名录——蔡克汉

第一卷第49期
1933年1月7日
（民国二十二年一月七日）

短笛
华北首次冰上运动会之筹备
足球术（四）　　　　　　　　　　亨　译
中国足球史（四）　　　　　　　　阮蔚村
滑冰滑稽画之三
滑冰术（六）　　　　　　　　　　祖徽译
济南齐大体育近况　　　　　　　　彦　雄
青静两县之体育　　　　　　　　　杨国璧
裸体奇闻
五十四种运动故事之四——赌棍（上）
　　　　　　　　　　　　　　　　少壮译
我国著名运动选手名录（七）　　　村
小学运动会的组织法（二）　　　　俞子箴

运动界纪事
体育界人士名录——吴仕光
碎锦
编余

第一卷第 50 期
周年纪念号
1933 年 1 月 21 日
(民国二十二年一月二十一日)

本报周年纪念的回顾
短笛
题字：
    行健自强 张学良题
    法行天健 陈宝泉题
    法天行健 张之江题
    民族之魂 冯庸题
体育周报周年纪念感言 董守义
国难中之奋斗者 阮蔚村
周报的生日与先天不足 钟骐
南开学校半年来取消选手制后的新试验
    章辑五
今后体育应注意国民习惯之改造 尚树梅
怎样提倡国术 郝铭
北平中华田径队组织的动机 王兰
运动员与结婚之关系 刘长春
由美国足球到赛马 周科征译
美国足球有力之拥护者 骏民
滑冰术（七） 祖徽译
撬雪连环图画十帧
有清一代的溜冰史和冰鞋（续） 晋卿
踢毽术 沈祖徽著
五十四种运动故事之四——赌棍（下）
    少壮译
周朝舞蹈史 王健吾
体育周报连环图画九帧

远东排球发达史 赵泉译
美国排球规则 赵泉译
碎锦

第二卷第 1 期
1933 年 2 月 11 日
(民国二十二年二月十一日)

封面 童漪珊
今年本报的希望
王渊女士作姨太太问题 钟骐
开封冬季足篮球联赛之两污点 林佑
体育与生理之关系 张椿荫
一九三二年体育的活动 友美
希腊之体育复兴 文花
跑鞋研究 阮蔚村
滑冰术（八） 祖徽译
有清一代的溜冰史和冰鞋（续） 晋卿
女子足球（一） 杜科
我国著名运动选手名录（八） 村
五十四种运动故事之五——斗熊 三译
豫第一高中体育概况 杜右人
运动界纪事
长篇小说——野马 无隐
碎锦
编余

第二卷第 2 期
1933 年 2 月 18 日
(民国二十二年二月十八日)

勖两江远征欧美
短笛
简易之体育与卫生谈 李益棠
评介几种关于体育卫生类重要西文期刊
    林斯德

女性的体质研究	阮蔚村
滑冰术（九）	祖徽译
女子足球（二）	杜 科
贝贝罗斯没落了	星
西哲名句集	王 兰
新加坡华侨体育素描	瑞 端
世界田径新纪录	
港粤足球最近活动	麦志强
济南溜冰近况	朱彦雄
太原球赛总账	亨 山
我国著名运动选手名录（九）	村
五十四种运动故事之六——混战	
运动界纪事	
体育界人士名录——李天生、陈光耀	
碎锦	

第二卷第3期

1933年2月25日
（民国二十二年二月二十五日）

应"限期"促设体委会	
短笛	
体育闲话	仁 颖
读书评介	星
古代遗存铁饼	东
两江女篮球队环游欧美之酝酿	
世界网球十杰	星
女子足球（三）	杜 科
我国著名运动选手名录（十）	村
苏州成烈体专体育概况	钱亚叔
运动故事之七——"模范球员"	少 壮
豫十四中体育实施概况	
运动界纪事	
长篇小说——野马（三十六）	无 隐
体育界人士名录——黎达	
碎锦	
编余	

第二卷第4期

1933年3月4日
（民国二十二年三月四日）

由踢毽子谈到射箭	
短笛	
东西跳高姿势的练习	祖徽译
两江不赴欧美	
体育宣传的工作及方法	周 文
篮球是激烈运动么	健美译
滑冰术（十）	祖徽译
天津乒乓球规则公开比赛会	
马上谈情	少壮选编
江苏省无锡县社会体育概况	陈晋卿
唐山交大最近体育概况	于 玉
运动界纪事	
长篇小说——野马（三十七）	无 隐
体育界人士名录——唐商祥	
碎锦	
编余	

第二卷第5期

1933年3月11日
（民国二十二年三月十一日）

冀省第三次体育委员会议	
短笛	
简单之体育卫生谈（续）	李益棠
暑期体育补习班之筹备	
马拉松赛跑练习法	紫 气
欧林匹克马拉松赛跑规则	
教部颁布踢毽子规则	
全国及华北运动会筹备近况	
体育宣传工作及方法	周 文
海外珍闻	
广州美式足球赛记	麦志强

几种天津的民间游戏（一）	莫不抗
运动界纪事	
长篇小说——野马（三十八）	无 隐
体育界人士名录——莫耀南	
碎锦	记 者
编余	记 者

第二卷第 6 期
1933 年 3 月 18 日
（民国二十二年三月十八日）

运动会和新闻界	记 者
短笛	记 者
体育卫生格言	李益棠
体育卫生三字经	李益棠
几种天津的民间游戏（二）	莫不抗
比赛前篮球练习法	亨 译
教部颁布高中体育课程标准	
滑冰术（十二）	祖徽译
画报（一）	
国际运动的种种幻变	记 者
体育宣传工作及方法（三）	周 文
重围中的垂钓（上）	少壮选编
运动界纪事	记 者
长篇小说——野马（三十九）	无 隐
体育界人士名录——阮蔚村	
碎锦	
编余	

第二卷第 7 期
1933 年 3 月 25 日
（民国二十二年三月二十五日）

国难中要有坚决的毅力	记 者
短笛	
对于体育之感想	郝更生讲演
推铁球的姿势	少 壮

全国运动会有射箭比赛	记 者
晋省的小学体育	亨 山
铁尔顿没落了	星
小学体育教程（一）	俞子箴
冀体委会第三次会详纪	记 者
体育画报（二）	
重围中之垂钓者（下）	少壮选编
暨南的体育	莫 言
运动界纪事	
长篇小说——野马（四十）	无 隐
体育界人士名录——陈春生	
碎锦	
编余	

第二卷第 8 期
1933 年 4 月 1 日
（民国二十二年四月一日）

男女篮球规则释义	记 者
短笛	记 者
运动界的修养问题	陈晋初
沪足球营业化之恶耗	延 成
浅近田径术（一）	亨 译
第三届天津公开乒乓比赛纪实	莫不抗
体育画报（三）	
惠阳的乡土游戏（一）	程凤阳编
游侣	少壮选编
小学体育教程（二）	俞子箴
运动界纪事	记 者
体育界人士名录——陈苏	
碎锦	
编余	

第二卷第 9 期
1933 年 4 月 8 日
（民国二十二年四月八日）

| 春日杂感 | 记 者 |

短笛	记者
篮球球员及裁判员须知	津体协
闲话	宋
开封自行车赛	抵夫
浅近田径（二）	亨译
小学体育教程（三）	俞子箴
体育画报（四）	
惠阳的乡土游戏（二）	程凤阳编
广州的民间游戏	志强
猎者的奇癖	少壮选编
我国著名运动选手名录（二）	记者
运动界纪事	记者
体育界人士名录——梁铁生	
碎锦	记者

第二卷第10期

1933年4月15日
（民国二十二年四月十五日）

点缀春色混合排球队	记者
短笛	记者
男女篮球规则商榷	周家骐
读书评介	星
华南四大学之联运会筹备	吴庆森
新加坡华侨足球最近活跃盛况	瑞端
浅近田径术（三）	亨译
开封儿童运动会记详	王抵夫
两种曹州的民间游戏	陈秀含
美国田径第一声	东
体育画报（五）	
惠阳的乡土游戏（二）	程凤阳编
爱情	少壮选编
我国著名运动选手名录（十二）	记者
运动界纪事	记者
体育界人士名录——钟国文	
碎锦	记者

第二卷第11期

1933年4月22日
（民国二十二年四月二十二日）

感津沪埠际足球赛	记者
短笛	记者
向我国体育界进几句忠实的话	钱二新
健身月历	
警句	钱二新
浅近田径术（四）	亨译
游泳于医学之利弊	歧译
游泳指导十诫	史兴隆
安徽全省分区运动会计划大纲	箴
体育画报（六）	
威廉卡尔	星
健美	茅盾
春满农院	王健吾
惠阳的乡土游戏（四）	程凤阳编
运动界纪事	
体育界人士名录——邹朝升	记者
碎锦	记者

第二卷第12期

1933年4月29日
（民国二十二年四月二十九日）

劳军篮球赛的教训	记者
短笛	记者
河南体育幼稚的原因	杜右人
晋河东市各校体育概况	竹马
用科学说明中国拳术的神秘	王健吾
平大农院越野赛	
广州女青年会举办女中球类比赛	吴庆森
浅近田径术（五）	亨译
威可夫传	星

体育画报（七）	
惠阳的乡土游戏（完）	程凤阳编
本年度上海足球的形势	莫言
范恩士成功秘诀	星
开封自行车比赛记详	抵夫
烟台球话	中言
晋省谈屑	亨山
西安省会社会体育之概况	益
陕体委会规程	
运动界纪事	记者
体育界人士名录——黎士钊	

第二卷第13期
1933年5月6日
（民国二十二年五月六日）

对津春运会的希望	记者
短笛	记者
二十二年全国运动大会竞赛规程	
体育教师对于学校体育究竟应该负什么责任	
	王健吾
华南篮球沿革史	麦志强
关于旋律活动的基本知识	张金鉴译
小学校各种体育活动的相对价值	张金鉴译
体育画报（八）	
西安公私立各中级学校体育概况（一）	益
运动会的哲学（三）	王健吾
上海各中学体育概况调查（一）	
运动界纪事	记者
体育界人士名录——陈光锦	
长篇小说——野马	无隐
碎锦	记者

第二卷第14期
1933年5月13日
（民国二十二年五月十三日）

定海运动会纠纷	记者
短笛	记者
全国男女田径最高纪录	体协会公布
田径赛基本操（一）	东
浅近田径术（六）	亨译
运动会的哲学（四）	王健吾
华南区大学联运会追纪	金翔庆森
体育画报（九）	
意大利集团运动	碧奇
全国运动会歌	记者
开封排网球赛	抵夫
大夏大学体育概况	莫言
沪中校运动会的感想	莫言
台杯展望	星
上海各中学体育调查（二）	记者
广州筹办暑体班	飞熊
运动界纪事	记者
体育界人士名录——袁仲耀	记者
碎锦	记者

第二卷第15期
1933年5月20日
（民国二十二年五月二十日）

关于本年暑期体育学校	记者
短笛	
对于杭州小学体育的刍见	俞立文
运动会的哲学（五）	王健吾
田径赛基本操（二）	东
游泳讲座	史兴隆
游泳员之小腿运用	歧译
乡村化的游泳	陈晋初
朱恩德轶事	紫气
体育画报（十）	
意大利运动建筑	碧奇
蹴气球	徽
上海各中学体育调查（三）	
运动界纪事	记者

体育界人士名录——梁应麟	记 者
碎锦	记 者

第二卷第 16 期
1933 年 5 月 27 日
(民国二十二年五月二十七日)

体育之于国家	记 者
短笛	记 者
华北运动会国术规则	
体育养成的身体潜能之发展	曾荣中
田径赛基本操（三）	东
劳于职业的妇女	亨廷顿记
小学田径运动	张金鉴译编
墨索里尼健身谈	碧 奇
体育画报（十一）	
日本游泳选手练习法	辽 鸥
四川华大的体育	袁书荣
苏州成烈体育学校近况	钱二新
上海各中学体育调查（四）	
运动界纪事	记 者
体育界人士名录——赵耀	记 者
碎锦	记 者

第二卷第 17 期
1933 年 6 月 3 日
(民国二十二年六月三日)

冀省华北预选会	
短笛	记 者
世界田径赛最高纪录	全国体协公布
世界女子田径赛最高纪录	
远东运动大会田径最高纪录	
离骚	范士奎
怎样训练一个模范球员	麦志强
劳于职务的妇女（二）	亨廷顿记
檀香山几种古代运动	少 壮
体育画报（十二）	
逯明轶事	紫 气
西方运动界缩影	可 文
小学田径运动（二）	张金鉴译编
改进河东市各校体育之我见	笃 生
运动界纪事	
长篇小说——野马	无 隐
体育界人士名录——黄英杰	记 者
碎锦	记 者

第二卷第 18 期
1933 年 6 月 10 日
(民国二十二年六月十日)

冀省代表选出之后	记 者
短笛	记 者
两种应该提倡的运动	俞子箴
远东大会入选之标准	薛汇东
8 字形篮球进攻策略	歧 译
印度的体育	歧 译
广东第十二次全省运动大会	何国光
陕第二师体育概况	鲁 人
体育画报（十三）	
全国模范少年营	
介绍美国女子营宿生活	健 美
上海各中学体育调查（五）	
长篇小说——野马	无 隐
运动界纪事	记 者
体育界人士名录——黎连楹	记 者
碎锦	记 者

第二卷第 19 期
1933 年 6 月 17 日
(民国二十二年六月十七日)

现在的体育	记 者
短笛	记 者

冀华北预选女排球选手的争执	燎 天
龙舟竞渡震湘潭	梦 梅
职业繁忙者之健身操	李廉堂
精神舞的意义（上）	少壮译
浅近田径术（七）	亨 译
泰山游泳谈	亨
介绍美国女子营宿生活	健 美
篮球模范练习法	学 海
体育画报（十四）	
全日本学生大会纪详	邦 杰
运动界纪事	记 者
长篇小说——野马	无 隐
体育界人士名录——俞斌祺	记 者
碎锦	记 者

第二卷第 20 期

1933 年 6 月 24 日

（民国二十二年六月二十四日）

体育团体要有完善组织	记 者
短笛	记 者
对教部暑期体校几点意见	俞子箴
篮球自由投掷之研究	夏承楹译
赛跑出发姿势的呈进	星
伪国体育近况一束	乔 吉
拳王，谁？	可 正
贝贝罗斯的最近事情	是
林梁新婚探蜀险	
浅进田径术（八）	亨 译
精神舞的意义（下）	少壮译
体育画报（十五）	
成都的体育	袁荣曾
上海各中学体育调查（六）	
运动界纪事	记 者
长篇小说——野马	无 隐
碎锦	记 者

第二卷第 21 期

1933 年 7 月 1 日

（民国二十二年七月一日）

意商运动场	记 者
短笛	记 者
提倡体育的重要工作	钱二新
本届拳王究属谁？	邓普赛著 可正译
起步对于高栏之重要	医 士
浅近田径术（九）	亨 译
教育部暑期体育补习班课程	
仁侠的泰山	
体育画报（十六）	
一个小学校体育实施概况的报告	
运动界纪事	
体育界人士名录——陆翔千	
碎锦	

第二卷第 22 期

1933 年 7 月 8 日

（民国二十二年七月八日）

盖棺论定之何步云与黑白	记 者
短笛	记 者
提倡都市体育的原则	瑞 端
沪体育界外史	
二分钟保健操	袁 馥
世界游泳最高纪录	
棒球王——贝贝罗斯的非凡生涯和他内部的故事	锡文译述
体育画报（十七）	
跳高姿势专页	
夏凯卡南拉斗拳纪	可 正
世界童军大会将开幕	
跳水入门	星 译

三原的乡土游戏	益　棠
百米赛跑的赞颂	星
女子游泳谈	史兴隆
运动界纪事	记　者
体育界人士名录——陈奎生	记　者
碎锦	记　者

第二卷第 23 期

1933 年 7 月 15 日
（民国二十二年七月十五日）

华北运动会的意义	记　者
短笛	记　者
安徽省会体育研究会成立的经过	俞子箴
前三届华北运动会田径赛成绩之比较	锡　文
新加坡中华第一届游泳赛	瑞　端
体育画报（十八）	
美国东部运动会记	薛汇东
美国西部运动会记	歧　译
女子垒球最新规则	宋君复译
运动界纪事	记　者
长篇小说——野马	无　隐
体育界人士名录——李国琛	
碎锦	记　者

第二卷第 24 期

1933 年 7 月 22 日
（民国二十二年七月二十二日）

在运动场上不当示弱	记　者
短笛	记　者
西北运动会简章及竞赛规程	
全国分区足球赛代表会议	
我对于排球各位置之研究	麦志强
棒球王——贝贝罗斯的非凡生涯和他内部的故事（续）	锡文译述

印度网球的现在标准	健夫译
印度举重的简史（上）	歧　译
体育画报（十九）	
智力疲惫在网球赛中影响体力疲乏	歧　译
浙省中校体育概况（一）	
运动界纪事	记　者
体育界人士名录——王锡良	记　者
碎锦	记　者

第二卷第 25 期

1933 年 7 月 29 日
（民国二十二年七月二十九日）

第十七届华北运动会的印象
第十七届华北运动会详记：
　　招待备极周至
　　会场建筑宏丽
　　开幕时的盛况
　　高级径赛锦标
　　高级田赛锦标
　　中级径赛锦标
　　中级田赛锦标
　　女子田赛锦标
　　高级全能锦标
　　高级排球锦标
　　中级排球锦标
　　女子排球锦标
　　高级网球锦标
　　中级网球锦标
　　女子网球锦标
　　高级棒球锦标
　　女子垒球锦标
　　游泳单设锦标
　　国术表演比赛
　　团体运动表演
　　大会肃然闭幕
　　各单位运动员

大会奖品一览	
各总领队访问记	
华北体联年会纪事	
男女游泳最高纪录	
杂感	夏承楹
访问记	可 正
碎锦	

第二卷第 26 期

1933 年 8 月 5 日

(民国二十二年八月五日)

封面	童君漪珊绘
第十八届华北运动会场地点	记 者
上海体育竞技实力鸟瞰	周国柱
全国青年会模范少年夏令营追记	杏 愚
英国荣胜台杯记	少 壮
印度举重的简史（下）	歧 译
体育画报（二十）	
游泳对于女性美的论辩	林
爪哇吧城篮球队远征星洲前后	瑞 端
日本古今体育谈	饶余尧
英国田径大会记	薛汇东
星洲网球锦标赛	瑞 端
运动界纪事	记 者
体育界人士名录——薛学海	记 者
碎锦	记 者

第二卷第 27 期

1933 年 8 月 12 日

(民国二十二年八月十二日)

体育精神	慎 旃
体育记者要认清的一件事	戴士训
沪光华田径队征粤纪	金 翔
光华队员小史	
河南体育学校概况	抵 夫

书籍介绍	编 者
专载	
业余网球之末日将至	
体育画报（二十二）	
浙省中学体育概况	
足球术守门员	星
运动界纪事	记 者
长篇小说——野马	无 隐
体育界人士名录——唐宝堃	
碎锦	

第二卷第 28 期

1933 年 8 月 19 日

(民国二十二年八月十九日)

津队赴鲜之商榷	
沪两江篮球队南征纪	飞 熊
游泳术	歧 译
国术在生活中的地位和意义	郝 铭
华北国术促进会	
梵恩士之业余资格将受审查	
体育画报（二十三）	
体育书目录	编 者
浙省中学体育概况	
运动界纪事	记 者
碎锦	记 者

第二卷第 29 期

1933 年 8 月 26 日

(民国二十二年八月二十六日)

今年之全运会	
广东游泳界空前壮举	郭 光
游泳术	歧 译
国术在生活中的地位和意义（续）	郝 铭
我们理想中的运动是什么？	锡文译
体育画报（二十四）	

浙省中校体育概况	
运动界纪事	记　者
体育界人士名录——徐亨	
碎锦	记　者

第二卷第30期

1933年9月2日
(民国二十二年九月二日)

这也算危机吗？	
朱恩德与中国体育	王健吾
游泳新法（一）	东
全运会前话河南	抵　夫
浙省中学体育概况	
豫全运预选拔规程	抵　夫
体育画报（二十五）	
游泳术	歧　译
河南体育消息一束	抵　夫
裸？	亨　译
运动界纪事	记　者
碎锦	记　者

〔典藏〕总藏第一卷1—50期（另特刊1），第二卷1—30期，（1932.2—1933.9）

　　北京、北京大学图书馆藏1—2卷（1932—1933年）

　　原杭州大学体育系（现浙江大学教育学院体育系）资料室藏1卷（附特刊）（1932年）

　　北京师范大学图书馆藏第1卷1—20期（1932年）

　　华东师范大学图书馆藏第1卷4—5期(1932年)

　　上海图书馆藏第1卷22—50期（1932年）

　　厦门大学图书馆藏第1卷23—30期（1932年）

　　南开大学图书馆藏第1卷23，28—31，33—34，40—43，45—49期（1932年）

　　四川省图书馆藏第1卷25、46、48期（1932年）

　　清华大学图书馆藏第1卷35—48期（1932年）

　　福建省图书馆藏第1卷35—36，39—40，42—44，46，49—50期（1932年）

　　清华大学，北京师范大学、上海图书馆藏第2卷1—30期（1933年）

　　重庆市图书馆藏第2卷2—3，5—11期(1933年)

　　四川省图书馆藏第2卷3，6，10—11，18期（1933年）

　　南开大学图书馆藏第2卷11，18—27期(1933年)

　　南京图书馆藏第2卷30期（1933年）

　　原杭州大学体育系（现浙江大学教育学院体育系）资料室藏2卷8，12—26期(1933年)

体育月刊
第1期—第9期
（1932.10—1933.7）

*《体育月刊》，1932年10月（民国二十一年十月）创刊，在南京出版。月刊。由南京体育场体育月刊编辑委员会编辑，主编张东屏、袁济东，江苏省立南京公共体育场发行，属非卖品。1933年7月（民国二十二年七月）出至第9期后停刊。本书全部收录。

第 1 期
1932年10月
（民国二十一年十月）

发刊词	屏
本场组织各种比赛之意义	济
发展公共体育场事业的管见	张子常
论体育之意义与目的	骥
今后应如何推进社会体育	许肖傅
首都之社会体育之随便谭	珽
体育救国	甫
体育与国际地位	屏 述
谈比赛	屏
竞技运动练习时的前后顺序	王健吾
短程跑	
跨栏的初步练习	王健吾
参观网球国手表演记	济
南京第五届网球锦标赛概况	济
世界运动会田径游泳成绩	屏 述
一件故事	屏
公共体育场的使命	骥

第 2 期
1932年11月
（民国二十一年十一月）

练习田径赛运动应具之德性及其要诀	屏
读司密脱演讲词后	许肖傅
请妇女们不要放弃了学生时代的运动	珽
近代人类需要体育训练	屏
体育与家庭教育之关系	骥
南京市民众体育推行之商榷	邵汝干
首都儿童体重测量的统计	王健吾
民众游戏竞赛之取材	济
南京第四届公开运动会记略	许肖傅
白虹队与南京队田径对抗一瞥	许肖傅
对于省市县学校联合运动会的杂评	兆 均
菊花的精神	甫

第 3 期
1932年12月
（民国二十一年十二月）

南京社会体育的过去及现在	济

国民游戏	屏
学习运动之目的	许肖傅
狩猎	珽逵
论校内运动竞技	王毅诚译
城乡女子体格论	许肖傅
体育变迁之程序	屏
推行健康教育对民众打一吗啡针	骥
落选锦标比赛之举例	屏
追忆十年前第一天学习游泳先生对我说的话	屏
治疗冻疮的通俗常识	王健吾

第 4 期
1933年2月
（民国二十二年二月）

全国国民对于三大运动会应有努力	许肖傅
今后办理社会体育的动向	邵汝干
提倡社会体育要先把儿童的基础打好	开颎
论校内运动竞技（续）	王毅诚译
各县体育场以限于经费不能多设指导员或管理员往往发生危险事项应如何补救	袁宗泽
体育	珽
运动之功效及运动者之生活	屏
敬告全国运动者	骥
出发	王健吾
南京足球赛记略	济
书落选锦标比赛举例后	许肖傅

第 5 期
1933年3月
（民国二十二年三月）

篮球规则之问答及其要点之注释	张子常
今后办理社会体育的动向（续）	邵汝干
儿童空间时间之游戏问题	屏
论校内运动竞技（续）	王毅诚译
敬为运动员进一言	许肖傅
团体运动比赛问题	屏
运动对于体育之关系	骥
首都踢毽比赛会近况	济
本场之两训练班	国威
施种牛痘的常识	王健吾
体育铭	许肖傅

第 6 期
1933年4月
（民国二十二年四月）

练习跳高之研究	金兆均
教授大学普通体育困难的一个贡献	逵
论校内运动竞技（续）	王毅诚译
查考儿童生理年龄的必要	屏
体育救国与国难	许肖傅
要救民族生存须先提倡民众体育	骥
南京篮球赛概况	济
本场篮球训练班之代表队参加本届锦标赛比赛失败的原因	王健吾

第 7 期
1933年5月
（民国二十二年五月）

体育与民主政体之相因	许肖傅
读教育部提倡体育之吾见	沈书珽
体与德	屏
测量人体之价值	许肖傅
游戏的功用及其选择	屏
论校内运动竞技（续）	王毅诚译
网球场丈量法	济
三项团体运动比赛法	许肖傅
儿童游戏的利益	骥
体育上应用统计之举例	屏

| 本场组织南京网球会之意义 | 济 |

检查儿童体格方法	王健吾
杯酒体育谈	许肖傅
运动员的毛病	刘国威

第 8 期
1933 年 6 月
(民国二十二年六月)

中国体育落后之症结	许肖傅
体育行政——中国公学中学部体育实施概况	屏
论校内竞技运动（续）	王毅诚译
儿童各期之游戏法	许肖傅
理想的提倡体育	沈书斑
对于提倡国术的感想	骥
读运动会和新闻记者后	许肖傅
检查儿童体格的方法（续）	王健吾
南京排球赛史略	济
南京足球赛纪略	刘国威、张季勋
罪言	耻

第 9 期
1933 年 7 月
(民国二十二年七月)

运动与人生	许肖傅
体育行政——中国公学中学部体育实施概况（续）	屏
论校内运动竞技（续）	王毅诚译
南京乒乓赛记略	济
南京历届公开运动会简史	许肖傅
检查儿童体格方法（续）	王健吾
体育须知	骥
霍元甲轶事	骥
诗酒	骥

〔典藏〕总藏 1—9 期（1932.10—1933.7）
南京图书馆藏 1—9 期（1932—1933 年）
南京大学图书馆藏 1—9 期（1932—1933 年）

黑白体育周刊

第一卷第1期—第一卷第5期

(1932.12—1933.1)

*《黑白体育周刊》，1932年12月（民国二十一年十二月）创刊，在天津出版。周刊。由天津黑白体育周刊社编辑出版。1933年1月出至第一卷第5期后停刊。本书收录第一卷第1—4期目录。

第一卷第1期

1932年12月5日

（民国二十一年十二月五日）

体育画报十幅
体育之意义　　　　　　　　章辑五
体育与教育之关系　　　　　侯洛荀
今后我国妇女体育的方向（上）　万纳
捷克斯拉夫的体育（一）　　　伯鲁
山东体育飞跃突进　　　　　陈嘉震
篮球战术译抄　　　　　　　陈明
南开大学体育概况　　　　　　信
体育情报
体育逸话　　　　　　　　　　微
东南西北　　　　　　　　　　显
悔（小说）　　　　　　　　晏既殊
编后　　　　　　　　　　　编者

第一卷第2期

1932年12月12日

（民国二十一年十二月十二日）

体育画报十一幅
体育革命　　　　　　　　　邬山女
运动道德　　　　　　　　　凌啸
准备争取下届远东足球锦标　孙思敬
体育逸话　　　　　　　　　　洪
今后我国妇女体育的方向（下）　万纳
体育情报
捷克斯拉夫的体育（二）　　　伯鲁
最近北平篮球比赛　　　　　锡文
民国学院体育的过去和现在　陈佩桢
港沪埠际足球赛追记　　　　小泉
篮球战术译抄　　　　　　　陈明
东南西北　　　　　　　　　　熊
悔（续完）　　　　　　　　晏既殊

第一卷第3期（篮球专号）

1933年12月19日

（民国二十二年十二月十九日）

体育画报九幅
篮球的功用　　　　　　　　洪韵
体育情报
最近篮球进攻与防守　　　　王锡良
捕球　　　　　　　　　　　沈忱译
试篮练习　　　　　　　　　陈明译
介绍黑白篮球队　　　　　　万纳
体育逸话

捷克斯拉夫的体育（三）	伯鲁译
老显漫谈	老　显
篮球战术译抄	陈明译
东南西北	勤
拜访（小说）	晏既殊

第一卷第4期

1933年12月26日

（民国二十二年十二月二十六日）

体育画报七幅	
禁溜冰	余　诺
舞蹈在体育教育中的价值	沈忱译
自由溜冰	汉庆译
平市万国篮球赛中之五强	锡　文
体育逸话	微
北甯乐群争标记	园
体育漫话	怪
平师范大学之体育	宪　章
体育情报	冰
捷克斯拉夫的体育（四）	伯鲁译
今年度之日本田径赛成绩表	愚
篮球战术译抄	陈明译
东南西北	芥　眉
拜访（续完）	晏既殊
悔（补）	晏既殊

〔典藏〕总藏，一卷1—5期（1932.12—1933.1）

北京大学图书馆藏一卷1—5期（1932—1933年）

四川省图书馆藏一卷2—3期（1932年）

体育研究与通讯

第一卷第 1 期—第四卷第 2 期

(1932.12—1937.3)

*《体育研究与通讯》，1932 年 12 月（民国二十一年十二月）创刊，在江苏镇江出版。季刊。由江苏省立镇江体育场编辑、发行。主编裴熙元。1937 年 3 月（民国二十六年三月）后停刊。计出版至第四卷第 2 期，每卷 4 期。本书全部收录。

第一卷第 1 期
1932 年 12 月
（民国二十一年十二月）

题　词
卷头语
插　图
　省会第一届民众业余运动会摄影四帧
　江苏省立镇江公共体育场活动写真五帧
　江苏省各县公共体育场服务人员暑期讲习
　会全体摄影
　省会公开网球赛开幕摄影
怎样普及民众体育　　　　　　　相菊潭
第十届世界运动会和初次参加的我国
　　　　　　　　　　　　　　　沈嗣良
从政治上观察世界各国的提倡体育　陆翔千
小学体育实施方案草案（一）　　　吴邦伟
运动裁判法（一）　　　　　　　　吴邦伟
家庭儿童游戏设备　　　　　　　　袁宗泽
小学体育视导法　　　　　　　　　裴熙元
田径赛基本动作及练习日程　　本场训练组
出席第一次全国体育会议报告书　　吴邦伟
全国体育会议江苏省提案
国立浙江大学体育学程及实施办法
江苏省立上海中学体育概况
本场两年来之概况　　　　　　　　袁宗泽
皖北灾工教育中之健康教育　　　　刘志彭
省会第一届民众业余运动会记　　　胡执中
第十届世界运动大会成绩表
补　白
　体育家与运动家
　胜败荣辱
　足球诫言

第一卷第 2 期
1933 年 3 月
（民国二十二年三月）

插　图
　省会第一届足球锦标比赛之优胜队
　省会第一届越野赛跑出发情形
　省会第一届越野赛跑之优胜队及给奖情形
　省会第一届自由车竞赛出发情形
编者琐话
实用妇女医疗操
　　　　　　芹妮裴乐斯著　陈韵兰女士译
小学体育上值得注意的四点　　　　俞子箴
谈运动会　　　　　　　　　　　　东　屏
小学体育实施方案草案（二）　　　吴邦伟

运动裁判法（二）	吴邦伟
田径赛运动临阵要诀	董承康
团体竞技游戏	裴熙元
江苏省运动会史略	袁宗泽
江苏省中等以上学校第一届中等学校第五届联合运动会简章草案	
通　讯	
为南汇县教育局计划公共体育场	
为省立松江中学计划限价七百元之跑道	
答俞子箴君中学体育课兴趣问题	
江苏省立镇江师范体育概况	周名璋
本省各县体育场事业概况	
本场最近活动事业概要	袁宗泽
江苏省会第一届自由车竞赛记	裴熙元
江苏省会第一届越野赛跑记	编　者
最近国内体育界大事述要	
最近各项运动规则之摘要	吴邦伟
补　白	
坚持到底	卓
学校体育经费宜独立	卓
O! It's not official.	卓

第一卷第 3 期
1933 年 6 月
（民国二十二年六月）

插　图
　镇江第二届公开运动会全体职员及运动员合影
　江苏省会第一届长途竞走男子组出发时摄影
　长途竞走女子组
　省会第一届排球锦标闭幕摄影
　省会第一届风筝比赛摄影
　德国国立体育大学中华篮球队
　本省内地体育写真两帧
编者琐话
约述体育主义之诸说　　　　　　陈奎生

改善全国私立体育学校之管见	程登科
国难与体育	袁宗泽
小学体育实施方案草案（三）	吴邦伟
实用妇女医疗操（续）	
芹妮裴乐斯著　陈韵兰女士译	
运动裁判法（三）	吴邦伟
网球之研究	姜静南
团体竞技游戏（续）	裴熙元译
江苏省第三届全省运动会规程一束	
本场最近活动事业概要	袁宗泽
通　讯	
答复江苏省立灌云乡师王振亚问题八则	
函复武进运动裁判会	
复宜兴县体育场	
征答俞子箴问题八则	
上海东亚体育专科学校概况	陈梦渔
江苏省立无锡师范体育概况	邵子博
本省各县体育场事业概况	
三月来国内体育界大事述要	
补　白	
开运动会那里会有纠纷	蒋湘青
中大誓师罗家伦训话	
运动会的使命	罗家伦

第一卷第 4 期
1934 年 1 月
（民国二十三年一月）

插　图
　江苏省第三届全省运动会之门景
　江苏省立镇江师范在省运会中团体操表演
　第三届全省运动会之三会长
　周厅长夫人给奖
　江苏选手参加全运会游行之写真
　打破跳远全国纪录之江苏健儿张嘉夔君
　全运会中万米纠纷之水落石出
　真金不怕火

二十二年全国运动会中的几个优美姿势
江苏省会第二届自由车竞赛写真

编者琐话
创造适合中国国情的运动 　　　　陈立夫
改善全国私立体育学校之管见（下）
　　　　　　　　　　　　　　　程登科
一九三三年美国篮球锦标队之战略
　　　　　　　　　　　　　　袁宗泽译
实用妇女医疗操
　　　芹妮裴乐斯著　陈韵兰女士译
团体竞技游戏 　　　　　　　裴熙元译
谈国术 　　　　　　　　　　　王　庚
运动时受伤的预防和治疗 　　　江良规译
举重比赛 　　　　　　　　　　吴邦伟
江苏省第三届全省运动会记要 　袁宗泽
苏省参加全运会记略 　　　　　张钟藩
通　讯
　答俞子箴先生
　答安庆女子师范徐篯先生问题五则
　陆亚雄先生来函及答复
　征求
　湖南隽新中学体育概况 　　　郑扬新
　安庆第一实验小学体育概况 　俞子箴
　本省各县体育场事业概况 　　编　者
江苏省会第二届自由车竞赛记 　竺士贤
第二届省会公开网球赛记略 　　张子含
二十二年全国运动会各项纪录
补　白
　体育之使命

第二卷第 1 期
1934 年 5 月
（民国二十三年五月）

插　图
　江苏省会第二届篮球参加各队全体摄影
　江苏省会第二届篮球锦标赛甲组冠军

江苏省会第二届越野跑出发盛况
二届越野跑中之优胜者
裁判员之一部·冠军谢廉
吴县公共体育场举办城乡各小学校星晨国术联合训练班
吴县公共体育场之郊骑队
宜兴县第一届篮球锦标比赛女子组全体合影
宜兴县第一届篮球锦标比赛男子组冠军坦克队
本场全体职员摄影

编者琐话
中国今后民众体育应有之动向 　程登科
关于民众体育的几个建议 　　　金兆均
今后社会体育努力的动向 　　　王壮飞
德国国家体育总会概况 　　　　吴　澄
民众军事训练的教材问题 　　　王　庚
工商体育会 　　　　　　　　袁宗泽译
理想的我国社会体育 　　　　　俞子箴
社会体育随谈 　　　　　　　　袁宗泽
民众体育 　　吴邦伟讲 朱学诗、曹世积记
儿童运动器械简说 　　　　　　吴邦伟
本场各球场及健身房建筑法
江苏各县体育场调查统计 　　　裴熙元
全国各省市体育行政设施概况
　　　　　　　　　　金兆均、徐汝康
关于社会体育之法令一束
民间游戏一则 　　　　　　　　郑　法
瑞典式美国式及德国式体操最近之趋势
　　　　　　　　　　　　　　　吴蕴瑞
通　讯
　问答共十则 　　　　　　　　编　者
　无锡体育概况 　　　　　　　邵子博
　山东省立民众体育场活动事业概况
　　　　　　　　　　　　　　　尚树梅
　本省各县体育场事业概况 　　编　者
本场活动事业概要
补　白

体育界应有的新觉悟（一） 沈书珽
体育界应有的新觉悟（二） 前 人
提倡体育的目标 孙 瑜

第二卷第 2 期

1934 年 9 月
（民国二十三年九月）

插 图
 镇江第三届公开运动会开幕摄影
 江苏省立南京公共体育场太极拳训练班摄影
 江苏省会二届排球锦标赛镇师三二队优胜纪念
 苏州吴健田径赛队欢迎上海白虹无锡梁溪举行三角竞技
 吴县体育场举办之暑期游泳班
 宜兴第一届踢毽比赛之优胜者
 镇江南京乒乓赛摄影
编者琐话
体育学业成绩比较观 彭维基
欧林匹克之起源与吾国参加之历史 郑扬新
全国普设体育场之我见 裴熙元
参加中校体育会议以后 吴邦伟
改进苏省体育的一个重要问题 赵汝功
民众军事训练的教材问题（续） 王 庚
军队体育概论 刘德超
棒球队发球员的基本技术 王毅诚译
游泳初步训练法 袁宗泽译
篮球游戏方法之几种缺点及其校正
           训练班编
镇江乒乓队赴京比赛经过及其惨败原因
           袁宗泽
本场最近活动事业概要 指导部
通 讯
 解答泗阳县体育场误踢伤人问题及柔软操编配法
 解答南通崇敬中学足球队裁判问题一则
 解答吴江芦墟体育场篮球问题六则
 解答俞子箴先生问题八则
 本省各县体育场事业概况
 实施部颁高初中体育课程标准具体方案
 江苏中校体育改进会议议决案
 各校体育设备最低限度标准方案
 江苏省中等学校体育视察要项
 江苏省中校学生体格测验规则
 江苏省中等学校学生体育技能测验暂行办法
补 白
 运动员应服从裁判 惠
 君子以自强不息
 乒乓是良好的室内运动 知 白
 教育部公布体育师范教学科目时数表
 江苏省立中等学校征收学生体育费动支办法

第二卷第 3 期

1934 年 12 月
（民国二十三年十二月）

插 图
 南京公共体育场狩猎队摄影
 淮阴体育同仁欢迎体育督学吴邦伟先生摄影
 南京镇江乒乓友谊赛摄影
 江苏省立南京公共体育场第二届太极拳训练班摄影
 镇江县体育场寒假举办小足球训练班
 镇江县体育场举行国术巡回露天表演摄影
 淮安县公共体育场第三届踢毽子比赛之优胜者
 省会第二届民众业余运动会摄影
 省会第三届自由车比赛出发时摄影
编者琐话 编 者
对于本届全国运动会的几点贡献 裴熙元
社会体育的重要 祝家声
女生体育应由女指导员指导 陈韵兰
看了美国田径四选手在沪表演以后 吴邦伟

儿童体育与儿童游戏场　　　　　冯公智
德国操动作对于肌肉功能的解剖　周鹤鸣
小学唱游教材编例　　　　　　　吴邦伟
教室体操教授案（一）　　　　　李守之
中央大学普通体育教材　葛乐汉、吴澄合编
篮球训练方法选译（一）　　　　冯公智
用竞赛方法训练篮球基本技术
传球与掷篮时手之部位
"旋转"训练法
篮球技能个别测验法
　　　　　C. V. moncy 著、张子含译述
本场活动事业概要　　　　　　　冯公智
首都克利特乒乓队来镇比赛记　　竺士贤
长沙市风筝比赛报告　　　　　　陈奎生
浙江各县乡村社会体育组织大纲　祝家声
省立南京体育场最近活动事业记略
　　　　　　　　　　　张东屏、袁济东

通讯
　答宜昌朱先生球类规则问题八则
　答四川梁先生球类问题二十九则
　答南昌陈先生篮球问题五则
　答泗阳县体育场问题七则
　答安庆刘先生足球裁判问题
　答苏州陈先生问题六则
　本省各县体育场事业概况　　　编　者
　本场组织及规程一览　　　　　编　者
补　白
　镇江县改进娱乐办法
　江苏省会各机关公务人员公余运动办法

第二卷第 4 期

1935 年 6 月
（民国二十四年六月）

插　图
　教育部体育委员会暨各省市体育场长在上
海举行体育会议留影
燕京大学女生之体育活动（八帧）
江苏省会乒乓健将
燕大女生体育馆内更衣室之一角
镇江县体育场第五次儿童田径赛标准测验
之一部
镇江县体育场之民众国术班
淮安县体育场举行第三次风筝比赛之优胜者
嘉定县体育场第一届国术训练班之全体学员
江苏省第三届篮球锦标赛甲组冠军全白队
江苏省会第三届篮球锦标赛乙组冠军电雷
学校擎电队
对于苏省中学体育之展望　　　　冯　球
身体之健康与心智效率之相关　　包和清
体育场应有之医药工作　　　　　王　庚
德国操动作对于肌肉功能的解剖（二）
　　　　　　　　　　　　　　　周鹤鸣
排球游戏之历史及在我国体育上之地位
　　　　　　　　　　　　　　　徐　镰
教室体操教授案（二）　　　　　李守之
游泳之基本训练　　　　　　　　杨元华
女生康健周的意义和组织　　　　野　莺
机巧运动图解　　　　　　　　冯知白译
篮球训练方法选译（二）　　　　冯公智
实施乡村体育具体方案——征文揭晓
　　　　　　　　　　　　　　　章映芬
实施乡村体育具体方案　　　　　储剑虹
本场活动事业概要　　　　　　　指导部
通讯
　燕京大学女生体育部概况　　　章映芬
　答四川梁先生问题一束
　金坛县体育场来函
　答青浦县体育场篮球比赛问题三则
　睢宁县民众教育馆来函
　吴县日报主办全苏运动大会
　全常运动大会纪略　　　　　　时寿芝

本省各县体育场事业概况　　　　编　者

第三卷第 1 期
1935 年 9 月
(民国二十四年九月)

插　图

　　江苏省第四届全省运动会男子组球类锦标队（五帧）

　　江苏省教育厅第一届暑期体育讲习班始业典礼摄影

　　江都县立体育场举行第二届自由车比赛出发时情形

　　淮安全县小学乒乓比赛会之优胜者

　　四届省运会夺得女子网球单打冠军及双打冠军之摄影

　　江苏省第四届全省运动会开幕典礼摄影

　　江苏省第四届全省运动会女子组球类锦标队（三帧）

今后中国民众体育的动向　　　　王汝珉
中国女子健身操问题　　　　章映芬
德国操动作对于肌肉功能的解剖（三）
　　　　　　　　　　　　　　周鹤鸣
网球史略及其在球戏中之评价　　包和清
教室体操教授案（三）　　　　李守之
机巧运动图解
　　　美国 L.L. Mc Clow 著　冯知白译
中国体育藏书目录　　　　俞子箴
江苏省中等学校二十四年度体育实施纲要
江苏省第一届暑期体育讲习班概况　编　者
江苏省第四届全省运动会纪略　　编　者
本场活动事业概要　　　　指导部
通　讯
　　贵州体育之概况　　　　姜荣林
　　答四川梁先生问题一束
　　答上海章先生问题四则
　　江西省暑期体育训练会之经过　邓堪舜

江都县立公共体育场二十四年度进行计划大纲　　　　刘耕南
本省各县体育场事业概况　　　　编　者

第三卷第 2 期
1935 年 12 月
(民国二十四年十二月)

插　图

　　墨索里尼体育场

　　江苏省会第一届登高会出发前留影

　　江苏省会第三届民众业余运动会全体摄影

　　江苏省会第四届自由车竞赛男子组出发时情形

　　盐城县第一届女子运动大会全体摄影

　　吴县公共体育场未名小足球队

　　常熟县立体育场主办负重比赛优胜人员摄影

编者琐话　　　　编　者
二年来苏省中等学校体育的回顾及今后的愿望　　　　赵汝功
儿童健康检查　　　　冯公智
姿势与人体　　　　孙淑铨
德国操动作对于肌肉功能的解剖（四）
　　　　　　　　　　　　　　周鹤鸣
教室体操教授案（四）　　　　李守之
机巧运动图解（续）
　　　美国 L.L.Mc Clow 著　冯知白译
小橡皮球是适合国情的运动　　俞子箴
江苏省会各机关联合运动会规程一束
　　　　　　　　　　　　　　编　者
本场活动事业概要　　　　指导部
通　讯
　　江西省党政军学体育促进委员会体育视导办法
　　江西省各县市党政军学体育促进分会体育视导办法

江西省保安团队厉行体育训练实施方案草案

答松江赵先生问题六则

本省各县体育场事业概况　　　　编　者

附　录

实用妇女医疗操
　　芹妮裴乐斯著　陈韵兰女士译

小学体育实施方案草案（二）　吴邦伟

运动裁判法（二）　　　　　　吴邦伟

团体竞技游戏　　　　　　　裴熙元译

第三卷第3期

1936年6月

（民国二十五年六月）

插　图

江苏省会第四届越野跑出发时摄影

江苏省会第四届越野跑团体锦标康乐甲队

江苏省第三届长途竞走出发时摄影

江苏省第三届长途竞走优胜者

镇江第五届公开运动会摄影

江苏省会儿童运动会开幕典礼

江苏省会各机关联合运动会开幕典礼全体摄影

女子总分第一名戴忠贻　男子总分第一名吕齐

自由车比赛冠军虞梅生教育厅表演太极拳

编者琐话　　　　　　　　　　编　者

提倡体育应行注意的几点　　　周名璋

女子体育训练的重要与目标　　孙超雄

体能测验及其效用　　　　　　孙淑铨

女子篮球战术之研讨　　　　　江良规

德国操动作对于肌肉功能的解剖（五）
　　　　　　　　　　　　　　周鹤鸣

关于女子脚的问题　　陈越梅、张映芬

机巧运动图解（续）
　　美国 L.L.Mc Clow 著　冯知白译

谈谈体师毕业会考　　　　　　马治奎

省会足球队赴苏比赛记略　　　冯公智

本场活动事业概要　　　　　　指导部

通　讯

金君兆均自美通讯　　　　　　陈奎生

讨论"军事体育"和发表对于祖国以后实施体育之意见

本省各县体育场事业概况　　　编　者

第三卷第4期

1936年9月

（民国二十五年九月）

插　图

省会果夫杯球类比赛之优胜者

本场妇孺运动场写真

省立扬州中学初中部之体育设备

金陵女子大学健康选举的结果

编者琐话　　　　　　　　　　编　者

世运会后感言　　　　　　　　刘云松

职业学校体育的需要　　　　　赵汝功

丹麦操教材教法　　　　　　　　　风

足篮排球基本动作练习法　　　马治奎

机巧运动图解（续）
　　美国 L.L.Mc Clow 著　冯知白译

踢跶舞教学法　　　　章映芬、孙淑铨

健康选举及健康之道　　　　　　　坚

世运鳞爪拾集　　　　　　　　马治奎

本场妇孺运动场概况　　　　　裴熙元

江苏省中等学校器械运动教材　编　者

江苏省中等学校早操教材　　　编　者

本场活动事业概要　　　　　　指导部

通　讯

苏州何先生函询篮球场建筑法

陈君桂森东京通讯

本省各县体育场事业概况　　　编　者

第四卷第 1 期
1936 年 12 月
（民国二十五年十二月）

插　图
　　镇江第二届登高会全体摄影
　　江苏省会第五届自由车竞赛女子组出发时摄影
　　江苏省会第五届自由车竞赛男子组出发时摄影
　　自由车竞赛优胜运动员
体育训练上的两性问题　　　　　丁景清
田径赛补助运动训练法　　　　　吴文忠
民众体育节期之建议　　　　　　王复旦
舞踏的哲理　　Barbara Pa 著　孙淑铨译
青年与体育　　金兆均演讲　　史云龙笔记
器械运动部位名称解释　　　　　周鹤鸣
机巧运动图解（续）
　　　　美国 L. L. Mc Clow 著　冯知白译
踢跶舞教学法　　　　章映芬　　孙淑铨
重光楼前一日记　　　　　　　　鹤　鸣
体育目的之研究　　　　　　　　刘秀莲
我在儿童时代的游戏生活　　　　许鸣寰
本场活动事业概要　　　　　　　指导部
通　训
　　浦东沈先生函询场地建筑及器械设备
　　太仓师范体育概况　　　　　董志尧
　　铜山县举行分区运动会
　　一九三六——一九三七男子篮球规则更改
　　本省各县体育场事业概况

第四卷第 2 期
1937 年 3 月
（民国二十六年三月）

插　图
　　江苏省会第五届越野跑出发时之情形
　　江苏省会第四届竞走出发时情形
　　江苏省会第五届越野跑团体锦标自立队
　　江苏省会第五届越野跑团体冠军飞鹏队
　　江苏省会第五届越野跑个人第一名向固
　　江苏省会第四届竞走个人第一名孙乃庚
　　江苏省会第四届竞走之优胜者
如何使体育普遍化　　　　　　　王　扬
田径赛补助运动训练法　　　　　吴文忠
从体育师资问题谈到私立体育学校　竺士贤
我国学校体育嬗变史话　　　　　马治铨
机械运动部位名称解释（二）　　周鹤鸣
机巧运动图解（续）　　　　　　冯知白译
踢跶舞教学法（续）　　章映芬　孙淑铃
江苏省立南京公共体育场活动事业概况
（一）　　　　　　　　　　　　张东屏
本场活动事业概要　　　　　　　指导部
通　讯
　　十二圩胡先生函询网球场建筑法　编　者
　　日本体育教师之待遇　　　　萧忠国
　　本省各县体育场事业概况　　编　者
〔典藏〕总藏 1—4 卷 2，（1932.12—1937.3）
　　　　北京图书馆藏 1—4 卷 2，（1932—1937 年）
　　　　北京大学、清华大学、南京大学、厦门大学图书馆藏 1—4 卷 1，（1932—1936 年）
　　　　湖北省图书馆藏 1—2 卷（1932—1934 年）
　　　　南京图书馆藏 1—2 卷 3，（1932—1934 年）
　　　　湖北省中山图书馆藏 1 卷 1—2，4 期（1932—1934 年）
　　　　武汉大学图书馆藏 1 卷 1 期（1932 年）
　　　　上海、福建省图书馆藏 1 卷 2—4 期（1933—1934 年）

甘肃省图书馆藏1卷2—3期（1933年）

云南省图书馆藏1卷2期（1933年）

复旦大学图书馆藏1卷3期（1933年）

陕西省、广东省中山图书馆藏1卷4期（1934年）

福建省图书馆藏2—4卷1期（1934—1936年）

复旦大学、武汉大学图书馆藏2卷（1934—1935年）

陕西省图书馆藏2卷1—2期（1934年）

湖南省图书馆藏2卷1、3—4期（1934—1935年）

上海图书馆藏2卷1、3期（1934年）

四川省图书馆藏2卷2—4期（1934—1935年）

云南大学图书馆藏2卷3—4期（1934—1935年）

甘肃省图书馆藏2卷3期（1934年）

华东师范大学图书馆藏2卷4期（1934年）

华东师大、湖南省中山、云南大学图书馆藏3—4卷1期（1935—1936年）

湖北省图书馆藏3卷1—2，4期（1935—1936年）

南京、四川省图书馆藏3卷1，3—4期（1935—1936年）

甘肃省、安徽省图书馆藏3卷2期（1935年）

上海、复旦大学图书馆藏3卷4期（1936年）

四川省、南京、湖北省图书馆藏4卷1期（1936年）

体育季刊
第一卷第1期—第一卷第4期
(1933.1—1933.10)

*《体育季刊》，1933年1月（民国二十二年一月）创刊，在北平出版。季刊。由袁敦礼、吴蕴瑞、马约翰等体育家组成的北平体育改进社编辑，著者书店出版发行。1933年10月（民国二十二年十月）停刊，计出版第一卷1—4期，本书均予收录。

第一卷第1期
1933年1月1日
（民国二十二年一月一日）

心身关系与体育	袁敦礼
踏步式与摆动式两跑法之力学根据	吴蕴瑞
姿势教育	谢似颜
运动训练之迁移价值	马约翰
美国州治下之体育卫生组织与管理之概要	张　咏
生理学对于体育的贡献	袁敦礼译
二十岁以后身体之发达与体格之比例及体育对于成长身体发育之影响	麟若译
德国国立体育学院概况及投考规程	吴澄、程登科、程浚、萧忠国
五十个小学游戏	董守义
美国体育研究会小学舞蹈委员会的报告	志仁译
吴著运动学习题之解答	王锡九
附　录	
体育会议通过之国民体育实施方案	

第一卷第2期
1933年4月1日
（民国二十二年四月一日）

功利主义及文化主义与体育	吴蕴瑞
姿势教育的讨论	袁敦礼
体育之回顾与前瞻	谢似颜
体育训练之迁移价值（续）	马约翰
体育之广义观	凌洪龄译
二十岁以后身体之发达与体格之比例及体育对于成长身体发育之影响	麟若译
生理学对于体育的贡献	袁敦礼译
对于提倡踢毽比赛几点贡献	黄金鳌
搏击法	董守义
升高四百米接力跑成绩的新方法	蕴瑞译
输流比赛表的制法	志　仁
大同世界人类的体形	谢似颜
南京中央体育场之述要	王锡九
器械上的自然活动	阎华堂译
介绍美国三年来出版之体育新书籍	宋淑章
世界各国的体育团体组织	编　者

第一卷第 3 期

1933 年 7 月 1 日
（民国二十二年七月一日）

英美二国对于竞赛运动及他种体育活动的态度比较 　　　　　　　　　张　咏
体量与体能运动成就及健康三者之关系 　　　　　　　　　张　咏
跳栏跳高与技术中腿之基本练习之人体机动学的问题 　　　　　　麟　若
竞技运动的医学问题 　　　　　麟若译
一个裁判委员会的组织和情形 　　弓　濬
美国三年来出版的体育新书籍　宋淑璋介绍
器械上的自然活动 　　　　　阎华棠译
学校体育成绩及进度考查法 　　熊光国
机巧运动 　　　　　　　　　金复庆
生理学对于体育的贡献（续） 　袁敦礼译

第一卷第 4 期

1933 年 10 月 1 日
（民国二十二年十月一日）

体育专业训练机关应当独立设置还是应当附设在大学里 　　　　　袁敦礼
军警体育标准测验 　　　　　　程登科
五十米及百米终点之裁判法及其心理上之根据 　　　　　　　　　吴蕴瑞
体高测量之研究 　　　　　　　曾仲鲁
德国健身舞蹈之演进及其价值
　　　　　　浮白夫人讲演　周孟乔笔记
篮球战略 　　　　　　　　　　吴德懋
手球（Hand Ball） 　　　　　　董守义
双杠 　　　　　　　　　　　　徐英起
河北省立女子师范学院二十一年度体育概况
　　　　　　　　　　　　　　张汇兰
形意舞基本动作之练习 　　　　李淑清
体育训练之迁移价值（续第二期） 　马约翰
竞技运动的医药问题（续） 　　麟若译
生理学对于体育的贡献（续） 　袁敦礼译
机巧运动（续） 　　　　　　　金复庆
美国三年来出版的体育新书籍（续）
　　　　　　　　　　　　　　宋淑章

〔典藏〕总藏 1 卷（1933.1—10）
北京、北京大学、武汉大学图书馆藏 1 卷（1933 年）
南开大学图书馆藏 1 卷 2、4 期（1933 年）
湖南省中山图书馆藏 1 卷 3 期（1933 年）
南京大学图书馆藏 1 卷 4 期（1933 年）

勤奋体育月报
第一卷第1期—第四卷第10期
（1933.10—1937.7）

*《勤奋体育月报》，1933年10月（民国二十二年十月）创刊，在上海出版。月刊。由上海勤奋体育月报社出版发行，编辑人邵汝干、阮蔚村，发行人马崇淦。该刊为我国近代最著名的体育期刊之一。1937年7月（民国二十六年七月）停刊，出版至第四卷第10期。第一至三卷，每卷出1—12期，第四卷1—10期。本书全部收录。

第一卷第1期
1933年10月10日
（民国二十二年十月十日）

勤奋体育画报
 中央体育场
 全国男子田径公认记录与保持者
 全国女子田径公认记录与保持者
 全国男女田径健将
 全国男女游泳名星
 全国网球名将
 上海全市运动会
本报旨趣　　　　　　　　　马崇淦
编辑者言　　　　　　　　　编　者
勤奋体育评坛
 我们所需要的运动　　　　邵汝干
 行人不行　　　　　　　　蒋湘青
 体育要革命　　　　　　　刘慎旟
 运动会中各队职员之任务　俞斌祺
吾国体育不振之原因　　　　　吴蕴瑞
历届全运会之追溯及本届之希望　郝更生
全国体育协进会之前途　　　　沈嗣良
对于体育上的认识　　　　　　尚树梅
美国社会体育概况　　　　　　刘雪松
原始舞蹈游戏　　　　　　　　陈柏青
体育师范之使命　　　　　　　王复旦
小学体育教师应有的修养　　　孙和宾
怎样办理学校体育联合会　　　陆翔千
国术之意义　　　　　　　　　吴图南
历届全国运动会历史与成绩　　阮蔚村
教　材
 德国小学体育与卫生教材　程登科
 足球训练的几个问题　　　王　庚
 田径新术（一）　　　　　阮蔚村
 小学航空救国中心教学（体育科教材）
 　　　　　　　　　　　　邵汝干
 唱歌游戏（一）（小学低年级适用）
 　　　　　　　　　　　　胡敬熙
体育消息
 符保卢之经历（村）
 运动女杰钱行素（越）
 二十二年全运会各省市预选成绩一览
 各地体育教师消息
 全国运动界要闻
 教育部暑期补习班同学会

第一卷第 2 期

（全国运动会特大号）

1933 年 11 月 10 日

（民国二十二年十一月十日）

勤奋体育画报（全国运动会特刊）
 开幕典礼
 男子田径
 女子田径
 男女游泳
 男子球类
 女子球类
编辑者言 编　者
勤奋体育评坛
 全国运动会杂感 王复旦
 男子田径技术之批评 王复旦
 评第五届全国运动会女子田径赛 孙和宾
 中国女子篮球在全运会给予我们的印象
  陆礼华
 关于女子排球的几句话 李飞云
 我所见的全运会女子垒球 温怀玉
 对于全运会游泳比赛之观感 刘松雪
 本届全运会的万米决赛和表演 苏　人
 谈谈本届全运会 邵汝干
全国运动会筹备经过 褚民谊
大会各项锦标比赛一览 阮蔚村
开幕典礼
男子径赛
男子田赛
全能运动
女子田径
男子游泳
女子游泳
足球
男子篮球
女子篮球
男子排球
女子排球
男子网球
女子网球
男子棒球
女子垒球
国术
闭幕典礼
大会十日志

第一卷第 3 期

（小学体育专号，上册）

1933 年 12 月 10 日

（民国二十二年十二月十日）

勤奋体育画报
 第五届上海全市小学联合运动会（一）
 第五届上海全市小学联合运动会（二）
 天津市小学运动会
 体育界花絮
编辑者言 编　者
勤奋体育评坛
 小学体育教师修养问题 傅骏铭
 提倡体育声中的小学体育 黄孝南
 我国小学体育目标改革问题 陈奎生
 儿童与游戏 许肖傅
 怎样调查小学体育及视导方法 邵汝干
 小学课外运动指导法 俞子箴
 江苏省立上海中学实验小学体育运动实施大纲 李　实
 个人运动与团体运动 郭效汾
全国运动会书后
 全国运动会后对于篮球之观感 许肖傅
 皮尺和钢尺 沈书斑
小学体育教材
 舞蹈的印象（小学高年级女生舞蹈教材）
  阮蔚村

小学适用韵律操	王秋如	体育怎样会考	孙 樾
十个小学游戏教材（各年级适用）		姿势训练的价值和方法	项翔高
	俞子箴	小学体育教材	
低年级游戏教材	阮蔚村	快乐的回忆	阮蔚村
小学适用的几个机巧运动	禹如山	拍掌操	陈 芬
小歌舞	潘伯英	小学爱国游戏教材	胡 通
唱歌游戏（二）（小学低年级适用）		听琴动作和唱歌游戏	胡敬熙
	胡敬熙	一月来之体育行政	编 者
上海天津济南湖北小学运动会成绩	编 者	一月来之运动比赛	编 者
一月来之体育行政	编 者	一月来之体育人事	编 者
一月来之运动比赛	编 者	一月来之海外体育	编 者
一月来之体育界	编 者	四川万县的体育（特约通讯）	李 鹏
一月来之海外体育	编 者	复兴中之爱国体育科（特载）	李继元
台维斯杯形势之转变	蒋槐青	教育部体育班同学会消息	编 者

补　白
　　体育出版物介绍
　　男子篮球新规则
　　室内短跑练习机
　　世界标枪纪录之更新

第一卷第 4 期

（小学体育专号，下册）

1934 年 1 月 10 日

（民国二十三年一月十日）

勤奋体育画报
　　济南小学运动会
　　天津童子组球类比赛
　　国内体育近事
　　快乐的回忆（舞蹈教材）

第一卷第 5 期

（中学体育专号）

1934 年 2 月 10 日

（民国二十三年二月十日）

编辑者言	编 者
勤奋体育评坛	
敬献于教育部体育督学之前	邵汝干
打倒不忠实及腐化的体育同志	程登科
发展我国小学体育之我见	俞子箴
今后小学体育的新建设	吴 澄
小学体育中心训练	程登科
小学体育今后应取的途径	王秋如
日本小学体育教育原则	阮蔚村
小学体育教学的研究	王振尧
小学体育与儿童生理	丁嘉福
小学体育的行政问题	王 庚

勤奋体育画报
　　一九三六年之世界运动会
　　四川的体育
　　体育界东麟西爪
　　归去来兮（舞蹈教材）

编辑者言	编 者
勤奋体育评坛	
对于编辑中小学体育教授细目的我见	
	邵汝干
中学体育与军事训练	陈如松
中学体育之改进问题	郑扬新
今后中学体育应有之动向	程登科

对于编辑中学体育教授细目之管见　吴　澄
中学体育（一）　王健吾
中学课外运动管理法　沙仲篪
中等学校女子田径问题　朱士芳
中国体育应有之趋势　孙寒华
女子月经与运动之关系　蔚　岑
关于走步的姿势　陶　冶
中学体育教材
　足球基本训练　吴邦伟
　篮球之技术犯规　张国勋
　归去来兮（舞蹈教材）　阮蔚村
　中学适用体操走步教材　周邦哲
初中体育教授细目（特载）　记　者
读者园地
　体育教员之难　陈庆铜
　怎样求深造　李为芝
　游戏之理论　蒋　琪
一月来之体育行政　编　者
一月来之运动比赛　编　者
一月来之体育人事　编　者
一月来之海外体育　编　者
一九三三年世界田径总决算（柏林特约通讯）　星　星
教育部体育班同学会消息　编　者

第一卷第6期

1934年3月10日

（民国二十三年三月十日）

勤奋体育画报
　马来华侨运动大会
　山东之体育施设
　杭州醒村儿童游戏场
　健美操
编辑者言　编　者
勤奋体育评坛
　吾国对于远东运动会应取之态度　阮蔚村

中国体育缺少进步的几个大原因　朱晓初
办理民众体育实验区之我见　邵汝干
民众体育理论方面的研究　尚树梅
对于编辑中学体育教授细目之我见（续）
　　吴　澄
军人体育之理论与实施　俞　杰
中学体育（二）　王健吾
小学体育的行政问题（续）　王　庚
体育教材
　新编八段锦训练图说（国术教材）
　　金一明
　收割舞（舞蹈教材）　杜宇飞
　田径新术（二）　阮蔚村
　篮球基本训练　邵振华
　春花（故事游戏教材）　项翔高
　乡土游戏教材　蔡雁宾
一九三三年世界田径总决算（柏林特约通讯）　星　星
读者园地
　童子军与小学体育　黄孝南
　小学体育之重要　张文卿
　中国体育之畸形发展　陈宝镕
　怎样养成运动精神　李立贤
一月来之体育行政　编　者
一月来之运动比赛　编　者
一月来之体育人事　编　者
一月来之海外体育　编　者
上海国立交通大学之体育建筑与设备（调查）　顾聘陈
教育部体育班同学会消息　编　者

第一卷第7期

1934年4月10日

（民国二十三年四月十日）

勤奋体育画报（32幅）
编辑者言　编　者

勤奋体育评坛
　　远运会之瞻望　　　　　　　邵汝干
　　我国筹备远东之迟缓　　　　鸳　池
　　对于郝督学视察各体校之感想　苏　民
　　体育界应共同合作　　　　　顾舜华
中学体育　　　　　　　　　　　王健吾
中国体育应有之趋势　　　　　　孙寒华
女子体育与生理变化　　　　　　蔚　岑
高跟皮鞋有碍妇女姿势　　　　　陶　冶
易筋经新解（国术）　　　　　　金一明
视察上海各体育学校报告　　　　郝更生
有望于出席远东诸同志　　　　　刘长春
训练教材
　　田径新术　　　　　　　　　阮蔚村
　　儿童田径指导法　　　　　　俞子箴
　　匈牙利舞　　　　　　　　　阮蔚村
　　乡土游戏教材　　　　　　　蔡晋鸿
读者园地　　　　　　　　　　　编　者
一月来之体育行政　　　　　　　编　者
一月来之运动比赛　　　　　　　编　者
一月来之体育人事　　　　　　　编　者
一月来之海外体育　　　　　　　编　者
全国田径游泳最高纪录　　　　　编　者
教育部体育班同学会消息　　　　本　会

第一卷第 8 期

（第十届远东运动会专号，上册）

1934 年 5 月 10 日

（民国二十三年五月十日）

勤奋体育画报
　　远东运动会会场鸟瞰
　　远东运动会全国田径预选
　　第七届江大运动会
　　体育界要闻
编辑者言　　　　　　　　　　　编　者
勤奋体育评坛
　　献于本届远东运动会　　　　邵汝干
　　远东运动会过去之波折与将来之前途
　　　　　　　　　　　　　　　阮蔚村
　　第十届远东运动会概况　　　田永庆
　　第十届远东运动会节目日程一览表
　　　　　　　　　　　　　　　编　者
　　远东运动会中日菲常会经过　周鼎昌
　　谈吾国篮球　　　　　　　　董守义
　　远东运动会全国预选纪　　　郭允恭
　　田径　　　　　　　　　　　金月龄
　　游泳　　　　　　　　　　　陈如松
　　足球　　　　　　　　　　　丁　彪
　　篮球　　　　　　　　　　　周邦哲
　　日本全国预选纪（日本通讯）陶　冶
　　菲岛全国预选纪（菲岛通讯）秦　晋
　　历届远东运动会田径成绩一览表　阮蔚村
　　我国远东田径选手对抗上海西联成绩
　　　　　　　　　　　　　　　聘　陈
第七届江大运动会纪详　　　　　赖烈铭
一月来之体育行政　　　　　　　编　者
一月来之运动比赛　　　　　　　编　者
一月来之体育人事　　　　　　　编　者
一月来之海外体育　　　　　　　编　者
教育部体育班同学会消息　　　　本　会

第一卷第 9 期

（第十届远东运动会专号，下册）

1934 年 6 月 10 日

（民国二十三年六月十日）

勤奋体育画报
　　远东运动会开幕盛况
　　中华代表团抵菲情形
　　田径与游泳
　　球类
　　正文内插图
编辑者言　　　　　　　　　　　编　者

勤奋体育评坛
　解散远运会之严重性　　　　　　马崇淦
　远东体协非法解散及今后我国体育应有的
　　努力　　　　　　　　　　　　邵汝干
迎吾国选手团归国　　　　　　　　潘公弼
出席远东运动会代表谈话
　　　　　王正廷、沈嗣良、郝更生、马约翰
远东运动会之纠纷　　　　　　　　李浩然
远东体协的解散是中国的奇耻大辱　庄泽宣
第十届远东运动会回顾　　　　　　蒋槐青
我国选手实力概评　　　　　　　　金兆均
第十届远东运动会开幕志盛（特约通信）
　　　　　　　　　　　　　　　　颜文初
足球锦标（特约通讯）　　　　　　颜文初
排球锦标　　　　　　　　　　　　记　者
篮球锦标　　　　　　　　　　　　记　者
棒球锦标　　　　　　　　　　　　记　者
网球锦标　　　　　　　　　　　　记　者
田赛锦标　　　　　　　　　　　　记　者
径赛锦标　　　　　　　　　　　　记　者
全能锦标　　　　　　　　　　　　记　者
游泳锦标　　　　　　　　　　　　记　者
女子游泳表演　　　　　　　　　　记　者
女子排球表演　　　　　　　　　　记　者
女子网球表演　　　　　　　　　　记　者
拳斗表演　　　　　　　　　　　　记　者
射击表演　　　　　　　　　　　　记　者
远东体育协会章程
远东体育协会非法解散之经过　　　记　者
我国职员选手全体名单
远运会中三大谎会记　　　　　　　颜文初

第一卷第 10 期
1934 年 7 月 10 日
（民国二十三年七月十日）

勤奋体育画报

优游体育会
华中运动会
上海市中教联运动会
上海市中等学校体育联合会运动会
青岛市运动会
正文插图
编辑者言　　　　　　　　　　　　编　者
勤奋体育评坛
　训练体育师资之几个重要原则　　邵汝干
　苏教厅长保障体育教员　　　　　志　高
中华全国体育协进会之创立及场地之历史
　　　　　　　　　　　　　　　　韫　高
上海优游体育会与十年来上海体育
　　　　　　　　　　　　　　　　沈镇潮
检查儿童体格和健康检查　　　　　邵振华
体育与健康　　褚民谊讲　周修瀓、胡瀚记
训　练
　网球练习法　　　　　　　　　　吴邦伟
　儿童田径运动指导法（续第七期）
　　　　　　　　　　　　　　　　俞子箴
读者园地
　体育上训练迁移之两种问题　　　张大昕
　献给当局及体育界　　　　　　　牟敦琥
特　载
　教部体委会决定之体育测验方法　记　者
　复兴后的两江女子体育师范学校　陆礼华
二月来之体育行政　　　　　　　　编　者
二月来之运动比赛　　　　　　　　编　者
二月来之体育人事　　　　　　　　编　者
二月来之海外体育　　　　　　　　编　者
教育部体育班同学会消息　　　　　本　会

第一卷第 11 期
（游泳、网球专号）
1934 年 8 月 10 日
（民国二十三年八月十日）

勤奋体育画报

江西水上运动会
　　第一届南京游泳赛
　　华北游泳赛山东预选
　　杨秀琼过沪之表演与酬酢
　　上海中国网球会之异军突起
　　正文插图
编辑者言　　　　　　　　　　　　编　者
勤奋体育评坛
　　励行游泳运动　　　　　　　　邵汝干
　　游泳对于教育上之价值及体育上之效果
　　　　　　　　　　　　　　　　阮蔚村
　　勉杨秀琼女士　　　　　　　　劲　华
　　初学游泳法　　　　　　俞斌祺、王建新
　　游泳初步训练法　　　　　　　江良规
　　游泳的生理观　　　　　　　　启　高
　　网球基本练习法　　　　　　　马德泰
　　铁尔登网球心理学　　　　　　阮蔚村
　　痉挛之原因与预防　　　　　　蔚　村
杨秀琼赣京沪表演记
　　江西水上运动会　　　　　　　一　如
　　第一届南京游泳赛　　　　　　大　澄
　　杨秀琼过沪之表演与酬酢　　　煌　煌
调　查
　　中国网球会概况　　　　　　　蔚　村
　　上海网球会概况　　　　　　　启　高
　　上海游泳之启发时期　　　　　俞斌祺
特约通讯
　　第一届广州全市运动会　　　　豪　光
　　华南区三大学运动会　　　　　大　裕
　　潮汕体育概况　　　　　　　　赖烈铭
读者园地
　　安徽体育不振的原因　　　　　何锦云
　　运动场上观众应有之态度　　　梁鼎超
一月来之体育行政　　　　　　　　编　者
一月来之运动比赛　　　　　　　　编　者
一月来之体育人事　　　　　　　　编　者
一月来之海外体育　　　　　　　　编　者
漫　画
　　网球赛之采丰　　　　　　　　蔚　村
　　网球发球姿势之四态　　　　　记　者
教育部体育班同学会消息"暑期体育讲习
会"特辑　　　　　　　　　　　　本　会

第一卷第12期

1934年9月10日

（民国二十三年九月十日）

勤奋体育画报
　　华北运动会游泳赛
　　体育界要纪
　　台维斯杯与惠勃尔登
　　世界重量级拳斗锦标赛
　　美国全国田径竞技大会
　　正文插图
编辑者言　　　　　　　　　　　　编　者
勤奋体育评坛
　　苏沪体校联合会议感言　　　　邵汝干
　　统一国术对于摔角上的三项建议　章伟川
　　合理化的休息　　　　　　　　陈果夫
　　田径运动籀要　　　　　　　　薛学海
　　学校体育怎样普遍化　　　　　邹法鲁
　　小学体育成绩的考查　　　　　陶仲康
　　怎样举行健康检查　　　　　　曹风南
训　练
　　田径新术（四）　　　　　　　阮蔚村
　　铁尔登网球心理学（续）　　　蔚村译
读者园地
　　我国学校体育不发达之原因　　赵晋照
　　小学体育谭　　　　　　　　　周独鹤
特　载
　　教部训令改进专科以上学校体育要点
　　　　　　　　　　　　　　　　记　者

平津保昌沙封济庆中等学校体育经费比较　　　　　　　　　　　　　　　　郝更生
华北运动会游泳赛纪翔（本报北平特约通讯）　　　　　　　　　　　　　　陆　瑾
一月来之体育行政　　　　　　编　者
一月来之运动比赛　　　　　　编　者
一月来之体育人事　　　　　　编　者
一月来之海外体育　　　　　　编　者
芜湖县立民众教育馆体育实施概况（调查）　　　　　　　　　　　　　王椿庭

碎锦
　　体育界琐闻　　　　　　　　编　者
　　新书消息　　　　　　　　　编　者
　　美国篮球规则改订　　　　　编　者
教育部体育班同学会消息　　　　本　会

第二卷第1期
（一周年纪念特大号）
1934年10月10日
（民国二十三年十月十日）

勤奋体育画报
　　第十八届华北运动会之筹备
　　华北运动会会场建筑之经过
　　华北运动会平鲁之预选
　　德国田径界之惊人
　　美国田径成绩之猛进
　　英国全国运动会
　　世界女子运动会
　　台维斯杯英美决赛
　　国术教材自卫刀速成法
一周年纪念题词
　　振我民族　　　　　　　　　王世杰
　　导民成俗　　　　　　　　　褚民谊
　　强我民族　　　　　　　　　王正廷
　　题词　　　　　　　　　　　陈立夫
　　祝词　　　　　　　　　　　吴铁城
　　任重道远　　　　　　　　　郝更生
　　自强不息　　　　　　　　　许鼍厚
　　祝词　　　　　　　　　　　窦来庚
　　振弱启衰　　　　　　　　　陈英梅
编辑谈话　　　　　　　　　　　编　者
勤奋体育评坛
　　我对于吾国参加世界运动会之前瞻　　　　　　　　　　　　　　　刘雪松
　　我们应当怎样的努力　　　　刘慎旃
　　勤奋体育月报周年纪念　　　王世杰
　　勤奋体育月报创刊一周年　　褚民谊
　　论勤练国术以纾国难　　　　张之江
　　中国体育之最新使命　　　　周佛海
　　中国体育应走的途径　　　　潘公展
　　几个体育问题的研讨　　　　马崇淦
　　本报的使命　　　　　　　　邵汝干
　　体育师范课程问题的商讨　　吴邦伟
　　提倡体育应从提倡健康美入手　　　　　　　　　　　　　　　　　徐致一
　　说几句负责的话　　　　　　宋如海
　　我主张普及体育的几个理由　方万邦
　　提倡体育的原动力　　　　　董守义
　　体育教师专业伦理三十五条　陈奎生
　　上海之工人体育　　　　　　徐　多
世界体育瞻望台
　　德国体育概况　　　　　　　程登科
　　法国之体育组织　　　　　　黄时如
　　匈牙利之少年协会与体育大学　　　　　　　　　　　　　　　　　阮蔚村
　　日本的体育教育　　　　　　周君尚
国　术
　　国术学概论　　　　　　　　姜容樵
　　打法一打（此中人语）　　　金一明
　　自卫刀速成法　　　　　　　丁　彪
　　沙袋之功用及练习法与制造法　　　　　　　　　　　　　　　　　陈敦正
史料与调查
　　南宋时代之杭州军事体育学校　　　　　　　　　　　　　　　　　陈柏青

广东体育概况　　　　　　　　　　程登科
教学与实验
　中学体育教学法　　　　　　　　庄文潮
　怎样做一个小学体育教师　　　　蔡　铨
　一个学校参加运动会的始末　　　朱影波
　几个有影响运动成绩的小问题　　王复旦
　论体育卫生方面的思想谬误　　　王　庚
运动家经验谈
　撑竿跳秘诀　　　　　　　　　　符保卢
　标枪练习法　　　　　　　　　　彭永馨
　怎样练长跑　　　　　　　　　　黄胜白
训　练
　田径新术（五）　　　　　　　　阮蔚村
　篮球测验法　　　　　　　　　　邵振华
　一个小学体育教师的生活（一）　邵可羡
读者园地
　积极提倡体育　　　　　　　　　周超传
　体育与运动之我见　　　　　　　徐　篯
　运动会与不道德之行为　　　　　张石方
　怎样提倡田径赛　　　　　　　　陈新增
读者顾问　　　　　　　　　　　　编　者
体育名辞解释　　　　　　　　　　编　者
体育家与运动家（褚民谊、杨秀琼、王正
廷、刘长春）　　　　　　　　　　编　者
记　载
　一月来之体育行政　　　　　　　编　者
　一月来之运动比赛　　　　　　　编　者
　一月来之体育人事　　　　　　　编　者
　一月来之海外体育　　　　　　　编　者
天津春合体育用品制造厂发达史　　卢益三
教育部体育班同学会消息　　　　　本　会
补　白
　上海市一体育场请符保卢表演撑竿跳
　篮球重心移武汉
　国际足球协会修正足球规则

第二卷第2期

（第十八届华北运动会专号）
1934年11月10日
（民国二十三年十一月十日）

勤奋体育画报（华北运动会特刊）
　开幕盛况
　男女田径
　球类锦标
　大会之面面观
　正文插图
编辑谈话　　　　　　　　　　　　编　者
勤奋体育评坛
　第十八届华北运动会精神上的成功
　　　　　　　　　　　　　　　　赵文藻
　第十八届华北运动会印象和批评　尚树梅
　第十八届华北运动会概评　　　　王健吾
　华北运动会的纪律与秩序　　　　赵　泉
　记华北运动会的几项优点　　　　谢希云
　华北运动会给予我们的认识　　　郝　铭
吾人对于第十八届华北运动会之感想
　　　　　　　　　　　　　　　　周炳琳
第十八届华北运动会的成功　　　　董守义
华北运动会史略　　　　　　　　　阮蔚村
第十八届华北运动会开幕盛况　　　陈郁波
男高径赛　　　　　　　　　　　　张文浩
男高田赛　　　　　　　　　　　　刘海寰
男高全能　　　　　　　　　　　　陈文海
男中径赛　　　　　　　　　　　　郭振邦
男中田径　　　　　　　　　　　　穆文平
女子田径　　　　　　　　　　　　罗治英
各项球类锦标比赛　　　　　　　　田永庆
国术表演与比赛　　　　　　　　　林礼三
闭幕典礼　　　　　　　　　　　　陶仲捷
我的运动生活（运动家经验谈）　　陈荣明

田径新术（六） 阮蔚村
一个小学体育教师的生活（二） 邵可羡
体育家与运动家（张之江、张伯苓、焦玉莲、吴必显） 编　者
记　载
　　一月来之体育行政 编　者
　　一月来之运动比赛 编　者
　　一月来之体育人事 编　者
　　一月来之海外体育 编　者
天津春合体育用品制造厂厂部及劳工概况
　　　　　　　　　　　　　　　卢益三
教育部体育班同学会消息 本　会
碎　锦
　　华北运动会锦标与得主
　　本届华北会的收获
　　华北体联会年会
　　华北会之成功与当局之赞助
　　健儿身手
　　十四单位人数统计
　　本届华北运动会职员一览
　　华北体联会章程
　　华北纪录与全国纪录比较
　　符保卢表演撑竿跳展期

第二卷第3期

1934年12月10日
（民国二十三年十二月十日）

勤奋体育画报
　　上海全市中等学校联运会
　　美国选手来华之表演
　　江西省会小学运动会
　　广州球讯
　　首都鳞爪
　　粤省第一届越岭赛跑
　　积极建筑中之上海市大体育场
　　上海华人男女公开十三英哩竞走

编辑谈话 编　者
勤奋体育评坛
　　上海市大体育场与第六届全国运动会
　　　　　　　　　　　　　　　邵汝干
　　单项田径运动 可　羡
　　提倡女子体育之我见 刘邵锦英
军事体育教材的检讨（一） 程登科
体育基础生理剖解学（一） 阮蔚村
德国体操之新趋势（世界体育瞻望台）
　　　　　　　　　　　　　　　黄时如
国　术
　　国术的组织 姜容樵
　　摔角简述 章伟川
教学与实验
　　一个中学体育的实施报告 黄孝南
　　进步的课外运动法 孙　橒
训　练
　　田径新术（七） 阮蔚村
　　怎样训练越野跑 陈福清
　　林中月影（舞蹈教材） 罗治英
史料与调查
　　中国篮球运动之今昔 葳　岑
　　五年来的西安体育 庞紫石
一个小学体育教师的生活（三） 邵可羡
男子篮球最新规则（1934—1935年）
　　　　　　　　　　全国体育协进会公布
女子篮球规则更改要点（1934—1935年）
　　　　　　　　　　全国体育协进会公布
读者园地
　　体育教员之不健全 施秀峰
　　运动与人生 于龙管
　　川省体育所受的打击 张丕谟
　　提倡体育要注重生产 贾文才
读者顾问 编　者
体育名词解释 编　者
体育家与运动家（沈嗣良、郝更生、钱行素、陈宝珠） 编　者

记载
  一月来之体育行政　　　　　　　编　者
  一月来之运动比赛　　　　　　　编　者
  一月来之体育人事　　　　　　　编　者
  一月来之海外体育　　　　　　　编　者
教育部体育班同学会消息　　　　　本　会

第二卷第4期
1935年1月10日
（民国二十四年一月十日）

勤奋体育画报
  美国职业棒球队来华
  青阳港童子军划船赛
  上海青年会女子排球锦标队
  上海两江女体师远征京沪沿线篮球队
  来沪远征之南京国体专篮球队
  滚式跳高姿势连索
编辑谈话　　　　　　　　　　　　编　者
我们注意运动上的仁侠精神（勤奋体育评坛）　　　　　　　　　　　　邵汝干
民国二十三年全国体育总述　　　阮蔚村
  （一）教育部的体育工作
  （二）全国体育协进会之一年
  （三）各省市体育行政概述
  （四）各地体育建筑之勃兴
  （五）远东运动会之非法解散
  （六）华北运动会与华北体育
  （七）华南之运动比赛
  （八）华中运动会之复活
  （九）皖湘鄂体育一瞥
  （十）新生活体育在江西
  （十一）江南体育运动之一斑
  （十二）上海体育界之云涌
  （十三）外国选手来华之表演
  （十四）一年来之田径收获
  （十五）一年来之华侨运动会
  （十六）一年中之体育学校
  （十七）一年来之体育出版物
  （十八）一九三四年之国际运动会
军事体育教材之检讨（完）　　　　程登科
新式早操漏粉器　　　　　　　　　王小商
一个小学体育教师的生活（三）　　邵可羡
记　载
  一月来之体育行政　　　　　　　编　者
  一月来之运动比赛　　　　　　　编　者
  一月来之体育人事　　　　　　　编　者
  一月来之海外体育　　　　　　　编　者

第二卷第5期
（足球特辑）
1935年2月（民国二十四年二月）

勤奋体育画报
  华北冰上表演运动会
  全国足球名星
  海上足球健将
  上海两江女体师远征京沪沿线及南洋篮球队
  上海中青排球锦标复旦大学队
  上海中国女体师由西人教授拳术
  长沙全市篮球锦标妙高峰中学队
编辑谈话　　　　　　　　　　　　编　者
勤奋体育评坛
  体育当局今年应有的工作　　　　邵汝干
  国术容易成功吗？　　　　　　　姜容樵
  今后学校体育亟应改进之点　　　郝更生
  理想的体育领袖　　　　　　　　许民辉
体育生理
  女子体育中的例假问题　　　　　章映芬
  体育基础生理解剖学（二）　　　阮蔚村
足球特辑
  对于我国足球队参加世界运动会之意见　　　　　　　　　　　　　　李惠堂
  三十年来之吾国足球　　　　　　阮蔚村

埠际足球赛史略	记者
足球越位之图解	邵振华
足球新闻汇录	编者
中国足球名星小传	编者
北甯足球队员小史	星星

| 田径新术（八） | 阮蔚村 |

规则
华北运动会距离滑冰规则	记者
华北运动会花样滑冰规则	记者
华北运动会冰球规则	记者

读者园地
国人宜乎速醒	卞敬玉
乡村体育需要提倡	储剑虹
运动与肌肉	许养朴
提倡国术要注意的数点	胡振英

一个小学体育教师的生活（五）	邵可羡
读者顾问	编者
体育名词解释	编者
体育家与运动家（吴蕴瑞、袁敦礼、唐宝堃、陈焕琼）	编者

记载
一月来之体育行政	编者
一月来之运动比赛	编者
一月来之体育人事	编者
一月来之海外体育	编者

| 教育部体育班同学会消息 | 本会 |

第二卷第6期

1935年3月
（民国二十四年三月）

勤奋体育画报
  河北省之体育施设
  羊城女球星
  南华缤纷录
  投标枪姿势连索图
  撑竿跳姿势连索图

| 编辑谈话 | 编者 |

勤奋体育评坛
| 我也来谈谈谋全国体育协进展应采取的途径 | 邵汝干 |
| 随感随录 | 葳岑 |

波兰国民体育之新施设	郭有守
关于我国军人体育之我见	朱晓初
河南省体育统计	本报统计部
太极操	太极操函授学校
体育基础生理解剖学（三）	阮蔚村

国术论坛
为什么要提倡国术	金一明
人人都能学国术吗	姜容樵
我们为什么练拳	田镇峰
国术是什么	苏恒东

训练教材
田径赛准备运动	阮蔚村
机巧运动教材	邹吟庐
单杠跳撑回转法	尾生
柔软操三节	蒋泽春

| 一个小学体育教师的生活（六） | 邵可羡 |

特载
吾国出席台维斯杯网球赛之前瞻	尾生
积极建筑中之欧林匹克村	记者
菲律宾华侨体育新进展（特约通讯）	颜文初

读者园地
体育之需要与提倡	郑际云
我们应走那一条路	罗一五
改进学校与整顿师资	杨志龙
深呼吸运动	张人昕

读者顾问	编者
体育名词解释	编者
体育家与运动家（许龘厚、马约翰、史兴隙、梁秀云）	编者

记载
| 一月来之体育行政 | 编者 |
| 一月来之运动比赛 | 编者 |

一月来之体育人事　　　　　　　编　者
　　一月来之海外体育　　　　　　　编　者
　教育部体育班同学会消息　　　　　本　会

第二卷第 7 期
1935 年 4 月
（民国二十四年四月）

勤奋体育画报
　　上海全市二万公尺长跑
　　南京越野赛跑
　　上海万国足球赛
　　广州环市女子赛跑
　　联蝉三届全港女子锦标之梅芳队
　　厦门群惠女校篮球征菲队
编辑谈话　　　　　　　　　　　　编　者
第六届全国运动大会的展望（勤奋体育评
坛）　　　　　　　　　　　　　邵汝干
近代体育教员的专业准备　　　　　袁敦礼
体育基础生理解剖学（四）　　　　阮蔚村
百米苦练记（运动家经验谈）　　　宿笑如
一个小学体育教师的生活（七）　　邵可羡
我实验得来的效果（读者园地）　　訾金鳌
读者顾问　　　　　　　　　　　　编　者
体育家与运动家（许民辉、高梓、张嘉夔、
　王春菁）　　　　　　　　　　　编　者
记　载
　　一月来之体育行政　　　　　　　编　者
　　一月来之运动比赛　　　　　　　编　者
　　一月来之体育人事　　　　　　　编　者
　　一月来之海外体育　　　　　　　编　者

第二卷第 8 期
1935 年 5 月
（民国二十四年五月）

勤奋体育画报

　　意大利体育施设一瞥
　　山东省第三届国术省考
　　全国运动会筹委会议
　　教育部体育委员会议
　　新进游泳奇少年杨维莫
　　上海江湾六英里越野跑之优胜者
　　东华足球队征韩全体队员
　　获得上海万国排球锦标之中华排球队
　　获得上海万国足球杯之中华足球队
　　山西大同体育协进会全体职员
　　川大附中篮球队
编辑谈话　　　　　　　　　　　　编　者
勤奋体育评坛
　　如何提倡全民体育　　　　　　　邵汝干
　　最近几个体育重大的集会　　　　邵汝干
　　器械体操的评判　　　　　　　　董守义
　　日本师范大学体育科之体育讲座　阮蔚村
　　体育救国论（一）　　　　　　　刘慎旃
　　升降制比赛法　　　　　　　　　钱一勤
体育基础生理解剖学（五）　　　　阮蔚村
教　学
　　分别初习网球者之客观测量测验方法
　　　　　　　　　　　　　　　　孙淑铨
　　雨过天晴（舞蹈教材）　　　　　汪劲华
世界运动会举重比赛规则
　　　　　　　　　　　　中华全国体育协进会
全国田径最高纪录（男子、女子）
　　　　　　　　　　　　中华全国体育协进会
一个小学体育教师的生活（八）　　邵可羡
读者园地
　　运动员最流行的恶习　　　　　　周宝胜
　　介绍一个体育学者与世界运动会筹备情形
　　　　　　　　　　　　　　　　周维琢
敬告体育学校学生　　　　　　　　李为芝
审美观念与提倡体育　　　　　　　朱惜寺
新书介绍　　　　　　　　　　　　编　者
体育名词解释　　　　　　　　　　编　者

体育家与运动家（薛学海、张汇兰、邓银桥、张龄佳） 编　者
第六届全国运动大会特辑（一） 记　者
第三次教育部体育委员会议 记　者
记　载
　一月来之体育行政 编　者
　一月来之运动比赛 编　者
　一月来之体育人事 编　者
　一月来之海外体育 编　者
特　载
　天津春合体育用品制造厂产销概述
　　　　　　　　　　　　　　卢益三
　介绍保定布云工厂 明　明
　教育部体育班同学会消息 本　会

第二卷第9期

1935年6月
（民国二十四年六月）

勤奋体育画报
　上海国际运动会
　广东全省运动会
　北平全市运动会
　青岛全市运动会
编辑谈话 编　者
勤奋体育评坛
　运动会感言 邵汝干
　本届全国运动会之革正诸点 萧　岑
　青岛市体育之进展 赵庶常
春季运动会专号
　全国各地春季运动会概观 阮蔚村
　广东全省运动会
　山东全省运动会
　湖北全省运动会
　浙江全省运动会
　北平全市运动会
　青岛全市运动会

天津全区运动会
华北万国运动会
上海国际运动会
江南大学运动会
江浙私中运动会
上海七团体运动会
上海中校体联运动会
特　载
　第六届全国运动大会竞赛规程
　暑期体育讨论会规程
　暑期体育讲习会规程
　暑期体育训练会规程
第六届全国运动大会特辑（二）
读者园地
　敬献刍议于川省体委会 文起高
　开辟女子公共体育场之刍议 杨定一
　从事体育者应有的觉悟 周静英
　湘西体育概谈 舒翼鹏
读者顾问 编　者
体育名词解释 编　者
体育家与运动家（宋君复、董守义、李森、卢淑） 编　者
记　事
　一月来之体育行政 编　者
　一月来之运动比赛 编　者
　一月来之体育人事 编　者
　一月来之海外体育 编　者
教育部体育班同学会消息 本　会

第二卷第10期

1935年7月
（民国二十四年七月）

勤奋体育画报
　山东省全国运动会预选
　浙江省第四届全省运动会
　上海中校体联运动会

常熟全县运动会
上海两江女体师篮球队南征返沪
四川平光体育社篮球队
河南绥靖署宪兵营篮球队
福建省立福州高农篮球队
编辑谈话 编　者
体育学会之需要与其组织之建议（勤奋体育评坛） 邵汝干
写给新毕业的体育同志们 程登科
第六届全国运动大会特辑（三） 编　者
两江女体师篮球队远征南洋纪 陆礼华
记　事
　一月来之体育行政 编　者
　一月来之运动比赛 编　者
　一月来之体育人事 编　者
　一月来之海外体育 编　者

第二卷第 11 期
1935 年 8 月
（民国二十四年八月）

勤奋体育画报
　游泳时季
　世界运动会画报
　惠勃尔登网球赛
　国际体育要闻
　正文插图
编辑谈话 编　者
勤奋体育评坛
　对于第六届全国运动大会应有之认识
　　　　　　　　　　 邵汝干
　对首都体育之期望 倪则舜
　教授学校体育课的商榷 刘国荣
欧美体育现况及改进吾国体育建议 章辑五
体育救国论（三） 刘慎旃
体育基础生理解剖学（八） 阮蔚村
短距离赛跑起步之研究 吉冈隆德

爬游练习法 阮蔚村
第六届全国运动大会特辑（四） 编　者
全运会特订比赛规约 全国运动会
国术比赛规则 全国运动会
世界体育瞻望台
　世界运动会筹备讯 星　星
　波兰之体育训练 尾　生
　日本田径训练之猛进 克　能
　日本发现田径运动易患肺病 高　木
世界惠勃尔登网球赛纪（本报伦敦特约通信） 朱　明
读者园地
　川省体育落伍的检讨 秦宗吉
　夏季游泳须知 张长江
　农村青年所需要的体育活动 张振国
　提倡体育与人材训练 朱天健
读者顾问 编　者
体育家与运动家（吴澄、程登科、贾连仁、符保卢） 编　者
记　载
　一月来之体育行政 编　者
　一月来之运动比赛 编　者
　一月来之体育人事 编　者
　一月来之海外体育 编　者
教育部体育班同学会消息 本　会

第二卷第 12 期
1935 年 9 月
（民国二十四年九月）

勤奋体育画报
　马来亚华侨运动会
　马来亚华侨体育之猛晋
　青岛暑期体育训练讲习讨论会
　网球与游泳
　正文插图
编辑谈话 编　者

勤奋体育评坛
 二年来之本报及今后之努力 邵汝干
 有望于体育学会之组织 阮蔚村
体育与教育 张伯苓
我国体育行政之展望 郝更生
中国的国际体育 沈嗣良
对于我国新体育行政系统之建议 程登科
中国体育目标之商榷 章辑五
检查体格及体育分组问题 张汇兰
民众体育教材之商榷 尚树梅
体育基础生理解剖学（九） 阮蔚村
技术指导
 纯日本式起步法 吉冈隆德
 田径赛准备操 刘长春
 游泳之起泳与转身 阮蔚村
海外通讯
 日本体育参观记 万 蓉
 马来亚华侨运动大会（星洲特约通讯）
          黄万超
小学歌舞教材（小猫阿熊） 胡敬熙
一个小学体育教师的生活（完） 邵可羡
第六届全国运动特辑（五） 记 者
读者园地
 全国男子游泳纪录之勘误 杨耀芳
 中国之舞蹈 杨定一
 普及民众体育的条件 李立贤
 体育学校毕业生之出路问题 傅骏铭
读者顾问 编 者
体育家与运动家（章辑五、吴邦伟、白春育、王士林） 编 者
记 载
 一月来之体育行政 编 者
 一月来之运动比赛 编 者
 一月来之体育人事 编 者
 一月来之海外体育 编 者
教育部体育班同学会消息 本 会

第三卷第1期
（二周纪念特大号）
1935年10月
（民国二十四年十月）

勤奋体育画报
 全国运动会会场（一）
 全国运动会会场（二）
 上海市游泳池落成
 各省市出席全运会精锐（一）
 各省市出席全运会精锐（二）
 厦门竞强游泳池揭幕
 南华体育会近讯
 香港足球阵之威容
本报的愿望 马崇淦
编者谈话 编 者
二周年纪念献词
 勤奋体育月报二周年 吴铁城
 我们的期望（为勤奋体育月报二周年纪念作） 周佛海
全运会特辑
 对于第六届全国运动会之展望 王正廷
 本届全国运动会之真意义 褚民谊
 对于第六届全国运动会之希望 潘公展
 对于第六届全国运动会之期望 许绍棣
 对于第六届全国运动会之冀望 程时煃
 有望于第六届全国运动会 程其保
 第六届全运会与本报二周年纪念 邵汝干
 第六届全国运动会前瞻 阮蔚村
专 著
 运动选手制与运动总锦标 吴蕴瑞
 改进现行体育行政组织的意见 程登科
 德国新体操之理论与教材 吴 澄
 田径运动问题之商榷 王复旦
 我也来谈谈体育军事化 徐致一
 从体育军事化说到体制合作化 孙 栖

中小学体育
  中学体育实施方案 　　　　　王健吾
  理想中之中学体育教师 　　　　庄文潮
  我国小学体育之新动向 　　　　陈奎生
  小学体育实施方案 　　　　　　俞子箴
社会体育
  山东省体育概况 　　　　　　　尚树梅
  上海青年会体育工作的回顾 　　凌希陶
  怎样做一个公共体育场指导员 　许肖傅
运动家经验谈
  短跑起步法 　　　　　　　　　刘长春
  四百米练习支配法 　　　　　　董叔昭
  中距离练习法 　　　　　　　　李世铭
  铁饼练习法 　　　　　　　　　冷培根
  跳高练习法 　　　　　　　　　刘明儒
  推铅球之理论与姿势研究 　　　周顺生
  符保卢撑竿跳动作研究 　　　　白树锦
教　材
  篮球练习撮要 　　　　　　　　张长江
  田园自娱（中学舞蹈教材）　　　沈明珍
  团体舞蹈表演教材（中小学适用）钱　旋
  小学歌舞教材 　　　　　　　　潘伯英
  小学唱游教材 　　　　　　　　胡敬熙
全国田径五杰表（九月底止）　　　　阮蔚村
读者园地
  中国体育应积极提倡 　　　　　周邦哲
  乡村小学体育不发展之原因 　　陈世材
  今后运动员应有的觉悟 　　　　张振国
读者信箱 　　　　　　　　　　　　　编　者
体育家与运动家（蒋湘青、陈奎生、谷得胜、郭振恒）　　　　　　　　　　　编　者
记　事
  一月来之体育行政 　　　　　　编　者
  一月来之运动比赛 　　　　　　编　者
  一月来之体育人事 　　　　　　编　者
  一月来之海外体育 　　　　　　编　者
教育部体育班同学会消息 　　　　　　本　会

第三卷第2期

（第六届全国运动大会专号）

1935年11月

（民国二十四年十一月）

勤奋体育画报
  开幕典礼
  男子田径
  女子田径
  男子游泳
  女子游泳
  球类比赛
  国术
  闭幕
对于第六届全运会之感想（勤奋体育评坛）
            张伯苓
第六届全国运动会感言 　　　　　　邵汝干
第六届全国运动会各项锦标比赛总评
            阮蔚村
  开幕典礼
  男子径赛
  男子田赛
  全能运动
  女子田径
  男子游泳
  女子游泳
  足球
  男子篮球
  女子篮球
  男子排球
  女子排球
  男子网球
  女子网球
  男子棒球
  女子垒球
  男子国术

女子国术
国际比赛
  田径
  足球
  男子篮球
  女子篮球
  男子网球
  女子垒球
各种表演
  马球
  举重
  小球
  自由车
  竞走
  跳水
  蒙古摔角
  乒乓
闭幕典礼
全运漫画
儿女英雄墨宝

第三卷第 3 期
1935 年 12 月
(民国二十四年十二月)

勤奋体育画报
  全国运动会国际比赛
  郭洁掷铁饼姿势训练图解
编者谈话 编者
勤奋体育评坛
  关于几个体育问题的检讨 邵汝干
  体育主张 蒋湘青
改进现行体育行政组织意见 程登科
德国新体操之理论与教材 吴澄
我国应如何举行运动会 王健吾
改良国术之途径 姜容樵
球类运动怎样测验 孙栻

小学体育实施方案 俞子箴
体育基础生理解剖学（十） 阮蔚村
曲线转弯比赛各分道赛员在力学上之损失
          周顺生
器械操教学要点 李鹤峰
小学歌舞教材 胡敬熙
女子体育（日本师大体育讲座） 吉田章信
调查通讯
  中央国体专二年来之回顾 李孔昕
  日本体育考察记 周维琢
读者园地
  运动与功课 林启武
  体育生活 李修仪
  发展农村体育之我见 吴醒培
  选手制度之流弊 向发英
读者信箱 编者
特　载
  男子篮球最新规则（1935—1936 年）
          协进会
  女子篮球最新规则（1935—1936 年）
          协进会
  足球规则更改要点（1935—1936 年）
          协进会
体育家与运动家（金兆均、刘慎旃、陈荣棠、叶遂安） 编者
记　载
  一月来之体育行政 编者
  一月来之运动比赛 编者
  一月来之体育人事 编者
  一月来之海外体育 编者

第三卷第 4 期
1936 年 1 月
(民国二十五年一月)

勤奋体育画报
  菲律宾华侨健鹏田径队

沪华长跑之优胜者
广州市中学运动会之团体操
广市学校运动会之女子优胜者
良华篮球队全体合影
世界最新徒手操图解
编者谈话　　　　　　　　　　编　者
二十五年的新希望（勤奋体育评坛）
　　　　　　　　　　　　　　邵汝干
踢毽子为儿童最适宜之运动　　褚民谊
改进现行体育行政的意见（三）程登科
国民体育之理论与实施（一）
　　　　　　　　　程登科、刘昌合
足球要诀　　　　　　　　　　李惠堂
篮球新规则对于篮球训练上之影响 钱一勤
体育基础生理解剖学（十一）　阮蔚村
有转弯之分道比赛各分道出发点之计算问题
的讨论　　　　　　　　　　　周顺生
中等以上学校体育实施计划　　吴亮荪
小学体育成绩考查法的探讨　　何志浩
女子体育（日本师大体育讲座）吉田章信
德国体育的军事化　　　　　　储体馨
日本体育考察纪　　　　　　　周维琢
教　材
　田径运动必需之补助运动　　阮蔚村
　乡土游戏教材　　　章以文、郑和寅
　小学歌舞教材　　　　　　　胡敬熙
读者园地
　学校体育难趋普及的因果　　徐家溪
　人类之天然活动　　　　　　王李勤
　乡村体育不能发展的原因　　曹同年
　如何改善中国旧有之体育组织 韩敬亭
　提倡儿童体育　　　　　　　黄鉴行
读者信箱　　　　　　　　　　编　者
足球规则疑点解释　　　　　　协进会
世界运动会与五轮环旗的历史剪影 记　者
体育家与运动家（黄丽明、陈咏声、李惠
堂、王禾）　　　　　　　　　编　者

记　载
　一月来之体育行政　　　　　编　者
　一月来之运动比赛　　　　　编　者
　一月来之体育人事　　　　　编　者
　一月来之海外体育　　　　　编　者

第三卷第5期
1936年2月
(民国二十五年二月)

勤奋体育画报
　云南全省运动大会
　世界最新徒手操图解
评坛
　为征求我国应采何种体育运动为国民游戏
　说几句话　　　　　　　　　邵汝干
　改革体育术语的商榷　　　　杨介生
强健身体之方法　　　　　　　吴蕴瑞
体育训练与复兴民族　　　　　陈宇光
本报征求运动揭晓
　吾国应采用足球为国民游戏
　　　　　　　　　　　第一名黄健行
　吾国应采用篮球为国民游戏
　　　　　　　　　　　第二名庄文潮
体育基础生理解剖学（十三）　阮蔚村
中学早操教学要点　　　　　　刘超德
小学体育成绩考查法的探讨　　何志浩
武装五项运动比赛法　　　　　邓堪舜
国术功用与贯通论　　　　　　姜容樵
日本体育考察纪（三）　　　　周维琢
世界运动会史略（一）　　　　蒋槐青
教　材
　排球初步训练法　　　　　　禹如山
　小学乡土游戏教材　　　　　蔡雁宾
　小学歌舞教材　　　　　　　胡敬熙
特约通讯
　云南全省运动会记详　　　　李立贤

美国体育概况	黄中孚

读者园地
 读了运动家经验谈的书后   李延祥
 对于学校体格检查的意见   杨定一
 改进国术教授法的管见   许云翔
 现代吾国体育训练问题   李立贤
新书介绍   编者
体育家与运动家（陈柏青、潘瀛初、刘云松、原恒瑞）   编者
记载
 一月来之体育行政   编者
 一月来之运动比赛   编者
 一月来之体育人事   编者
 一月来之海外体育   编者
编者谈话   编者

第三卷第6期
1936年3月
（民国二十五年三月）

勤奋体育画报
 第四届世运会冰上比赛
 上海史高塔杯足球赛
 世界最新徒手操图解
评坛
 第八届全运会应在广州举行之商榷   刘雪松
 给参加第十一届世运会的篮球选手诸君   崔策
推行国民体育的重要原则   邵汝干
实施乡村体育具体方案   储剑虹
小学体育成绩考察法的探讨（三）   何志浩
径赛运动员个别训练之差异   陈福清、熊舒果
急救术（一）   阮蔚村
足球攻守策略   李惠堂
日本体育考察纪（四）   周维琢

体育基础生理解剖学（十四）   阮蔚村
篮球锦标赛几个实际问题的讨论   周顺生
篮球裁判法提要   孙延陆
世界运动会史略（二）   蒋槐青
教材
 儿童手球训练法（一）   俞子箴
 小学歌舞教材   胡敬熙
特载
 我国参加世运会项目及人选检讨   编者
 第十一届世界运动大会汇报（一）   编者
 第四届世运会冰赛成绩总表   编者
读者园地
 乒乓运动   胡仁源
 怎样建设西北体育   庞紫石
 发展农村体育的先决问题   徐长溪
 给体育教师的一封信   孙淑铨
读者顾问   编者
读者交际场   读者
新书介绍（小学体育教授细目）   编者
体育家与运动家（方万邦、邱承基、王虎、董叔昭）   编者
记载
 一月来之体育行政   编者
 一月来之运动比赛   编者
 一月来之体育人事   编者
 一月来之海外体育   编者
编者谈话   编者

第三卷第7期
1936年4月
（民国二十五年四月）

勤奋体育画报
 吾国出席世运篮球选手在北平训练情形
 荣膺字林杯之上海优游足球队
 获得上海中西越野跑锦标之一冰越野队
 四川成都全体体育服务人员

全国田径名将录
评　坛
　　推行国民体育的我见　　　　　邵汝干
　　组织全国党政军学体育促进会之建议
　　　　　　　　　　　　　　　　邓堪舜
特种教育方案与体育积极训练　　编　者
办理运动会应加注意改进诸点　　钱一勤
德国新体操之优点与适用　　　　金兆均
小学体育考察法的探讨（完）　　何志浩
掷铁饼训练图解　　　　　　　　江良规
关于田径训练之要素　　　　　　陈福清
女子运动应注意之事项　　　　人见绢枝
体育基础生理解剖学（十四）　　阮蔚村
急救术（完）　　　　　　　　　阮蔚村
教　材
　　儿童仿效体操　　　　　　　霍连贵
　　乡土游戏教材　　　　　　　韩敬亭
　　儿童手球训练法（二）　　　俞子箴
　　小学歌舞教材　　　　　　　胡敬熙
日本体育考察纪（完）　　　　　周维琢
世界运动会史略（完）　　　　　蒋槐青
第十一届世界运动大会消息汇报　本　报
读者园地
　　补救学校体育缺陷办法　　　赖烈铭
　　体育与事业　　　　　　　　邓宛章
　　体育兴趣测验的必要　　　　徐长溪
　　体育科应增设实施民众体育的特种课程
　　　　　　　　　　　　　　　傅瑞华
　　谈谈业余运动　　　　　　　李延祥
　　练习运动与按摩术　　　　　吴醒培
　　跑步训练　　　　　　　　　徐子发
　　全能运动　　　　　　　　　盛昌平
读者顾问　　　　　　　　　　　编　者
全国田径最高纪录　　　　　　　协进会
全国游泳最高纪录　　　　　　　协进会
体育家与运动家（刘昌合、王正林、邓堪
舜、陈铿）　　　　　　　　　　编　者

记　载
　　一月来之体育行政　　　　　编　者
　　一月来之运动比赛　　　　　编　者
　　一月来之体育人事　　　　　编　者
　　一月来之海外体育　　　　　编　者
编者谈话　　　　　　　　　　　编　者

第三卷第 8 期

1936 年 5 月

（民国二十五年五月）

勤奋体育画报
　　上海国际五团体运动会
　　吾国世运会篮球代表队练习状况
　　吾国参加世运会足球队
　　参加世运田径训练全体选手
　　山东省主席韩复榘表演太极拳
　　孙桂云结婚俪影
对于我国参加世界运动大会的愿望（评坛）
　　　　　　　　　　　　　　　邵汝干
中国妇女之健康问题　　　　　　朱晓初
国立北平师范大学体育系现状　　吕右青
光华实验中学体育设施大纲　　　周顺生
乡村小学体育实施法　　　　　　陈晋初
怎样做一个乡村小学体育教员　　胡振民
国术初步练习途径　　　　　　　何学诗
小学运动会分组比赛方法　　　　项翔高
体育基础生理解剖学（十六）　　阮蔚村
运动时心脏内血液之放出量　　　庄文潮
教　材
　　田赛三掷练习法　　　　　　阮蔚村
　　儿童手球训练法（三）　　　俞子箴
　　小学歌舞教材　　　　　　　胡敬熙
第十一届世界运动会消息汇报　　编　者
记我国世运足球队　　　　　　　编　者
各种军事体育比赛规则（特载）　十八军
　　著装竞赛规则

超越障碍竞赛规则
匍匐前进竞赛规则
脚踏车赛规则
刺枪比赛规则
手榴弹模型基本投掷规则
武装赛跑规则
射击比赛规则

读者园地
 论机巧运动 蒋克信
 供献给运动场上的同志 张一屏
 复兴民族之要图 张金奎
 广东之排球运动 梁鼎超
 学校应举行体育会考 张春蕙
 现行运动会制度之谬误 陈汝湘
 乡村小学体育目标与项目 杨克强
 如何铲除提倡体育之障碍 秦宗吉
 普及全民体育的重要 陈世材
 怎样练短跑（读者顾问） 阮蔚村
 体育家与运动家（赵秉恒、王玉增、朱晓初、詹易元） 编者

记载
 一月来之体育行政 编者
 一月来之运动比赛 编者
 一月来之体育人事 编者
 一月来之海外体育 编者

篮球百零八将
编者谈话
编者邮筒

第三卷第9期
1936年6月
（民国二十五年六月）

勤奋体育画报
 吾国出席世界运动会田径预选
 第九届江大运动会
 上海中体联运动会
 北平全市网球比赛锦标队

欢迎吾国世运代表团（评坛） 编者
体育馆之价值与建筑设计 阮蔚村
拳斗比赛法 蔚村译
师范学校体育教材支配法 丁嘉福
非常时之国民体格 禹如山
英美日三国体育训练之比较 马述鸿
体育基础生理解剖学（完） 阮蔚村

教材
 小学团体游戏比赛教材 俞子箴
 儿童手球训练法（完） 俞子箴
 仿效体操教材 霍连贵
 小学歌舞教材 胡敬熙
 跳绳游戏 阮蔚村

特载
 水球规则 海军练营
 修正高中体育课程标准 教育部

读者园地
 复兴民族声中体育事业之重要 钱二新
 提倡小学体育与复兴民族 冯炳磷
 理论技术与忍耐性 鲁克明
 体育经费独立与提高体育教师待遇 徐立
 体育应该怎样研究 黄密勒
 我国参加世界运动会应有的意义 钱昌年

读者顾问 编者
读者交际场 编者
我国田径成绩之猛进 编者
世运田径预选兼中外对抗 编者
我国国术举重出席世运 编者
各国田径最近成绩 编者
体育家与运动家（赵文藻、郭洁、夏翔、蔡正义） 编者

记载
 一月来之体育行政 编者
 一月来之运动比赛 编者
 一月来之体育人事 编者

一月来之海外体育　　　　　　　　　　编　者
编者谈话

第三卷第10期
1936年7月
（民国二十五年七月）

勤奋体育画报
　　欢送世运代表团出国
　　吾国出席英国惠勃尔登网球赛四选手
　　湖北全省运动会
　　四川省第二区全区运动会
　　汕头游泳场
祝第十一届世界运动会开幕（评坛）
　　　　　　　　　　　　　　　　编　者
日本民族体格演进实况　　　　　　阮蔚村
　　日本民族与其他民族体质之比较
　　日本民族体质之变化
　　日本民族体质的地域别特色
　　日本民族之职业别与体质之特色
　　日本民族之身体及体力之发育过程
　　营养与身体发育之关系
　　各种身体条件与作业成绩之关系
　　运动及职业予身体上之影响
　　日本体育界之现状
　　体育保健卫生现存机关之检讨
大学体育课教学实例　　　　　　　王健吾
学校体育课之危机及其补救办法　　江良规
心理学对于体育的影响　　　　　　吕延立
体育馆之价值与建筑设备　　　　　阮蔚村
一个小学体育实施概况　　　　　　胡振民
发令员之音调及号令时间距离　　　赵晓东
教　材
　　毛巾操教材　　　　　　　　　陈　芬
　　小学歌舞教材　　　　　　　　胡敬熙
世界运动会各国精锐概评　　　　　编　者
世运会吾国代表团阵容　　　　　　编　者
篮球国手小史　　　　　　　　　　编　者
读者园地
　　体育训练应严格化　　　　　　周邦哲
　　学校运动应行改善诸点　　　　田丕郁
　　对于上海大学体联会成立后之希望
　　　　　　　　　　　　　　　　李为芝
　　中国旧有的民众体育组织　　　褚运通
　　几项有辅军事的体育教材　　　赖烈铭
读者顾问　　　　　　　　　　　　编　者
体育家与运动家（吴德懋、张尔鼎、胡安善、陈韵兰）　　　　　　　　　编　者
记　载
　　一月来之体育行政　　　　　　编　者
　　一月来之运动比赛　　　　　　编　者
　　一月来之体育人事　　　　　　编　者
　　一月来之海外体育　　　　　　编　者
编者谈话

第三卷第11期
1936年8月
（民国二十五年八月）

勤奋体育画报
　　世界运动大会开幕
　　英国网球界之霸者
　　世界运动会会场鸟瞰
　　意大利全国运动会
评　坛
　　世运会失败后与将来　　　　　李惠堂
　　参加世运会随感录　　　　　　江良规
　　世运会我国选手队全军覆没　　编　者
弯曲跑道之斜度及其算法　　王强、任彝魁
中学体育特殊教学心得　　　　　　熊光国
做小学体育教师的第一年和我的教学法
　　　　　　　　　　　　　　　　王应麟
形意拳经（国术教材）　　　　　　姜容樵
运动教材

初级田径训练教材	阮蔚村
起步法	
短距离赛跑	
中距离赛跑	
长距离赛跑	
越野赛跑	
跳栏	
跳远	
跳高	
三级跳	
撑竿跳	
掷铁饼	
推铅球	
投标枪	
掷链球	
竞走	
接力赛跑	
五项十项	
游泳练习中的新经验	杨励华
体操教材	
妇女团体操图解	阮蔚村
柔软操教材五则	马祖龙
舞蹈教材	
风车舞	杨有庵
小学歌舞教材	胡敬熙
一个整齐有趣的跳绳方法	王伯和
吉冈隆德的短跑生活	吴文忠
体育卫生讲座（眼科知识）	编者
各项球类运动史略	朱晓初
第十一届世界运动大会与我国参加之历史	编者
世界运动会消息	编者
世界田径六杰	编者
读者园地	
国难期中的女子体育	周贻敏
由几种普通体育病况说到现在体育的缺点	范国光
我们需要国防的体育训练	李立贤
普及学校的根本治疗	陆鸣诚
读者顾问	编者
体育家与运动家（王复旦、于敬孝、李继元、翟涟沅）	编者
记　载	
一月来之体育行政	编者
一月来之运动比赛	编者
一月来之体育人事	编者
一月来之海外体育	编者
编辑室播音	

第三卷第12期

（第十一届世界运动大会特号）

1936年9月

（民国二十五年九月）

勤奋体育画报	
开幕时各国选手排立场中	
柏林华侨热烈欢迎祖国选手莅会	
女子百米冠军史蒂芬小姐	
万米决赛	
德国元首希特勒莅会	
美国游泳三杰	
艺术竞赛优等作品	
男子百米竞赛	
女子跳水比赛	
世运大会给予我们的教训	邵汝干
第十一届世界运动大会总述	阮蔚村
开幕典礼	
火炬接力	
男子田径	
女子田径	
男子游泳	
女子游泳	
足球	
篮球	

马球
手球
曲棍球
水球
马术
举重
摔角
击剑
新五项
射击
自由车
体操
帆艇
游艇
漕艇
划船
艺术竞赛
闭幕典体
第十二届大会在日本东京举行
我国选手失败目击记　　　　　　陆翔千
本届世运会裁判技术上的进步　　江良规
古代欧林匹克与田径赛之起源　　朱晓初
中学课程与学生卫生　　　　　　马述鸿
体育家与运动家（舒鸿、包家平、史龙云、李天生）　　　　　　　　　编　者
记　载
　一月来之体育行政　　　　　　编　者
　一月来之运动比赛　　　　　　编　者
　一月来之体育人事　　　　　　编　者
　一月来之海外体育　　　　　　编　者
编辑室播音

第四卷第 1 期

1936 年 10 月
（民国二十五年十月）

勤奋体育画报

世运代表团返国
大运动界两新人（罗费诗、周秀珍）
世运足球队欧游战迹
现代新五项运动图解
第四卷卷首语　　　　　　　　　编　者
评　坛
　我们应否提倡中国的民族体育　程登科
　四年计划之要义　　　　　　　薛学海
　体育教师之聪明　　　　　　　阮蔚村
专　著
　身体与精神不健全之危机　　　谢似颜
　体育与技竞之价值　　　　　　徐　镛
　游戏的各派理论　　　　　　　林启武
　军队体育推广法　　　　　　　倪则舜
　视觉与竞赛运动　　　　　　　吕延立
　跑道转弯倾斜度　　　　　　　王复旦
　田径场之形状与跑道之样式　　阮蔚村
技　术
　击剑射击摔角之理论与方法　　阮蔚村
　按摩术之理论与实际　　　　　张祥卿
　跳高练习法　　　　　　　　　傅宝瑞
　乒乓战术　　　　　　　　　　梁明政
教学研究
　乡村小学体育教材与设备　　　俞子箴
　篮球裁判法撮要　　　　　　　张毓才
　舞蹈的几个基本动作及其教授法
　　　　　　　　　　　　　　　孙淑铨
　女子运动时应注意的事项　　　孙淑铨
　少年时期的体育　　　　　　　谢似颜
　小学歌舞教材　　　　　　　　胡敬熙
特约通讯
　丹麦体育考察记　　　　　　　江良规
体育家生活特辑
　二十年来之体育生活　　　　　王健吾
　十年来运动生活的自述　　　　王铭绅
　乌温斯小传
名著介绍

介绍几本现代体育的名著　　　章辑五
调　查
　　上海市立体育专科学校概况　　阮蔚村
　　体育家与运动家（尚树梅、徐镰、王南珍、黄社基）
读者园地
　　一月来之体育行政
　　一月来之运动比赛
　　一月来之体育人事
　　一月来之海外体育

第四卷第 2 期
1936 年 11 月
（民国二十五年十一月）

勤奋体育画报
　　上海第四届全市运动会
　　沪市全运之儿女英雄
论　著
　　德意志之体育与训练　　　　邵汝干
　　中国现在和将来所需要的体育人材
　　　　　　　　　　　　程登科、袁浚
　　如何考察中等学校体育　　　刘雪松
　　中学体育成绩考察标准商榷　庄文潮
　　简易乡村师范学校体育课教学之研究
　　　　　　　　　　　　　　　孝鸿九
　　小学课外活动的研究　　　　俞碧霞
　　脊柱弯曲医疗操　　　　　　霍连贵
　　营序的递进法　　　　　　　孙淑铨
教学法
　　叠罗汉教学法　　　　　　　阮蔚村
　　初级射箭教学法　　　　　　张唯中
　　足球规则解释及裁判法　　　孙廷陆
　　一个中学篮球的防御法　　　冯炳麟
欧洲特约通讯
　　瑞典体育考察记　　　　　　江良规
调　查

　　上海市运动场田径场建筑概况　王复旦
　　清华大学体育概况　　　　　　黄　恪
各地体育通讯
　　湖北省体育概况　　　　　　　刘昌合
　　十年来的福州篮球界　　　　　黄和栋
体育家生活
　　体育界畸人朱恩德的生平　　　寿　先
　　世界网球冠军潘莱小传　　　　马少周
读者园地
　　军事体育训练的几种教材　　　朱晓初
　　学校体育与普及体育之关系及须改进之点
　　　　　　　　　　　　　　　　蒋怀仁
　　怎样改进乡村体育　　　　　　范国光
　　室内游戏在乡村小学之重要性　范立安
读者顾问　　　　　　　　　　　　编　者
碎　锦
　　体育家与运动家（王健吾、傅宝瑞、金一鸣、庄文潮）　　　　　　　　编　者
　　本年世界田径纪录
　　足球新规则
　　世界网球十杰表
　　马拉松流源考
记　载
　　一月来之体育行政
　　一月来之运动比赛
　　一月来之体育人事
　　一月来之海外体育

第四卷第 3 期
1936 年 12 月
（民国二十五年十二月）

勤奋体育画报
　　第六届华中运动会
　　河南全省运动会
评　坛
　　第十一届世运会后　　　　　　邵汝干

广东省体育之检讨	凌道扬	关于象山体育的一个理想建设	傅瑞华

论　著
    体育之原理与价值　　　　谢云卿
    现代体育教师的六大要素　朱晓初
技术指导
    马球比赛法　　　　　　　阮蔚村
    橄榄球比赛法　　　　　　阮蔚村
    篮球阻碍进攻法　　　　　君恕译
训练方法
    田径赛基本训练　　　　　江远南
裁判法
    排球裁判法　　　　　　　赵　泉
    给篮球裁判员的建议　　　白肇杰
教学法
    小学校的健康教育　　　　朱惜寺
    拳术的步法　　　　　　　卞人杰
教　材
    农人的辛苦（仿效操）　　史　融
    刈稻（摹拟游戏）　　　　徐长溪
    打粟（竞争游戏）　　　　徐长溪
    打石子（竞争游戏）　　　徐长溪
    争球游戏（球类运动）　　赵振武
    双投篮（球类运动）　　　胡柯鸿
    多人躲（追逃游戏）　　　胡柯鸿
    彩带舞（舞蹈）　　　　　胡柯鸿
    拍手操（体操）　　　　　杨有庵
    小学歌舞教材　　　　　　孝鸿九
特约通讯
    意大利之青年训练　　　　江良规
    奥国体育鸟瞰　　　　　　江良规
体育家生活
    童子军大检阅营地生活实记　章映芬
读者园地
    体育与国防　　　　　　　周邦哲
    非常时期的小学体育　　　张振国
    改进乡村小学体育的我见　霍连贵
特　载

江苏省中学体育实施纲要
体育家与运动家（孙淑铨、江良规、孙锦顺、陈镇和）
记　载
    一月来之海外体育
    一月来之体育行政
    一月来之运动比赛
    一月来之体育人事

第四卷第4期
1937年1月
（民国二十六年一月）

勤奋体育画报
    铁尔登梵恩斯网球表演姿势图
    中国摔角名将黄伯长之雄姿
    南通健康小姐王福音女士
    上海足球新劲旅
    上海长跑霸王
    上海中体联网球冠军沪江附中队
    四川万县女子篮球队
评　坛
    体育军事化的要点　　　　邵汝干
论　著
    复兴民族与提倡民族体育　王健吾
    体育的真义　　　　　　　史龙云
生理心理
    中学生的生理及心理　　　马鸿述
    女子运动之生理卫生与运动项目　孝鸿九
技术训练
    棍球比赛法　　　　　　　阮蔚村
    马拉松练习法（一）　　　戴学光
    篮球障碍进攻之防御法　　君恕译
教学研究
    小学体育教师的任教　　　俞子箴
    跳绳运动比赛法　　　　　崔玉玢

国　术
　　形意拳心得　　　　　　　　金警钟
考　察
　　捷克沙克耳体育会概况　　　邵汝干
　　匈牙利体育述略　　　　　　江良规
日本通讯
　　一年来日本田径界的回顾　　一丁译
读者园地
　　中国运动成绩失败的检讨　　凌琬瑜
　　全民体育与民族复兴　　　　楼云天
　　普及民众体育应积极提倡国术　郑子舒
　　由首都国民运动会谈到民族体育　胡家儒
　　都市体育之改进　　　　　　甘之伯
小　传
　　体育家与运动家（张捷春、谭江柏、黄美顺、李国威）
记　载
　　一月来之体育行政
　　一月来之运动比赛
　　一月来之体育人事
　　一月来之海外体育

第四卷第5期

1937年2月

（民国二十六年二月）

画　报
　　南京中央军校篮球队
　　吾国职业拳斗家冯慰仁
　　撬雪运动之高空跳跃
　　第十一届世界运动大会会场
评　坛
　　设置体育总监之建议　　　　邵汝干
论　著
　　三民主义教育和体育教育　　卢绍稷
　　小学教师的体育责任　　　　吴邦伟
　　游戏与年龄和性别的关系　　谢金台
　　德国国社党之体育奖章测验　江良规
技术训练
　　短距离赛跑之基本训练　　　徐　立
　　马拉松练习法（二）　　　　戴学光
卫　生
　　运动家的卫生常识　　　　　蒋泽春
运动方法介绍
　　滑冰运动　　　　　　　　　阮蔚村
　　登山运动　　　　　　　　　阮蔚村
教学研究
　　如何运用中学体操教材　　　庄文潮
　　德国式与瑞典式体操之区别　朱恒清
　　比赛分组法　　　　　　　　崔玉芬
　　小学歌舞教材　　　　　　　胡敬熙
调　查
　　东京师范大学体育科概况　　崔　策
　　上海市立体育专科学校参观纪实　蔚　村
读者园地
　　读了"体育教师之聪明"以后　孝鸿九
　　做初中体育教师之困难　　　傅雪严
　　体育的意义和价值　　　　　邓宛章
　　如何改进中国的体育　　　　孔仁德
小　传
　　体育家与运动家（杜宇飞、俞子箴、孙思敬、梁铭宗）
　　黄伯长小传
　　铁尔登传略
特　载
　　各省市县体育会组织条例
　　中学体育部各项规程
规　则
　　小足球规则
记　载
　　一月来之体育行政
　　一月来之运动比赛

一月来之海外体育
一月来之体育人事

第四卷第6期
1937年3月
（民国二十六年三月）

画　报
　　参加首届华人埠际足球赛之上海中华队
　　港沪四人埠际足球赛之香港队
　　获得本届四人埠际赛锦标之上海队
　　首届华人埠际足球赛港沪两队合影
　　异军突起之平汉足球队
　　上海县自由车竞赛男女优胜者
　　美国明星篮球队东征之沪表演留影
　　上海市铁城杯乙组冠军市体专队
评　坛
　　敬献于七届全运会筹备委员会　　邵汝干
　　体育的目的　　　　　　　　　　许民辉
言　论
　　暑期体育学校与全国体育教师应有之准备
　　　　　　　　　　　　　　　　　阮蔚村
　　各国体育目标之比较　　　　　　刘明儒
教学法
　　体育教材支配法的探讨　　　　　袁志诚
　　中学生的体育训练　　　　　　　屠镇川
　　小学教材及教学法的研究　　　　章栋臣
　　小学特种教育与健康训练　　　　陈际云
训练法
　　拳击的基本技术　　　　　　　　吴志刚
　　女子篮球战术　　　　　　　　　孝次光
裁判法
　　足球裁判法（一）　　　　　　　刘　岱
运动方法介绍
　　高尔夫球运动法　　　　　　　　阮蔚村
　　新三项运动　　　　　　　　　　孙　樉

　　毽子比赛办法　　　　　　　　　张清泉
国　术
　　射箭练法说明　　　　　　　　　金警钟
教　育
　　舞蹈教材　　　　　　　　　　　王志安
　　团体表演教材　　　　　　　　　胡柯鸿
　　小学唱游教材　　　　　　　　　胡敬熙
调　查
　　近十余年来之天津篮球界　　　　祀灵川
　　十年来之厦门田径界　　　　　　徐长溪
　　汕头体育近况　　　　　　　　　吴训泳
读者园地
　　现阶段之中国体育教育　　　　　王殿贤
　　国难期中的体育　　　　　　　　胡振民
　　再谈体育教师与运动员的结婚问题
　　　　　　　　　　　　　　　　　朱晓初
　　师范女生应受之体育训练　　　　颜秀容
特　载
　　大学体育课程纲要　　　　　　　教育部
小　传
　　体育家与运动家（吴涛祺、麦绍汉、张以
　　恂、刘岱）
规　则
　　男子篮球新规则　　　　　　　　协进会
记　载
　　一月来之体育行政
　　一月来之海外体育
　　一月来之运动比赛
　　一月来之体育人事

第四卷第7期
1937年4月
（民国二十六年四月）

画　报
　　上海市第三届二万公尺竞走赛

上海江湾越野赛跑
远东网球老将合影
中央大学校长与该校体育科毕业生王大耀合影
广州市立三中之女运动健将

评　坛
　　对于本届全国运动大会之建议　　邵汝干
言　论
　　伤兵对于体育的需要　　钱一勤
行　政
　　学校体育行政　　张长江
　　怎样筹备中学运动会　　王极愚
教学研究
　　游戏的分类与年龄的关系　　吴志刚
技术训练
　　在1936—1937年新篮球规则中中线跳球所采用的战略　　吴志刚
　　网球新战术　　李鹤年
运动方法介绍
　　甲板网球游戏法　　吴志刚
　　手榴弹掷远的几种方法　　王应麟
史　料
　　田径赛运动的起源及其演进　　陈福清
裁判法
　　足球裁判法（一）　　刘岱
教　材
　　叠罗汉教材示例　　阮蔚村
　　体操教材四种　　吕安廉
　　彩花舞　　杨有庵
　　小学唱游教材　　胡敬熙
读者园地
　　改进体育应由小学著手之商榷　　周邦哲
　　现代体育训练的意义与目的　　吴文忠
　　普及教育中之体育问题　　高克振
　　广东体育之检讨及今后改进之要图　　吕栋
特　载
　　全国男子田径最高纪录　　协进会
　　全国女子田径最高纪录　　协进会
　　全国举重最高纪录　　协进会
　　田径赛规则更改要点　　协进会
　　世界举重最高纪录　　国际会
小　传
　　体育家与运动家（钱一勤、姜璐、傅蕴珑、苏剪花）
记　载
　　一月来之体育行政
　　一月来之运动比赛
　　一月来之体育人事
　　一月来之海外体育

第四卷第8期

1937年5月
（民国二十六年五月）

画　报
　　美国全国室内运动会
　　上海工会主办自由车比赛
评　坛
　　谈谈筹备全运会　　邵汝干
论　著
　　体育教育与复兴民族　　金兆均
　　近代体育理论之基础　　袁敦礼
行　政
　　学校体育行政（二）　　张长江
教　学
　　小学普遍课外运动的实施　　陈际云
指　导
　　如何练习千五百公尺　　陈福清
　　篮球队指导和管理的方法　　吴志刚
裁判法
　　足球裁判法（二）　　刘岱
国　术
　　怎样学习国术　　范振兴

运动方法
 运动方法介绍   阮蔚村
 躲避球
 蹴垒球
 中央球
 水球
 跳跃撬雪
 滑艇
 司令球
 角球
 拉苦劳斯球
 漕艇
 冰球
 马球
教材研究
 瑞典式疗病体操   胡仁源
 小学唱游教材   胡敬熙
实验报告
 宜兴精一初中体育实施概况   宗家谏
 浙江孝丰南中小学课外活动的实施
            王善言
读者园地
 提倡职业运动对于中国有莫大之利益
             吕栋
 步点的重要   张清泉
 普及体育声中之我见   穆殿芳
 提倡国民体育与民族生存 陈世义
读书介绍
 和缓运动   王淑贞
小　传
 体育家与运动家（祝家声、余永祚、陈福清、萧宝源）
记　载
 一月来之体育行政
 一月来之运动比赛
 一月来之体育人事
 一月来之海外体育

第四卷第 9 期
1937 年 6 月
（民国二十六年六月）

画　报
 上海市大中学联运会
 上海市小学联运会
 上海市国际春运会
评　坛
 敬献于七届全运会筹备委员会 张元枑
 第八届全运会应在湖南举行   曾福盛
论　著
 国难当中我国应注意之青年训练 刘雪松
 中学体育的结症和补救   邓光西
 对于儿童体育上的一点贡献   朱晓初
研　究
 如何养成良好姿势   朱兰夏
 各年龄体质的差别及运动的适应 黄敦涵
技　术
 跳高练习法   木　村
 网球术重要的 ABC   罗一伍
运动方法介绍   阮蔚村
 运动方法介绍
  手球
  谢拉格球
  杖球
  乒乓球
  垒球
  排球
  网球
教　学
 初中体育的中心训练   朱影波
 课外运动实施原则   胡柯鸿
 会考制度之体育及其改进之方法 吴炳庆
教　材
 小学运动会团体运动比赛教材   俞子箴

摹仿操教材　　　　　　　李立贤
小学唱游教材　　　　　　胡敬熙
读者园地
　非常时期中女子体育之重要　颜秀容
　民众体育与民族复兴　　　叶　琛
　普及体育训练之我见　　　沈永龄
　中国体育与儒教之关系　　韩光第
小　传
　体育家与运动家（傅镜如、廖金海、阎华棠、周冠伦）
学校生活
　市体学生的一日生活　　　笑　余
特　载
　第七届全运会组织规程
　第七届全运会竞赛规程
　业余运动规则修正
记　载
　一月来之体育行政
　一月来之运动比赛
　一月来之体育人事
　一月来之海外体育

第四卷第10期

1937年7月
（民国二十六年七月）

画　报
　沪市第六届国际运动会
　北平市中等学校春运会
　北平师范大学体育表演
评　坛
　对于全运会开会日期的一个建议　邵汝干
言　论
　全运会的使命　　　　　　郝更生
　体育测验的理论与方法　　龚以恂
　农民的体育问题　　　　　章栋臣

行　政
　体育课程之组织与支配法　张长江
研　究
　如何使体育大众化　　　　金开山
　儿童与游戏的关系　　　　李寿鹏
医　学
　体育医学　　　　　　　　阮蔚村
　疾病与运动　　　　　　　吴克昌
教　材
　五禽形意操　　　　　　　徐震夷
　表演机巧运动的连续动作　郭金河
　小学唱游教材　　　　　　胡敬熙
读者园地
　体育教师所应具有之条件　颜秀容
　体育的重要及中小学生应注意的几点
　　　　　　　　　　　　　梁介甫
　一个全县运动会的前后　　张　克
　短距离起跑杂谈　　　　　李树华
碎　锦
　许承基在欧洲　　　　　　列　山
　体育家与运动家（丁嘉福、吴志钢、俞晋祥、庄铭箴）
　1937年女子篮球规则
　第七届全运会竞赛规程修正要点
　民训部制定十二体育节
记　载
　一月来之体育行政
　一月来之运动比赛
　一月来之海外体育
　一月来之体育人事

〔典藏〕总藏1—4卷10期（1933.10—1937.7）

原杭州大学体育系（现浙江大学教育学院体育系）藏1—4卷10期（1933—1937年）

北京大学图书馆藏1—4卷9期

(1933—1937年)

北京图书馆藏 1—3 卷（1933—1936年）

南京大学图书馆藏 1 卷 1—6 期（1933—1934年）

上海图书馆藏 1 卷 1—3，5—8，11 期（1933—1934年）

清华大学图书馆藏 1 卷 1—2，12 期（1933—1934年）

南开大学图书馆藏 1 卷 1—2，4，6—8，10 期（1933—1934年）

四川省图书馆藏 1 卷 1—2，8—9 期（1933—1934年）

湖南省中山图书馆藏 1 卷 1，3，5—12 期（1933—1934年）

南京图书馆藏 1 卷 1，4，6，10 期（1933—1934年）

安徽省图书馆藏 1 卷 1，12 期（1933—1934年）

陕西省图书馆藏 1 卷 2—3，5，7—8，12 期（1933—1934年）

重庆市图书馆藏 1 卷 3 期（1933年）

华东师大图书馆藏 1 卷 6，8—10 期（1934年）

福建省图书馆藏 1 卷 8—12 期（1934年）

清华大学图书馆藏 2—3 卷（1934—1936年）

复旦大学图书馆藏 2—3 卷 6 期（1934—1936年）

湖南省中山图书馆藏 2 卷 1—6，8—12 期（1934年）

上海图书馆藏 2 卷 1，3—4，6—8，10，12 期（1934—1935年）

福建省图书馆藏 2 卷 2—12 期（1934—1935年）

广东省中山图书馆藏 2 卷 2，4—5，7—9，11 期（1934—1935年）

南京大学图书馆藏 2 卷 2 期（1934年）

南开大学图书馆藏 2 卷 3—4，6，9，12 期（1934—1935年）

重庆市图书馆藏 2 卷 4，7，12 期（1935年）

陕西省图书馆藏 2 卷 5—7，9 期（1935年）

安徽省图书馆藏 2 卷 5 期（1935年）

湖北省图书馆藏 2 卷 7—12 期（1935年）

华东师大图书馆藏 2 卷 8—10 期（1935年）

北京师大图书馆藏 3—4 卷 9 期（1935—1937年）

福建省图书馆藏 3 卷 1—7，10—12 期（1935—1936年）

湖北省图书馆藏 3 卷 1—6，9—10，12 期（1935—1936年）

重庆市图书馆藏 3 卷 1—6，11 期（1935—1936年）

湖南省中山图书馆藏 3 卷 1—3，5，7—12 期（1935—1936年）

陕西省图书馆藏 3 卷 1，3，6—8 期（1935—1936年）

广东省中山图书馆藏 3 卷 2—5，7—8，10—11 期（1935—1936 年）

辽宁省图书馆藏 3 卷 2 期（1935年）

南开大学图书馆藏 3 卷 5，9，11 期（1936 年）

上海图书馆藏 3 卷 6 期（1936 年）

广东省中山图书馆藏 4 卷 1—10 期（1936—1937 年）

复旦大学图书馆藏 4 卷 1—6 期（1936—1937 年）

南开大学图书馆藏 4 卷 1—3，7 期（1936—1937 年）

上海图书馆藏 4 卷 1—2，5—8 期（1936—1937 年）

福建省图书馆藏 4 卷 1，3，4，6，9，10 期（1936—1937 年）

湖北省图书馆藏 4 卷 1，7—10 期（1936—1937 年）

重庆市图书馆藏 4 卷 2—4，6—10 期（1936—1937 年）

华东师大图书馆藏 4 卷 2—3 期（1936 年）

湖南省中山图书馆藏 4 卷 2，4—5，8，10 期（1936—1937 年）

安徽省图书馆藏 4 卷 6，10 期（1937 年）

国术、体育、军事周刊

第 1 期—第 56 期

(1933.10—1934.12)

*《国术、体育、军事周刊》，1933 年 10 月（民国二十二年十月）创刊，在南京出版，为《中国日报》副刊。每周四出刊。由程登科，刘慎旃主编。1934 年 12 月（民国二十三年十二月）停刊，计出至第 56 期（实际出 57 期，第 37 期期号重复）。本书全部收录。

第 1 期
1933 年 10 月 19 日
（民国二十二年十月十九日）

编者致词
武健风尚之发扬与改造　　　　山　洪
全运会中的呼声　　　　　　　军　人
国民军事训练的商榷　　　　　亦　凡
国术体育军事　　　　　　　　程登科

第 2 期
1933 年 10 月 26 日
（民国二十二年十月二十六日）

国术体育军事化是现时代的需要　刘慎旃
军警体育标准测验之管见　　　程登科
提倡复兴民族的体育（未完）　荒　哥

第 3 期
1933 年 11 月 2 日
（民国二十二年十一月二日）

世界体育的新趋势　　　　　　是　依
从德国青年运动说到中国今后应有之努力
　　　　　　　　　　　　　　吴　澄
"体育"就是"育体"　　　　沈书斑
民族复兴的象征　　　　　　　慎　旃
再谈军警体育的团体比赛　　　程登科
希望大家努力去搬运这良好的基石
提倡复兴民族的体育（续）　　荒　哥

第 4 期
1933 年 11 月 9 日
（民国二十二年十一月九日）

军事体育化的理论与实际　　　刘慎旃
浴堂改为游泳池（未完）　　　程登科
努力童子军教育　　　　　　　许肖傅
体育国术军事紧密的溶合起来（未完）
　　　　　　　　　　　　　　陈敦正
提倡复兴民族的体育（续）　　荒　哥

第 5 期
1933 年 11 月 16 日
（民国二十二年十一月十六日）

勖体育督学郝更生　　　　　　编　者
浴堂改为游泳池（续）　　　　程登科
国术体育军事紧密溶合起来！　陈敦正

| 提倡复兴民族的体育（续完） | 荒　哥 |
| 军事常识讲座 | 亦　凡 |

第 6 期

1933 年 11 月 23 日

（民国二十二年十一月二十三日）

体育会考问题	孙　橚
浴室改为游泳池（续）	程登科
从军事体育说到军队游戏	刘德超、邓光西
军事常识讲座（续）	亦　凡

第 7 期

1933 年 11 月 30 日

（民国二十二年十一月三十日）

体育会考问题（续）	孙　橚
浴室改为游泳池（续）	程登科
从军事体育说到军队游戏（续）	刘德超、邓光西
军事常识（续）	亦　凡

第 8 期

1933 年 12 月 7 日

（民国二十二年十二月七日）

体育会考问题（续）	孙　橚
浴室改为游泳池（续）	程登科
国术之意义	吴图南
军事常识（续）	亦　凡

第 9 期

1933 年 12 月 14 日

（民国二十二年十二月十四日）

世界体育的新趋势，中国今后体育的趋势？
　　　　　　　　　　　　　　　刘慎旃
军事常识（续）	亦　凡
浴室改为游泳池（续）	程登科
再谈国术	吴图南

第 10 期

1933 年 12 月 21 日

（民国二十二年十二月二十一日）

提倡体育救国声中，体育界同仁应大澈大悟
　　　　　　　　　　　　　　　刘慎旃
浴室改为游泳池（续）	程登科
军事常识（续）	亦　凡
艺术衰落之原因及今后提倡之方法	吴图南

第 11 期

1933 年 12 月 28 日

（民国二十二年十二月二十八日）

旧话—为参加远东运动会预选经费而作
　　　　　　　　　　　　　　　刘慎旃
运动的种类及其演进	程登科
国术派别考	金一明
军事杂记	南　雄
军事常识（续）	亦　凡

第 12 期

1934 年 1 月 11 日

（民国二十三年一月十一日）

我们的话	程登科、刘慎旃
军事杂记（续）	南　雄
运动的种类及其演进	程登科
国术派别考（续）	金一明

第 13 期
1934年1月18日
(民国二十三年一月十八日)

体育救国与娱乐救国	刘慎旂
国术派别考（续）	金一明
运动的种类及其演进	程登科
体育与国防	孙 樾
军事常识（续）	亦 凡

第 14 期
1934年1月25日
(民国二十三年一月二十五日)

再谈娱乐	刘慎旂
都市防空	焦志坚
拳术起源	吴图南
体育与国防（续）	孙 樾

第 15 期
1934年2月1日
(民国二十三年二月一日)

举国瞩望的体育委员会的提案	刘慎旂
都市防空（续）	焦志坚
统一国术的管见	程登科
太极操与国术	力员生

第 16 期
1934年2月8日
(民国二十三年二月八日)

敬告全国青年	刘慎旂
都市防空（续）	焦志坚
军事与体育	吴 澄
太极操与国术（续完）	力员生

第 17 期
1934年2月22日
(民国二十三年二月二十二日)

统一国术之意义和希望	刘慎旂
再谈统一国术	程登科、吴澄
写在全国国术统一之前	姜容樵
统一国术之我见	吴图南

第 18 期
1934年3月1日
(民国二十三年三月一日)

编订体育教授细目要注意"训"的问题	孙 樾
防空知识（续）	焦志坚
中学适用之新五项运动	邓光西
国术教学法之重要性	金一明
国术部位名称之研究	吴图南

第 19 期
1934年3月8日
(民国二十三年三月八日)

谈谈苏俄的国民体育	程登科
简易洗澡法	心 真
国术部位名称之研究	吴图南
国术探源	顾元光
幼稚园儿童的竞技活动	刘德超

第 20 期
1934年3月15日
(民国二十三年三月十五日)

体育同志对新生活运动的责任	刘慎旂
对军事训练的管见	白 浪

| 幼稚园儿童的竞技活动（续） | 刘德超 |
| 国术部位名称之研究 | 吴图南 |

第 21 期
1934 年 3 月 22 日
（民国二十三年三月二十二日）

再谈苏俄的国民体育	程登科
沙袋之练法与功用及其制造法	陈敦正
国术部位名称之研究（续）	吴图南
幼稚儿童的竞技活动（续）	刘德超

第 22 期
1934 年 3 月 29 日
（民国二十三年三月二十九日）

从整顿学风说到教育军事化	刘慎旃
苏俄国防军备概况	宗 姚
沙袋之练习法与功用及其制造法	陈敦正
国术部位名称之研究	吴图南

第 23 期
1934 年 4 月 5 日
（民国二十三年四月五日）

我不愿落伍！	程登科
儿童节与太极操	黄鸣皋
儿童的体育训练	刘德超
苏俄国防军备概况（续）	宗 姚

第 24 期
1934 年 4 月 12 日
（民国二十三年四月十二日）

体育同志宣誓	刘慎旃
国术在历史上的价值	金一明
国术之门类与原理	吴图南

| 苏俄国防军备概况（续） | 宗 姚 |

第 25 期
1934 年 4 月 19 日
（民国二十三年四月十九日）

体育同志应转变视线	刘慎旃
提倡乡村的儿童体育	陈 清
国术在历史上的价值（续）	金一明
国术之门类与原理（续）	吴图南

第 26 期
1934 年 4 月 26 日
（民国二十三年四月二十六日）

燃烧起我们的革命情绪！	刘慎旃
提倡乡村的儿童体育（续）	陈 清
苏俄国防军备概况（续）	宗 姚
国术之门类与原理（续）	吴图南

第 27 期
1934 年 5 月 3 日
（民国二十三年五月三日）

| 体育同志集合 | 刘慎旃 |
| 贡献给实行新生活的体育教师！ | 程登科 |

第 28 期
1934 年 5 月 10 日
（民国二十三年五月十日）

中国今后民众体育应有之动向（一）	程登科
新生活运动之认识与提倡民众体育	方东澄
苏俄国防军备概况（续）	宗 姚
国术之门类与原理	吴图南

第 29 期

1934 年 5 月 17 日

（民国二十三年五月十七日）

中国今后民众体育应有之动向（二） 程登科
新生活运动之认识与提倡民众体育（续）
　　　　　　　　　　　　　　　　方东澄
苏俄国防军备概况（续）　　　　宗　姚
国术之门类与原理　　　　　　　吴图南

第 30 期

1934 年 5 月 31 日

（民国二十三年五月三十一日）

中国今后民众体育应有之动向（三）
　　　　　　　　　　　　　　　　程登科
国术之门类与原理（续）　　　　吴图南
苏俄国防军备概况　　　　　　　宗　姚

第 31 期

1934 年 6 月 7 日

（民国二十三年六月七日）

中国今后民众体育应有之动向（四）
　　　　　　　　　　　　　　　　程登科
新生活运动之认识与提倡民众体育（续完）
　　　　　　　　　　　　　　　　方东澄
军事与体育　　　　　　　　　　顾元光
苏俄国防军备概况　　　　　　　宗　姚

第 32 期

1934 年 6 月 14 日

（民国二十三年六月十四日）

中国今后民众体育应有之动向（五）
　　　　　　　　　　　　　　　　程登科

我也来谈谈沙袋　　　　　　　胥以谦
苏俄国防军备概况（续）　　　宗　姚

第 33 期

1934 年 6 月 21 日

（民国二十三年六月二十一日）

中国今后民众体育应有之动向（六）（续完）
　　　　　　　　　　　　　　　　程登科
苏俄国防军备概况（续完）　　　宗　姚

第 34 期

（游泳专号，上）

1934 年 6 月 28 日

（民国二十三年六月二十八日）

定游泳为国民运动的管见　　　吴　澄
初步游泳教学法　　　　　　　程登科
九龙桥游泳场巡礼　　　　　　本报记者
谈谈女子游泳　　　　　　　　史兴隆

第 35 期

（游泳专号，中）

1934 年 7 月 5 日

（民国二十三年七月五日）

为大众呼吁，请开放九龙桥游泳池！　愚
谈谈女子游泳　　　　　　　　史兴隆
几句自勉的话　　　　　　　　编　者

第 36 期

（游泳专号，下）

1934 年 7 月 12 日

（民国二十三年七月十二日）

从医学上谈游泳的价值　　　　守　渊
初学游泳的实鉴　　　　　　　　　勤

杨秀琼对本报记者之豪语

第 37 期
1934 年 7 月 19 日
(民国二十三年七月十九日)

推行童子军事业对于社会之我见　　徐观余
抗日剿匪的游击战争　　　　　　　远　谋
告游泳同志　　　　　　　　　　　刘　惠
谈仰泳　　　　　　　　　　　一个游泳员

第 37 期
1934 年 7 月 26 日
(民国二十三年七月二十六日)

中国青年不要枉死在情人的身上!　潘佑强
暑期军营生活的素描　　　　　　　松　年
抗日剿匪的游击战争（续）　　　　远　谋
书　简
* 有两期为"第 37 期"。——编者注。

第 38 期
1934 年 8 月 2 日
(民国二十三年八月二日)

中国童子军训练与民族复兴　　　　徐观余
抗日剿匪的游击战争（续）　　　　远　谋
广东体育一瞥　　　　　　　　　　程登科
游泳须知　　　　　　　　　　　　谢伯龄
国术之门类与原理　　　　　　　　吴图南

第 39 期
1934 年 8 月 9 日
(民国二十三年八月九日)

提倡游泳之我见　　　　　　　　　刘慎旃
中国童子军训练与民族复兴（续）　徐观余
一个暑期军训学生的自述

抗日剿匪的游击战争（续）　　　　远　谋
改革中国体育之途径——厥为师资问题
　　　　　　　　　　　　　　　　少　奇

第 40 期
1934 年 8 月 16 日
(民国二十三年八月十六日)

第一次全国体育会议两年来的回顾与前瞻
　　　　　　　　　　　　　　　　刘慎旃
回溯第一届全国体育会议开幕纪念日感言
　　　　　　　　　　　　　　　　张之江
感言　　　　　　　　　　　　　　郝更生

第 41 期
1934 年 8 月 23 日
(民国二十三年八月二十三日)

在军训童军夹缝中之中国体育的前途
　　　　　　　　　　　　　　　　刘慎旃
中国童子军应准备战时服务　　　　徐观余
国术之源流　　　　　　　　　　　吴图南
军队体育实施方案　　　　　　　　谭梦贤

第 42 期
1934 年 8 月 30 日
(民国二十三年八月三十日)

再谈中国体育的前途　　　　　　　刘慎旃
中国童子军应准备战时服务　　　　徐观余
军队体育实施方案（续）　　　　　谭梦贤
国术之源流（续）　　　　　　　　吴图南

第 43 期
1934 年 9 月 6 日
(民国二十三年九月六日)

我们所需要的体育运动　　　　　　刘慎旃

国术之源流（续）　　　　　　　　吴图南
军队体育实施方案（续）　　　　　谭梦贤
德国童子军概况与前途　　　　　　岑时霖

第 44 期
1934 年 9 月 13 日
（民国二十三年九月十三日）

读大公报"体育与青年团体道德"书后
　　　　　　　　　　　　　　　　刘慎旂
振兴民众体育之我见（一）　　　　田汉祥
广东体育概述　　　　　　　　　　程登科
国术之源流（续）　　　　　　　　吴图南

第 45 期
1934 年 9 月 20 日
（民国二十三年九月二十日）

在"九一八"三周年纪念救国声中谈谈健康
问题　　　　　　　　　　　　　　刘慎旂
打法一打　　　　　　　　　　　　金一明
广东体育概述（续）　　　　　　　程登科
振兴民众体育之我见（二）　　　　田汉祥
国术之源流（续）　　　　　　　　吴图南

第 46 期
1934 年 9 月 27 日
（民国二十三年九月二十七日）

我们女学生应有的觉悟
　　——努力实习军事看护受军事训练
　　　　　　　　　　　　　　　　竞　青
陈氏太极拳历世事略　　　　　　　陈绩甫
广东体育概述（续）　　　　　　　程登科

振兴民众体育之我见（三）　　　　田汉祥

第 47 期
1934 年 10 月 4 日
（民国二十三年十月四日）

新闻记者的体育　　　　　　　　　　旍
广东体育概述（续）　　　　　　　程登科
振兴民众体育之我见（四）　　　　田汉祥
读"陈氏太极拳历世事略"后　　　吴图南

第 48 期
1934 年 10 月 18 日
（民国二十三年十月十八日）

本刊周年纪念辞　　　　　　　　　编　者
今后学校体育应改进之点
　　　　　　　　　　郝更生讲，包和清记
为纠正"太极拳世系表"答复吴图南君
　　　　　　　　　　　　　　　　陈绩甫
振兴民众体育之我见（五）　　　　田汉祥
关于外练的功夫——敲石凳　　　　胥以谦

第 49 期
1934 年 10 月 25 日
（民国二十三年十月二十五日）

怎样做评判员　　　　　　　　　　程登科
为解释"太极拳世系表"再答陈绩甫君
　　　　　　　　　　　　　　　　吴图南
掷标枪各部之动作及训练之方法
　　　　　　　　　　吴寿祺、郭功骏合译
振兴民众体育之我见（六）（续完）
　　　　　　　　　　　　　　　　田汉祥

第 50 期
1934 年 11 月 1 日
(民国二十三年十一月一日)

怎样做评判员？（续） 程登科
关于外练的功夫 胥以谦
为纠正"太极拳世系表"再答复吴图南君
　　　　　　　　　　　　　陈绩甫
掷标枪各部之动作及训练之方法（续）
　　　　　　　　吴寿祺、郭功骏合译

第 51 期
1934 年 11 月 8 日
(民国二十三年十一月八日)

发展京市体育之我见 吴　澄
网球的反手击法 吴寿祺译
掷标枪各部之动作及训练之方法（续）
　　　　　　　　吴寿祺、郭功骏合译
我作鲁仲连——敬劝吴图南、陈绩甫二兄息战 姜容樵

第 52 期
1934 年 11 月 15 日
(民国二十三年十一月二十五日)

发展京市体育之我见(续) 吴　澄
太极拳原理与应用 慎
关于外练的功夫(续) 胥以谦
国术之源流(续) 吴图南

第 53 期
1934 年 11 月 22 日
(民国二十三年十一月二十二日)

安庆联运会观感及皖省体育 程登科
国术与学国术 姜容樵
军队体育概述 刘德超
关于外练的功夫（续） 胥以谦
国术之源流（续） 吴图南

第 54 期
1934 年 11 月 29 日
(民国二十三年十一月二十九日)

安庆联运会观感及皖省体育（续） 程登科
形意五形 姜容樵
军队体育概述（续） 刘德超
国术之源流（续） 吴图南

第 55 期
1934 年 12 月 6 日
(民国二十三年十二月六日)

儿童的军事教育 慎
国防馆设计概略 杨思成

第 56 期
1934 年 12 月 13 日
(民国二十三年十二月十三日)

军队体育概述（续完） 刘德超
国术之源流（续完） 吴图南
结束语 编　者

〔典藏〕总藏 1—56 期（1933.10—1934.12）
　　　　北京图书馆、南京图书馆藏 1—56 期（1933—1934 年）

体育周刊

第 1 期—第 92 期

(1933.12—1937.6)

*《体育周刊》，1933年12月（民国二十二年十二月）创刊，在青岛出版。周刊。由青岛体育协进会出版委员会出版发行。编辑人赵庶常，发行人宋君复。1937年6月（民国三十六年六月）停刊，共出版92期。本书收录第1—24，57—81，83—92期目录。

注：第2—24期资料上未见出版日期，故略。

第 1 期
1933年12月1日
（民国二十二年十二月一日）

沈市长对青市体育期望三要点	
本刊之特殊使命	郝更生
体育周刊创刊致词	雷法章
国术的意义	向禹九
冬季竞赛会开幕纪	赵庶常
"成章杯"策动青岛网球之勃兴	赵化程
青岛体育协进会一年来工作概况	庶常辑

第 2 期（注）
1934年

体育与培养运动之特性	宋君复
劝女同胞宜练习国术	何禹九
德国体操的合理性	傅宝瑞
女体育界应有的自觉	箴
跑表（Stop Watch）	赵化程
冬季竞赛会各路阵线情报	赵庶常
青岛体育协进会一年来工作概况	
"成章杯"策动青岛网球之勃兴	赵化程
更正运动度衡名称（教育部令）	

第 3 期
1934年

青岛市体育事业之回顾	宋公楷
国术在国民体育中之需要及优异	向禹九
德国体操的合理性（续）	傅宝瑞
竞走的定义与犯规	赵化程
冬季竞赛会战况	赵庶常
上海通信	
关于：宿笑如　周顺生　刘希文　赵连璧	
王辉普　潘逸安　袁诚森　孙瑜珠	
青岛体协会一年来工作概况（续）	

第 4 期
1934年

比赛的意义	顾绥卿
青岛之田径运动（附各级最高纪录表）	赵庶常
青岛女子网球之今昔	赵化程
训练民众最好的方法是"国术"	栾秀云
冬季竞赛会战报	赵庶常
青岛国术馆之推行工作	记者
青岛体育协进会一年来工作概况（续）	

第 5 期
1934 年

沈市长发展本市体育之新计划	
——迎宾馆体育界联欢纪略	庶 常
练习田径赛前应作之几节柔软操	傅宝瑞
青岛市国术馆成立以来之回顾	向禹九
市立中学体育概况	顾绶卿
郭庆乙君致体协函	
运动员介绍	周树棠
体育消息	
珍言	
青岛体育协进会一年来工作概况（续）	

第 6 期
1934 年

女学校举行健康周的简单办法	高 梓
练习田径赛前应作之几节柔软操（续）	傅宝瑞
冬季竞赛会篮球简评	谷源容
铁中篮球队西征记	张 令
国术人才要"革命化"	栾秀云
市立中学体育概况（续）	顾绶卿
冬赛会越野赛跑与竞走之战报	记 者
教育局体育委员会过去一年之工作	

第 7 期
1934 年

谈谈啦啦队	逸 仙
国术竞赛之商榷	向禹九
铁路中学男子田径赛成绩标准和记分法	陈盛甫
冬季竞赛会闭幕详记	赵庶常
市立女中体育概况	沈瑞箴
南京通信	
体委会举办国际足球比赛	
体协会举办化装溜冰大会	
教育局体委会过去一年之工作	

第 8 期
1934 年

滑冰之略述	宋君复
滑冰的初步研究	李又晟
献给寒假返籍同学的几件工作	佟复然
怎样作篮球裁判员	杨钟秀
体协会工作报告	
本市女子排球之趣闻	鑫
教育局体委会过去一年之工作	

第 9、10 合期
1934 年

提倡国民体育救国刍议	陈泮岭
球队训练之生理学及心理学	宋君复
所希望于本市国术教员者	向禹九
关于学校代表队为参加各种竞赛而影响学业之检讨	杨钟秀
青岛国际化装溜冰盛会	赵庶常
关于华北、远东、世界三大运动会	鑫分辑
青岛国术馆第二届检定教员	记 者
青岛市足球前线之情报	化 程
溜冰与游泳	向禹九
体委会过去一年之工作（续）	

第 11 期
1934 年

制定体育标准之商榷	宋公楷
今后我国体育应趋之途径	向禹九
青岛体育协进会之第二年	记 者
介绍鸡毛球运动	
本刊未来之新计划	

体委会过去一年之工作（续） 春季运动会

第 12 期
1934 年

跳高练习法	傅宝瑞
胶路体育会之缘起及组织	蔡 明
春季青岛体育之活跃	记 者
关于国术	向禹九
本、外埠一周间体育纪要	化程辑
上海体育各校状况	郝更生
本市各校通讯	
两拳师比武（北平通信）	
体委会过去一年之工作（续）	

第 13 期
1934 年

沟通新旧体育刍议	宋公楷
欢迎齐鲁足球队来青	赵庶常
国术概论（未完）	青岛国术馆
放风筝与看风筝	赵鑫兮
青岛体育协进会过去之工作概况	
男、女篮球规则之更改	
运动界纪事	

第 14 期
1934 年

球员受伤之预防及治疗	宋君复
起跑与终点	杨钟秀
青岛市国术馆第三期摔角班开学典礼	
教部公布体校教育科目及每周教育时数	
铜版插画（华北区远运预选）	王锡璋
关于齐鲁足篮球队来青	赵鑫兮
我国参加远运会之前奏曲	化程辑
春季球类竞赛	

第 15 期
1934 年

一九三六年在德国柏林举行之奥林匹克运动会	谷源容译
体育协进会举办之国际足球比赛始末纪	云 湧
国术概论（续）	青岛国术馆
青岛春季球类竞赛会	记 者
青岛春季运动大会	记 者
厦门篮球界状况	徐承统
体协举办春郊旅行会	
春季运动会三项须知	

第 16 期
1934 年

运动与人生	黄庆之
黄草庵徒步旅行记	佟复然
自行车旅行记	宋公楷
国术概论（续）	青岛国术馆
春季体育竞赛会会章	
春季球类竞赛会排球前线战报	化 程
参加远东运动会中华健儿浩荡南下	
青岛体育协进会过去之工作概况	

第 17、18 合期
1934 年
（青岛市第四届春季运动会专号）

筹备经过
  青岛市第四届春季运动会筹备处组织大纲
  筹备处职员
  青岛市第四届春季运动会章程
  初级运动员分组标准
  举重比赛规则

摔角比赛规则
运动员须知
报名须知
中小学参加团体表演办法
团体表演评判表
参加团体须知
招待办法
奖品之制作征集及分配计划
纠察办法
会场职员
开会情形
军训校阅
小学会操
　　全市小学团体会操教材
竞赛程序
田径赛
　　各级部成绩表
国　术
　　各级部成绩表
团体表演
　　团体表演成绩表
奖　品
　　奖品分配表
闭会情形
尾　声
编者私评
声　明
春季运动会国术部之写真　　　向禹九

第 19 期
1934 年

本年在津举行之第十八届华北运动会
筹备情形　　　　　　　　　　庶常辑
　　青岛参加办法已决定
　　第七次筹委会
　　开幕仪式
闭幕仪式
大会各项章则
　　大会章程
　　办事事程
　　报名须知
　　领队须知
　　选手须知
　　招待办法
华北游泳比赛
青岛准备参加
　　游泳选手选定训练
　　田径球类开始准备
　　训练办法均已规定

第 20、21 合期
1934 年

第十八届华北游泳比赛会记实　　赵庶常
几部普通操　　　　　　　　　　陈盛甫
何谓国术家　　　　　　　　　　栾秀云
电影与儿童身体发育之影响　　　庆　之
"芬兰式"标枪掷法　　　　　　杨钟秀

第 22 期
1934 年

世界、远东、全国、华北各项纪录比较表
第十八届华北运动会筹备概况　　赵庶常辑
　　第八次常委会议
　　第九次常委会议
　　各股联席会议
　　各项职员名单
　　竞赛委员会细则
　　大会竞赛全部程序
　　十四单位选手名单
　　华北体联代表大会
论青岛市市民体育设施方案　　　宋公楷

所赞誉河南国术界者	向禹九

华北体联会第十八届代表大会通知函

第 23、24 合期
1934 年

第十八届华北运动会记	赵庶常
开幕宣言	
开会仪式	
闭会仪式	
竞赛方面	
宣传方面	
精神方面	
欢迎慰劳	
表演	张贻先
田径	傅宝瑞
足球	宋国模
排球	宋君复
网球	蔡 明
垒球	赵化程
棒球	赵化程
篮球	谷源容
国术	向禹九
男子高级报告	陶警予
男子田径、篮球报告	夏培苬
女子国术报告	栾秀云

舆论一斑——录大公报社评
献给参加运动会的人们
欢送华北运动会选手
北平之游
各级田径赛成绩一览表
男高全能五项运动成绩表
男高全能十项运动成绩表
各项球类比赛成绩表
全能运动总分表
华北运动会简史

第 57 期
1936 年 2 月 2 日
（民国二十五年二月二日）

全国体协召开董事会议
世运篮球预选经过
沈市长注重非常时期的体育

足球"越位"之解释	宋君复
强健身体之法	吴蕴瑞

本届冬季竞赛会各路人马一览

第十届世界运动会各国著名田径选手电影姿势图	朱君复译

东南西北
  中华全国乒乓协会华北分会宣告成立
  鲁省体育场举行越野赛
  第六届华中运动会筹备举行
  首都女职员组织体育会
  上海两江女子篮球队拟远征平津
观众席
  非常时期的体育
  胶济体育会举办乒乓名位赛
  张督学视察各校体育状况

第 58 期
1936 年 2 月 16 日
（民国二十五年二月十六日）

我国积极筹备参加世运
华北乒乓会各单位分聘顾问
鲁省体育场冬季球赛继续举行
青岛市体委、体协会联席会议

足球"越位"之解释（二）	宋君复

本届冬季竞赛会各路人马一览（续）

第十届运动会各国著名选手电影姿势图（续）	宋君复
强健身体之方法（续）	吴蕴瑞

东南西北
　第十九届华北运动会本年希望难乐观
　新加坡侨胞欢迎国体专旅行团
　马约翰发起组织北平体联会

第 59 期
1936年3月1日
(民国二十五年三月一日)

二十四年份体育竞赛会今日结束
参加世运足球代表初选已定
足球"越位"之解释（三）　　　宋君复
强健身体之方法（续）　　　　吴蕴瑞
本届冬季竞赛会各路人马一览（续）
汉口篮球劲旅炮队三月底征沪
青岛国术馆造就干部人才
山东省举行第四届国术省考
南京准备参加世运预选
北平公务员国术研究班
江西全省各校增加国术
第十届世运会著名田径选手电影姿势图（续）
　　　　　　　　　　　　　　宋君复
东南西北
　武昌体育场非常时期体育竞赛
　北平市男女乒乓比赛会
　鲁教育厅提倡劳动服务
观众席
　体协组织分会
　海校青联足球赛
　公务员足球比赛即将举行
　苍队山大篮球赛首次胜利
　青教育局组织体育教学研究会

第 60 期
1936年3月8日
(民国二十五年三月八日)

青岛市春季体育竞赛会准备举行
全国铁路网球比赛停止举办
足球"越位"之解释（四）　　　宋君复
德国女子大露营
青市乒乓联会成立后第一届个人比赛会
名言录
青岛国术馆拟定推广国术三年计划
青岛国术馆提倡摔角成绩良好
第十届世运会著名田径选手电影姿势图
　　　　　　　　　　　　　　宋君复
青年会举行投篮比赛
赴德体育考察团名额已减为十人
二十四年份青岛市冬季竞赛会闭幕
冬季竞赛会锦标一览表

第 61 期
1936年3月22日
(民国二十五年三月二十二日)

德国废除罗迦诺公约后今年世运会恐生变化
足球预选，篮球训练
青年会举行投篮比赛
中央训练部组织国民体育设计委员会
中央民众训练部国民体育设计委员会组织通则
教育部成立体育组
青岛乒乓联合会主办第一届男女个人公开赛
北平乒乓队拟来青对抗
第十届世运会著名田径选手电影姿势图
　　　　　　　　　　　　　　宋君复
国术中之少林武当两派　　　　铁　郎
山东省第四届国术省考筹备进行（附规程）
征求特技人才
国术界应组织评判会　　　　　记　者

第 62 期
1936年3月29日
(民国二十五年三月二十九日)

春季体育竞赛会今日开幕

第二届银行行际篮球锦标赛
第二届市属公务员足球赛今日开始比赛
新闻界组织记者篮球队
青岛乒乓复赛下周进行
青岛市沧口摔角班举行开学礼
青市国术馆保送栾秀云赴沪参加世运预选
第十届世运会著名田径选手电影姿势图
　　　　　　　　　　　　　　宋君复
参加世运篮球选手四月一日开始训练
国术中之少林武当两派（续）　　铁　郎
观众席
胶路体育会工作近况
铁中篮球队远征济南

第 63 期

1936 年 4 月 12 日
（民国二十五年四月十二日）

青岛体协会举办全市各机关职员暨各学校教职员足球赛
青岛体协会举办春季郊外旅行会
春季竞赛会排球先举行
青岛网球会召开全体干事会
青岛市体协会会务概况
青岛市国术馆提倡摔角运动状况
第十届世运会著名田径选手电影姿势图
　　　　　　　　　　　　　　宋君复
沈嗣良北上为世运事与各方接洽
许民辉被派赴德

第 64 期

1936 年 4 月 26 日
（民国二十五年四月二十六日）

青岛市教育局体委会议
体协执委举行四次例会
本周体育场简报

沈嗣良北上接洽我国参加世运事宜，各项选手分别训练
第十九届华北运动会将流产
青岛市体协会会务概况
小学体育教授细目　　　　　　　　教育部
第十届世运会著名田径选手电影姿势图
　　　　　　　　　　　　　　宋君复
东南西北
　平市女子球类赛
　南洋旅行团返京
　首都女子网球会
　赣省公务员运动
　辅大足球东渡
鲁省四届国术考试
青岛运动员传略
　纪淑云、刘长俊

第 65、66 合期

1936 年 5 月 30 日
（民国二十五年五月三十日）

青岛全市春季运动会记详
第一日
第二日
雷局长致词
沈市长致词
葛委员长致词
大会职员
国术表演与团体表演
各级田赛成绩总表
各级径赛成绩总表
团体表演
个人及团体总分成绩
各组国术表演成绩
体协会举办脚踏车竞赛
网、垒球赛

第 67 期
1936 年 6 月 19 日
(民国二十五年六月十九日)

蒋院长召集世运会选手到京聆训
全国体协常务董事会商定世运代表人选
宋君复与世运会
中央广播世运新闻
第一届脚踏车比赛
青岛市中等学校二届体育会考
青岛市乡村体育之发展

第 68 期
1936 年 7 月 12 日
(民国二十五年七月十二日)

世运代表出国后国内体育界应及时努力
青岛大体育场开始兴建
德宣传部长发表宣言
亚林匹克运动会之意义
中华代表团赴柏林
行政院长蒋介石训话大意
我国男女英雄世运台上显身手
世运开幕礼
皮尔特跳栏之姿势　　　　　　　　宋君复
亚林匹克委员会将讨论下届世运地点
亚林匹克大钟唤起世界青年
代表团轮船上首次大会　　　　　　冯有真

第 69 期
1936 年 8 月 22 日
(民国二十五年八月二十二日)

青岛市游泳运动之概况　　　　　　化　程
沪广东游泳队来青对抗之战绩

游泳之禁律　　　　　　　　　　　修
青岛市水上运动报道
长途游泳赛
划船竞赛会
全市游泳赛
游泳训练班
青岛、日本庆应大学网球赛

第 70 期
1936 年 8 月 30 日
(民国二十五年八月三十日)

青岛第六届全市游泳比赛会详记
青岛体协会举办长途游泳、划船比赛两大运动会
教育部颁行暂行大学体育课程纲要标准，注重国术与团体操
青岛网球会举办国际单双打锦标赛
游泳最高纪录保持者
高叔利之高栏　　　　　　　　　　宋君复
第十一届世界运动会各项成绩录

第 71 期
1936 年 9 月 6 日
(民国二十五年九月六日)

汇泉大运动场落成　　　　　　　　编　者
体委会第六次会议
大运动场管理规程草案
青岛市第六届游泳比赛记详　　　　化　程
世运会上我篮球败于日本
女子游泳在青岛
青岛市新建汇泉大运动场之布置全图
青市体育新计划，组织各种代表队
中央国术旅行团将来青表演

第 72 期

1936 年 10 月 4 日

（民国二十五年十月四日）

青岛汇泉大运动场双十节开幕
体委体协联席会议议决事项
青岛童子军参加全国大检阅
青岛体育协进会体育团体及个人登记办法草案
青岛网球赛会
青岛体协会举办第二届田径单项比赛
第四届成章杯网球单打比赛
体育琐闻（四则）
哈得费跳栏姿势　　　　　　　　　　宋君复
小学体育教材及教学法　　　　　　　宋玉泉
全国童子军第二次大检阅大露营
四校联运会

第 73 期

1936 年 10 月 15 日

（民国二十五年十月十五日）

青市举行纪念国庆运动大会
宋君复代表考察欧洲体育归来
本市童军载誉归来
小学体育教材及教学法（续）　　　　宋玉泉
四校联运筹备会商定筹备事宜

第 74 期

1936 年 10 月 15 日

（民国二十五年十月十五日）

中外各界热烈参加国庆运动大会
运动大会意义深长
青岛新建汇泉球场开幕典礼盛况
摔角比赛
国庆纪念运动大会田径赛成绩
五校联运延期举行

小学体育教材及教学法　　　　　　　宋玉泉

第 75 期

1936 年 10 月 23 日

（民国二十五年十月二十三日）

五校联运会开幕纪盛
体育界佳话
　胶济路钱委员双喜临门

第 76 期

1936 年 11 月 1 日

（民国二十五年十一月一日）

青岛五校联运会（附总成绩表）
青民教馆举办乒乓球赛
开落儿跳低栏姿势　　　　　　　　　宋君复
体协会公布小足球规则
青市体育不应抛却民众　　　　　　　周冠伦

第 77 期

1936 年 11 月 22 日

（民国二十五年十一月二十二日）

青岛市二十五年份冬季体育竞赛会先声
斯班司跳低栏之姿势　　　　　　　　宋君复
全国体协会第三次董事会

第 78 期

1936 年 11 月 29 日

（民国二十五年十一月二十九日）

八百余男女健儿参加篮球竞赛
青岛市冬季体育竞赛会篮球比赛秩序
体协会举办募捐篮球赛
小足球规则　　　　　　　　　　　　体协会
拿来倍撑竿跳高之姿势　　　　　　　宋君复
冬季竞赛会开幕盛况

今后广东体育应趋之途径　　　　　　凌道扬

第 79 期
1936 年 12 月 16 日
(民国二十五年十二月十六日)

各级篮球赛演至最后关头
天津第一届冰运会规程
篮球各级决赛程序表
北平第二届冰上运动会竞赛规程
冬季篮球各级各队得分表
唐宝堃的一封信
华特剪式跳高姿势　　　　　　　　　宋君复
小学体育教材及教法（续）　　　　　宋玉泉
小足球规则　　　　　　　　　　　　体协会

第 80 期
1936 年 12 月 23 日
(民国二十五年十二月二十三日)

各级足球动员
第一、二周足球比赛情况
中央民训部制定五年计划
尼西大撑竿跳高之姿势　　　　　　　宋君复
小学体育教材及教法　　　　　　　　宋玉泉
华侨摔角家黄伯长

第 81 期
1937 年 1 月 3 日
(民国二十六年一月三日)

青岛市举行庆祝游艺大会
各级篮球全部结束
足球员须知　　　　　　　　　　　　李惠堂
教育部改进全国小学体育
苏联克姆林宫中娘子军进行编练
全国体协会添聘亚林匹克委员
密力尔撑竿跳高　　　　　　　　　　宋君复

小学体育教材及教学法　　　　　　　宋玉泉
观众席
　最近的本刊
　黑猫队里跑了一支黑猫
青岛体育两周年总报告

第 83 期
1937 年 2 月 25 日
(民国二十六年二月二十五日)

青岛体育界参观团旅行记　　　　　　宋公楷
第七届全国运动会近讯
小学体育教材及教学法　　　　　　　宋玉泉
第十届世运会各国选手姿势图　　　　宋君复
短期小学体育实施法　　　　　　　　俞子箴
1936—1937 男子篮球规则更改

第 84 期
1937 年 3 月 4 日
(民国二十六年三月四日)

青岛市之体育活动　　　　　　　　　记　者
青岛市参观团旅行记（续）　　　　　宋公楷
小学体育教材及教学法（续）　　　　宋玉泉
第十届世运会著名选手姿势图　　　　宋君复
短期小学体育实施法（续）　　　　　俞子箴
1936—1937 男子篮球规则更改（续）

第 85 期
1937 年 3 月 11 日
(民国二十六年三月十一日)

青岛市春季体育活动　　　　　　　　记　者
欧洲体育考察报告　　　　　　　　　宋君复
小学体育教材及教学法（续）　　　　宋玉泉
各地通讯
　全国运动会筹备情况
　沪筹备七运会定期举行预选

北平兴建体育场
沪中华篮球队将赴首都比赛
青岛体委会、体协会最近动态
第十届世运会著名选手姿势图　　　宋君复
华北运动会举行办法　　　　　　　赵庶常

第 86 期
1937 年 3 月 18 日
（民国二十六年三月十八日）

青岛体委会体协会联席会议记　　　记　者
欧洲体育考察报告（续）　　　　　宋君复
太极拳与太极操　　　　　　　　　褚民谊
课外运动实施法　　　　　　　　　俞子箴
小学体育教材及教学法（续）　　　宋玉泉
第十届世运会著名选手姿势图　　　宋君复

第 87 期
1937 年 4 月 1 日
（民国二十六年四月一日）

青岛体育协进会第四届会员大会　　赵化程
国术馆全运预选班举行开学礼
春季竞赛会开幕
放风筝改期举行
青岛市春季体育竞赛会排球秩序表
太极拳与太极操（续）　　　　　　褚民谊
第三届银行行际篮球赛（附秩序）　化　程
欧洲体育考察报告（续）　　　　　宋君复

第 88 期
1937 年 4 月 8 日
（民国二十六年四月八日）

第七届全运会近讯　　　　　　　　记　者
青岛春季竞赛会开幕记　　　　　　宋玉泉
欧洲体育考察报告（续）　　　　　宋君复
青岛体育情报　　　　　　　　　　宋玉泉
太极拳与太极操　　　　　　　　　褚民谊
田径比赛规则更改
小学体育教材及教学法（续）　　　宋玉泉
插　图
　　春季竞赛会开幕记（三帧）
　　世运会电影姿势图

第 89 期
1937 年 4 月 15 日
（民国二十六年四月十五日）

青岛儿童节运动大会　　　　　　　张毓才
沈市长之训词
青岛体育情报　　　　　　　　　　张毓才
山东大学田径测验
太极拳与太极操（续）　　　　　　褚民谊
欧洲体育考察报告（续）　　　　　宋君复
小学体育教材及教学法　　　　　　宋玉泉
插　图
　　儿童节运动会（三帖）
　　世运会电影姿势图

第 90 期
1937 年 4 月 29 日
（民国二十六年四月二十九日）

七届全运加紧筹备　　　　　　　　记　者
师范体教训练班
第三届风筝比赛　　　　　　　　　程　九
太极拳与太极操（续）　　　　　　褚民谊
青岛体育情报　　　　　　　　　　程　九
欧洲体育考察报告　　　　　　　　宋君复
各地通讯
　　第十一届世乒赛美获男女双锦标
　　北平举行春季球类赛
　　济南乒乓会举办春季赛
世界运动会电影姿势图

第 91、92 合期

(青岛市春运专号)
1937 年 6 月 1 日
(民国二十六年六月一日)

春季运动会盛况
开幕礼及闭幕式
各级田径赛全部成绩表
五项成绩表
十项成绩表
各项成绩打破纪录统计表
小学团体表演成绩表
国术表演比赛成绩表
沈市长训词
春运会插图(九帧)
附　稿
　春季球类赛
　公务员篮球赛
　中等学校体育毕业会考
〔典藏〕总藏 1—24 期 (1933.12—1934)
　　　　北京图书馆藏 1—24 期 (1933—1934 年)
　　　　湖北省图书馆藏 1 期 (1933 年)

乒乓世界

第一卷第 1 期—第三卷第 2 期

(1934.6—1937.3)

*《乒乓世界》，1934年6月（民国二十三年六月）创刊，在上海出版。原为《连环两周刊》（每二周出版一次）副刊，自16期起改单行本发行，月刊（每年7、8两月停刊）。由上海中国乒乓研究会编辑出版，主编王一、王心景。1937年3月（民国二十六年三月）停刊。计出版：第一卷1—23期，第二卷1—8期，第三卷1—2期。本书除第一卷2—4期、12期外，其余全部收录。

第一卷第 1 期
1934 年 6 月 22 日
（民国二十三年六月二十二日）

匈牙利执全世界乒乓牛耳	殷 勤
继续奋斗	记 者
奥港天津乒乓队	马 夫
为打乒乓打官司	辛 牛
球板的握法和手臂的运用	艺 徒
远东乒乓停赛	艾 耶
本刊启事	
兴高彩烈的乒乓室	萍

第一卷第 5 期
1934 年 8 月 17 日
（民国二十三年八月十七日）

我的乒乓	殷 勤
提一个建议	
许仁山传	
谈谈乒乓球	老 大
乒乓汇集	
练习乒乓之步骤	吴茂卿

第一卷第 6 期
1934 年 8 月 31 日
（民国二十三年八月三十一日）

介绍几位陶英队的战将	邓国富
应战强队阵容一斑：	
广东队	青 萍
邮工队	徐 多
鸿章队、中皂队	胡建坤
拍乒乓的力与准	新 镜

第一卷第 7 期
1934 年 9 月 14 日
（民国二十三年九月十四日）

我也来谈谈乒乓	振 宁
包输队是不是包输	寒
王伯洪君	
郑州乒乓界短讯	椒
北平的乒乓运动	胡仁源
制造乒乓球的手续	老 大
乒乓汇报	
站立的地位	殷 实

第一卷第 8 期
1934 年 9 月 28 日
(民国二十三年九月二十八日)

裁判员宜审慎选聘	吴成梁
苏州个人锦标赛女子组详记	高辛生
陆修律小史	胡建坤
南汇个人锦标赛	季玮璋
惧敌是失败之因	胡仁源
天津乒乓联合会成立记	国 华

第一卷第 9 期
1934 年 10 月 12 日
(民国二十三年十月十二日)

黎鉴与乒乓	露 萍
乒乓曲	甘运衡
容德能的削球	殷 勤
乒乓台怎样做最好	老 大
常熟的过去与现在	阿 熹

第一卷第 10 期
1934 年 10 月 26 日
(民国二十三年十月二十六日)

上海乒乓界又将开始大战
益利杯缘起
益利杯竞赛章程
益利杯职员表
第二次乒乓竞赛会简章
五一九四五
龙溪个人锦标赛成绩

第一卷第 11 期
1934 年 11 月 13 日
(民国二十三年十一月十三日)

一个重要的建议	徐守坚

中国乒乓研究会章程	
削球（一）	容德能
周建文君小史	胡建坤
杭州银行界组织混合队	灵 岩
记汉市的乒乓队	郑华初
北平青年会续办全市乒乓公开赛	胡仁源
乒乓友谊赛破天荒两位和尚参加比赛球艺甚佳	
	周道谦

第一卷第 13 期
1934 年 12 月 21 日
(民国二十三年十二月二十一日)

京沪沿线乒乓队元旦日将在苏州大战	
祖慈乒乓会乔迁	戚宝荣
削球（三）	容德能
中国乒乓研究会章程	
国立北京大学乒乓球比赛会	
太原市举行全市乒乓比赛	
青岛空前的乒乓大战	刘孝淮
镇江队三场连捷	周道谦

第一卷第 14 期
1935 年 1 月 4 日
(民国二十四年一月四日)

对吴成梁先生"乒乓联合会宜恢复会长制"的意见	石 生
太原全市乒乓赛始末	微 心
什么是发展乒乓的动力	振 宁
一九三四年上海锦标赛的盟主	萍

第一卷第 15 期
1935 年 1 月 18 日
(民国二十四年一月十八日)

京、镇、沪、苏乒乓会战记	汤祥麟

第一届益利杯记详	冷　眼
我们的要人——徐多先生	沉　渔
再谈联会会长问题	吴成梁
本刊重要启事	

第一卷第 16 期

1935 年 2 月 20 日
（民国二十四年二月二十日）

乒乓的世界和世界的乒乓	周　祥
关于裁判用语的一点小意见	微　心
上海乒乓慈善赛详记	王心景、冼文灿
记广州市的乒乓队	黄慕游
浙江男女儿童乒乓锦标赛	霞　光
青岛的乒乓大战追记	刘孝淮
联欢杯港澳冠军之龙争虎斗	罗　拉
再来谈谈武汉的乒乓队	球　仙
澳门陶英队谈	冲　天
介绍苏州的冠军白雁	陈晓霞
北平全市男女公开乒乓赛	吴逸民
武汉乒乓界之一幕精彩比赛	阳　春
俱乐杯始末记	沈鹤年
苏州乒乓最近状况	顾　杰
上海华商银行业夺标赛近讯	
复旦大学乒乓个人锦标赛	琢　明
球队消息	记　者
所见新闻	
编辑人的话	编　者

第一卷第 17 期

1935 年 3 月 20 日
（民国二十四年三月二十日）

乒乓和娱乐	周　祥
击球的动向	武宝琛
触觉的练习	孔　嘉
写在二十四年联赛之前	刘日安
苏州乒乓今昔概况	汤祥麟
军警乒乓赛开始角逐	吴逸民
几位天津的乒乓小姐	以　敏
削球（四）	容德能
抽球	王月章
介绍杭州各队的实力	沈鹤年
各地乒乓汇报	记　者
上海第三届联合杯全部名单	来　件
再接再厉的李传书	达
到汉口去的胡宏才	友海

第一卷第 18 期

1935 年 4 月 20 日
（民国二十四年四月二十日）

建设乒乓中心的民众教育	周　祥
公务员应从事乒乓运动	刘万颐
击球动向赘言	孔　嘉
乒乓王国匈牙利连霸各项世界锦标	壮游译
澳门陶英乒乓队万里长征雄风远播	马
华商银行乒乓夺标赛	静　观
四明球队三剑客	胡味尘
热心指导后进之卢仲球	胡建坤
无锡全县团体锦标赛续讯	学　礼
复旦乒乓队征锡纪详	孙　鹍
削球（五）	容德能
汉口善德乒乓队远征长沙	先　锋
陶英征沪战绩	来　件

第一卷第 19 期

1935 年 5 月 20 日
（民国二十四年五月二十日）

要求全国乒乓锦标赛	胡凤五
资格和人格	殷　勤

献给观众一个诚恳的忠告	棠 声
习乒乓应有之知识	戚宝荣
为爱乐杯请教	刘国雄
上海乒乓争霸大战	雷 贯
热心乒乓的国术家	刘福安
上海妇女乒乓比赛记	森
广东全省运动会乒乓锦标赛特刊	王心景编
广东全省运动大会乒乓正式锦标赛记详	
介绍顺德县的女子球艺	飞 雷
粤省全运乒乓别记	伊 面
乒乓赛花絮	
无锡乒乓团体锦标赛	水 光
老马	华建勋
青岛第三届乒乓个人赛	寄 兴
介绍南昌的乒乓和雄杰队	舒 讯
谈谈成都乒乓队的实力	黄 远
杭州的大华乒乓队	孙怀信
当年队	记 者
削球（六）	容德能
星加坡乒乓界概况	竹 参

第一卷第 20 期

1915 年 6 月 20 日
（民国二十四年六月二十日）

上海中华乒乓联合会请求全运会列乒乓锦标书	来 件
乒乓的十二个不要	壮 游
华丰力战小熊得初级联合杯	南无土
钱业庆生杯结束	马
苏州白雁与明星合办联合杯	言
杭州双乐盾乒乓赛	栅
全能名将陆汉俊君	邵宝汉
郑州第三次公开赛	椒 分
十二圩到镇挑战记	
	郭遵时、郭遵章
故都乒乓杂志	吴逸民

各地乒乓汇报	记 者

第一卷第 21 期

1935 年 9 月
（民国二十四年九月）

献给全联会和全国竞赛诸同志	周 祥
全国乒乓竞赛大会上海市预选略况	顾 视
上海邮工乒乓队北征追记	忠
抽球怪杰邓国富	陆念祖
郑州第三次乒乓公开赛续志	访 员
武汉第一届乒乓锦标赛记	先 锋
万县市第二届女子乒乓比赛记	景 星
银色零写	严守堂
削球（七）	容德能
各地乒乓短讯	汇

第一卷第 22 期

1935 年 10 月 12 日
（民国二十四年十月十二日）

筹备全国乒乓竞赛大会感	周 祥
全国乒乓竞赛大会纪盛	记 者
各队队员略历	陈佛等
寿康杯第一声	队 友
红星乒乓队成立后之战绩	费学樟
功成不居的王孟年	朴
北平全市夏令公开乒赛补志	剑 尘
香港乒乓联会复兴	伊 面
惠英同学会乒乓队近讯	正 芝
东南乒乓队在沪之两场友谊赛	薛童合

第一卷第 23 期

1935 年 11 月 16 日
（民国二十四年十一月十六日）

全国乒乓竞赛大会补记	公 诚

乒乓运动的价值和推进	微 心
省光	童本定
广州的中大和南星	嫣 然
我们的青霜	郑听彝
长沙乒乓史略	子 渊
厦门乒乓述略	郑培保
努力服务之陈霖笙君	祥 麟
削球（八）（续完）	
	容德能
镇江个人乒乓赛	
	东 南
中华全国乒乓协进会章程	
	来 件
各地乒乓短讯	

第二卷第 1 期

1936 年 2 月 20 日

（民国二十五年二月二十日）

国际(乒)联会函请我国参加世界竞赛	
	殷 诚
上联会试行分区比赛	记 者
天津联会近况琐志	陈德轩
南昌的四队与十将	项 斯
汉口二届乒乓赛简讯	先 锋
谈谈梧州的乒乓	古 云
邹国范	乐 道
再谈厦门乒乓	特 生
天津银行赛追记	刘鹤荪
南昌雄杰元旦征汉记略	舒 训
郑州儿童赛纪要	椒 芬
无锡的乒乓	示 井
普及江北乒乓运动	周道谦
南京邮声乒乓队征镇记	嘉 康
补志宝瑄杯	井 两
省会"镇华"队最近战绩	于芝生
各地乒乓短讯	

第二卷第 2 期

1936 年 3 月 30 日

（民国二十五年三月三十日）

我们怎样准备踏上世界舞台	周 祥
澳沪一线的沟通	锦 璨
世界乒乓竞赛珍闻	伊 文
国际选手之球艺表演	伊 文
日本全国乒乓竞赛概况	殷 勤
石桥目中的中国选手	马 达
四届联合杯再决赛盛况	冷 眼
华北乒乓联合会成立记	胡仁源
倷倪噶阿比西尼亚	沈学礼
谈是说非	电
北平联会改选	胡仁源
无锡乒乓联合会成立	丰
邮储游锡引起大战	丰
各地乒乓汇志	

第二卷第 3 期

1936 年 4 月 30 日

（民国二十五年四月三十日）

乒乓新规则	一 文
第十届世界乒乓竞赛形势大变	伊 文
蓬蓬勃勃上海的乒乓运动	记 者
梧州的五队十将	宋治孚
会捉老鼠的猫	米 咪
首都励志社公开赛结束	记 者
无锡粤华捷报频传	丰 示
现在武进乒乓队	聪 然
大学杯第一声	维 煦
泰县乒乓史略	韩良治
复旦力战胜光华	维 煦
苏州银星两战两胜	
短消息	

第二卷第 4 期

1936 年 5 月 30 日
（民国二十五年五月三十日）

今后各地联会应有之趋向	陈润东
美法乒乓比赛记	戴季清
法国的全国乒乓竞赛	伊 文
世界乒乓联会来函	录
全协华北分会举行埠际赛	德 轩
势成鼎足四明继霸银行杯	记 者
大学杯复旦膺冠军	琢 明
天津津锋队	前 度
老当益壮老马执牛耳	武
青岛十二将	观 客
首都战讯两则	东
杭银行际赛	
泰县乒乓健将录	甫 能
谈谈唯亭的乒乓	子 长
南京邮声队茶会之追忆	记 者

第二卷第 5 期

1936 年 6 月
（民国二十五年六月）

打乒乓为什么？	周 祥
裁判的一种错误	伊文译
如何能完成一种完美乒乓选手	陆汉俊
论击球	孟铁柯著，冲人译
英美乒乓比赛	季 清
第一届华北埠际乒乓比赛圆满结束	刘鹤荪
乒乓界购机祝寿比赛	游 艺
上海乒乓分区赛	
英国名将——海东	伊父译
澳门联会第六届职委	
人造木乒乓拍	
智力超人之牛王	沈学礼

泰县全县中小学乒乓赛志盛	丁 冬
各地乒乓短讯	

第二卷第 6 期

1936 年 9 月 30 日
（民国二十五年九月三十日）

广东琊琊双雄决战记	记 者
新规则试用成功	
十年来之广东会	萍
再论击球（一）	孟 人
福州天马队的历史及队员的艺术	忿 我
竺永康君	马 达
慈爱杯十月一日开战	记 者
上海组织小学乒乓联合会	访
郑青年会开新规研究班	讯
苏州乒乓两杯赛	汤祥麟
浙体育场二届个人赛补志	陈建中
零零星星	零 星
上海市小学乒乓赛记要	
各地汇闻	

第二卷第 7 期

1936 年 10 月 30 日
（民国二十五年十月三十日）

乒乓须知序	周 靖
我对于乒乓的兴趣和愿望	微 心
英国的乒乓和台球联合会	壮游译
再论击球（二）	孟人译
耐心与乒乓	徐静光
杭州乒乓史	陈建中
无锡粤华征苏详记	叶世昌
汕头组织乒乓研究会	
上海妇女教育馆比赛记	韦 护
少年与晚霞	赛 章
闲话乒乓	光 孙

第二卷第8期
1936年11月30日
（民国二十五年十一月三十日）

乒乓与国民体育	周 祥
世界乒乓消息	
英匈乒乓竞赛	
蚌埠乒乓界的动态	唐 绍
首都五强轮流战粤华	陈润东
大学杯	
郑州初试十平法	访 员
梧州第五届策进杯乒乓赛	海 天
杭州市青年杯锦标赛详记	松 作
杭州少年杯小学赛记	
少年乒乓队战绩	郑霞光
苏州二届联合杯	汤祥麟
吴县乐群社主办小学赛	
苏州第二届家骅杯进记	汤兆雄
镇江将建私人乒乓馆	学 贤

第三卷第1期
1937年2月
（民国二十六年二月）

中华全国乒乓协进会筹备全国乒乓竞赛	
张学良去鞋赤脚打乒乓	
二十六年本新规则出版	
日本乒乓采用十平法	
日本学生界采用硬球比赛	李鋆培
美国的新乒乓规则	季 清
一九三六年之法国国际锦标赛	尹 父
一九三六年日本乒乓选手名位	木 子
晋陵征沪六战六胜	言 曰
援绥乒乓赛纪盛	景
四届华商银行杯决赛纪	朵

无锡援绥乒乓赛详记	叶世雄
武汉风云	王崇元
汉市锦标	金 吾
津联消息一束	
苏浙皖三省公路志游	
杭州市长杯团体赛结束	记 者
扬州乒乓比赛详记	雨 云
长沙第一届民众乒乓比赛记	泐 明
济南非非队征青记	O.K.
青岛青年会举办乒乓赛	
常熟旅沪乒乓队征苏战况	随军小卒
艺术化的张英	许伯扬

第三卷第2期
1937年3月（民国二十六年三月）

曾迺敦君	
请全国运动大会设乒乓锦标函	中乒协进会
南京市乒乓联合会致全运会请求	
加列乒乓锦标函	
世界各国乒乓简史	
本年度之世界乒乓竞赛	尹 二
全法国乒乓锦标赛	季 清
世界名将柯拉及布洛克行将赴美	
英国之全国锦标赛	冲 人
美国乒乓怪杰史吉夫	叔 和
女子运动和乒乓	徐冠雄
济南之乒乓运动	瑞 生
南昌乒乓	杰
崑山的乒乓界	谦
吴县乒乓团体锦标竞赛会概况	唐克敏
杭州市小学乒乓界	郑霞光
常德乒乓运动概述	佛 荫
平市球讯一束	吴逸民
上海留英同学会与英人乒乓比赛追记	文 君
六区公共汽车业公会组织乒乓队	峰

华北乒乓劲旅虹队成立五周年纪念大会

〔典藏〕总藏：1卷1—23期，2卷1—8期，3卷1—2期

南京图书馆藏1卷1—15期（1934—1935年）

北京大学图书馆藏1卷1—10，16—23期（1934—1935年）

上海图书馆藏1卷1—6，8，10—11，13—23期（1934—1935年）

广东省中山图书馆藏1卷1，4—6，21—22期（1934—1935年）

陕西省图书馆藏1卷1，6期（1934年）

湖南省中山图书馆藏1卷3—15，16—18期（1934—1935年）

四川省图书馆藏1卷4—5，8，21期（1934—1935年）

南京图书馆藏1卷5—7，9—17，19—20期（1934—1935年）

重庆市图书馆藏1卷5，20期（1934—1935年）

安徽省图书馆藏1卷7期（1934年）

北京图书馆藏1卷10—23期（1934—1935年）

山东图书馆藏1卷13期（1934年）

厦门大学图书馆藏1卷16—23期（1935年）

复旦大学、南京大学、中山大学图书馆藏1卷21期（1935年）

北京、上海图书馆藏2卷1—8期（1936年）

厦门大学图书馆藏2卷1—4，6—8（1936年）

北京大学图书馆藏2卷1—4（1936年）

南京图书馆藏2卷3期（1936年）

四川省图书馆藏2卷4期（1936年）

湖南省中山图书馆藏2卷6—8期（1936年）

复旦大学图书馆藏2卷8期（1936年）

湖南省中山、厦门大学图书馆藏3卷1—2期（1937年）

北京、上海图书馆藏3卷1期（1937年）

国术统一月刊

第一卷第1期—第一卷第6期

（1934.7—1935.3）

*《国术统一月刊》，1934年7月（民国二十三年七月）创刊，在上海出版。月刊。由上海国术统一月刊社出版发行。主编者姜侠魂，发行人张子英。1935年3月（民国二十四年三月）出版至第一卷第6期后停刊。本书全部收录。

第一卷第1期

1934年7月20日

（民国二十三年七月二十日）

封面……褚民谊先生题字

摄 影

  全国运动会开幕时褚民谊先生指导之太极操团体表演 褚民谊先生

  表演太极推手球之一之二 中国摔角社佟忠义先生摔角法内容之一斑 摔角法高矮速动之动作甲预备式乙高压速动一丙高压速动二 对摔法下把扠之姿势甲预备乙下把扠之用法丙摔倒时之姿势

题 词

  林主席子超 蒋委员长介石 汪院长精卫 孙院长哲生 于院长右任 戴院长季陶

宣 言

  发刊辞 褚民谊

  创刊的宣言 姜侠魂

理 论

  褚民谊先生演讲太极操原理

                林达祖、潘苍水

  褚民谊先生演讲三不费主义的民众体育

                姜侠魂

  国术运动的我见 叶 良

  亟应提倡国术的摔角 朱文伟

专 著

  太极操讲义 中华体育会、太极操研究会

  太极操简易顺序…………太极操口诀

  考察日本武术的报告 唐 豪

研 究

  初学太极拳应该注意的几点 徐致一

  太极拳之优点 徐致一

  科学的内功拳 章乃器

    第一章 绪言（一）这样所谓国术（二）死里逃生的经验

    第二章 内功拳的本质（一）疲劳的真面目（二）不应有的疲劳多于应有的疲劳

调 查

  上海市国术馆之梗概 来 稿

讯 息

  太极操讲习班之创设……爱国体育表演成绩……中华体育会田径成绩

  张之江请令各校列国术为必修课程……杨澄甫著太极拳体用全书出版

  商务印书馆出版内家拳太极功玄玄刀……

  中国摔角社出版中国摔角法

  中国女子国术会暑期简章……精武体育会

联欢会……中华体育会暑期班

说 苑

中华民族武术小说 平倭两将军 文公直
　　第首章 述英杰追溯前朝史 钦壮志
　　且叙两雄风
　　第一章 走穷途婵娟随父 肇初基弟子
从师

第一卷第 2 期
1934 年 9 月 1 日
(民国二十三年九月一日)

封面……褚民谊先生题字

摄 影

全运会褚先生指导太极操团体表演 中华
体育会太极操开课 全运会务本女校选
手游行 全运会女子太极操 褚民谊先
用放风筝 盲童学校学生表演 山东郑
子辉君指导之少林拳练习

题 词 吴市长铁城 刘先生鸿生 俞先生
佐廷 胡先生西园

宣 言

国术统一之真谛　　　　　　　张之江
国术与统一　　　　　　　　　姜侠魂

理 论

褚民谊先生演讲太极拳与运动
　　　　　周关龙、孙文元、陈万青、何绍文
国术改良之途径　　　　　　　朱廉湘
复兴国术声中关于摔角的三项建议 章伟川

研 究

军界统一国术之刍见（待续）　谭梦贤
科学内功拳（一续）　　　　　章乃器
　　第二章（三）内功拳和疲劳（四）满体
　　弛松的静止所谓无极（五）腹实胸宽的
　　状态所谓太极
唐豪武术文存之一　　　　　　唐范生
内功拳丹田的研究（待续）

专 著

太极拳运用方式图说（待续）卢炜昌、李菊侪
考察日本武术的报告（一续）　唐 豪

史 料

六合八法之溯源（待续）　　　吴翼翚

国术研究社通信

顾绥柏君来函 徐致一君答复 WHK 君
来函 徐致一君答复 答本刊读者 顾
绥柏君来函 姜侠魂答复

调 查

上海市第一体育场习拳公约及演武礼节
上海市国术馆章程

讯 息

美人鱼中国小组杨秀琼莅赣记　编 者
太极操讲习班行毕业礼 暑期体育讲习会
行开学礼 中华体育会欢送刘文友 孔子
诞辰纪念办法 蒋令军事机关练习国术
国术界新发明

特 载

参加二十二年全运会的回忆　　朱文伟

杂 俎

孙禄堂先生传　　　　　　　　陈微明
中国武士道故事集　　　　　姜侠魂编次
第一回…倡武德先圣抗齐侯…展神威孔子
复晋地　　　　　　　　　　　杨尘因

说 苑

中华民族武术小说 平倭两将军 文公直
　　第二章 走长途半路遇故交 习武技
　　千里访名师

第一卷第 3、4 合期
1934 年 11 月 20 日
(民国二十三年十一月二十日)

封 面

褚民谊先生题字……褚民谊先生在第十八
届华北运动会表演太极推手棍

摄 影

第十八届华北运动大会中之观众……华北

运动会场落成行政院汪院长代表褚民谊先生偕张伯苓袁敦礼诸先生登司令台参观……第十八届华北运动大会开幕典礼……褚民谊先生在华北运会表演太极推手球……上海青年会会员合影六合八法临崖勒马姿式……吴翼翚君表演六合八法停车问路姿式……吴翼翚与陈文良君表演六合八法演手式……吴翼翚君周斯豪君六合对剑之第一式……蒋容佩王又淑夫妇研究太极推手

宣　言

　　武术与民族　　　　　　　　姜侠魂

理　论

　　一举三得的民众体育　　　　　叶　良

专　著

　　射史（待续）明程冲斗

　　　唐豪射史弁言……明陈继儒射史叙……明程宗猷射史自序……明程于行射史小叙

　　考察日本武术的报告（二续）　唐　豪

史　料

　　杨家太极拳要义（待续）　　　黄文叔

研　究

　　武术偶谈（待续）　　　　　　黄文叔

　　　（一）练武术之目的　（二）调养……（三）戒忌　（四）运动与锻炼

　　科学的内功拳（二续）　　　　章乃器

　　　（五）腹实胸宽的状态所谓太极

　　　（六）意识和动作的合一

　　军界统一国术之刍见（完）　　谭梦贤

　　唐豪武术文存之一、二　　　　唐范生

　　　内功拳丹田的研究（完）……关于张学斌先生和一些江湖玩意儿（待续）

国术研究社通信

　　顾绥柏君来函……徐致一君答复……张经武君来函……姜侠魂君答复……张经武君又函……姜侠魂再答复……再致顾绥柏书

调　查

　　太原市国术界的一般　　　　　景

　　参加二十二年全运会的回忆（一续）朱文伟

讯　息

　　暑期体育会讲习举行毕业典礼……潘序伦由湘归来

　　于学忠氏宝剑赠英雄……北平拳术表演……交大提倡普及运动……大夏大学实施普及体育……北平之踶跤比赛……赣垣发起女子运动大会……广东第七次全省水上运动大会成绩……张之江氏率馆员莅镇表演国术……中央国术馆挑选手赴德参加世运……本市大体育场行奠基典礼……第十八届华北运动会开幕……张之江赴之江演讲……蒋令认真提倡国术……中央国术馆规定国术选手参加世运资格

专　著

　　内家拳　　　　　　　　　　　唐　豪

　　　内家拳祖张三丰的研究……内家拳的源流……内家拳小传……张松溪——单思南——王征南——黄百家——内家拳套数的研究……内家拳的练法……内家拳的打法……内家拳禁犯病法……内家拳的心法……内家拳穴法的研究……内家拳传布区域的研究……内家拳的失传

杂　俎

　　中国武士道故事集　　　　姜侠魂编次

　　　第二回…盟柯地曹　劫齐侯…死棘村申亥荆王　　　　　　　西江翾健

说　苑

　　中华民族武术小说　平倭两将军　文公直

　　　第二章　破奸谋合力荡凶徒　毁黑店仗义救孤女

第一卷第5、6合期

1935年3月20日
（民国二十四年三月二十日）

封面……褚民谊先生题字……黄元秀与杨澄甫先生练太极大擴法
题　词
　　吴先生国桢　北平市商会主席冷先生家骥
　　王先生树常　徐先生诵明
摄　影
　　国术泰斗合影　北平市第一社会教育区民众教育馆乡村实验区农民同乐会之国术表演　燕赵国术名宿合影　教育部体育班同学会　中华体育会合办暑期体育讲习会毕业典礼合影
宣　言
　　国术与运动以普遍为先　　　　　　姜侠魂
理　论
　　拳之刚柔相济论　　　　　　　　　王宇僧
　　论太极拳与军事锻炼　　　　　　　谭梦贤
特　载
　　太极操研究与实施　　　　　　　　陈必达
史　料
　　宋代杨家奇枪考　　　　　　　　　蒋馨山
研　究
　　武术偶谈（待续）　　　　　　　　黄文叔
　　　太极拳之一般……田武二先生来函(待续)
　　科学的内功拳（三续）　　　　　　章乃器
　　　（七）意识和动作的合一……（八）向内的意识和向外的意识
　　唐豪武术文存之二　　　　　　　　唐范生
　　　关于张学斌先生和一些江湖玩意儿
专　著
　　射史（待续）　　　　　　　　　明程冲斗
　　　射史总目录……射史目录卷之一
　　内家拳附录　　　　　　　　　　　唐　豪
　　　王征南墓志铭——黄梨洲……内家拳法——黄百家…张松溪传——蜜波府志
读聊斋志李超始末识后
通　信
　　国术研究通信栏
　　　张经武君来函…姜致徐君致一函…徐致一君复函
　　　LJS君来函……姜侠魂答复
史　料
　　杨家太极拳各艺要义　　　　　　　黄文叔
调　查
　　北平市立体育专科学校招生章程
讯　息
　　鲁国术童子团在东亚体专表演
　　杨剑霞女士致函俄力士比武
专　著
　　考察日本武术报告　　　　　　　　唐　豪
特　载
　　参加二十二年全运会的回忆　　　　朱文伟
杂　姐
　　中国武士道故事集之三　　　　　百侠楼主
　　　第三回…矢信励节先后沉水…壮志酬恩单独居湖
说　苑
　　中国民族武术小说　平倭两将军　　文公直
　　　第三章　报旧恩千里送孀雏　踏宿诺四雄访姽婳

〔典藏〕总藏1卷1—6期（1934.7—1935.3）北京、中国人民大学、北京大学、清华大学、北京师大、首都、华东师大、南京、南京大学、湖南省中山图书馆1卷1—6期（1934—1935年）

安徽省图书馆藏1卷1、3期（1934年）

国术月刊
第1—第6期
(1934.7—1934.12)

*《国术月刊》，1934年7月（民国二十三年七月）创刊，在杭州出版。月刊。由浙江省国术馆国术月刊部编辑、发行。编辑者潘健民、季诚性等。1934年12月（民国二十三年十二月）停刊，出版1—6期。本书收录2—6期。

第 2 期
1934年8月1日
（民国二十三年八月一日）

国术界之与新生活	健 民
知耻近乎勇	安 期
越游草	唐玉虬
我练太极拳的原因及心得	茂 清
刘百川小史	诚 性
国术消息	锡 蕃
浙江省国术馆训令第二零四号	本 馆
六安双刀	刘百川述、季诚性编

第 3、4 合期
1934年10月1日
（民国二十三年十月一日）

英雄与医者	健 民
谈世界危机	安 期
韩教习庆堂小史	
摔角（蹾跤术）	韩庆堂
技击术谈	
简易防身术	影 尘

第 5 期
1934年11月15日
（民国二十三年十一月十五日）
（欢迎中央国术馆馆长张之江先生专号）

之江吟——欢迎张之江先生也	王 荦
呈张馆长	陈孟辉
欢迎与欢送	健 民
讲演	
中央国术馆张之江馆长在本馆训话	
	潘健民记录
中央国术馆张之江馆长参加浙江省	
政府总理纪念周演讲	记 者
中央国术馆馆长张之江先生接受杭州	
各界热烈欢迎	记 者
张之江先生在杭州	季 子
欢迎张之江先生来杭	阮奉天
中央国术馆旅行团给我的印象	季诚性
陈中央国术馆张馆长	李影尘
张之江馆长在杭行踪	
插图（二则）	潘健民摄

第 6 期

1934 年 12 月 15 日
（民国二十三年十二月十五日）

来！抗育！	潘健民
张之江先生训勉国术同志书	张之江
从自卫中求生存	熊　公
国术与体育	季诚性
从民族自信力谈到国术	
——向反国术者商榷	异　军
自卫刀速成法	刘百川述　季诚性编

〔典藏〕总藏 2—6 期（1934.8—1934.12）
　　　　上海图书馆藏 2—6 期（1934 年）

国 术 声
第一卷第1期—第四卷第2期

*《国术声》，创刊日期不详，在上海出版。月刊。由上海市国术馆编行。该刊估计在30年代初创刊，大约在"淞沪战争"（1932.1.28）时期停刊，1935年1月（民国二十四年一月）复刊，朱北航、唐豪等编。卷期自第三卷第1期起。1936年2月出版至第四卷第2期后停刊。本书收录第三卷第1期—第四卷第2期。

第三卷第1期
1935年1月1日
（民国二十四年一月一日）

复刊词	亦 亮
言 论	
新年的礼物	丞
怎样使国术运动与民众联系起来	龙
笔 记	
记市党部代表姜怀素先生演讲词	仁 航
研 究	
述学习太极拳之经验	润 志
武侠传记	
毛生	斌
空空儿	伟
上海市国术馆常务董事会议记录	
课 程	
（1）化功拳名辞（2）太极拳名辞（3）形意棍名辞	
上海市国术馆会员统计表	
上海市国术馆收支报告表	
上海市国术馆同学会征求消息	

第三卷第2期
1935年2月1日
（民国二十四年二月一日）

上海市国术馆及同学会通告	
言 论	
对本馆教师的贡献	亦 亮
论日本武士道	仁 航
研 究	
改良国术比赛之我见	廉 湘
一个学员练习国术的自述	恕
摔角的初步练习法	伟 川
课 程	
形意拳要义	
太极十三刀名辞	
八仙剑名辞	
七星拳名辞	
上海市国术馆常务董事会议记录	
古代武士录	尚友录
（1）李广（2）卫青（3）张骞（4）班超（5）马援	
武侠传记	
柳青	斌

颜鸣皋传　　　　　　　　　　伟

第三卷第3期
1935年5月20日
（民国二十四年五月二十日）

上海市国术馆及同学会通告

言　论
　　中央国术馆七周年纪念感言　　张之江
　　习武须知　　　　　　　　　　佟忠义
研　究
　　国术界应注意的几件事　　　　胡朴安
笔　记
　　到中央国术馆去的回忆　　　　雨　山
　　京沪车上的一角　　　　　　　礼　仁
　　上海市国术馆第七届征求会员状况
课　程
　　形意拳谱摘要
　　三才剑名辞　　　　　　　　　靳云亭
会议记录
　　上海市国术馆第二届第二次董事大会记录
　　上海市国术馆常务董事会议记录
　　上海市国术馆同学会消息
武侠传记
　　某相士
本馆本年度常务董事会开会日期一览表

第三卷第4期
1935年6月20日
（民国二十四年六月二十日）

上海市国术馆及同学会通告

言　论
　　武术在体育上的地位　　　　　唐　豪
研　究
　　内家拳法的研究　　　　　　　唐　豪
笔　记
　　行健斋随笔　　　　　　　　　唐　豪

课　程
　　太极剑名辞　　　　　　　　　吴鉴泉
消　息
　　本馆消息
　　外埠消息
会议记录
　　上海市国术馆常务董事会会议记录
章　程
　　上海市国术馆章程
　　上海市国术馆董事会简章
　　上海市国术馆常务董事会简则
　　上海市国术馆常务董事会会议细则
报　告　　　　　　　　　陈绪良、叶良
　　上海市国术馆第二次董事大会报告书
　　上海市国术馆二十三年度经济收支报告表
　　上海市国术馆第七届会员统计表
武侠传记
　　侠女子
杂　俎
　　孙禄堂先生六十寿序　　　　　陈微明
　　我为什么练习国术　　　　　　吕耀华

第三卷第5期
1935年7月20日
（民国二十四年七月二十日）

上海市国术馆及同学会通告

言　论
　　谈太极拳　　　　　　　　　　赵寿邨
　　摔角规则及裁判法草案　　　　章伟川
　　对于提倡国术与搏击意见互异的评议　曙东
研　究
　　内家拳穴的研究　　　　　　　唐　豪
笔　记
　　行健斋随笔　　　　　　　　　唐　豪
课　程
　　征南射法　　　　　　　　　　黄百家
　　形意拳要义　　　　　　　　　　　堂

砍刀名辞　　　　　　　　佟忠义、仁　航
消　息
　本馆消息
会议记录
　本馆常务董事会会议记录
报　告
　本馆六月份经济收支报告表
武侠传记
　卫女
　王姓客
杂　俎
　祭李芳宸将军文　　　　　　　陈微明
　提倡国术漫谈　　　　　　　　高杨永
　中国飞鸢与火器之始

第三卷第6期

1935年8月20日

（民国二十四年八月二十日）

上海市国术馆通告及启事

言　论
　提倡国术应予改进之点　　　　杨孝文
研　究
　内家拳穴法的研究　　　　　　唐　豪
　摔角规则及裁判法草案　　　　章伟川
笔　记
　行健斋随笔　　　　　　　　　唐　豪
课　程
　形意拳要义　　　　　　　　　　　堂
　形意拳学　　　　　　　靳云亭、胡理臣
消　息
　本馆消息
　本埠消息　　　　　　　　　　仁　航
会议记录
　本馆常务董事会会议记录　　　仁　航
报　告
　本馆七月份经济收支报告表　　于以胜
　本馆短期会费一览表

武侠传记
　侠女子（二）
杂　俎
　本馆建筑浴室募捐启
　本馆致上海报函
　佟忠义复刘崇祺函
　赠书志谢

第三卷第7、8合期

1935年10月10日

（民国二十四年十月十日）

上海市国术馆通告

言　论
　本届全国运动会国粹主义者表演　给我们
看的中国武术竞技的检讨　　　　唐　豪
　拳术漫谈　　　　　　　　　　佟忠义
　摔角改善的刍议　　　　　　　郭世铨
　现代国术之五派　　　　　　　世　屏
　不景气笼罩下国术运动的新路　人　白
研　究
　内家拳穴法的研究　　　　　　唐　豪
　摔角规则及裁判法草案（续）　章伟川
笔　记
　行健斋随笔　　　　　　　　　唐　豪
课　程
　形意拳演习之要义
　　　　　　靳云亭、胡理臣、范生、仁航
消　息
　本馆消息
　本埠消息
会议记录
　本馆常务董事会会议记录　　　仁　航
报　告
　本馆八月份经济收支报告表　　于以胜
　本馆第七届征求成绩统计表
武侠传记
　五公山人　　　　　　　　　　唐范生

杂俎
  提倡国术与发扬民族精神　　吕耀华
  梦游武当山记　　丁训康
  全国运动会的史料　　本新
  赠书志谢

第三卷第 9 期
1935 年 11 月 20 日
(民国二十四年十一月二十日)

上海市国术馆通告
言论
  对于第六届全国运动大会"国术"部门的
  再检讨　　唐豪
研究
  内家拳穴法的研究　　唐豪
笔记
  行健斋随笔　　唐豪
消息
  本馆消息　　仁航
会议记录
  本馆常务董事会会议记录　　仁航
报告
  本馆九月份经济收支报告表　　于以胜
武侠传记
  吴小将军传　　梦广
会员著述
  国术的重要　　胡理臣
  从六届全运会参观国术比赛归来　　吕耀华
赠书志谢

第三卷第 10 期
1935 年 12 月 20 日
(民国二十四年十二月二十日)

上海市国术馆通告
言论
  对于第六届全国运动大会"国术"部门的
  再检讨　　唐豪
  武术拉杂谈　　刘守铭
研究
  内家拳穴法的研究　　唐豪
笔记
  行健斋随笔　　唐豪
会议记录
  本馆常务董事会会议记录　　仁航
报告
  上海市国术馆团体调查表　　组织股
  本馆十一月份经济收支报告表　　于以胜
武侠传记
  王宗岳先生传　　顾留馨
会员著述
  统一国术界内家外家的畸形现象　　吕耀华
  形意八卦太极合一简说　　胡理臣
  国术与军事科学之我见　　蒋仁山
赠书志谢

第四卷第 1 期
1936 年 1 月 10 日
(民国二十五年一月十日)

言论
  林主席元旦致词
  吴市长元旦告市民书
  对于第六届全国运动大会"国术"部门
  的再检讨　　唐豪
  年礼　　吕耀华
研究
  内家拳穴法的研究　　唐豪
  火刀问题的论战　　唐豪、章法
  本馆第三届初级会员毕业考试概评　　唐豪
笔记
  行健斋随笔　　唐豪
消息
  外埠消息　　仁航

本馆消息　　　　　　　　　　仁　航
会议记录
　　本馆常务董事会会议记录　　　仁　航
报告
　　本馆上月份经济收支报告表　　于以胜
武侠传记
　　陈家沟太极拳史料　　　　　　唐范生
杂　俎
　　参加毕业考试后的感想　　　　吕耀华
　　唐范生致朱仁航书
赠书志谢

第四卷第2期

1936年2月20日
（民国二十五年二月二十日）

上海市国术馆通告

言　论
　　对于第六届全国运动大会"国术"部门的
　　再检讨　　　　　　　　　　　唐　豪
　　本馆学员初级毕业试题书后　　唐　豪
　　西青业余拳斗观后感　　　　　唐　豪
研　究
　　内家拳穴法的研究　　　　　　唐　豪
笔　记
　　行健斋随笔　　　　　　　　　唐　豪
会议记录
　　本馆常务董事会会议记录　　　仁　航
报　告
　　本馆一月份经济收支报告表　　于以胜
　　本届会员毕业考试各项成绩报告表　朱文伟

武侠传记
　　陈家沟太极拳史料　　　　　　唐范生
会员著述
　　国术与西洋体育之我见　　　　吕耀华
赠书志谢
附刊
上海市国术馆二十四年度工作报告书
〔典藏〕总藏3—4卷2期（1935.1—1936.2）
　　上海图书馆藏 3—4卷2期
　　（1935—1936年）
　　湖北省图书馆藏 3卷1、6期
　　（1935年）
　　湖北省图书馆藏 3卷1、6期
　　（1935年）
　　广东省中山图书馆藏 3卷2期
　　（1935年）
　　北京大学图书馆藏 3卷4—9期
　　（1935年）
　　北京图书馆藏 3卷5、7期
　　（1935年）
　　四川省图书馆藏 3卷7—10期
　　（1935年）
　　南京图书馆藏 3卷9期（1935年）
　　北京、北京大学、四川省图书馆藏4卷1—2期（1936年）
　　清华大学、广东省中山图书馆藏4卷1期（1936年）
　　南京大学图书馆藏4卷2期（1936年）

体育季刊
第一卷第1期—第三卷第2期
(1935.1—1937.6)

＊《体育季刊》，1935年1月（民国二十四年一月）创刊，在上海出版。季刊。该刊"远续麦氏所编《体育季刊》，近续体育改进社所出之季刊"，由中华全国体育协进会出版发行。编辑人吴蕴瑞，发行所上海勤奋书局。1937年6月（民国二十六年六月）停刊，计出版：第一卷1—4期，第二卷1—4期，第三卷1—2期。本书全部收录。

注1：即麦克乐。
注2：北平体育改进社，成员为袁敦礼、吴蕴瑞、马约翰等。
注3：见吴蕴瑞：《本刊之使命》，载《体育季刊》创刊号。

第一卷第1期
1935年1月（民国二十四年一月）

插　图
　　本会会长及主席董事
　　本会名誉董事
　　本会董事
　　本会董事会议摄影
　　第十届远东运动会吾国遣派选手
　　出席大会之经过
　　我国选手之远东会中之荣誉
　　我国各项球类代表队
　　各项比赛情形
　　第十届远东运动会中华全体代表团
发刊词　　　　　　　　　　　　王正廷
本刊之使命　　　　　　　　　　吴蕴瑞
出席第十届远东运动会报告　　　沈嗣良
我国体育今后在分工合作原则下进展的动向
　　　　　　　　　　　　　　　郝更生
谋全国体育协进会发展所应采取的途程
　　　　　　　　　　　　　　　袁敦礼
德国体育现况　　　　　　　　　程登科
运动测验标准（一）　　　　　　徐　镛
一九三六年之世界运动会会场概况　麟　若
德国世界运动会田径场内各种设备之配置
　　　　　　　　　　　　　　　麟　若
德国式手球史　　　　　　　　　吴　澄
排球裁判法　　　　　　　　　　邵振华
记皖教厅体育行政人员训练班　　刘德超
美国球　　　　　　　　　　　　吴之仁
柔软体操次序十则　　　　葛乐汉、吴澄
世界运动会各国准备参加之消息　蕴　瑞
一九三六年世界运动会大会日程　吴　澄
吾国出席历届远东运动会之经过　周家骐
本会办理全国分区足球赛简史　　周家骐
图书介绍　　　　　　　　　　　吴之仁
本会之成立及场地之经营
本会职员一览表
本会章程

本会会议记录
各地体育协进会
运动纪录
    全国田径最高纪录（男子、女子）
    世界男子田径最高纪录
    世界女子田径最高纪录
    远东大会田径最高纪录
    全国游泳最高纪录（男子、女子）
    远东游泳最高纪录
    世界男女游泳最高纪录
    第十八届华北运动会成绩
    第五届华中运动会成绩
规　则
    一九三四——三五年男子篮球规则更改
    一九三四——三五年女子篮球规则更改
    一九三四——三五年足球规则更改

第一卷第 2 期

1935 年 4 月（民国二十四年四月）

插　图
    全国男子田径纪录保持者
    全国女子田径纪录保持者
    全国男子游泳纪录保持者
    全国女子游泳纪录保持者
中华全国体育协进会略史　　　　　沈嗣良
怎样利用军警权力辅助民众体育使全民体
育化　　　　　　　　　　　　　程登科
调协　　　　　　　　　　　　　　吴蕴瑞
德国青年体育概况　　　　　　　　萧忠国
改进中学体育的途径　　　　　　　周名璋
华北之体育　　　　　　　　　　　王健吾
运动测验标准（二）　　　　吴锡宏、徐镛
中学女生对于体育所抱之态度　　　孙淑铨
学习运动器官之机巧用渐进分段法与用全部
法学习之相反点　　　　　　　　　吴麟若
运动影响食物在消化道中运行之速率　吴之仁

长距离奔跑之理论与实际　　　　　刘德超
变形篮曲式跑道之设计方法　　　　马　瑜
拳击规则　　　　　　　　　　　　吴　澄
女子篮球基本动作之练习方法及其游戏
　　　　　　　　　　　　　　　　孙淑铨
图书介绍　　　　　　　　　　　　吴之仁
本会董事会会议记录
本会董事协助筹办第六届全运会讯
全国田径最高纪录（男子、女子）
全国游泳最高纪录（男子、女子）
世界田径最高纪录（男子）
世界游泳最高纪录（男子、女子）
远东运动会田径最高纪录
远东运动会游泳最高纪录（男子、女子）
世界运动会消息　　　　　　　　　徐　镛
上海中华足球会联赛经过及成绩
上海篮球联合会男女联赛经过及成绩
上海万国足球赛
上海国际篮球比赛志详

第一卷第 3 期

1935 年 7 月（民国二十四年七月）

插　图
    第六届全国运动大会全体筹备委员
    本会主办上海国际运动会
    上海国际运动会竞赛情形
    本会场地设备
读方万邦先生"我国现行体育之十大问题
及其解决途径"中所持对体育军事化不切
实用的检讨　　　　　　　　　　　程登科
论总锦标　　　　　　　　　　　　吴蕴瑞
意大利青年运动之状况　　　　　　萧忠国
从实验中与郝督学商讨我国大学体育问题
　　　　　　　　　　　　　　　　王健吾
运动测验标准（三）　　　　　　　徐　镛
篮球训练法　　　　　　　　　　　吴德懋

跑道曲段上各种弧与其弦之长度对照表
　　　　　　　　　　　　　　王汝珉
本届世界运动会德国邀请各国选派代表
参加体育讨论会请柬内容　　　吴　澄
标准游泳池之设计管理及其工作效率　陈均谟
竞争心理实验　　　　　　　　吴之仁
新轻器械体操教材示例　　　　吴　澄
足球守门员及后卫应有之常识　江良规
健身房及田径运动场上之设备报告　麟　若
图书介绍　　　　　　　　　　吴之仁
本会临时董事会议记录　　　　本　会
本会筹办暑期体育训练会体育讲习会及
体育讨论会情形　　　　　　　本　会
吾国参加国际台维斯杯网球赛经过　本　会
第五届上海国际运动会　　　　本　会
第五届上海中葡足球锦标赛纪　本　会
上海中华足球会中字组联赛补志　本　会

第一卷第4期
1935年10月（民国二十四年十月）

插　图
　　体育讲习会训练会讨论会开幕情形
　　暑期训练会之田径训练
　　暑期训练会之篮球训练
　　上海市大体育场落成
对于六届全运会及参加第十一届世运会
之意见　　　　　　　　　　　程登科
对于福州镇江青岛三处暑期体育讲习会
之感想及今后暑校之办法与教师训练之
要图　　　　　　　　　　　　吴蕴瑞
对于欧洲冬季运动之感想　　　萧忠国
湖南体育史略　　　　　　　　陈奎生
奖励体育之意义与价值　　　　俞淑芬
中国舞蹈之研究法　　　　　　王健吾
运动测验标准（四）　　　　　徐　镛
二百公尺跑及四百公尺中栏与四百公尺跑

之出发点之计算问题　　　　　蕴　瑞
女子篮球运动测验法之检定　　孙淑铨
篮球训练法（二）　　　　　　吴德懋
标准游泳池之设计管理及工作效率　陈均谟
男女奖牌运动　　　　　　　　郑昭俭
水上体操之体育观　　　　　　吴之仁
蛙式变相之海豚式　　　　　　麟　若
机巧运动　　　　　　　　　　涂　文
介绍安庆皖光田径队之组织与训练　刘德超
图书介绍　　　　　　　　　　吴之仁
暑期体育训练会讲习会讨论会圆满告成
　　　　　　　　　　　　　　本　会
上海中华足球队南征记　　　　本　会
第四届上海国际游泳比赛经过及成绩　本　会
第六届上海国际网球扶轮杯锦标赛经过
　　　　　　　　　　　　　　本　会
秘鲁大学足球队将来华比赛　　本　会
曾清射恢复业余运动资格　　　本　会

第二卷第1期
1936年1月（民国二十五年一月）

插　图
　　第六届全国运动大会开幕典礼
　　本会第二届全国代表大会
　　出席第十一届世界运动大会篮球代表
　　出席一九三六年台维斯杯网球代表
第二卷卷头语　　　　　　　　吴蕴瑞
希腊古代的运动集会　　　　　张　咏
体育军训童子军三者在中学课程中之
相互关系　　　　　　　　　　程登科
劳动能否代体育　　　　　　　杨纯福
从体育之观点来研究毕业会考　尚树梅
短跑起跑之科学研究　　　　　吴蕴瑞
舞蹈之记载方式　　　　　　　孙淑铨
简易而合乎实用的曲线跑道计算法及
测量法　　　　　　　　　　　俞　杰

跳高选手之骨骼特征	吴之仁
中国戏台上之舞蹈	王健吾
篮球训练法（三）	吴德懋
几项军事运动比赛规则及设计	徐汝康、涂志云
健身房及田径场上之设备报告	麟　若
德国全国男女田径赛最高纪录	吴　澄
西文体育期刊及杂志介绍	李维达
筹备中华体育学会纪要	程登科
本会修正章程	本　会
本会第三届全国代表大会纪录	本　会
本会董事会议纪录	本　会
参加第十一届世界运动会筹备情形	本　会
规定津贴赴德体育考察专员办法	本　会
参加世运预选田径成绩及格标准表	本　会
参加台维斯杯网球赛筹备情形	本　会
参加世运篮球预选经过	本　会
上海华人各项足球比赛分志	本　会
上海篮球会比赛经过及成绩	本　会
公布篮球规则之更改	本　会
公布足球规则问答及解释	本　会

第二卷第2期

1936年6月（民国二十五年六月）

插　图
　　中华体育学会成立大会
　　出席第十一届世界运动大会足球代表
　　出席第十一届世界运动大会举重代表
　　出席第十一届世界运动大会拳击代表及其练习
　　出席第十一届世界运动大会国术代表
　　出席第十一届世界运动大会田径竞走代表
　　出席第十一届世界运动大会自由车代表
　　出席第十一届世界运动大会游泳代表

体育与军事训练之关系	吴蕴瑞
敬告我国参预第十一届世运诸公	济　武
民众体育	王　庚
苏俄体育	马　瑜
意大利之体育团体	陈柏青
体育记分法	李维达
最近体育测验文字评论	吴麟若
谈谈游戏	孙淑铨
中国戏台上之舞蹈术	王健吾
舞蹈之记载方式（下）	孙淑铨
教初学游泳者之方法	徐　政
日本体育鸟瞰（一）	北平师范大学体育系二四级
麦克乐氏之竞技运动能力测验之用途及其分数表	麟　若
德意志国民消遣之一般	吴之仁
体操释名（一）	吴　澄
世界运动会消息	李维达
本会董事会会议纪录	本　会
全国田径游泳举重及世界游泳举重最高纪录	本　会
参加世运筹备情形（后）	本　会
世运筹委会召集各国驻在代表谈话经过	本　会
参加世运足球预选经过	本　会
参加世运举重国术表演预选经过	本　会
参加世运田径预选经过	本　会
上海中华足球联赛经过及成绩	本　会

第二卷第3期

1936年9月（民国二十五年九月）

插　图
　　参加第十一届世界运动会中华代表团晋京聆训受旗纪念
　　各界欢送中华代表团出国时之盛况
　　我国代表团整队入场
　　柏林第十一届世运会开幕时之壮观
　　我国代表团抵柏林车站时情形
　　我国代表团甫出柏林车站之一霎
　　抵德之体育考察团全体团员
　　我国参加世运之正式足球队全体队员

中英足球比赛开战前我国足球队队长与
英国足球队队长握手为礼
读了方万邦程登科两先生的大著之后 章辑五
苏俄体育（续） 马 瑜
山东省体育概况 尚树梅
福建体育概况 郭功骏
日本体育鸟瞰（二） 北平师范大学体育系二四级
普通体能（或活动能量）之测量（上）
　　　　　　　　　　 麦克乐、章辑五
中国戏台上之舞蹈术（续） 王健吾
对于许多肌肉究竟如何 麦克乐著、吴蕴瑞译
西文体育文字目录 李维达
世界运动会略史 赵介文
第十一届世界运动会竞赛项目 卓荪译
参加第十一届世界运动会中华代表团大事记
　　　　　　　　　　　　 陆翔千
我所见到世运会场之特点 陆翔千
柏林亚林匹克村随笔 陆翔千
我出席世运足球队旅途战绩 本　会
我出席世运篮球队友谊赛纪录 本　会
第七届上海国际网球扶轮杯锦标赛经过
　　　　　　　　　　　　 本　会
上海国际网球罗泊杯双打成绩志 本　会
上海高级棒球联赛成绩 本　会
上海国际游泳赛经过 本　会

新大陆体育的趋势 金兆均
体育教师自省五十五条 金兆均译
公立学校测验与测量程序 麦克乐、吴蕴瑞
普通体能（或活动能量）之测量（下）
　　　　　　　　　　 麦克乐、章辑五
　附"运动的可教育性"之测量
　　　　　　　　　　 卜瑞氏、章辑五
运动与体能 孙淑铨
姿势的几个测验 孙淑铨
本届世运篮球委员会之组织及优胜队技术
与策略之检讨 牟作云
第十一届世运会十项运动之记分新方法
　　　　　　　　　　　　 健民译
运动常识测验（上） 陈均谟译
德国国民体育奖章运动制 吴　澄
器械操垫上运动及累塔（上） 陶德悦译
美国勃朗大学新式篮球战略 吴寿祺译
机械上的计时法与"分秒计"的计时法
之差异 健民译
本届世运会各项田径成绩之总检录 王正林
世界男子田径最高纪录 本　会
董事会会议记录 本　会
参加第十一届世界运动会中华代表团
大事记（续） 陆翔千
一九三六年足球规则更改 本　会

第二卷第4期

1936年12月（民国二十五年十二月）

插　图
　本会全体名誉董事
　本会第三任全体董事
　本会第三任董事第三次会议摄影
　中央民训部国民体育设计委员会第一次
　　会议摄影
怎样养成一个优良的体育导师 章辑五
谈谈印度体育 程登科

第三卷第1期

1937年3月（民国二十六年三月）

插　图
　夺得一九三六至一九三七年上海篮球会甲
　　组锦标之辛队
　上海中华篮球队对首都中央军校篮球队
　　比赛前留影
军事训练与体育 吴蕴瑞
可否将体育童军国术打成一片 刘雪松
两性间谁为弱者 吴之仁

古希腊的体育训练	张　咏	世运会史话	吴志钢
大学男生普通技能测验（附表）	章辑五	董事会会议记录	本　会
安徽省体育概况	周名璋	全国男女田径最高纪录	本　会
比较陶汰法	熊光国	全国男女游泳最高纪录	本　会
网球技术的研究	崔玉玢	世界男女游泳最高纪录	本　会
8字形篮球进攻法	田汉祥	全国举重最高纪录	本　会
以电影作体育训练的方法之功效	健民译	世界举重最高纪录	本　会
运动常识测验（二）	陈均谟译	修正业余运动规则	本　会
器械操垫上运动及累塔（二）	陶德悦译	修正举重规则	本　会
世界女子田径最高纪录	本　会	公布一九三七年田径运动规则更改	本　会
董事会会议纪录	本　会	公布一九三七年男子篮球规则更改	本　会
第十届上海篮球会联赛经过及成绩	本　会	公布一九三七年女子篮球规则更改	本　会
第十二届上海国际篮球赛经过	本　会	演映第十一届世界运动会影片志略	本　会

第三卷第2期

1937年6月
（民国二十六年六月）

插　图
　　第七届全国运动大会筹备委员会第一次
　　会议摄影
　　日本神户华侨各团体代表欢迎上海中华
　　篮球队摄影

中国先秦体育	程登科讲
中学学生对于体育教师之心理倾向	马　瑜
提倡女子体育与中华民族之复兴	萧忠国
论起跑	吴蕴瑞
日本的田径运动（上）	陈柏青
女子月经问题	孙淑铨
刺激的强弱对于起跑时间的影响	健民译
学业上的收获与体力上之功率	健民译
军式球	俞　杰
篮球基本训练之方法及其价值	吴寿祺、田汉祥
球的旋转	燕京大学体育部
孩童游戏教材	周名璋
四川体育概况	刘慎旃、刘德超
贵阳体育概况	阮家宝

参加一九三七年台维斯杯网球赛经过　本　会
上海华人足球比赛分志　　　　　　　本　会
二十六年度上海中华篮球队作战成绩　本　会
本会协办之上海国际田径协会成立经过
　　　　　　　　　　　　　　　　　本　会

〔典藏〕总藏1—3卷2期（1935.1—1937.6）

北京图书馆藏1—3卷（1935—1937年）

四川省图书馆藏1—3卷（1935—1937年）

吉林大学图书馆藏1—2卷（1935—1936年）

南京图书馆藏1—2卷（1935—1936年）

中国科学院、北京大学、清华大学、复旦大学、湖北省、湖南省中山图书馆藏1卷（1935年）

南开大学、上海、华东师范大学、南京大学、武汉大学、云南大学、福建省、厦门大学图书馆藏第1卷1—3期（1935年）

安徽省图书馆藏第1卷1、4卷（1935年）

山东省、重庆市图书馆藏第 1 卷 2—4 期（1935 年）

中国人民大学图书馆藏第 1 卷 2 期（1935）

广东省中山图书馆藏第 1 卷 3 期（1935 年）

福建省图书馆藏第 2—3 卷（1936—1937 年）

云南大学图书馆藏第 2 卷（1936 年）

重庆市图书馆藏第 2 卷 1—2 期（1936 年）

南开大学图书馆藏第 2 卷 1、3—4 期（1936 年）

上海图书馆藏第 2 卷 2—4 期（1936 年）

武汉大学图书馆藏第 2 卷 3—4 期（1936 年）

北京大学、上海、厦门大学图书馆藏第 3 卷 1—2 期（1937 年）

南京、江苏图书馆藏第 3 卷 2 期（1937 年）

足球世界
第 1—第 3 期
(1935.1—1937.1)

*《足球世界》，1935年1月（民国二十四年一月）创刊，在上海出版。不定期刊物。由上海足球世界杂志社编辑，主编陈哀乐，大方书店出版，上海杂志公司代发行，发行人陈卧士。1937年1月（民国二十六年一月）出版第3期后停刊。本书收录第1—3期目录。

第 1 期
1935年1月1日
（民国二十四年一月一日）

照　片

足球名将近影
 李义臣、戴麟经、孙锦顺、周贤言、陈家球、李宁、冯运佑、关洵安、江善敬、罗海光、钟勇森、万象华、贾幼良、吴幼良、屠开元、陈镇祥、陈洪光、徐亨、云逢霈、李省官、王南珍、符和萱、曹秋亭、陆锺恩、梁荣照、曹桂成、徐亚辉

夺得本届远东运动大会足球锦标之中华代表
 李惠堂、冯景祥、谭江柏、叶北华、曹桂成、黄美顺、梁荣照、李国威、李天生、刘茂、黄纪良

上海方面之四预备员
 李宁、陈家球、陈镇祥、徐亨

第十届远东运动大会之中华足球选手全体摄影

第九届远东运动大会之中华足球选手抵日本时摄影

香港中华足球联队全体球员摄影

广州强华足球队抵吧时摄影

香港中华足球队全体球员摄影

优游足球队甲组球员全体摄影

优游足球队之前身——三育足球队全体球员摄影

优游法商慈善赛中拍卖足球之一瞥

著名中坚黄端华及其所获之锦标奖品

文　字

本季全国著名中西足球队阵线钞	卧　士
球员小史——罗海光	
本届上海足球三大锦标之预测	滕武公
附各队最近形势一览表	
球员小史——王南珍	
海上足球名将评传	今圣叹
球场点将录	逋　沙
关于越位	惠　公
附越位图说	
李惠堂评传	胡　帝
中国古代的足球	哀　乐
附球门图	
中国古代足球名将及著名球迷题名	脉　望
球迷现形记	胡　天
球场小常识	老球迷
球员小史——徐亨	
南洋球话	老　调
鞠戏遡往	剑　芒
球员小史——陈镇祥	

李陈黄王四家足球队阵线戏拟	雷 渊
球海珍闻	蒋湘青
足球经验谈	李惠堂
谈足球	陈 劭
谈美国式的足球	硕 其
北宁队实力之检讨	楚 白

　　球员小史——云逢霙

封面	方雪鸪

第 2 期

1935 年 10 月 10 日
(民国二十四年十月十日)

照　片

　　球王李惠堂及其眷属

　　球王李惠堂之墨迹

东华象传

　　荣获甲组锦标、与西联慈善赛、慈善赛开球式、北征南京平津、征韩待发、征韩出发、与汉城全学生队合影、与平壤选手队合影

足球名将近影

　　陈镇和孙锦顺合影、轧许、阿拉莎、关洵安、钱敬镛、顾尚勤、周贤言二幅、孙锦顺李义臣李宁合影、孙锦顺二幅、李义臣四幅、李宁三幅

捧的种种

　　轧许手捧一九三三年之慈善杯、戴麟经手捧一九三三年之万国杯、陆锺恩手捧一九三五年之史高塔杯、李宁手捧一九三五年之万国杯

顶的种种

　　马来亚战沪华时后卫的顶球、中华战俄国李义臣的顶球、中葡杯三人合顶一球、万国杯中顾尚勤与诺特的顶球

救的种种

　　周贤言跃起救球、周贤言挥拳救球、陆锺恩人丛救球、张荣才双托救球

上海中华足球队征爪哇写真

　　乘阿拉美斯号离沪、在港随征球将归队、在爪哇备战、大战中李义臣之威风、大战中敌守门力抗李义臣、大战中敌守门之妙救、乘芝丹尼沙号凯旋、领队容启兆、管理余衡之

乐华征澳洲

　　远征军乘船离沪、远征军教练李思廉干事余衡之合影、健将安原生夫妇及李宁合影

国际球队

　　一九三二年度万国赛中英选手全体、获得一九三五年万国杯之中华队、一九三五年中葡杯赛中华　葡萄牙二国选手

中华会象传

　　南征球员全体，南征凯旋与战利品

强队与名赛

　　南华足球队全体队员、一九三二年度之香港选手、一九三二年度之上海选手、一九三三年港津两埠选手合影、一九三四年沪选手练习情形、一九三四年之沪选手、一九三三年港选手与沪华联比赛情形、古足球战场。

优游象传

　　会主程贻泽君、足球队全体、南征球员全体、获得沪市亚军、与中党部合影

马来亚华人足球队象传

　　队长阮国英、全体球员、与沪华联合影

球坛遗像

　　暨大征菲凯旋、暨大之战利品、二十军足球队、十九军足球队

文　字

论　坛

一个最诚恳的愿望	李惠堂
全运会各单位足球选手实力之检讨	哀 乐

　　补白——转语

论香港本届中西各足球队之实力　柯　山
球王李惠堂论　硕　其

讲　座

足球规则
补白——球将绰号大观
足球基本技术之练习法　少　游
补白——球坛新鬼录
谈谈守门的要诀　言　易
论足球前锋应具之条件　惠　公
论W式阵势及五锋连战法　惠　公
补白——日本本届关东关西之足球赛
上届上海万国杯赛复决两战述评　楚　雄
上届香港国际怀述评　柏　江
补白——球坛新鬼录
记港沪埠际足球赛　柯　山
上届沪港津三埠足球总账　卧　士
中葡杯三赛述详　逋　沙
记东华荣获史高塔杯　启　夷
香港特别银牌赛述评　老　柏
上海中华足球队南征记详　蒋　捷
东华东征记　柯　山
上海青年足球队征汉记详　建　人
记华北盟主北宁　今圣叹

第 3 期

1937年1月1日
（民国二十六年一月一日）

照　片

中英两标准球人——李惠堂与 Arsenal 队队长 Alex Jamea——（封面）

李惠堂专页一
1.与编者合影　2.战罢

李惠堂专页二
1.南游爪哇时招贴　2.在印度与桂成树堂李森荣照显源看弄蛇　3.与桂成骑驼游孟买公园　4.在威尼斯水城　5.仰光赛马场小憩

李惠堂专页三
1.在亚林匹克村前　2.持鬘待发　3.在亚林匹克村门前　4.与陆翔千并立亚林匹克村食堂前。

李惠堂专页四
1.在北琼威英帝宫前　2.巡礼日内瓦石像　3.停车巴黎铁塔下　4.在伦敦飞机场　5.在伦敦郊外云素古堡　6.在回国之康梯露沙号　7.巡礼维也纳女神石像

中国世运足球队象传一
1.代表队北上轮次　2.参加预选之华东华北选手　3.代表队在沪与法商合影　4.代表队在逸园登场战法商　5.法商门将跃救谭江柏险球　6.代表队门将包家平跃救险球

中国世运足球队象传二
1.代表队在沪战葡萄牙队之阵容　2.代表队战葡萄牙之紧张场面　3.代表队由港北来之一部　4.代表队在中山陵前　5.代表队受西贡侨胞欢迎　6.代表队战星洲之阵容　7.代表队与棉兰欧联队合影

中国世运足球队象传三
1.代表队在爪哇泗水　2.代表队在万隆　3.代表梁荣照在亚林匹克村　4.代表队战棉兰欧联　5.代表队在亚林匹克大会战英队

中国世运足球队象传四
1.代表梁荣照在荷兰　2.代表队与英亚逊路著名球星合影　3.代表队在游英皇宫途中　4.代表队进维也纳球场　5.代表黄美顺冯景祥在纳也纳旅舍前　6.代表李天生徐亚辉在维也纳旅舍前　7.赴德接洽代表队比赛之体协会周家骐。

贾幼良专页
1.幼良便装　2.在南翔古猗园　3.在东华会球场　4.与贾季良吴炳浩合影　5.与陈镇和孙锦顺同站一条战线　6.与梁树堂李

惠堂曹桂成共车游缅甸仰光　7.康梯露沙号经红海时与冯景祥倚舷　8.由维也纳赴日内瓦车中　9.与徐亚辉李天生黄纪良共立维也纳旅舍门前　10.与张显源游日内瓦公园　11.在巴黎流线型火车中　12.在荷兰　13.回国之廉梯露沙号与孙锦顺倚舷

上届上海史高塔杯决赛
　　1.史高塔杯冠军东华会　2.史高塔杯亚军葡萄牙队　3.两队决赛东华门将陆锺恩接救险球　4.东华会队长李宁领杯

上海东华会少壮球将小影
　　1.许文奎与万象华　2.孙辉章　3.贾季良　4.尹致达　5.金家标　6.吴炳浩

上海献机祝寿赛专页一
　　1.东华与法商合影　2.上海市市长吴铁城行开球礼　3.东华李宁奋勇解危　4.法商内卫合拒戴麟经　5.法商门将接救戴麟经险球

上海献机祝寿赛专页二
　　1.东华张门将李后卫合力退劳勃斯托夫　2.檬柠时间之法商球员　3.贵宾席上吴市长持帽入座

上海本届西联甲球赛之一班
　　1.暨南队全体像　2.法商队全体像　3.暨南法商之战

上海上届万国杯赛决赛之一斑
　　1.冠军中华与亚军葡萄牙　2.两国鏖兵之一　3.两国鏖兵之二

第六届全国运动会各省市足球队之雄姿
　　1.冠军香港队　2.亚军马来亚队　3.季军广东队　4.殿军上海队　5.南京队　6.河北队　7.湖北队　8.浙江队　9.山东队　10.东北队　11.福建队　12.青岛队　13.湖南队　14.江西队　15.四川队

文字

壁上谈	哀乐
一谈东西足球歧异之点	李惠堂
破法论	姜公
（补白）我世运选手的体格	
本届香港中西各队实力细谈	哀乐
本届上海中西十足球队实力检讨	柯山
（补白）我世足代表编号	
替四同业再骂李惠堂	骂记者
本届香港丽华杯赛进行曲	赵少
香港甲组特别银牌赛展望	通沙
去本两届的史高塔杯赛	步苏
万里长征录	白眉
中英之战的详记和集评	征夫
英国四大足球明星访问纪实	曹文仪

〔典藏〕总藏1—3期（1935.1—1937.1）
　　北京大学图书馆藏1—3期（1935—1937年）

国术周刊

第1—第16期

（1935.2—1935.7）

*《国术周刊》，1935年2月（民国二十四年二月）创刊，在天津出版。周刊。金警钟主编，天津道德武学社出版，国术周刊社发行。一九三五年七月（民国二十四年七月）停刊，共出版第1—16期。本书全部收录。

第 1 期

1935年2月17日
（民国二十四年二月十七日）

编 首
论 坛
  国术漫谈   编 者
著 述
  江湖见闻录   疯颠客
  泅水术   警 钟
小 品
  俄大力士平津流浪记   破书钝剑楼主
  麦加罗夫碰壁记   破书钝剑楼主
  国术漫话   龚剑堂
  拳家自述   勉学斋主
  我的练拳经验   剑英女士
研 究
  太极拳精义   孙锡堃讲、金警钟记
心 得
  拳术箴言   郭寿臣讲、金警钟记
电 台
  十八届华北运动会国术场纪实   编 者
  中华刺枪术   编 者
问 答
  唐山李君让问何谓把势
游 记
  嵩山记游   天涯游子
杂 俎
  苑文武林情场一封书   敬 言
  一封书之反响   礼 贤
  八卦游身掌序
  太极玄门剑序
  继国术名人录
  浑元一气功序
拳 术
  性功拳解   铎 盦
  八仙拳解   郭寿臣
  八仙拳歌诀
  八卦拳总论   孙锡堃
  八卦拳起式练法
  八卦掌之身手
  八卦掌母拳之名称与次序
  八卦掌八大式图解
器 械
  实用大刀术十二式   武 夫
  六合枪   张玉峰
  太极玄门剑   阎德华
  子母鸳鸯钺   孙玉朋
  六路戟   堃

春秋刀	萃斌阁主

功 夫
浑元一气功	金禅子
飞檐走壁法	涯游子
先天道功	玄礼子

暗 器
金钱镖	海角寄人
续国术名人录	编 者
陈品三、万赖声、金飞娘、朱国福	

国术小说
侠义秘史	武林三友合著
孝义情天	警 钟
江南三大奇侠传记	警 钟
觐蒋园传记	警 钟
武林情场旧话	破书钝剑楼生

专 载
国术国考细则（二十二年九月修正）

特 载
记了空大师	编 者
记妙兴大师	编 者
记何金文	编 者
记赵避尘	编 者
记杜心五	编 者

编 尾
本刊职员
本社启事

第 2 期

1935 年 3 月 3 日
（民国二十四年三月三日）

题 辞
北平军分会刘委员
河南国术馆陈馆长
沽上名士孟先生
大公报国术班曹先生
大公报国术班李先生
平津杨律师

编 首
国术周刊创刊序	郭启仲
国术周刊的使命	李金亭
本刊董事长顾问合影	

论 坛
国术漫谈	编 者
编余醉语	编 者

著 述
国术十讲	张荫梧
江湖见闻录	疯颠客
泅水术	警 钟

小 品
国术漫话	龚剑堂
拳家自述习武经过	勉学斋主
医学与武术	李允中

研 究
太极拳精义	孙锡堃讲、金警钟记

心 得
拳术箴言	郭寿臣讲、金警钟记

电 台
十八届华北运动会国术场纪实	编 者
十八届华北运动会表演项目之一	编 者

杂 俎
宋代杨家奇枪真传序	答世钧
国术十讲序	赵戴文

拳 术
性功拳解	铎 盦
八卦游身掌	孙锡堃

器 械
宋代杨家奇枪真传	王霄云
大刀术	武 夫
六合枪	张玉峰
太极玄门剑	阎德华
子母鸳鸯铖	孙玉朋
六路戟	堃
春秋刀	萃斌阁主

功　夫
　　浑元一气功　　　　　　　　金禅子
　　壁虎游墙术　　　　　　　　海角寄人
　　先天道功　　　　　　　　　玄礼子
暗　器
　　袖箭　　　　　　　　　　　林泉居士
续国术名人录　　　　　　　　　编　者
　　姜容樵　金一明
国术小说
　　雍正剑侠轶闻　　　　　武林三友合著
　　侠义秘史　　　　　　　武林三友合著
　　孝义情天　　　　　　　　　警　钟
　　江南三大奇侠传记　　　　　警　钟
　　武林情场话旧　　　　　破书钝剑楼主
专　载
　　国术考试细则　　　　　　　　　录
特　载　　　　　　　　　　　　编　者
　　记程海亭先生记孙锡堃先生记宝森先生
编　尾　　　　　　　　　　　　编　者
图　像　　　　　　　　　　　　编　者
　　国术家龚剑堂画兰图影
　　河北省会公安局消防队七侠表演图影
　　河北省公安局保安队中华刺枪表演图影
　　河北省会公安局保安队大刀术表演图影
　　宋振坤女士五佛冠表演图影
附　录
　　赞助同志题名　本刊宗旨　本刊启事
　　本刊董事顾问　本刊职员　本刊投稿简章

第 3 期

1935 年 3 月 10 日
（民国二十四年三月十日）

题　辞
　　中央国术馆张馆长
　　海京洋行龚工程师
启　事　　　　　　　　　　　　编　者

论　坛
　　国术漫谈　　　　　　　　　　编　者
著　述
　　国术十讲　　　　　　　　　张荫梧
　　江湖见闻录　　　　　　　　疯颠客
　　泗水术　　　　　　　　　　警　钟
小　品
　　国术漫话　　　　　　　　　龚剑堂
　　思师忆友　　　　　　　　　仲　衡
研　究
　　太极拳精义　　　　孙锡堃讲、金警钟记
心　得
　　拳术箴言　　　　　郭寿臣讲、金警钟记
电　台
　　十八届华北运动会国术场纪实　编　者
　　鲁第二届国术省考筹委会成立　　　录
　　中央国术馆体育专门学校招生消息　录
问　答
　　本市林鲍伯君问　　　　　　　编　者
杂　俎
　　国术周刊题辞
　　许锡伯、吴仲宜、蒋馨山、吴竣山、王霄云
拳　术
　　八卦游身掌　　　　　　　　孙锡堃
　　性功拳解　　　　　　　　　铎　盦
　　意拳解　　　　　　崔占斌讲、金警钟记
器　械
　　宋代杨家奇枪真传　　　　　王霄云
　　大刀术　　　　　　　　　　武　夫
　　六合枪　　　　　　　　　　张玉峰
　　太极玄门剑　　　　　　　　阎德华
　　子母鸳鸯钺　　　　　　　　孙玉朋
　　六路戟　　　　　　　　　　　堃
　　春秋刀　　　　　　　　　萃斌阁主
功　夫
　　浑元一气功　　　　　　　　金禅子
　　先天道功　　　　　　　　　玄礼子

跌打抓拿法	郭寿臣	江湖见闻录	疯颠客
暗 器		泅水术	警钟
弹弓	龚剑堂	岳武穆形意拳要论	孙芝芳
续国术名人录孙季宽陈敬伯永山	编者	小 品	
邮 筒		国术漫话	天涯游子
访学友	贾晋桓	征 求	
国术小说		征求各地国术界消息	编者
雍正剑侠轶闻	武林三友合著	研 究	
侠义秘史	武林三友合著	太极拳精义	孙锡堃讲、金警钟记
孝义情天	警钟	心 得	
江南三大奇侠传记	警钟	拳术箴言	郭寿臣讲、金警钟记
武林情场话旧	破书钝剑楼主	电 台	
专 载		鲁国术省考童子表演	录
国术考试细则	录	河间国术考试记略	录
特 载		勤奋体育月报风行	录
记郭寿臣先生	编者	精武体育会征求会员	录
图 影	编者	国术提倡之意义	李金亭讲、金少敏记
本刊编者戎装旧照图影		杂 俎	
本刊编者与女弟子合摄图影		八卦掌精义序	董文修
河北警官学校国术表演图影		警钟先生纪念	胡蘋秋
妙兴大师墨迹图影		拳 术	
附 录		性功拳解	铎盦
赞助同志题名 本刊宗旨 本刊启事		八卦游身掌	孙锡堃
本刊董事顾问 本刊职员 本刊投稿简章		意拳三昧意拳解	崔古斌讲、金警钟记
		罗汉拳解	郭泽溥

第 4 期

1935年3月17日
(民国二十四年三月十七日)

编 首		器 械	
编余醉语	编 者	宋代杨家奇枪真传	王霄云
论 坛		大刀术	武夫
国术漫谈	编 者	六合枪	张玉峰
拳术刍议	金一明	太极玄门剑	阎德华
著 述		子母鸳鸯钺	孙玉朋
国术十讲	张荫梧	六路戟	堃
武道双修释义	李金鎏	春秋刀萃斌阁主	
		功 夫	
		浑元一气功	金禅子
		先天道功	玄礼子
		跌打抓拿法	郭寿臣

暗　器	
弹弓谱	龚剑堂
射箭	张玉峰
续国术名人录　左青萍、孙贵勇	编　者
问　答	
唐山李莲韻女士问	编　者
本市秋心斋主君问	编　者
唐山魏振寰君问	编　者
国术小说	
雍正剑侠轶闻	武林三友
侠义秘史	武林三友
孝义情天	警钟
江南三大奇侠传记	警钟
武林情场话旧	破书钝剑楼主
专　载	
国术考试细则	录
通　告	
浑元一气功内容一览	编　者
特　载	
金清贤	编　者
图　影	
董海川先生墓志图影	孙锡堃
华北国术界先进合摄图影	仲　衡
乐秀云女士双钩表演图影	陈绍文
潘竟雄女士乾坤剑表演图影	铎　盦
河北警官学校国术表演图影	赵魁亭

第 5 期

1935 年 3 月 24 日
(民国二十四年三月二十四日)

编　首	
编余醉语	编　者
论　坛	
国术漫谈	编　者
拳术刍议	金一明
著　述	
国术十讲	张荫梧
岳武穆形意拳要论	孙芝芳
江湖见闻录	疯颠客
泗水术	警　钟
武道双修释义	李金銮
小　品	
国术漫话	天涯游子
献给国术教员的一页	徐幼三
吾所知的杜心吾	镕　百
研　究	
太极拳精义	孙锡堃讲、金警钟记
电　台	
蒋委员长电令公务员注意体育文	录
沪市国术馆第七届征求会员揭晓	录
我国准备参加世运会拳斗	录
杂　俎	
大刀术序	王以哲
拳　术	
性功拳解	铎　盦
八卦游身掌	孙锡堃
意形三味拳解	崔占斌
罗汉拳解	郭泽溥
器　械	
宋代杨家奇枪真传	王霄云
大刀术	武　夫
六合枪	张玉峰
太极玄门剑	阎德华
子母鸳鸯钺	孙玉朋
六路戟	堃
春秋刀	萃斌阁主
八卦刀	钱竹坡
功　夫	
浑元一气功	金禅子
先天道功	玄礼子
跌打抓拿法	郭寿臣
暗　器	
弹弓谱	龚剑堂

射箭	张玉峰	江湖见闻录	疯颠客
续国术名人录 任向荣、金恩诗	编者	泗水术	警钟
问 答		研 究	
卫辉、温秀斋君问	编者	太极拳精义	孙锡堃
濮县李真君问	编者	五行解说一节	石仲义
国术小说		心 得	
雍正剑侠轶闻	武林三友	谈屑	编者
侠义秘史	武林三友	电 台	
孝义情天	警钟	中央国术体育研究会成立大会志盛	编者
江南三大奇侠传记	警钟	冀党政军各机关实施体育运动	编者
武林情场旧话	破书钝剑楼主	冀省公安局体育消息	编者
邮 筒		冀国术馆将举办观摩会	编者
赠赞助同志热心提倡国术徽章号码	编者	河间国术考试详记	张兆东
国术考试细则		介绍太极拳	孙锡堃
特 载		拳 术	
记周祥先生	编者	性功拳解	铎盦
记孙禄堂先生	编者	八卦游身掌	孙锡堃
图 影		形意三昧拳解	崔占斌
董海川先生墓志图影	孙锡堃	器 械	
姜爱兰女士练拳后图影	陈绍文	宋代杨家奇枪真传	王霄云
石秀兰女士射箭后图影	陈绍文	大刀术	武夫
河北警官学校国术表演图影	王魁亭	六合枪	张玉峰
		太极玄门剑	阎德华

第6、7合期

1935年4月14日

(民国二十四年四月十四日)

		六路戟	堃
		春秋刀	萃斌阁主
		八卦刀	钱竹坡
编 首		功 夫	
编余醉语	编者	跌打抓拿法	郭寿臣
论 坛		先天道功	玄礼子
由三八节想到女同胞练习国术的必要		浑元一气功	金禅子
	刘玉华女士	暗 器	
拳术刍议	金一明	弹弓谱	龚剑堂
国术漫谈	编者	射箭	张玉峰
著 述		续国术名人录	
国术十讲	张荫梧	赵鑫洲、王志群、赵庆胜、王恭甫、小禄	
岳武穆形意拳要论	孙芝芳		编者
		公 牍	

中央国术馆张子姜馆长来函	
师志和先生来函	

国术小说
雍正剑侠轶闻	武林三友
孝义情天	警　钟
江南三大奇侠传记	警　钟

专　载
中央国术馆七周年纪念感言	张之江
中央国术体育研究会简章	编　者
国术考试细则	一　明
中央国术馆组织系统一览	编　者
国术考试规程	一　明

特　载
记清子明先生	编　者
中央国术国考专刊内容一览	编　者

图　影
沽上国术家合影	仲　衡
本刊赠热心赞助同志徽章图影	编　者
董海川先生弟子佛尼金布近影	剑　堂
褚民谊先生近影	编　者
孙禄堂先生遗容	剑　堂
剑英女士近影	丽
龚剑堂先生近影	编　者
道德武学社全体合影	编　者
冀省国术馆学生练功图影	编　者

第8、9、10合期

1935年5月5日（民国二十四年五月五日）

编　首
编余醉语	编　者
中央国术馆馆长张之江先生照	编　者
衡水国术馆馆长张膺方先生题辞	编　者

论　坛
勖勉国术同志文	蒋介石
名贤论集	毅　鸣
中央国术体育研究会缘起	张之江
提倡女子国术	栾秀云女士
拳术刍议	金一明
抱璞卢丛谈	卧龙觉非
国术漫谈	编　者

著　述
国术十讲	张荫梧
四拳摘要	刘丕显
岳武穆形意拳要论	孙芝芳
江湖见闻录	疯颠客
泗水术	警　钟

小　品
黄花岗七十二烈士中之国术家志略	金一明

研　究
点穴术抉微	编　者
卸骨法抉微	编　者
擒拿术抉微	编　者
文武合艺	孙贵男女士

心　得
国术打法之研究	金一明
棉锤功	警　钟

电　台
蒋委员长电慰国术体育研究会	照　登
中央国术体育研究会消息	编　者
鲁省第三届国术省考记详	孙锡堃
沪国术馆赴京参观中央国术馆	一　明

拳　术
八卦游身掌	孙锡堃
形意三昧意拳解	崔占斌讲、金警钟记
性功拳解	铎　盦

器　械
宋代杨家奇枪真传	王霄云
大刀术	武　夫
六合枪	张玉峰
太极玄门剑	阎德华
六路戟	堃
春秋刀	萃斌阁主
八卦刀	钱竹坡

功　夫
　跌打抓拿法　　　　　　　　郭寿臣
　先天道功　　　　　　　　　玄礼子
　浑元一气功　　　　　　　　金禅子
暗　器
　弹弓谱　　　　　　　　　　龚剑堂
　射箭　　　　　　　　　　　张玉峰
公　牍
　中央国术馆张馆长来函　　　照　登
专　载
　国术考试细则　　　　　　　一　明
　国术考试规程　　　　　　　一　明
特　载
　记张玉峰先生　　　　　　　编　者
图　影
　冀国术馆学生练功图影　　　许锡伯
　河北省会公安局保安队中华刺枪大刀术
　拳术表演图影　　　　　　　编　者
　杜心五先生近影　　　　　　剑　堂
　孙贵男女士近影　　　　　　　　丽
　龚剑堂先生画竹图影一二三　编　者
　董海川先生墓志图影　　　　孙锡堃
　警钟练功图影一二三四　　　编　者
　点穴法中手法之一斑图影一二三四五　编　者
编　尾　　　　　　　　　　　编　者

第11、12、13合期

1935年6月5日

（民国二十四年六月五日）

题　辞
　衡水国术馆张赝方先生题辞
论　坛
　名贤论集　　　　　　　　　毅　鸣
　拳术刍言　　　　　　　　　金一明
　抱璞卢丛谈　　　　　　　　卧龙觉非
　国术漫谈　　　　　　　　　编　者

小　品
　忆述杭州国术游艺大会盛况　栾秀云
　参加第二届国术国考见闻录　孟庆松
　游绥国术访问记　　　　　　龚剑堂
著　述
　国术十讲　　　　　　　　　张荫梧
　岳武穆形意拳要论　　　　　孙芝芳
　宋氏家传太祖拳分统概略　　宋杰三
　江湖见闻录　　　　　　　　疯颠客
　泗水术　　　　　　　　　　警　钟
杂　俎
　我的练拳经过　　　　　　　王国勋
电　台
　北宁国术会三周纪念大会　　编　者
拳　术
　八卦游身掌　　　　　　　　孙锡堃
　意拳解　　　　　　崔占斌讲、金警钟记
　性功拳解　　　　　　　　　铎　盦
器　械
　宋代杨家奇枪真传　　　　　王霄云
　大刀术　　　　　　　　　　武　夫
　六合枪　　　　　　　　　　张玉峰
　太极玄门剑　　　　　　　　阎德华
　春秋刀　　　　　　　　　　萃斌阁主
　六路戟　　　　　　　　　　孙锡堃
　八卦滚手刀　　　　　　　　钱竹坡
功　夫
　跌打抓拿法　　　　　　　　郭寿臣
　先天道功　　　　　　　　　玄礼子
　浑元一气功　　　　　　　　金禅子
暗　器
　弹弓　　　　　　　　　　　龚剑堂
　射箭　　　　　　　　　　　张玉峰
公　牍
　栾秀云女士来函　　　　　　照　登
　苏啸东先生来函　　　　　　照　登
　李松年先生来函　　　　　　照　登

张迟然先生来函　　　　　　照　登
张志华先生来函　　　　　　照　登
专　载
　国术考试细则　　　　　　一　明
　中央国术馆国体专校同人欢送　编　者
　张之江先生出国　　　　　编　者
问　答
　洛阳冯建邦问　　　　　　编　者
图　影
　补本刊三期思师忆友之附图　编　者
　董海川先生墓志图影　　　孙锡堃
　张志华先生近影　　　　　编　者
　石善侠先生八卦掌表演图影　编　者
　袁书丹先生近影　　　　　编　者
　孙芝芳先生近影　　　　　编　者
　李松年先生近影　　　　　编　者
　任连山先生近影　　　　　编　者
　张迟然先生近影　　　　　编　者
　李念慈先生近影　　　　　编　者
　本刊驻在记者陈绍文先生新婚图影　编　者
　金警钟练功图影　　　　　编　者
编余醉语　　　　　　　　　编　者

第14、15、16合期

1935年7月14日
（民国二十四年七月十四日）

编　首　　　　　　　　　　编　者
　国术周刊序　　　　　　　金一明
论　坛
　名贤论集　　　　　　　　金毅鸣
　拳械刍言　　　　　　　　金一明
　抱璞庐丛谈　　　　　　　卧龙觉非
　向各学校当局贡献一点意见　愚　人
小　品
　国术周刊祝词　　　张经武、张庆春
　痛创的心灵　　　　　　　声　钟

著　述
　国术十讲　　　　　　　　张荫梧
　岳武穆形意拳要论　　　　孙芝芳
　宋氏太祖拳论　　　　　　宋杰三
　江湖见闻录　　　　　　　疯颠客
杂　俎
　陈氏太极拳探本论序　　　张之江
　穿拿拳序　　　　　　　　胥以谦
　中央国术馆函各省市教育厅局　编　者
　中央国术馆暑期国术研究班简章　编　者
电　台
　京国术预选记实　　　　　编　者
　介绍大侠魂两周刊　　　　编　者
拳　术
　八卦游身掌　　　　　　　孙锡堃
　意拳解　　　　　　　　　崔占斌
器　械
　宋代杨家奇枪真传　　　　王霄云
　大刀术　　　　　　　　　武　夫
　六合枪　　　　　　　　　张玉峰
　八卦滚手刀　　　　　　　钱竹坡
　春秋刀　　　　　　　　　萃斌阁主
功　夫
　跌打抓拿法　　　　　　　郭寿臣
　先天道功　　　　　　　　玄礼子
　浑天一气功　　　　　　　金禅子
暗　器
　弹弓　　　　　　　　　　龚剑堂
　射箭　　　　　　　　　　张玉峰
公　牍
　收到刊物一览　　　　　　编　者
专　载
　国术考试细则　　　　　　一　明
特　载
　金氏一明专著国术丛书一览　编　者
　张子姜先生传记　　　　　张佩武
图　影

本刊全体职员合影	编　者	编余醉语	编　者
道德武学社社长孙锡堃先生近影	编　者	写在编末	李棲梧
董海川先生墓志图影	孙锡堃	另外一页	金警钟
卸骨法中手法之一斑	郭寿臣		
剑英女士旧照图影	棲　梧		
本刊编者旧照图影	佩　武		
本刊编者昆仲合影	玉　朋		
本刊编者师生合影	武		

〔典藏〕总藏 1—16 期（1935.2—1935.7）

北京图书馆、原杭州大学体育系（现浙江大学教育学院体育系）藏 1—16 期（1935 年）

求是月刊

第一卷第1期——第二卷第12期

(1935.2—1936.9)

*《求是月刊》，1935年2月（民国二十四年二月）创刊，在山东济南出版。月刊。由求是月刊社编辑，编辑人韩超群、徐哲东、田镇峰；济南健康实验学社发行。该刊原名《求是季刊》，改名后卷期另起。1936年9月（民国二十五年九月）第三卷起改名为《侠魂月刊》，卷期续前，新4卷起改为《技击改进》。《求是月刊》计出版第一卷1—8期，第二卷1—12期，本书均予收录。

第一卷第1期

1935年2月10日
（民国二十四年二月十日）

祝本刊	编 者
论 著	
技击漫谈（二则）	田镇峰
由"同感"说到"三角感"	弘 毅
学 术	
行意拳（续季刊第二期）	田镇峰
实剑	田镇峰
拧棒	弘 毅
研 究	
太极拳谱考异序	徐 震
如何能除祛国术家的病	重 远
我之意念中的大侠魂	田镇峰
文 艺	
刘春生先生的文艺	徐 震
剑客诗歌（十首）	徐 震
记 载	
金陵之行（续季刊第二期）	田镇峰
曲阜	记 者
一天的记事	重 远
附 录	
余意	编 者

第一卷第2期

1935年3月10日
（民国二十四年三月十日）

编前	编 者
论 著	
技击漫谈	编 者
谈力	田镇峰
学 术	
行意拳	田镇峰
实剑	田镇峰
拧棒	弘 毅
研 究	
我所感到的一般提倡国术者	弘 毅
文 艺	
刘春生先生的文艺	徐 震
记 载	
金陵之行	田镇峰
山东合作学会第一届年会	记 者

保定清苑之空前盛举国术观摩会 　　　　韩超群
附　录
　　致果鸿儒先生函 　　　　　　　　　　　编　者
　　余意 　　　　　　　　　　　　　　　　编　者

第一卷第3期
1935年4月10日
（民国二十四年四月十日）

编　前 　　　　　　　　　　　　　　　　　编　者
论　著
　　技击漫谈（二则） 　　　　　　　　　　编　者
　　关于提倡国术之我见 　　　　　　　　　墨　斋
　　提倡国术怎样才能普及全民 　　　　　　姜容樵
　　汕头发现飞檐走壁之奇人 　　　　　　　弘　毅
学　术
　　行意拳 　　　　　　　　　　　　　　　田镇峰
　　实剑 　　　　　　　　　　　　　　　　田镇峰
　　拧棒 　　　　　　　　　　　　　　　　弘　毅
专　载
　　大侠魂救国论 　　　　　　　　　　　　安若定
研　究
　　我们要提倡那一种太极拳——科学的抑玄
　　　学的 　　　　　　　　　　　　　　　吴文源
文　艺
　　南湖上的联想 　　　　　　　　　　　　振　音
　　剑客诗歌（十首） 　　　　　　　　　　徐　震
　　谢刘协生赠宝剑启 　　　　　　　　　　徐　震
　　与庄通有书 　　　　　　　　　　　　　徐　震
记　载
　　金陵之行 　　　　　　　　　　　　　　田镇峰
　　山东合作学会第一届年会（续） 　　记者镇峰

第一卷第4期
1935年5月10日
（民国二十四年五月十日）

编　前 　　　　　　　　　　　　　　　　　编　者
论　著
　　技击漫谈（二则） 　　　　　　　　　　编　者
　　由决心毅力说到我们招——技击
　　实验——生 　　　　　　　　　　　　　田镇峰
　　再谈飞侠曾三民 　　　　　　　　　　　弘　毅
学　术
　　大冶授拳记 　　　　　　　　　　　　　徐　震
　　我的国术经验谈 　　　　　　　　　　　王新午
　　行意拳基本姿势的要诀 　　　　　　　　韩超群
　　行意拳 　　　　　　　　　　　　　　　田镇峰
　　实剑 　　　　　　　　　　　　　　　　田镇峰
　　拧棒 　　　　　　　　　　　　　　　　弘　毅
专　载
　　告湖北二区农林实验学校诸生书 　　　　徐　震
　　大侠魂的生存性 　　　　　　　　　　　天　民
研　究
　　东归讲肄记 　　　　　　　　　　　　　徐　震
　　矛盾 　　　　　　　　　　　　　　　　弘　毅
　　随感 　　　　　　　　　　　　　　　　田镇峰
文　艺
　　（函） 　　　　　　　　　　　　　　　徐　震
　　咏剑 　　　　　　　　　　　　　　　　王剑峰
　　我的文学概述 　　　　　　　　　　　　田镇峰
记　载
　　金陵之行 　　　　　　　　　　　　　　田镇峰
　　日本绘画展览参观记 　　　　　　　　　记者
　　田教务长讲演词 　　　　　　　　　吕岩岑纪录
附　录
　　复孔见先生函（附原函） 　　　　　　　田镇峰
　　复胡适之先生函 　　　　　　　　　　　田镇峰

第一卷第5期
1935年6月10日
（民国二十四年六月十日）

编　前 　　　　　　　　　　　　　　　　　编　者
论　著

技击漫谈（三则）
今日之体育运动　　　　　田镇峰
精神不调　　　　　　　　若　萍
生活的代替　　　　　　　穷　光
学　术
　行意拳　　　　　　　　田镇峰
　实剑　　　　　　　　　田镇峰
　拧棒　　　　　　　　　弘　毅
　我们为什么练拳　　　　重　远
　由机械说到技击术　　　田镇峰
专　载
　大侠魂演辞　　　　　　若　定
研　究
　互励与国术　　　　　　田镇峰
　读胡适之先生信后　　　田镇峰
文　艺
　与刘堪书　　　　　　　哲　东
　雅确记事编自序　　　　哲　东
　祭方巽光文　　　　　　徐　杰
　成功后的失败　　　　　　苦
记　载
　有规律的射箭比赛　　　编　者
　几回不乐意的谈话　　　徐　震
　十八届华运记　　　　　田镇峰

第一卷第 6 期
1935 年 7 月 10 日
(民国二十四年七月十日)

编　前　　　　　　　　　　编　者
论　著
　技击漫谈（四则）
　提倡国术与牺牲　　　　弘　毅
学　术
　力与劲　　　　　　　　丕　侠
　谈谈练体　　　　　　　田镇峰
　行意拳（续）　　　　　田镇峰
　实剑（续）　　　　　　田镇峰
　拧棒（续）　　　　　　弘　毅
专　载
　大侠魂主义问答　　　　安若定
研　究
　合作与国术　　　　　　田镇峰
　由文艺联想到知识界的国术家　若　萍
　谁说国术不是复兴　　　弘　毅
　中央国术馆长放洋　　　士　子
文　艺
　为国术从月宫游到火星　孔乙己
　山东省第二届国术省考之片片
记　载
　十八届华运记（续）　　田镇峰

第一卷第 7 期
1935 年 8 月 10 日
(民国二十四年八月十日)

编　前　　　　　　　　　　编　者
论　著
　技击漫谈（二则）
　自述　　　　　　　　　拳　魔
　现代国术之五派与五氓　世　屏
学　术
　行意拳（续）　　　　　田镇峰
　实剑（续）　　　　　　田镇峰
　拧棒（续）　　　　　　弘　毅
专　载
　读《大侠魂论》以后　　许薰如
研　究
　抽水机式的——我　　　穷　光
　三个月的国术教员生活　丕　侠
文　艺
　为国术从月宫游到火星（续）　孔乙己
记　载
　十八届华运记（续）　　田镇峰
　青岛国术市考观光记　　丕　侠

第一卷第8期

1935年9月10日
(民国二十四年九月十日)

编前 编者
论著
 技击漫谈（三则） 镇峰
 拳技之知易行难与体难用易 劲农
学术
 行意拳（续） 田镇峰
 实剑（续） 田镇峰
 拧棒（续） 弘毅
 养浩然之气直养无害说 张光三
专载
 大侠魂主义问答（续接第六期） 安若定
研究
 我之技击术观 镇峰
 有办法了——国术 重远
文艺
 为国术从月宫游到火星（二续） 王颠狂
 随感 萍若
记载
 十八届华运记（续） 镇峰

第二卷第1期

1935年10月10日
(民国二十四年十月十日)

编前 镇峰
论著
 技击漫谈（四则） 镇峰
 要人难 弘毅
学术
 行意拳（续） 田镇峰
 实剑（续） 田镇峰
 拧棒（续） 弘毅
 怀疑与试验 佩霞
 大侠魂主义问答（续） 安若定
研究
 山东省第三届国术省考之我见 重远
 生面别开的运动大检阅 记者
文艺
 秀才和武术的因果 王去恶
 国庆歌（转载） 邵元冲
 国术科学（？）对话 觉生
记载
 十八届华运记（续） 镇峰
 复果鸿儒先生函
 一月大事记

第二卷第2期

1935年11月10日
(民国二十四年十一月十日)

编前 镇峰
技击漫谈（四则） 镇峰
欲 波生
形意拳（续） 田镇峰
实剑（续） 田镇峰
拧棒（续） 弘毅
"身体""国术"与求是月刊 刘慈萱
大侠魂主义问答（续） 安若定
山东国术省考中之中心人物 弘毅
张之江赴欧宣扬国术 怡然
生活之一页 若萍
树与斧 穷光
十八届华运记 镇峰
技击实验谈 志然
一月大事记 记者

第二卷第3期

1935年12月10日
(民国二十四年十二月十日)

编前 镇峰

技击漫谈（四则）	田镇峰
剧烈运动与女子之关系	重 远
对拳术上几点经验	镇 峰
大侠魂主义问答	安若定
国术革命之我见	志 然
国术界需要和不需要的领袖	钱莫名
技击夭亡的象征	弘 毅
我的观感是这样	田镇峰
太极拳鼓词	吕岩岑
沪运杂写	田镇峰
技击实验谈	志 然
李芳宸先生在山东省国术馆之训话	编 者

第二卷第 4 期

1936 年 1 月 10 日
（民国二十五年一月十日）

编 前	镇 峰
技击漫谈（二则）	田镇峰
行意拳（续）	田镇峰
实剑（续）	田镇峰
拧棒（续）	弘 毅
我的练拳生活	重 远
中国青年合作自兴会规章草案	安若定
写在干事会议后	志 然
国术革命简述	田镇峰
为健康实验学社进一言	志 然
写于王矫宇访问记	编 者
国术梦	志 然
从大西洋刮来的风	尔博武
率角教本序	田镇峰
一月大事记	记 者

第二卷第 5 期

1936 年 2 月 10 日
（民国二十五年二月十日）

编 前	志 然
技击漫谈（二则）	田镇峰
我也谈谈国术与牺牲	志 然
实验与谩骂	镇 峰
行意拳（续）	田镇峰
实剑（续）	田镇峰
读书练拳与研究	镇 峰
国术失败的必然性	熊 飞
拳的艺术与边际	劲 农
写给王矫宇访问记后（续）	编 者
感怀	志 然
俚歌	是非斋主
观战有感	张玉澄
刚愎自是	是非斋主
拳家义气之一斑	劲 农
沪运杂写（续）	田镇峰
国术导言序	田镇峰

第二卷第 6、7 合期

1936 年 4 月 10 日
（民国二十五年四月十日）

编 前	镇 峰
技击漫谈（二则）	镇 峰
国术革命谈片	镇 峰
提倡国术中之矛盾	马步周
由太极拳经验谈到太极球	劲 农
搏击	郭世铨
学拳与读书	敬 农
行意拳（续）	熊 飞
八卦图说	王伯龙
新正十五之纪念周	敬 农
不幸而言中	志 然
沪运杂写	田镇峰
推手后的觉悟	志 然
余意	志 然

第二卷第8期
1936年5月10日
(民国二十五年五月十日)

编前	志 然
技击漫谈	镇 峰
国术革命与互助	马步周
埋头苦干与国术家	田镇峰
失望	志 然
搏击（续）	郭世铨
腕部僵化与文学	敬 农
行意拳	田镇峰
太极八卦行意合一说	马步周
国术战绩读后的管见	姜容樵
读国术战绩后	孙昭敬
秀才与武术的因果（续）	王去恶
咪咪集二卷祝词	志 然
打酒诗	笑 我
沪运杂写	田镇峰
国术随笔	刘文敏女士
技击改进宣言	志 然
求是学校筹备会	马步周
余意	志 然

第二卷第9期
1936年6月10日
(民国二十五年六月十日)

编前	镇 峰
刘纬祥先生的死	志 然
刘纬祥先生传	韩超群
在我印象中的刘先生	刘慈宣
刘先生印象记	絮 如
怎样才能纪念刘先生	刘慈宣
刘先生轶事补录	孙伯婴
回忆纬祥师的几句话	马纪风
学拳记	刘秋麟
悼国术名家刘纬祥	果鸿儒
祭刘纬祥先生文	
哭刘纬祥先生	马步周
搏击（续）	郭世铨
国术与空军之关系	金警钟
中央国术馆八周年纪念献词	陈敦正
几句老生常谈敬告国术界	武恂如
实验与理想	马步周
念白字和读字旁的要人	吕公后裔
律师与讼师	窥 天
与窦来庚函	志 然
余意	志 然

第二卷第10期
1936年7月10日
(民国二十五年七月十日)

编前	镇 峰
技击漫谈（二则）	田镇峰
破坏与建设	田镇峰
狗虱与拳师	马步周
刘纬祥先生年表	刘漠昭
刘纬祥先生轶事	韩超群
刘纬祥与保定国术	刘雨楼
我之所纪念刘先生者	马步周
搏击（续）	郭世铨
实验之谈	金警钟
金警钟对形意拳之研究	
国术劄记	恂 如
两位国术家	果鸿儒
拉杂谈	敬 农
悼国学大师章太炎先生	志 然
几页日记	孙伯婴
华北研究会追忆录	慕 澄
省考风潮两日记	果鸿儒

第二卷第 11、12 合期

1936 年 9 月 10 日

(民国二十五年九月十日)

编　前	镇　峰
技击漫谈（二则）	田镇峰
从哲学科学说到国术	姜容樵
我也谈谈劲	志　然
我对不秘其说的怀疑	敬　农
自己的教育	孙伯婴译
搏击（续）	郭世铨
拳头纲要	金警钟
练习国术的经过和实验的感想	李栖梧女士
小桃园记	马步周
我也哭一声丁文江	田镇峰
广播日报周年纪念祝词	志　然
沪运杂写	镇　峰
记董海川的师弟	金警钟
铸魂之误解	马步周
余意	编　者

〔典藏〕总藏 1—2 卷（1935.2—1936.9）

北京图书馆、上海图书馆、北京大学图书馆藏 1—2 卷（1935—1936 年）

中国科学院图书馆藏 1 卷 1—3 期（1935 年）

甘肃省图书馆藏 1 卷 1、4 期（1935 年）

四川省图书馆藏 1 卷 2—3，5—8 期（1935 年）

南京图书馆藏 1 卷 2，4—6，8 期（1935 年）

陕西省图书馆藏 1 卷 8 期（1935 年）

四川省图书馆藏 2 卷 1—10 期（1935—1936 年）

福建省图书馆藏 2 卷 1—12 期（1935—1936 年）

南京图书馆藏 2 卷 1，3 期（1935 年）

中国社会科学院世界史研究所资料室藏 2 卷 3 期（1935 年）

重庆市图书馆藏 2 卷 4—12 期（1936 年）

厦门大学图书馆藏 2 卷 4，6—12 期（1936 年）

清华大学图书馆藏 2 卷 6—7 期（1936 年）

甘肃省图书馆藏 2 卷 10 期（1936 年）

体育杂志

第一卷第1期——第一卷第5期

（1935.4—1935.12）

*《体育杂志》，1935年4月（民国二十四年四月）创刊，在南京出版。双月刊。由南京国立中央大学体育研究社编辑出版，社员为史龙云、周鹤鸣、俞晋祥、包和清等。1935年12月（民国二十四年十二月）停刊，计出版第一卷第1—5期。本书全部收录。

第一卷第1期

1935年4月4日

（民国二十四年四月四日）

题字	汪兆铭、王世杰、张伯苓、张之江
发刊词	
正　文	
吾国民族复兴中女子体育之重要	吴蕴瑞
国术与体育	褚民谊
建设民族本位的体育	邵汝干
体育与卫生	程登科
入水比赛记录之方法与表式	陈奎生
全国体育会议之回顾	吴图南
今后吾国民众团体应有之动向	俞晋祥
培养体育师资之我见	包和清
欧美体育概况与吾国今后体育应取之途径	傅伯炎笔记、杨廉讲
第二次大战酝酿声中国人对于体育教育应有之认识	胡士煊
体育之社会基础	吴锡宏
药球操	周鹤鸣
中学体育教师应注意之点	葛衢康
江苏省京沪线上各大城市民众体育组织之调查	顾允庆
推铅球之物理上的探讨	杨永灿
读了程登科先生《改中华全国体育协进会为全国体育总会》及《我国选手出席世运会时遴选专家出国考察》两提案以后的感想与建议	史龙云
从体育的重要谈到小学体育的过去现在及将来	包和清
怎样做一个健全的裁判员	周鹤鸣
体育随感录	邓光西
西方式（卧式）跳高的姿势	吴寿祺、郭功骏合译
几个篮球基本动作训练法	龚家鹿
女子篮球进攻守法撮要	吴德懋
篮球指导员之要点	吴寿祺译
编后余谈	编　者

第一卷第2期

1935年6月

（民国二十四年六月）

复兴民族的体育	刘慎旃、程登科
对于本年暑期体育讲习会之贡献	史龙云
体育与民族复兴之关系	吴蕴瑞先生讲　俞晋祥、包和清记
排球裁判法	吴邦伟讲、顾允庆记

南京体育前途之瞻望	张东屏
篮球教练在出席比赛前后之职务	
	吴德懋讲、周鹤鸣记
网球比赛要诀	包和清
篮球游戏四十种	俞晋祥
药球操（续）	周鹤鸣
女子篮球裁判法几种基本技能	
	吴寿祺、郭功骏译
提倡体育声中从儿童体育谈到全民体育	
	杨永灿
跨栏之基本训练	葛衢康译
运动指导术	胡士煊
安徽省立安庆天柱阁小学体育科一个新校舍落成大单元设计操的教程	俞子箴
单双打战术	包和清译
短距离跑训练法	吴寿祺
全校动员之中央大学春季运动会	史龙云
平津体育考察记	刘广琳、俞晋祥
中国近二十年来体育书报论文索引	郭功骏编
介绍天津春合体育用品制造厂	编者
编后余谈	编者

第一卷第3、4合期

1935年10月
（民国二十四年十月）

现代中国军警体育概况	程登科
现代国际体育的新趋向	陈奎生
排球记分的商榷	袁宗泽
体育与国防	吴蕴瑞讲、刘广琳记
改善总锦标的意见	俞淑芬
运动员应该注意的几点	许肖傅
我对于儿童年的感想和希望	郭功骏
小学游唱教材之研究	李兰芬
江苏省体育行政及计划	吴邦伟讲、顾允庆记
闽省体育之新猷及南游归来之感想	
	吴蕴瑞、程登科、吴澄

南京市两个儿童娱乐园之建筑图解	龚家鹿
体育实习问题之研究	包和清
程登科先生在福建体育暑期补习班纪念周演讲录	刘广琳
练习射箭的工具（上）	张唯中
我对于国术的所见	范振兴
江苏教厅委派区运动会指导员之意义	许肖傅
农村体育	葛衢康
短距离赛跑之姿势及其理论	
F.A.M.webster 原著	刘岱译
体育不可畸形发展	吴寿祺
介绍双杠上几个动作及其琐话	魏丕栋
平津体育考察记（续）	俞晋祥、刘广琳
中国近二十年来体育书报论文之索引	郭功骏
江苏省暑期体育讲习班教材摘要	
一、江苏省中等学校体育行政讲义	
二、早操材料	吴澄编
三、活泼器械操	程登科编
四、德国体育游戏	程登科编
转　载	
全国运动会规程	
提倡射箭的理由与推行办法	张唯中
编后余谈	编者

第一卷第5期

1935年12月8日
（民国二十四年十二月八日）

增进潜水能力方法	萧忠国
游泳池之建筑	徐汝康
撑竿跳高练习法	徐镛
从体育说到体育	钱萍
改进"体育正课"之管见	周名璋
对陈剑如先生"京市今后体育上应注意的几个问题"的读后感	刘德超
中学体育之困难问题及其解决途径	俞晋祥
药球操（续）	周鹤鸣

介绍双杠上几个容易训练的动作　胡耕九
体育学校应增设的几种基本课程　俞子箴
跳高之基本练习　译自 Exercises for Athletes
　　　　　　Webster and Heys 著　李价民译
运动指导术（续）　　　　　　　胡士煊
新式体育馆内篮球场大小之设计及其器具之
改良　　　　　　　　　　　　龚家鹿
江西省党政军学体育促进委员会概况　邓堪舜
对于小学体育教师进修问题之我见　包和清
读吴蕴瑞先生之《今后暑校之办法与教师
训练之要图》后　　　　　　　史龙云
排球发球及其练习法　　　　　　吴寿祺
现在的德国体育
　　译自 The New—Ont—Loek U.S.A.译者纪穆
中学生的膳食问题　　　　　　　葛衢康
中国近二十年来体育书报论文之索引　郭功骏

一九三五至一九三六年男子篮球规则更改
最新手球规则
转　载
　江苏省中等学校十四年度体育实施纲要
编辑余谈
　〔典藏〕总藏 1 卷 1—5 期（1935.4—
　　　　1935.12)
　　　南京大学图书馆藏第 1 卷 1—5 期
　　　（1935 年）
　　　福建省、上海、浙江省图书馆藏
　　　第 1 卷 1—4 期（1935 年）
　　　北京图书馆藏第 1 卷 1—2 期
　　　（1935 年）
　　　北京大学图书馆藏第 1 卷 1 期
　　　（1935 年）

体育世界

第 1 期—第 127 期

(1935.5—1939.)

* 《体育世界》，1935 年 5 月（民国二十四年五月）创刊，在上海出版。周六出刊。由上海体育世界社出版，沈镇潮主编。该报为单独发行之体育报纸，每期八开四版（第四版为「银幕与舞台」专栏内容）。停刊日期不详，典藏见有第 127 期。本书收录第 1—90 期目录。

第 1 期

1935 年 5 月 18 日

（民国二十四年五月十八日）

提倡体育之意义　　　　　　　潘公展
每周漫谈
　　中葡足球杯的教训
　　台维斯杯的教训
　　浙江运动还是落后的
　　钱行素小姐的退步问题
　　分区小学运动会
第五届上海国际运动会特辑
青年网球员的几个问题　梵恩斯著、沈镇潮译
运动道德的进步　　　　　　　张铁笙
北平春运会
银幕与舞台

第 2 期

1935 年 5 月 25 日

（民国二十四年五月二十五日）

国际运动会总评
建设中华民族本位的体育　　　邵汝干
每周漫谈
　　上海大学棒球的复活
　　大陆报评国际运动会满口称赞李森小姐
　　台杯成绩我胜墨西哥
　　各地标枪成绩的进步
　　悲壮的东北运动会
　　广东全运会中小姐们的速写
足球讲座（一）　　　　　　　乐秀荣
体育评论重要启事
体育世界信箱通告
银幕与舞台

第 3 期

1935 年 6 月 1 日

（民国二十四年六月一日）

十年来的优游体育会　　　　　程贻泽
两江女子篮球队抵马尼拉之影
第六届全运会竞赛规程的检讨　镇　潮
每周漫谈
　　中华竞走柏林有希望
　　水球和哥尔夫的提倡
　　符保卢已到了止境
海外网球缤纷录　　　　　　　梯　栖
上海西人游泳会拒绝中青队参加水球
北平公共游泳池速记

足球讲座（二） 乐秀荣
尚不多见之中西马球赛
星洲华侨运动会女跳高创全国纪录 钱昌年
体育世界征求启事
银幕与舞台

第 4 期

1935 年 6 月 8 日
（民国二十四年六月八日）

从学生之派别说到学校体育之亟宜改革
（上） 蒋湘青
南游之经过与感想（一） 陆礼华
每周漫谈
　　草地网球联赛仍有望
　　中华女子网球的冷落
　　上海排球兴趣骤增
大夏大学学生纳参加运动会费
小足球也盛行香港
海外网球缤纷录 栖梯
今明沪西小球赛 一飞
足球讲座（三） 乐秀荣
银幕与舞台

第 5 期

1935 年 6 月 15 日
（民国二十四年六月十五日）

从学生之派别说到学校体育之亟宜改革（下）
　　 蒋湘青
欢迎李惠堂来沪
南游之经过与感想（二） 陆礼华
世界纪录层出不穷的原因与解剖 张国勋
草地网球甲组联赛希望稍减
网球杂话
大夏大学来函
足球讲座（四） 乐秀荣

上海沪西小足球战况
银幕与舞台

第 6 期

1935 年 6 月 22 日
（民国二十四年六月二十二日）

手球谈 朱宽
赠送手球
三位运动小姐喜讯
台维斯杯杂话
广州中葡足球赛
世界亚林匹克中栏冠军铁司台尔过栏姿势
上周沪西小球赛况 一飞
银幕与舞台

第 7 期

1935 年 6 月 29 日
（民国二十四年六月二十九日）

草地网球的起源和六十年来的变化 沈镇潮译
南游之经过与感想（三） 陆礼华
世运足球人选之我见 李尔康
足球讲座（五） 乐秀荣
伦敦网球结果颠倒
香港南华败于海军
今明沪西小球赛
春生体育用品公司紧要启事
银幕与舞台

第 8 期

1935 年 7 月 6 日
（民国二十四年七月六日）

提倡踢球不忘职业
网球发球术 梵恩斯著、沈镇潮译
美国篮球名教练谈日本篮球技术的近况
足球讲座（七） 乐秀荣

香港南华胜炮兵
沪西小球大战
银幕与舞台

第 9 期
1935 年 7 月 13 日
(民国二十四年七月十三日)

全国运动人才精英集中青岛训练营
南华足球队亦作南游
南华报复海军
沪西小球今日节目
足球讲座（八） 乐秀荣
上海中华足球队南游过港记
银幕与舞台

第 10 期
1935 年 7 月 20 日
(民国二十四年七月二十日)

一周观感录 镇 潮
 游泳池集中沪北
 日本网球队来沪
 燕清网球队观察
 华南球队来沪
 草地网球联赛绝望
美人鱼杨秀琼婚事问题
一语道破海伦之谜？
足球讲座（九） 乐秀荣
沪西小足球赛"健北"克"海星" 黄一飞
南游何多——广州足球队亦计议出发
东南女体师游泳池今日开放
银幕与舞台

第 11 期
1935 年 7 月 27 日
(民国二十四年七月二十七日)

到处棒球狂
今年的台维斯杯
一周漫谈
 南北足球界暗礁
 中华游泳选手努力
 篮球队来非其时
 网球联赛勉列亚军
今明运动比赛节目
足球讲座（十） 乐秀荣
欢送两足球队出国 李惠堂
中国女体师荣膺毕业会考总分第一
沪西小足球大战
银幕与舞台

第 12 期
1935 年 8 月 3 日
(民国二十四年八月三日)

欢迎许承基归国
台维斯杯意外结果
中华棒球队还缺少速度 张国勋
借将出征之沪中华队在吧第一战
足球讲座（十一） 乐秀荣
南北三篮球队印象记 张蕙青
沪西小球赛
银幕与舞台

第 13 期
1935 年 8 月 10 日
(民国二十四年八月十日)

未负国人期望许承基载誉归来

卡尔生谈参加台维斯杯经过
网球迷从杭州来看许承基
迎许茶会速记 镇潮
欢迎许承基归国 张国勋
林丘、卡尔生车轮战许承基
足球讲座（十二） 乐秀荣
沪西小球赛
银幕与舞台

第 14 期

1935年8月17日

（民国二十四年八月十七日）

许承基网球谈片 镇潮
许承基三战三胜记
史规亚说许承基进步一倍
扶轮杯复赛，中美争天下
罗伯杯
足球讲座（十三） 乐秀荣
沪西四五千球迷看三幕精彩小球战
银幕与舞台

第 15 期

1935年8月24日

（民国二十四年八月二十四日）

竞强游泳池开幕，美人鱼轰动厦门
林宝华、邱飞海谁胜谁
一身做事一身当，替邱飞海可惜
林宝华对孚德，将解决扶轮杯中英命运
上海足球队泗水二战记
美人鱼杨秀琼莅厦喜作 顾曲生
实业界提倡运动，举办南洋杯网球赛
沪西小球赛
银幕与舞台

第 16 期

1935年8月31日

（民国二十四年八月三十一日）

从南洋杯谈到组织中华草地会
足球讲座（十四） 乐秀荣
扶轮杯中华败得太凄惨
网球赛述秘
香港足球赛定期举行
南华在暹六战六胜
许承基克服林珍记
沪西小球赛
银幕与舞台

第 17 期

1935年9月7日

（民国二十四年九月七日）

普及体育 蒋建白
东华不参加西联为什么不充实中华足球会
田径成功法 铁斯台尔著、镇译
罗伯杯中华惨败原因
中华游泳青年努力进步可喜
航空游泳质疑
许承基在广州亦胜
足球讲座（十五） 乐秀荣
本届全运会足球实力之侦察 李尔康
银幕与舞台

第 18 期

1935年9月14日

（民国二十四年九月十四日）

怎样推进我国网球 镇

精神可嘉应该效法潘莱
昨日下午在中国上海市足球队试脚头
田径成功法（二）　　　铁斯台尔著、镇译
王文正胜邱飞海并非意外之事
余衡之谈南洋盛行夜足球
广州四对零胜香港西联　　　　钱昌平
李惠堂月底来沪参加埠际网球赛
上海游泳兴趣渐热，水迷增多可喜
足球讲座（十五）　　　　　　乐秀荣
银幕与舞台

第 19 期
1935 年 9 月 21 日
（民国二十四年九月二十一日）

西人足球今生死关头一幕惊人的足球潮
田径成功法（三）　　　铁斯台尔著、镇译
目为肥肉的西人足球会资产表
李惠堂所拟香港足球阵线
本届全国运动会各项锦标之形势观
　　　　　　　　　　　　　　钱昌年
高级单打决赛王文正不免苦战
东华重入西联
银幕与舞台

第 20 期
1935 年 9 月 28 日
（民国二十四年九月二十八日）

香港发起六人足球
上海市足球队战青年
全运网球频添兴趣，许承基决定归国局面大变
上海第一流网球选手观　　　　胡宪生
马华男子网球队有相当希望
英雄无用武之地，爪哇侨胞足球队不能返国
田径成功法（四）　　　铁斯台尔著、镇译
香港足球季序曲——中华三对零胜西洋

银幕与舞台

第 21 期
1935 年 10 月 5 日
（民国二十四年十月五日）

阔别五年想煞球迷，明天可见李惠堂
李惠堂的网球
香港找上海人帮忙
河北足球队不要小视
田径成功法（五）　　　铁斯台尔著、镇译
本届东华、优游退出西联之真相　　颂声
上海第一流网球选手观（二）　　胡宪生
香港六人足球林肯甲胜南华甲获冠军
银幕与舞台

第 22 期
1935 年 10 月 10 日
（民国二十四年十月十日）

全运展开，纵谈男女锦标
不能回国显身手，杨安妮大哭
闲话马来亚
选手生活不同
网球秩序之缺点
六路雄师足球阵线集
三十二军马球队南下
香港寻常杯足球揭幕，南华、中华两路告捷
田径成功法（六）　　　铁斯台尔著、镇译

第 23 期
1935 年 10 月 17 日
（民国二十四年十月十七日）

全运侧面观
全运之花——李森
世运足球我国人选问题　　　　　张其光

香港埠际大将来沪参加西商
全运之花——邓银娇
今年草地网球世界最前十名
优游甲组足球队迟迟参加西联原因
田径成功法（七）　　　铁斯台尔著、镇译
小足球介绍（一）
银幕与舞台

第 24 期
1935 年 10 月 26 日
（民国二十四年十月二十六日）

足球训练法　　　　　　（苏格兰）台维逊
全运之花——梁泳小姐
今明足球
足球征答
世界网球前十名
全运总帐
谈谈上海队的失败　　　　　　　　瞿颂声
田径成功法（八）　　　铁斯台尔著、镇译
小足球介绍（二）
银幕与舞台

第 25 期
1935 年 11 月 2 日
（民国二十四年十一月二日）

足球头顶法　　　　　　（苏格兰）台维逊
西联甲组近况
足球难题解答
世运足球阵线谈　　　　　　　　　　王　珂
今明足球东华、优游初见面
田径成功法（九）　　　铁斯台尔著、镇译
孙锦顺入东华　　　　　　　　　　　七　佐
小足球介绍（三）
银幕与舞台

第 26 期
1935 年 11 月 9 日
（民国二十四年十一月九日）

华东大学体育的没落，谈到改组江大体协
篮球兴趣没落
甲组足球东华将对西商
教育部规定学校选手资格
优游胜暨南
马华足球队菲岛二战记
世界草地网球男子双打前十名
万国杯人选谈　　　　　　　　　　李尔康
田径成功法（十）　　　　　　　　镇　译
小足球介绍（四）
银幕与舞台

第 27 期
1935 年 11 月 16 日
（民国二十四年十一月十六日）

谈东华足球队塞拉其
今明足球
柯显网球谈片
西联甲组东华法商对峙
六届全运影片评
世运足球规程
田径成功法（十一）　　　　　　　镇　译
小足球介绍（五）
银幕与舞台

第 28 期
1935 年 11 月 23 日
（民国二十四年十一月二十三日）

东华大战葡萄牙

东华球员谈 塞拉其
万国足球中华大胜法兵
港丽华杯华联阵容商榷 李尔康
西联足球上周成绩
广东全省男女游泳最高纪录
东华三战三胜
小足球介绍（六）
银幕与舞台

第 29 期
1935 年 11 月 30 日
（民国二十四年十一月三十日）

东华惨败的分析 谈 客
广东省有意承办第八届全国运动会
西青篮、网球赛下周开始
东华之败 瞿颂声
田径成功法（十二） 镇 译
邱飞海等离港赴菲律宾
手球介绍（一）
时局问题影响华北运动
银幕与舞台

第 30 期
1935 年 12 月 7 日
（民国二十四年十二月七日）

郑兆佳在美近况
史高塔杯重要关头——东华战法商
江大体协宣告死刑，再论上海大学体系 谈 客
西青篮球赛约翰学生失态
不平等待遇之一，揭开西人足球会内幕
值得注意的苏联体育
第一流选手表演，孟瑞尔球艺惊人
足球的真谛 李惠堂

英德足球盛况
远征网球队通讯
手球介绍（二）
银幕与舞台

第 31 期
1935 年 12 月 14 日
（民国二十四年十二月十四日）

足球难题解（一） 乐秀荣、沈回春
世运篮球规程
史高塔杯东华法商今日重赛
孟瑞尔过港表演
远征网球战报：邱飞海败于加维亚
西联甲组近况，法商四战四胜
万国足球一幕：中华战华塞斯不欢而散
足球的真谛（续） 李惠堂
香港球报
手球介绍（三）
银幕与舞台

第 32 期
1935 年 12 月 21 日
（民国二十四年十二月二十一日）

万国杯足球开幕
我国网球十杰之我见 江道章
港足球队不愿北上
足球难题解（二） 乐秀荣、沈回春
球场燃犀集 云 儿
西联甲组近状、葡萄牙渐占上风
圣诞节慈善足球赛华联人选之我见 李惠堂
美人鱼亦善骗人
田径成功法（十三） 镇 译
银幕与舞台

第 33 期

1935年12月28日
（民国二十四年十二月二十八日）

埠际试赛东华出战西人联队
法商葡萄牙比较观　　　　　谈　客
施高塔杯将近决战　　　　　剑　鸣
球场燃犀集　　　　　　　　云　儿
田径成功法（十四）　铁斯台尔著、镇译
足球难题解（三）　　　乐秀荣、沈回春
出席明年世运我国十一员虎将　国　翔
银幕与舞台

第 34 期

1936年1月5日
（民国二十五年一月五日）

谈良华篮球队　　　　　　　谈　客
拟上海埠际足球队
慈善足球改定今日
法国足球队不参加世运说
围炉随笔
远征网球捷报，王文正击败加维亚
足球难题解（四）　　　乐秀荣、沈回春
柏林之会，我国足球人选谈（上）　李尔康
田径成功法（十五）　铁斯台尔著、镇译
银幕与舞台

第 35 期

1936年1月11日
（民国二十五年一月十一日）

体育外史，雷电华作怀记　　　谈　客
英国网球帐
埠际杂话　　　　　　　　　　天
东华对西联

球场燃犀集　　　　　　　　云　儿
李义臣的粉洋伞　　　　　　神　鹰
足球难题解（五）　　　乐秀荣、沈回春
广州足球队又有南征计画
莽张飞也会谈恋爱　　　　　红　绡
我国足球人选谈（中）　　　李尔康
田径成功法（十六）　铁斯台尔著、镇译
银幕与舞台

第 36 期

1936年1月18日
（民国二十五年一月十八日）

埠际足球港队选拔经过
体育外史，大王脱壳记　　　谈　客
小秘密
球场燃犀录　　　　　　　　云　儿
足球难题解（六）　　　乐秀荣、沈回春
埠际足球代表，小黑炭有资格
为了汤团西施，万倭虎从此安稳耶
我国足球人选谈（下）　　　李乐康
黄小姐着了道儿也　　　　　神　鹰
田径成功法（十七）　铁斯台尔著，镇译
银幕与舞台

第 37 期

（埠际足球赛特刊）
1936年1月24日
（民国二十五年一月二十四日）

沪港埠际足球赛揭幕
沪港埠际足球小史，起源与经过
春季足球大赛秩序表
五年来埠际足球上海香港阵线表
上海队失约，天津队不愿南下
华北足球阵线
足球难题解（七）　　　乐秀荣、沈回春
世运篮球预选

埠际足球小言
上海埠际队人选的批评
埠际足球历年纪录
银幕与舞台

第 38 期
1936 年 1 月 31 日
（民国二十五年一月三十一日）

代表团人数的质疑——到柏林去要这许多人吗？ 镇潮
中华足球队今后日二大战
七日谈 谈客
 今年的台维斯杯
 上海篮球的进步
 女子篮球的冷落
 分区足球的复活
 足球赛天公不作美
世运篮球预选
埠际足球三赛记
足球难题解（八） 乐秀荣、沈回春
田径成功法（十八） 铁斯台尔著、镇译
球场燃犀录 云 儿
醋海腾波记 迷 哥
银幕与舞台

第 39 期
1936 年 2 月 8 日
（民国二十五年二月八日）

今年台维斯杯前瞻，中国或许一鸣惊人 张国勋
体育协进会否认李惠堂谈话
史高塔杯复赛东华战西商
七日谈 谈客
 世运篮球训练问题
 竞走代表亟应添增
 西洋拳击不妨提倡
 警察足球
 北上游历
足球难题解（九） 乐秀荣、沈回春
葡萄牙胜西捕不易，考史泰殴人竟未曾罚出
球场燃犀录 云 儿
李硕友旧地重游
北里校书入球迷籍，造成一页桃色新闻，李宁几乎蒙冤莫白 神 鹰
球坛杂记 剑 气
钱行素将赴汴
田径成功法（十九） 铁斯台尔著、镇译

第 40 期
1936 年 2 月 15 日
（民国二十五年二月十五日）

中国人足球迷传到了英伦三岛 镇潮
七日谈 谈客
 中葡足球大可注目
 慈善足球收入锐减
 优游振奋或有新作
 海贼今年连交败运
 台杯代表增加一人
读蒋槐青君"关于重要启事"后 裴顺元
明日万国足球复赛中华战犹太
足球难题解（十） 乐秀荣、沈回春
西联足球上周结果
呕气？
世运箴言，歪嘴吹灯录 冷眼道人
球场燃犀录 云 儿
剑鸣顿首
银幕与舞台

第 41 期
1936 年 2 月 22 日
（民国二十五年二月二十二日）

足球在英国 镇潮

我爱玉增　　　　　　　　　神　鹰
东华葡萄牙今日决史高托杯
参加亚林匹克我国足球预选
七日谈
　　市体育场场长产生
　　菲岛网球不无失望
　　西青女篮采用女规
　　万国足球中葡决赛
田径成功法（二十）　铁斯台尔著、镇译
香油四斤恭附小注，贺胜老兄续弦
　　　　　　　　　孙道胜、汪剑鸣
球国一趣事　　　　　　　　绝　倒
球场燃犀录　　　　　　　　云　儿
银幕与舞台

第 42 期

1936年2月29日

（民国二十五年二月二十九日）

我的跳远（上）　　　　　　叶遂安
东华葡萄牙史高托杯决赛
麦令在平胜辅仁
热心排球者一封信，全运排球代表旧事重提
七日谈　　　　　　　　　　谈　客
　　江大改组刻不容缓
　　女篮兴趣没落可虑
　　小许振作收复失誉
　　处罚球员莫名其妙
英国皇家访华飞船带来一条好消息
明日下午在申园优游战兰开夏
足球难题解（十一）　乐秀荣、沈回春
王文正在菲大得好评
香港南华南再败记
北平溜冰记趣
陈家球返爪哇
中葡杯继续举行
银幕与舞台

第 43 期

1936年3月7日

（民国二十五年三月七日）

星加坡世运足球候选员梁礼安并无其人
万国足球中葡今日决赛
从中青排球退出西青谈到中青篮球赛　鸿
我的跳远（下）　　　　　　叶遂安
世远足球预选马华选手不参加
七日谈
　　史高托杯喜出望外
　　西青排球纠纷可惜
　　足球秩序令人扫兴
球场燃犀录　　　　　　　　云　儿
不和斋墨宝　　　　　　　　垂　泪
明日足球重重叠叠
二万米长程跑
史杯决赛我评　　　　　　　尔　康
银幕与舞台

第 44 期

1936年3月14日

（民国二十五年三月十四日）

足球经　　　　　　　　　　李惠堂
团体田径运动会白虹参加成问题
七日谈　　　　　　　　　　谈　客
　　亚林匹克忽起风波
　　国际篮球兴趣增加
　　国际田径大为扫兴
　　台杯代表仍派许郑
甲组足球大会串
水国五虎将——郭振恒　　　剑　气
田径成功法（二十一）　铁斯台尔著、镇译
球坛杂记　　　　　　　　　尔　康
球场燃犀录　　　　　　　　云　儿

南征述秘
　　唐娜小姐千金求一吻，李震中艳福无边
　　　　　　　　　　　　　　　　　纤　纤
不和斋墨宝续集　　　　　　　　　垂　泪
银幕与舞台

第 45 期
1936 年 3 月 21 日
（民国二十五年三月二十一日）

世界运动会吃饭问题
天南球星张显源抵港
关于蔡惠全　　　　　　　　　　一读者
七日谈　　　　　　　　　　　　谈　客
　　国民体育初步工作
　　国际篮球又告失败
　　东华惨败精神可嘉
一周大事
东华战优游如戏连台
球场燃犀录　　　　　　　　　　云　儿
水国五虎将之二——施博根
田径成功法（二十二）　铁斯台尔著、镇译
南华南空前惨败记
篮球季末话中青　　　　　　　　逊　之
天花乱坠楼散记　　　　　　　　梅　郎
银幕与舞台

第 46 期
1936 年 3 月 28 日
（民国二十五年三月二十八日）

关于篮球预选　　　　　　　　　　镇
世界运动会决不改期
市体育场董事长
天南球星张显元在港初显身手
七日谈　　　　　　　　　　　　谈　客
　　欢送许林赴法比赛
　　欧洲篮球不同之点

　　甲组足球全部扫兴
　　优游努力再接再厉
世运足球预选下周在香港开幕
球场燃犀录　　　　　　　　　　云　儿
一周大事
水国五虎将之三——简而明
南华南胜西警，获特别银牌
世界篮球选委失策　　　　　　　依　依
田径成功法（二十三）　铁斯台尔著、镇译
银幕与舞台

第 47 期
1936 年 4 月 4 日
（民国二十五年四月四日）

世运会我国足球界金钗十二行　　神　鹰
优游遇法商，凶多吉少
世界游泳锦标美国威胁日本（上）
七日谈　　　　　　　　　　　　谈　客
　　津沪足球上海必败
　　优游惨败大出意外
　　国际排球名义问题
　　香港网球发生奇迹
青年之路——戴院长的体育主张
一周大事
水国五虎将之四——简而洁
香港国际杯慈善足球，中国大胜葡萄牙
球场燃犀录　　　　　　　　　　云　儿
港足球名将郑少康应邀来沪
为足球预选事向当局进一言　　　李尔康
银幕与舞台

第 48 期
1936 年 4 月 11 日
（民国二十五年四月十一日）

理想中最坚强的中国篮球队　　　卫省昌
西联足球已成尾声，法商冠军决定

世界游泳锦标，美国威胁日本（下）
世运足球预选队在港第一战
埠际足球上海四比八败于天津
七日谈　　　　　　　　　　　　谈　客
　　竞走冠军发生问题
　　网球名次亦应厘订
　　台维斯杯开始接触
　　足球兴趣集中香港
远征感想　　　　　　　　　　　唐宝堃
水国五虎将之五——简而廉
一周大事
世运预选的僵局　　　　　　　　依　依
球场燃犀录　　　　　　　　　　云　儿
田径成功法（二十四）　铁斯台尔著、镇译
银幕与舞台

第 49 期

1936 年 4 月 18 日
（民国二十五年四月十八日）

柏林大会足球代表面面观　　　　神　鹰
埠际足球沪津三战记
田径成功法（二十五）　铁斯台尔著、镇译
世运足球队包家平等念二人首战胜港陆军联
七日谈　　　　　　　　　　　　谈　客
　　津埠足球不过如此
　　湘省建筑华中会场
　　团体篮球威震菲岛
一周要讯
黑人世界
今明西联足球
世运篮球代表点将录　　　　　　　民
球场燃犀录　　　　　　　　　　云　儿
银幕与舞台

第 50 期

（中华世运足球队出国纪念比赛特刊）
1936 年 4 月 25 日
（民国二十五年四月二十五日）

今日战葡萄牙（附布阵图）
世运足球代表的介绍（一）
世运足球代表在港大显威风
七日谈　　　　　　　　　　　　谈　客
　　足球兴趣集中上海
　　法国台杯全力应战
　　甲组足球半途夭折
　　北平球队东渡赴日
　　国体篮球挑战世运
世运足球远瞻，我们的锦标　　　沈镇潮
一周要讯
银幕与舞台

第 51 期

（中华世运足球队出国纪念比赛特刊）
1936 年 4 月 26 日
（民国二十五年四月二十六日）

今日战西队（附布阵图）
世运足球代表的介绍（二）
世运代表队七比一大胜港西联明星集团
八月十五之夜　　　　　　　　　依　依
球大王小传（李惠堂）
一周要讯
银幕与舞台

第 52 期

（中华世运足球队出国纪念比赛特刊）
1936 年 4 月 29 日
（民国二十五年四月二十九日）

今日战沪中华队

从战略上批评国军江湾的惨败	镇 潮
东华京中逞威记	
妙文共赏	而 已
未曾获见理想的世运代表队	
球迷日历	
看球人数究竟多少	
银幕与舞台	

第 53 期
(一周纪念特刊)
1936年5月2日（民国二十五年五月二日）

世运足球代表队的我观	张国勋
写在输球以后	严仁颖
拉杂谈来	章绳治
提倡体育应人人负责	夏开明
贡献我体育界	袁 琮
中国足球队实力应从新估定	裴顺元
考证录	雄
手球谈	孙道胜
在体育界试笔	蒋槐青
世运代表队胜法商	
一周的话	镇 潮
有女一人在王之侧	目 睨
路透社访问记——关于中国队的资格问题（上）	沈镇潮
银幕与舞台	

第 54 期
1936年5月9日
(民国二十五年五月九日)

德美士女们的体育生活	蒋槐青
如此球王	耳 食
路透社访问记——关于中国足球队的职业嫌疑（下）	沈镇潮
中法台维斯杯三日记	
七日谈	谈 客
世运足球实力评议	
中法台杯不过如此	
田径测验差强人意	
江大体协名存实亡	
三言二语录	铮 铮
印度足球	耳 食
一周要讯	
田径成功法（二十六）	铁斯台尔著、镇译
银幕与舞台	

第 55 期
1936年5月16日
(民国二十五年五月十六日)

香港工商日报质问李惠堂	
何爱英女士只有十五岁，不能参加网球大会	
答李惠堂	耳 食
世运足球队过港记	
大学运动会？	张国勋
七日谈	谈 客
甘肃首次联运大会	
菲律宾世运代表团	
小学联运盛极一时	
本年网球季节开始	
信手拾得	铮 铮
田径成功法（二十七）	铁斯台尔著、镇译
一周要讯	
银幕与舞台	

第 56 期
1936年5月23日
(民国二十五年五月二十三日)

业余精神的评价	蒋槐青
世运竞走代表内定的狂谬	镇 潮
世运撑竿跳符保卢有希望	

台维斯杯近谈	铮铮
一周零讯	
日本体育漫谈	刘潜
一九三五、六年香港足球总帐（上）	
英国职业足球决赛摄制影片的伟大	
银幕与舞台	

英文泰晤士报的论调	列飞雷
在上海所得的印象	李惠堂
明日中西田径对抗秩序	
李惠堂与业余运动规则	
	树谷、绳治、顺元、仁颖
小消息	

第 57 期
1936年5月30日
（民国二十五年五月三十日）

回忆刘长春	蒋槐青
请注意有所谓德国体育考察团秘书者	耳食
许承基并未击败拉柯斯德	
再谈中华竞走会的怪通告	铮铮
七日谈	谈客
田径训练成绩美满	
日本世运田径实力	
小许在法风头大健	
竞走预选大可注意	
田径成功法（二十八）	铁斯台尔著、镇译
一九三五、六年香港足球总帐（下）	
李惠堂的家世	槐
银幕与舞台	

第 58 期
（李惠堂事件专号）
1936年6月16日
（民国二十五年六月十六日）

小　序	
所谓李惠堂问题者	槐青
沈嗣良谈话	
讲几句公正话	镇潮
乐秀荣君意见	
英文大美晚报的主张	塞拉其
球迷们的意见	球迷
上海国际田径最高纪录	

第 59 期
1936年6月13日
（民国二十五年六月十三日）

田径选拔的检讨	植之
莫名其妙的田径代表——马约翰一手包天	
	耳食
贾连仁进步述秘	
七日谈	谈客
专家训练刻不容缓	
江大体协寿终正寝	
台维斯杯法国淘汰	
江大足球冠军易主	
一周要讯	
李惠堂事件专号赘言	镇潮
李惠堂君在上海所得的印象	蒋湘青
李惠堂事件暂告一段落	
银幕与舞台	

第 60 期
1936年6月20日
（民国二十五年六月二十日）

大事记	镇潮
张龄佳事件别记	槐青
哈同夫人欢宴美人鱼目的何在？	耳食
郝更生慨乎其言	铮
柏林奥林匹克村巡礼	
记某选手	缘漪
七日谈	谈客

世界女子田径可惊
惠勃尔登群英毕集
太平带希望不多
田径成功法（二十九）　　铁斯台尔著、镇译
最近田径收获的比较
应该表示满意了　　　　　　　　　植　之
银幕与舞台

第 61 期
1936 年 6 月 27 日
（民国二十五年六月二十七日）

送代表团赴德　　　　　　　　　　镇　潮
欢送世运代表团出国　　　　　　　冯都良
蒋院长在京训词
吾国足球队南征成绩
星洲日报忠告李惠堂
世运代表团题名
七日谈　　　　　　　　　　　　　谈　客
　小许虽败战绩可佳
　世界纪录日新月异
　下届世运地点问题
　杨氏姐妹悄然回港
欢送参加世运代表团
田径成功法（三十）　　　铁斯台尔著、镇译
银幕与舞台

第 62 期
1936 年 7 月 4 日
（民国二十五年七月四日）

六十年来的惠勃尔登世界网球大会　美　镇
世界游泳锦标美国自信有把握
谈参加亚林匹克　　　　　　　　　槐　青
香港南华南将南游
七日谈　　　　　　　　　　　　　谈　客
　狂热欢送世运代表

美国世运人才鼎盛
四川体育前途有望
田径成功法（三十一）　　铁斯台尔著、镇译
江大体协盖棺定论（附十一年的纪录表）
黄纪良一封信——辟谣
银幕与舞台

第 63 期
1936 年 7 月 11 日
（民国二十五年七月十一日）

收回上海网球权　　　　　　　　　耳　食
草地网球双打联赛康悌网球会锦标有把握
本届惠勃尔登回顾录　　　　　　　铮　铮
日网球选手来沪讨价还价记
七日谈　　　　　　　　　　　　　谈　客
　我足球队两大战绩
　世运竿跳保卢难胜
　华北运动今年暂停
田径成功法（三十一）　　铁斯台尔著、镇译
球大王休息说
随征记（一）　　　　　　　　　　冯有真
银幕与舞台

第 64 期
1936 年 7 月 18 日
（民国二十五年七月十八日）

闲话网球　　　　　　　　　　　　耳　食
网球杂笔　　　　　　　　　　　　槐　青
草地网球会得其所哉　　　　　　　道　得
今年台维斯杯形势，最后结果还是英国的
世运足球队最近战绩
下届地点问题：芬兰八大理由洋洋洒洒　植　之
七日谈　　　　　　　　　　　　　谈　客
　奥林匹克火炬接力
　芬兰单打小许败北

游泳比赛兴致不高
田径成功法（三十二） 铁斯台尔著、镇译
随征记（二） 冯有真
美国游泳家麦迪加的成绩
银幕与舞台

随征记（四） 冯有真
世运各项比赛，田径参加者最多
田径成功法（三十四） 铁斯台尔著、镇译
路易斯今年六十五岁
银幕与舞台

第 65 期
1936 年 7 月 25 日
（民国二十五年七月二十五日）

奥林匹克火炬接力的伟大
世运消息集锦
关于路易斯
台维斯杯埠际决赛对调单打改人入替的疑问
世运篮球鸟瞰，我国大有希望
上海草地网球双打联赛康悌会果膺冠军
七日谈 谈客
　　世运足球中国失望
　　扶轮杯赛改变方法
　　世运代表到达柏林
田径成功法（三十三）
随征记（三） 冯有真
几位大网球家的年龄和生日
银幕与舞台

第 66 期
1936 年 8 月 1 日
（民国二十五年八月一日）

十一届奥林比克今日在柏林开幕
世运足篮球赛
七日谈 谈客
　　世运篮球首逢日本
　　计时仪器惊人发明
　　邱飞海在槟榔逝世
世运火炬沿途盛况
（台杯）一九三六年结束，英国保持台杯第四年

第 67 期
1936 年 8 月 8 日
（民国二十五年八月八日）

一片落选声
二年之中他人进步如飞 铮铮
亚林比克随笔 谈客
世运前五日成绩一览
世运火炬沿途盛况
足球虽败总算不错
欧文斯前无古人
田径成功法（三十五） 铁斯台尔著、镇译
银幕与舞台

第 68 期
1936 年 8 月 15 日
（民国二十五年八月十五日）

世运美中不足：奥秘足球大波澜，秘鲁退会为可惜
世运行政组织
人力顶点
世运会特刊予约
亚林比克随笔 谈客
随征记（五） 冯有真
足球纠纷真象
世运新闻各大报内幕谈 铮铮
一个大问题：中华民族康健大问题 兆均
世运田径成绩一览
中日篮球二年的变化叫人欷歔慨叹
田径成功法（三十六） 铁斯台尔著、镇译
银幕与舞台

第 69 期
1936 年 8 月 22 日
（民国二十五年八月二十二日）

世运会史略（一）	沈嗣良
废锦标为金牌	耳色
二个冷门：欧洲的篮球、美国的足球	铮
世运大会在灯光下闭幕	
金牌一览	
足球决赛记	
世运男女游泳全部成绩	
篮球决赛记	
今年国际网球中华队大不佳妙	
田径成功法（三十七）	铁斯台尔著、镇译
银幕与舞台	

第 70 期
1936 年 8 月 29 日
（民国二十五年八月二十九日）

上海西人足球会大波澜的酝酿	球探
中华草地网球会应刻不容缓的成立	
高级单打决赛索然无味	
我世运足球队一大战绩	
世运会史略（二）	沈嗣良
林宝华欧游谈片	
世运篮球惨败探讨	江良规
田径成功法（三十八）	铁斯台尔著、镇译
银幕与舞台	

第 71 期
1936 年 9 月 5 日
（民国二十五年九月五日）

上海西人足球会突如其来怪消息
邱飞海与协进会
奥文斯顿成巨富
我世运足球队在英初露身手

世运中英足球战记详	冯有真
我国网球名将余田光在美结婚	
市立体专的动机	
田径成功法（三十九）	铁斯台尔著、镇译
世运会史略（三）	沈嗣良
银幕与舞台	

第 72 期
1936 年 9 月 12 日
（民国二十五年九月十二日）

西人会改组联赛

参加世运会失败原因	沈嗣良
许承基将久居上海	
上周网球记要	
世运篮球痛心一战——败于日军记	冯有真
球国史乘（一）	李尔康
上海西人足球会上年度收支总帐	
世运会史略（四）	沈嗣良
田径成功法（三十九）	铁斯台尔著、镇译
银幕与舞台	

第 73 期
1936 年 9 月 19 日
（民国二十五年九月十九日）

这一周	镇潮
跳舞与球员	
沈嗣良答客问	
纪念邱飞海赛，收入四百六十余元	
参加世运经过	沈嗣良
田径成功法（四十一）	沈镇潮译
铁尔登、梵恩斯在日表演条件	
世运会史略（五）	沈嗣良
球国史乘（二）	李尔康
吴必显等返津谈在德观感	
银幕与舞台	

第 74 期
1936年9月26日
(民国二十五年九月二十六日)

收回足球权问题
这一周 　　　　　　　　　　　　铮
我足球队英伦第一战二比三败于柯林士
上海西人足球会重重黑幕之一
田径成功法（四十二）　　　　沈镇潮译
世运杂感　　　　　　　　　　冯有真
球国史乘（三）　　　　　　　李尔康
银幕与舞台

第 75 期
1936年10月3日
(民国二十五年十月三日)

今年西联足球鸟瞰
欢迎世运代表团归国
西联足球开幕记
优游一世之雄今安在哉　　　逍遥阁球迷
球国史乘（四）　　　　　　　李尔康
我国世运足球队在英伦第二战二比五败于
卡慈尔斯
等着许承基归来
田径成功法（四十三）　　　　沈镇潮译
零　讯
银幕与舞台

第 76 期
1936年10月10日
(民国二十五年十月十日)

法商战和兰开夏
西联甲组足球近状
我国足球队南游，收入丰富可观
参加世运感想　　　　　　　　王正廷
世运选手归国谈片　李惠堂、蔡文礼、沈津恭

英国足球新战略的失败
球国史乘（五）　　　　　　　李尔康
海贼摇身一变成了汽车
西联足球本年杯赛日程
田径成功法（四十四）　　　　沈镇潮译
零　讯
银幕与舞台

第 77 期
1936年10月17日
(民国二十五年十月十七日)

中国世运选手团柏林惨败的真因　张国勋
明日甲组足球
上周足球回顾
沪港两地足球盛衰不同
中英之战　　　　　　　　　　李惠堂
球国史乘（六）　　　　　　　李尔康
上海西联足球甲组今年战表
一针见血谈　　　　　　　　　铮
田径成功法（四十五）　　　　沈镇潮译
银幕与舞台

第 78 期
1936年10月24日
(民国二十五年十月二十四日)

中华世运足球队南游收入如此　　耳食
草地网球在苏联
缺少训练的一个极大的铁证
今明足球
广州香港埠际足球一幕
球国史乘（七）　　　　　　　李尔康
上周足球回顾　　　　　　　　容
谈市运会　　　　　　　　　　铮
田径成功法（四十六）　　　　沈镇潮译
银幕与舞台

第 79 期

1936 年 10 月 31 日

（民国二十五年十月三十一日）

十年来福州篮球　　　　　　　　黄湖桐
东华甲组战葡萄牙
不平之鸣　　　　　　　　　　　张东隅
欧文斯成功史　　　　　　　　　　　环
全市运动会组织原则错误谈　　　　　镇
东华五战五胜
港丽华杯初赛
田径成功法（四十七）　　　　沈镇潮译
西捕空前惨败　　　　　　　　　乔　治
球国史乘（八）　　　　　　　　李尔康
包家平坠马受伤
银幕与舞台

第 80 期

1936 年 11 月 7 日

（民国二十五年十一月七日）

职业网球印象记　　　　　　　　　　镇
小黑幕　　　　　　　　　　　　　　铮
足球大赛，东华法商祝寿
铁尔登东京谈片
梵恩斯击球姿势
香港丽华杯足球纠纷
英雄所见如此——卡逊在日本
东华六战六胜
田径成功法（四十八）　　　　沈镇潮译
银幕与舞台

第 81 期

1936 年 11 月 14 日

（民国二十五年十一月十四日）

远东运动会正式宣告寿终

统制体育谈（上）　　　　　　　　　镇
职业网球的代价
铁尔登讲网球术
铁尔登与潘莱
中华网球界又一大笑话：再谈中国草地网球会
球国史乘（九）　　　　　　　　李尔康
体育界佳话，双喜临门记
　——胶济路委员钱宗渊，佳婿陈宝球，佳妇李森
东华初败记　　　　　　　　　　　　声
田径成功法（四十九）　　　　沈镇潮译
银幕与舞台

第 82 期

1936 年 11 月 21 日

（民国二十五年十一月二十一日）

统制体育谈（下）　　　　　　　　　镇
谈谈劳逸尔的实力　　　　　　　槐　青
体育和卫生教育的关系　　　　　潘公展
足球射门术
体坛三十六名角集　　　　　　　李尔康
上海大学篮球的悲观　　　　　　　　铮
田径成功法（五十）　　　　　沈镇潮译
球国史乘（十）　　　　　　　　李尔康
东华甲组七战七胜
银幕与舞台

第 83 期

1936 年 11 月 28 日

（民国二十五年十一月二十八日）

东华法商会师逸团
东华和腊克斯记　　　　　　　　植　之
东华法商对峙情状
香港丽华杯纠纷——华联胜利被取消
英法女子足球　　　　　　　　　佐　治

铁、梵二次过沪记　　　　　　　光
潘莱明年东来
田径成功法（五十二）　　　　沈镇潮译
球国史乘（十一）　　　　　　李尔康
李森在青岛组织篮球队
银幕与舞台

第 84 期
1936 年 12 月 5 日
（民国二十五年十二月五日）

袁敦礼谈远东运动会停止原因
东华惨败的分析　　　　　　　　铮
国体校友扬眉吐气——信通在京两败记
史高托杯大势
埠际足球前瞻
田径成功法（五十三）　　　　沈镇潮译
论吾国体育宜普及　　　　　　李尔康
银幕与舞台

第 85 期
1936 年 12 月 12 日
（民国二十五年十二月十二日）

解散远运会内容原来如此
国民体育实施训练办法
史高托杯并无冷门
香港足球特别银牌纠纷
甲组足球形势未变
天南喜讯——邓银娇小姐婚期日近
港足球总会独报筹备沪港埠际足球赛
田径成功法（五十四）　　　　沈镇潮译
银幕与舞台

第 86 期
1936 年 12 月 19 日
（民国二十五年十二月十九日）

新德意志青年训练概况（上）　　宋如海
香港组织元老足球队
国际足球开始
摔角记——黄伯长大战弥哈，在国际体育吐气
介绍德国式手球
西联足球甲组近状
大学足球复活
田径成功法（五十五）　　　　沈镇潮译
篮球近谈——海上五雄成败高下
银幕与舞台

第 87 期
1936 年 12 月 26 日
（民国二十五年十二月二十六日）

从黄伯长谈到摔角
新德意志青年训练概况（下）　　宋如海
慈善足球大赛
广州香港元老埠际球赛
马来西亚华侨足球健将李义耀喜讯
香港特别银牌赛纠纷，香港会上诉被驳回
英国裁判员总会解释
万国杯人选刍议　　　　　　　霄晁阁球客
田径成功法（五十六）　　　　沈镇潮译
国际足球初赛结束
银幕与舞台

第 88 期
1937年1月9日
(民国二十六年一月九日)

职业网球潘梵决战记详
二周小记
埠际足球秩序
我国世运失败后说到改良衣食住行（上）
       华罗琛女士
西联甲组足球近状
新年中球坛动静
陆礼华女士谈华中体育印象
市体校学生的纪律   荫
田径成功法（五十七）
银幕与舞台

第 89 期
1937年1月16日
(民国二十六年一月十六日)

埠际足球试赛记   美　镇
今昔篮球术之不同   国　勋
西联甲组足球近状
香港埠际队阵容
第七届全运会开始筹备
举行沪港华人埠际足球
潘莱三胜梵恩斯
记冯慰仁君   吴梦云
英式小球内容（一）

我国世运失败后说到改良衣食住行（下）
       华罗琛女士
田径成功法（五十八） 沈镇潮译
银幕与舞台

第 90 期
1937年1月23日
(民国二十六年一月二十三日)

沪港埠队足球前奏
冯慰仁拳斗善村记
各省市县体育会组织条例
西青篮球结束
英式小球内容（二）
潘莱与梵恩斯
军校剿灭海贼记
田径成功法（五十九）
西联足球甲组近状
银幕与舞台

〔典藏〕总藏1—90，102—103，122，124—125，127期（1935—1939年)

上海图书馆藏1—90期（1935—1937年）

原杭州大学体育系（现浙江大学教育学院体育系）藏28—29，64—65，102—103，122，124—125，127期（1935—1939年）

乒乓周报

第1期—第17期

(1935.7—1935.12)

*《乒乓周报》，1935年7月（民国二十四年七月）创刊，在上海出版，周刊。由上海中国乒乓研究会编行，王一主编。1935年12月（民国二十四年十二月）停刊，共出版第1—17期。本书全部收录。

第 1 期
1935年7月27日
（民国二十四年七月二十七日）

全联会章草案的精神	编　者
中华乒乓联合会发起全国乒乓竞赛大会	记　者
东京立教大学乒乓队如期到沪	马
立教大学乒乓队征沪军略历	
苏州乒乓	孔　之
小消息（十则）	
中华全国乒乓联合会章程初稿	

第 2 期
1935年8月3日
（民国二十四年八月三日）

东京大学冠军立教大学乒乓队访沪战况	看　客
杭州良友队	沈鹤年
爱乐杯成绩	
武汉有征沪意	

第 3 期
1935年8月10日
（民国二十四年八月十日）

我国乒乓界今后应趋的路径	王心景
东京大学冠军立教大学乒乓队访沪战况（续）	
胜决法	看客
爱德杯优级组之一幕	憬
有问必答	记　者
	丘　七

第 4 期
1935年8月17日
（民国二十四年八月十七日）

全联创立的委员人选问题	达
中华全国乒乓联合会进行积极	记　者
北平乒乓联合会正式成立	来　件
林慕容在京大显身手	厂
各地乒乓杂讯	
厦门乒乓讯	
苏州银星	绮
女子乒乓	
江苏省会两次乒乓赛的结果	李剑霞
梧州精武会会员乒乓赛	林志达
有问必答	丘　七

第 5 期
1935年8月24日
（民国二十四年八月二十四日）

趣味浓厚的乒乓竞赛法	一　文

上联会通函全国邀请参加全国乒乓竞赛大会
　　　　　　　　　　　　　　　　来　件
上联会定期举行慈善赛　　　　　　记　者
苏州乒乓近闻　　　　　　　　　　昭
常熟冠军红星征苏概况　　　　　　虞
南京交通部机关乒乓联合会成立　　转
有问必答　　　　　　　　　　　　丘　七

第 6 期
1935 年 8 月 31 日
(民国二十四年八月三十一日)

乒乓规则　　　　　　　　　　　　一　文
全国乒乓竞赛大会上海市预选九月一日开赛
　　　　　　　　　　　　　　　　来　件
镇江第二届团体锦标赛追记　　　　于芝生
南浔白光近讯　　　　　　　　　　球　迷
泰州健康分会成立　　　　　　　　卢变曾
福建龙溪个人公开赛　　　　　　　芗
有问必答　　　　　　　　　　　　丘　七

第 7 期
1935 年 9 月 7 日
(民国二十四年九月七日)

全国竞赛的预选和旅费　　　　　　一　文
赈灾乒乓赛热烈举行　　　　　　　记　者
京交联发起组织市联合会　　　　　来　件
上海预选淘汰成绩　　　　　　　　来　件
张连生连生不幸　　　　　　　　　记　者
悬赏预测　　　　　　　　　中国乒乓研究会
江都乐友队专泛　　　　　　　　　泽　安

第 8 期
1935 年 9 月 21 日
(民国二十四年九月二十一日)

时间制比赛的建议　　　　　　　　一　文

闲话乒乓　　　　　　　　　　　　燕　人
吴县乒乓联合会正式成立　　　　　来　件
澳门亦拟参加全赛　　　　　　　　记　者
晚霞与红星
有问必答　　　　　　　　　　　　丘　七

第 9 期
1935 年 9 月 28 日
(民国二十四年九月二十八日)

分组循环制与多次淘汰制　　　　　一　文
全国乒乓赛上海市选手产生　　　　马　夫
第二次悬赏预测
南京市预选　　　　　　　　　　　宁
第二届华商银行杯赛　　　　　　　白
无锡将开赛宝瑄杯　　　　　　　　明
平津将举行赈灾赛　　　　　　　　记　者
浦东国光队
最近短讯

第 10 期
1935 年 10 月 5 日
(民国二十四年十月五日)

全国乒乓竞赛大会定国庆日开始　　记　者
全赛职员及各队名单　　　　　　　记　者
武汉乒乓两雄剧战记　　　　　　　球　怪
轰动全城之泰县小学乒乓锦标赛记　薛辅仁
郑州各队队员联谊赛　　　　　　　谢椒芬
泰县个人乒乓锦标赛　　　　　　　薛辅仁

第 11 期
1935 年 10 月 19 日
(民国二十四年十月十九日)

全国乒乓竞赛大会纪盛　　　　　　记　者
中华全国乒乓联合会筹备会议
　　——成立"中华全国乒乓协进会"　毅

全国运动会中乒乓表演赛　　　　　　明　　　青萍将进攻北平　　　　　　　　　逸

第 12 期
1935 年 11 月 2 日
（民国二十四年十一月二日）

全国竞赛因会期关系再决未赛澳、沪、苏同
列冠军　　　　　　　　　　　　记　者
上海队全胜澳门　　　　　　　　　平　蓬
汉口联会诞生
王月章将来沪观摩　　　　　　　　孔宪篪
乒乓界说要统一，究竟要统一什么？曹振东
光华大学成立乒乓队
吴县杯赛续闻
孔雀开屏

第 13 期
1935 年 11 月 9 日
（民国二十四年十一月九日）

向上海乒乓联合会提一个小建议　　张耀勋
中华全国乒乓协进会第二次常委会议案
平、津、青发起组织华北联会
张连生记　　　　　　　　　　　　张　帆
中华全国乒乓协进会章程草案　　　来　件
善德亦不善
杭州新组七星队　　　　　　　　　陈　文
盐业队一鸣惊人　　　　　　　　　晓　声
镇江商团乒乓队复活　　　　　　　周道谦

第 14 期
1935 年 11 月 23 日
（民国二十四年十一月二十三日）

全国乒乓竞赛的余波　　　　　　　编　者
上海青年会举办少年杯公开个人乒乓赛
全赛余波——三封有关的信

第 15 期
1935 年 11 月 30 日
（民国二十四年十一月三十日）

中信队称霸银行杯　　　　　　　　言　方
四届联合杯不日举行
南京邮声乒乓队近讯
上海青年会主办少年杯公开赛开始
杭州良友力战胜大华　　　　　　　刘武南
至光胜同志
来函照登
现代乒乓学（一）
　　　　　　　（美）柯尔门克拉克著、壮游译
有问必答　　　　　　　　　　　　丘　七

第 16 期
1935 年 12 月 7 日
（民国二十四年十二月十七日）

吴县联合主办赈灾乒乓赛详记　　　汤祥麟
汉市亦将举办银行乒乓赛　　　　　先　锋
少年杯消息
鸿章上月份战绩
邮工队又增猛将　　　　　　　　　剑　谷
永安胜浦星
友联复兴后之战绩　　　　　　　　苗寿兴
现代乒乓学（二）
　　　　　　　（美）柯尔门克拉克著、壮游译

第 17 期
1935 年 12 月 28 日
（民国二十四年十二月二十八日）

上海乒乓联合会新委员十日就职
乒乓运动的教育意义

天津乒乓消息一束	陈德轩
乐群社发起主办全苏小学乒乓团体锦标赛	
精武战俄侨	
市府乒乓队	
华丰	
广东西北区运动会乒乓赛	宋文焕
小经验	
乒乓汇讯	
太原第二届乒乓比赛纪盛	微 心
紧要启事	

〔典藏〕总藏 1—17 期（1935.7—1935.12）
北京、北京大学、上海、南京、厦门大学图书馆藏 1—17 期（1935 年）

国民体育汇刊

第1期

(1936.1)

*《国民体育汇刊》，1936年1月（民国二十五年一月）创刊，在上海出版。半月刊。由上海国民体育汇刊社编辑出版，编辑出版人卢易士，上海春生体育用品公司发行。该刊仅出一期，本书予以收录。

宣　言	国民体育汇刊社
题　词	郝更生
发刊词	卢易士
序　言	程登科
专　载	
何以提倡体育	胡汉民
纪张伯苓先生之自述	易士
世界运动会与五连环旗之历史剪影	小可君
吾们有励行斯巴达体育的必要	济武
理　论	
中国体育应进之目标	章辑五
中国运动会之转变与民族运动之复兴	王健吾
运动时心脏血液的放出量	庄文潮
非常时期改进中学体育之途径	王士林、苗孔章
教　材	
体育测验	吴蕴瑞
体育、军事、童子军三者在中学课程中之互相关系	程登科
民众体育教材之商榷	尚树梅
论　著	
游泳之基本练习	史兴隆
评　论	
柏林免去吧！	蒋槐青

国民播音台
　今年世界运动会我国派遣选手八十名
　参加世运我国代表队定期在沪预选
　一六九比零，篮球界空前纪录
　华北与高丽两足球队均将来沪
　国体篮球队等一行十二日乘依赛轮南征
　参加世界运动会二十五日我国篮球预选
　华北足球队产生
新闻琐记
国民信箱
海外拾零
　苏联体育近讯
　德政府取缔商人籍世运会名义图利
　世界游泳纪录
　网球名手爱律逊败于亨特力克斯
　日本网球家前十名
传　记
　庄文潮先生
体育界之花絮
　章辑五、张淑娣在天津结婚
　运动女将吴梅仙在青结婚
往事回忆
　良华战海贼
运动界趣史
　小辫作祟

李震中交桃花运
　　唐宝堃受制阎威
运动员轶事
　　记瘦猴王正林
运动常识
　　学校体育卫生基本要旨十则
随　笔
　　吾国参加世运会秣马厉兵　　　编　者
服务栏
来　函
杂　录
　　去年度全国体育有显著进步
　　全国体育经费日增
　　设立督学改进体育
　　已设国术馆各省市
　　已设体委会各省市
预　测
　　世界田径赛假想敌
　　我国田径赛十杰表
　　日本田径最高纪录
妇女园地
　　今日女运动员的病态　　　　　拾　遗
　　青岛暑期讲习会同学通讯专页
漫　画
编　后
国民体育汇刊社章程
〔典藏〕总藏 1 期（1936.1）
　　　　北京图书馆、上海图书馆藏 1 期
　　　　（1936 年）

湖北省党政军学体育促进委员会会刊
第一卷第1期—第二卷第1期
（1936.1—1937.5）

*《湖北省党政军学体育促进委员会会刊》，1936年1月（民国二十五年一月）创刊，在湖北武昌出版。季刊。由湖北省党政军学体育促进委员会编辑并出版发行。1937年5月（民国二十六年五月）出至第二卷第1期后停刊。本书收录第一卷第1—3期、第二卷第1期目录。

创刊号
1936年1月10日
（民国二十五年一月十日）

肖　像
　总理遗像及遗嘱
　本会发起人蒋委员长肖像
　前本会委员长张岳军先生肖像
　本会委员长杨主席肖像
　本会副委员长程厅长肖像
　本会会址摄影
　蒋委员长通电
论　著
　湖北省党政军学体育促进委员会会刊弁言
　　　　　　　　　　　　　　　张　群
　提倡体育应有之认识　　　　　程其保
　促进全省体育之步骤　　　　　卢　铸
　提倡体育与复兴民族　　　　　刘寿朋
　体育与民族生命　　　　　　　袁　浚
　国民体育之意义及其价值　　　姜　琦
　本会之意义与使命　　　　　　刘昌合
　国术与体育　　　　　　　　　徐士金
　湖北省第二届中小学联合运动会的感想
　　　　　　　　　　　　　　　刘昌合

本会筹备经过及工作概况
各项规程
　湖北省党政军学体育促进委员会规程
　湖北省实施体育办法通则
　湖北省各县市党政军学体育促进分会组织通则
会议记录
　本会第一次筹备会议记录
　本会预备会会议记录
　本会第一次常委会会议记录
　本会职员一览表
附　录
　运动成绩转载
　二十四年度湖北省会第二届中小学联合运动会各组总记录表

第一卷第2期
1936年5月10日
（民国二十五年五月十日）

肖　像
　本会委员省党部私派员鲁荡平先生肖像
　本会委员武汉警备司令陈继承先生肖像
　本会委员省政府秘书长卢铸先生肖像
　本会委员民政厅长孟广澎先生肖像

本会委员建设厅长刘寿朋先生肖像
本会委员财政厅长贾士毅先生肖像
本会委员保安处长丁炳权先生肖像
本会委员省教育会代表陈时先生肖像

题　字
　　自强不息　　　　　　　　蒋委员长题
　　积健为雄　　　　　　　　杨主席题
论　著
　　对推进国民体育的感想　　陈继承
　　体育与新生活　　　　　　孟广澎
　　国难严重时期国人对于体育应有之认识
　　　　　　　　　　　　　　刘雪松
　　民族复兴声中我国体育应取之途径　刘昌合
　　评论体育运动价值之意见及配合多种运动
　　之重要　　　　　　　　　陈奎生
附录、转载
　　教育部重订会考体师术科标准
　　教部订定各级学校选派运动代表规程
　　本省体育历
公　牍
　　令发党政军体育促进委员会各项规程
　　通则仰遵照并饬属遵办具报由
　　准党政军体育促进委员会函请令催各
　　县成立分会令仰遵办具报由
　　公函（检送）训令令发
　　湖北各县设立体育场暂行规则及设备标
　　准（准查）仰遵照办具报备查由

第一卷第 3 期
1936 年 9 月 10 日
（民国二十五年九月十日）

论　著
　　体育与国民经济建设　　　刘寿朋
　　军事体育教材之检讨　　　程登科
　　我国体育应有之改进　　　刘昌合
　　运动对于生理之影响　　　王　庚
　　促进华中体育的建议　　　陈奎生
　　初中体育实施报告　　　　朱影波
　　短期小学的体育实施法　　俞子箴
专　载
　　本省中等学校男女生运动技术标准
　　第六届华中运动会各项成绩纪录表
公　牍
　　函省会各机关请遵照湖北省实施体育办法
　　通则成立体育会切实实施公务员运动本
　　会并随时派员协同组织督促进行由
　　令省会各级学校遵照湖北省实施体育办
　　法通则迅速成立体育会切实实施教职员
　　运动并仰将成立经过具报由

第二卷第 1 期
1937 年 5 月 10 日
（民国二十六年五月十日）

肖　像
　　本会委员长省政府主席黄绍竑先生肖像
　　本会副委员长教育厅长周天放先生肖像
　　本会委员省党部特派员彭国钧先生肖像
论　著
　　促进体育与民族复兴　　　黄绍竑
　　体育军事化与民族复兴运动　彭国钧
　　青年体育之动向　　　　　程登科
　　我对于学校改革的意见　　袁　浚
　　今后湖北体育应行改革之我见　刘昌合
　　改进我国体育之意见　　　朱守训
　　重庆大学体育科的鸟瞰　　傅绍宪
报　告
　　湖北省第八届全省运动大会报告
　　　大会宣言
　　　黄主席致大会开幕训词
　　　周厅长致大会开幕训词
　　　大会各项运动成绩纪录表
　　　蒋委员长颁大会闭幕训词

黄主席致大会闭幕训词

〔典藏〕总藏 1 卷 1—3 期，2 卷 1 期

北京大学、甘肃省、上海、南京大学、湖北省、湖南省中山、福建省图书馆藏 1 卷 1—3 期（1936 年）

四川省图书馆藏 1 卷 1—2 期（1936 年）

厦门大学图书馆藏 1 卷 2—3 期（1936 年）

中国社会科学院世界史研究所藏 1 卷 2 期（1936 年）

北京大学、甘肃省、上海、南京大学、湖北省、四川省、北京图书馆藏 2 卷 1 期（1937 年）

上海体育

第一卷第1期—第一卷第4期

(1937.1—1937.4)

*《上海体育》，1937年1月（民国二十六年一月）创刊，上海出版。月刊。由上海市体育场出版发行，总编辑兼发行人为邵汝干。1937年4月（民国二十六年四月）出至第4期后停刊。共出4期，本书全部收录。

第一卷第1期
1937年1月
（民国二十六年一月）

插　图
颂　词
编辑者言
言　论
　　中国体育方针之改造与建设　　吴铁城
　　对于上海体育界之愿望　　　　潘公展
　　本报的使命　　　　　　　　　邵汝干
　　对于体育竞赛之几点意见　　　郝更生
　　对《上海体育》的几点意见　　程登科
　　关于提倡国术的几句话　　　　徐致一
　　我国体育的前途　　　　　　　周　尚
　　谈谈体育与纪律　　　　　　　袁　浚
　　大难将临全国国民身体上应有之准备
　　　　　　　　　　　　　　　　王复旦
　　体育学上之健康诊断　　　　　王　庚
教　材
　　婴儿体操　　　　　　　　　　汝　干
会　议
　　本场董事一览表
　　本场董事会会议纪录

计　划
　　本场行政计划纲要
章　则
　　本场董事会组织规则
　　本场组织规则
　　本场办事细则
体育消息
　　第二届铁城杯篮球赛比赛经过情形
　　上海市立体育专科学校近况

第一卷第2期
1937年2月
（民国二十六年二月）

图画
编辑者言
言　论
　　体育上几个纷争问题的讨论　　王复旦
　　对于本市社会体育的一个建议　致　平
　　改进我国体育之意见　　　　　朱守训
　　何谓"体育学"　　　　　　　　阮蔚村
　　体育救国　　　　　　　　　　钱国凯
实　验
　　体育标准测验实施报告　　　　姚荣隄
训　练

意大利的青年训练　　　　　　高　骞
译　述
　　瑞典女子的体育运动　　　　卢颂恩
教　材
　　军事体育教材之检讨　　　　程登科
　　基本体操教材示例　　　　　屠镇川
　　追逐游戏六则　　　　　　　　由
公　告
　　上海市社会局公告
章　则
　　上海市第三届竞走规则
　　本场游泳池管理规则
　　本场田径场管理规则
　　本场体育馆管理规则
　　本场网球场管理规则
　　本场协进各团体推行体育运动办法
消　息
　　本场首届公开小足球比赛经过情形
　　本场平剧研究会第二次全体会员大会纪录
　　二月份上海体育简讯
　　大夏大学之体育专修科

第一卷第 3 期
1937 年 3 月
（民国二十六年三月）

插　图
小　言
　　敬献于七届全运筹委会前　　汝　干
特　载
　　吴市长勗勉市体专学生
言　论
　　整理国术之管见　　　　　　王壮飞
　　体育场应设置医疗室　　　　周隽人
　　我国体育畸形发展之原因及其补救方法
　　　　　　　　　　　　　　　黄　震
　　民众体育军事化的重要性　　吴振采

体操释意　　　　　　　　　　阮蔚村
今后中学体育行政应取之动向　龚以恂
实施方法
　　福建省各级学校体育测验标准之建议与实施
　　　　　　　　　　　　　　　庄文潮
　　安庆天柱阁小学二十五年度下学期课外运动实施法　　　　　　　　俞子箴
教　材
　　实用早操教材　　　　　　　丁嘉福
　　健身操教材五则　　　　　　吴仲欧
　　田径赛的预备体操　　　　　崔　策
　　健身活动　　　　　　　　　杜宇飞
公　告
　　上海市社会局公告
章　则
　　上海市社会局监督体育运动团体规则
　　上海市小学联合运动会各区预选会组织通则
　　男子篮球新规则
　　本场健身房管理规则
体育消息
　　国内体育消息四则
　　本埠体育消息七则
　　本场体育消息一则
体育风光
　　我们就学的市立体专　　　　　昌
　　中国女子体育师范学校概况
　　上海体育会近讯

第一卷第 4 期
1937 年 4 月
（民国二十六年四月）

插图
编者随笔
特　载
　　吴校长留别市体专同学训词
言　论

学校体育之改进与实施　　　　刘雪松
读张伯苓王正廷谈体育有感　　许肖傅
体育训练对于体质分类样的切要与体力适
应的关系　　　　　　　　　　黄敦涵
如何改进中国体育　　　　　　闻宗元
专　著
　　实用卫生学　　　　　　　　王　庚
实施方法
　　上海市立西成小学体育实施概况　王应麟
　　小学普遍课外运动竞赛法　　　陈僟云
译　述
　　介绍一个美国"男女儿童体育能力奖章测
　　验法"　　　　　　　　　　崔峙如
教　材
　　垒球仿效操　　　　　　　　陈叔园
　　篮球"速破"进攻法　　　　章水乡
问　答
　　英国式小型足球规则问答　　　朱棠生
章　则
　　国民体育实施办法
　　各省市县体育会组织条例
　　上海市第九届全市小学联合运动会规则
　　第七届全国运动大会筹备委员会办事细则
公　告
　　上海市社会局公告
体育消息
　　本场体育消息五则
　　本埠体育消息七则
　　外埠体育消息十一则
　　国外体育消息三则
本场职员一览表
〔典藏〕总藏1卷1—4期（1937.1—1937.4）
　　　　上海图书馆藏1卷1—4期（1937年)
　　　　北京图书馆藏1卷1期（1937年）
　　　　复旦大学图书馆藏1卷4期（1937年）

体 育 月 刊

第一卷第1期—第一卷第2期

（1938.4—1938.5）

*《体育月刊》，1938年4月（民国二十七年四月）创刊，在天津出版。月刊。由伪天津特别市体育协会编辑发行，出版委员会负责人为张伯清、刘海寰、夏树福等。停刊日期未详，仅见该刊第一卷第1—2期，本书予以收录。

第一卷第1期

1938年4月25日
（民国二十七年四月二十五日）

画　页
　体育协会领袖
　体育协会常委
　中华足篮球队
　正文插图
创刊纪念题词
献词　　　　　　　　　　　　李泰棻
发刊词　　　　　　　　　　　郭荫轩
友邦体育界之感想　　　　　　冈部平太
论　著
　中国应如何提倡体育　　　　指　针
　小学体育　　　　　　　　　王淑贞
　黑人对田径运动优越之研究　刘海寰译
　如何作小学体育教师　　　　霍连元
　"国术"　　　　　　　　　　秋　桐
　一个建议　　　　　　　　　肖　威
技　术
　接力赛跑的技术　　　　　　宋淑璋译
　篮球进攻术　　　　　　　　郭彧译
一九三七年网球界之光荣的一页　洪　纪

游泳界三项世界新纪录　　　　宗　吕
世界体育
　意大利青年的身体锻炼　　　耸天译
　德国体育人材的训练　　　　单　亭
　瑞士体育风景线　　　　　　阿　明
教　材
　小学体育与游戏教材　　　　高　玲
　变形舞　　　　　　　　　　张伯清
　垒球规则问答　　　　　　　妨　丽
报　道
　体育界今夏之动态　　　　　幻　周
　本会工作之剖面　　　　　　树福、雨田

第一卷第2期

1938年5月25日
（民国二十七年五月二十五日）

画　页
　万国运动会
　中小学联运会
　正文之插图
　漫画
论　著
　学校当局的体育观　　　　　之　道
　运动与卫生　　　　　　　　张　培

国术的科学根据　　　　　　　　肖　威　　　问安舞　　　　　　　　　　　张伯清
　黑人选手对田径运动优越之研究　海寰译　史　料
　中国应如何提倡体育　　　　　　指　针　　　中国三十年来体操之变迁　　伯　清
　小学体育　　　　　　　　　　　王淑贞　　　田径赛世界最高纪录　　　　寰　译
　棒垒球记录法　　　　　　　　　澄　译　　　一九三七年网球界光荣的一页　洪　纪
　练习田径的几个问题　　　　　　单　亭　报　导
技　术　　　　　　　　　　　　　　　　　　　第十二届世运大会前奏曲　　海　寰
　高栏姿势之原理　　　　　　　　耸天译　　　世界女子游泳杰作　　　　　幻　周
　跳栏的姿式　　　　　　　　　　宋璟译　　　许承基获硬地网球锦标　　　梦　洪
　篮球基本练习和其价值　　　　　彧之译　　　日游泳队将来津观光　　　　忠　书
　棒垒球抛球者的练习工作　　　　飞廉译　　　中小学联合春运会之盛况　　　　楹
　径赛项目中片段之研究　　　　　齐辰雄　　　本会工作报道　　　　　　　楹　辑
教　材　　　　　　　　　　　　　　　　　致读者　　　　　　　　　　　　编　者
　新民体操指导　　　　　　　　　新民会

华 北 体 育

第一卷第1期—第三卷第4期

(1941.4—1943.10)

*《华北体育》,1941年4月1日(民国三十年四月一日)创刊,在北京出版。月刊。由北京华北体育月报社编,吴逸民主办。编辑者孙松影、俞勋等,发行者吴逸民。该刊系日伪时期在北京发行时间最长的报刊。停刊日期、出版总卷期不详。典藏最后的一期为三卷4期。本刊收录第一卷第2—3、5—6、9—10期,第二卷1—3、5—7期,第三卷第4期之目录。

第一卷第2期
1941年5月10日
(民国三十年五月十日)

日本体育专页
  日本之厚生运动 　　　　　　　江阄章
  关于日本体育之概况 　　　　　本报选辑
  日本之妇女体育 　　　　　　　金好仪
  日本小学校体育近况 　　　　　赵亚夫
  日本东京六大学棒球赛揭幕
新运动介绍
  新式回力球 　　　　　　　　　王岑译
女子体育服装设计
女师三届运动会
马华三届运动会傅金城百米以十秒五打破全国纪录
燕大体育学系之近况
1941年香港足球联赛南华荣获锦标
上海足球大血案记详 　　　　　　　朱沧一
关于市立体专学校
1940年度世界游泳十杰表
体育教材大全 　　　　　　　　崔玉玢、阎华堂
排球 　　　　　　　　　　　　　　　　颖
市长杯篮球比赛

第一卷第3期
1941年6月10日
(民国三十年六月十日)

有望于华北都市体育大会 　　　　　阮蔚村
全市春季排垒球赛
华北都市体育交欢大会
公共体育场主办春季篮球赛全部告竣
市立体育专科学校招考新生广告
许承基获全美网球冠军
青岛体育界的动态
我网球名将郑兆佳在美国
青市春运会圆满闭幕
燕大春运——女跳远破华北纪录
贝满女中春运会三项打破本市纪录
燕京辅仁田径对抗
排球(续) 　　　　　　　　　　　　　颖
游泳与入水 　　　　　　　选自体育教材大全
关于日本体育概况(续)
躲避球

第一卷第 5 期
1941 年 9 月 10 日
（民国三十年九月十日）

唠叨	松　影
如何改进华北体育（征文第一名）	庞孝谞
健康与复兴	耳　火
从体育立场上看女人的脚	李薰风
古运动丛谈（一）	俞淑秀
增辟"体友介绍"栏目之动机	编　者
素什锦	
津门体育介绍	
夏令公开排球赛圆满闭幕	
燕京新闻：体育学系成立图书馆	
本市教育局积极筹备秋运会	
华北体育大会十月十日起举行三日	
我国驻日大使馆设太极操传习所	
天津市体协会举办体育周	
中州之地体育勇猛发展	
点缀游泳季末一点吧！	颖　茗
天津勇津篮球队宣告成立	
人事沧桑话金银	
津市体育场田径暑训班	
振津足球队本月来京远征	
津市星光火棒队成立	
全华体育鸟瞰	陈逸飞
华北的棒球及北京市的垒球	亨　利
各国游戏运动的代表作	明
漫谈国术	知　非
关于篮球	王树楷
山西全省体育大会	
游泳与入水（续完）	

第一卷第 6 期
1941 年 10 月
（民国三十年十月）

提倡体育道德	孙松影
幸福的北京人	
写在华北体育大会之前	李　洲
第三届华北选手体育大会前后话	安梦洪
津门体育纽斯	顺　风
第三届华北体育大会圆满闭幕、北京获总锦标	
关于华北体育	纪清储
华北体育大会排球规则提要	霍连元
北京体育协会推展会务	
河北省全省运动会定期在保举行	
近年来篮球选手点将录	紫　菊
运动家要认识饮食与健康	心
走马观花	吴逸民
各国游戏运动的代表作	明
三级跳远	吕　暧
关于扇形篮球遮板	霍连元
确望本届华北体育大会	庞公喆
忆昔当年论豪强	小　的
素什锦	
天津振京足球队十八日来京挑战	
天铁队将来京	
全市中小学运动会	
网球名手高惠民逝世	
"伪府迷梦"	

第一卷第 9 期
1942 年 2 月 1 日
（民国三十一年二月一日）

寒假中的消遣	王馨吾
风筝考	惜　华
"跑驴"与"抖空竹"	
古运动丛谈·蹴鞠（三）	俞淑秀
郊游与体育	陈逸飞
放风筝	李薰风
女子的体育	白　雪
谈"溜"	否　极
中等学校体育教材的研讨	明

关于田径赛	周长星	全国体育代表大会纪详	
为提倡华北体育对当局的几个建议	庞公喆	我参加东运决选七月间举行	
野蛮与冲突谈	醒　悟	球雨	陈醉蓼
漫谈马	青	各国游戏运动的代表作	明
冰上三艳访问记	宋少白	体友介绍	
田径运动与节奏	高允谦	素什锦	
中心球	涛	中国之跳舞热（上）	健　吾
提倡固有之国术	许禹生	舞场在古都	
介绍津市小学体研会	霍连元	火山上	
春季田径运动练习法	蔡胜康		
华北体育协会内部组织有强化说			

第二卷第1期

周年号
1942年4月1日
（民国三十一年四月一日）

闲话冰场	波　儿
各国游戏运动代表作	明
体友介绍	
首届华北冰运会圆满举行竣事	
记者篮球队拟将征保	
太原综合运动场本月开工建筑	

第一卷第10期

1942年3月1日
（民国三十一年三月一日）

说几句外行话	王志新
华北体育月报的使命	王石子
我与体育月报	李薰风
这是一个奇迹	李云子
一年来的体育趋势	阮蔚村
由本报创刊到周年的回顾与前瞻	吴逸民
抓周	杜颖陶
华北体育周年纪念感言	李　洲
周年纪念	宋少白
祝周年	沈正元
让体育健将也拿起书本来	汪家祉
干的精神可钦佩	松亚农
华北体育周年纪念志感	张铁笙
周年纪念的话	俞淑秀
一个希望	夏维润
读者的希望	武鸿谦
周年献语	谢人堡
一切的根干	管翼贤
贺华北体育一周年	杨君如
祝周年	赵亚夫
写在春天	樊放之
明日黄花话"本刊"	莱　子
褚民谊部长允任本报名誉董事长	

新加坡陷落与东亚共荣圈之确立	
大东亚战争与国民体育	
寒星点点	
民众体育及实施	王馨吾
春节、远足、体育	李云子
春天和旅行	李薰风
宣启祝圣战之燔祝与欧林匹克大会火炬之源流	戴　颖
课外运动	莱　子
体育在教育上的意义和使命	声
女子与体育	万书琴
关于足球	
对于推行体育教材纲要的意见	许禹生
初春的跳远练习	吕暧生
台球的基本技术	

友军占领南洋民气沸腾，首都借球赛庆祝	徐 英
中国体协会理监事业已正式就职	
漫话专页	
妄谈国民体育	柳龙光
金陵水礼	徐 英
体育之今古	刘雁声
三十年尘梦话鞦韆	金受申
我的运动生活	李世明
春天的运动	耿小的
文人与体育	陈逸飞
谈越野	松 玖
我与田径赛	周长星
日本体育之新态	霍连元
春姑游圆周	杨柳浪
拔河考	杨士焯
国民体育训练之趋势	戴 颖
今后推进体育之基本原则	赵如珩
我也来谈谈体育（上）	邵 骥
英美恶势力消除，津市足球界复活	
教署增设体育科，李洲任科长	
山西省体育界本年动态	
河南省体育近况	

第二卷第 2 期

1942 年 5 月 1 日
（民国三十一年五月一日）

华北体育月报社主办自强杯足球赛简则	
治强杯举办的动机和本报奔走的经过	
提倡体育宜注意精神上之修养	许禹生
华北运动会举行之前想到我国体育机构的沿革	孙松影
乒乓球的技巧	
我对于游泳术的感想	陈白雪
"踢球打拐"	雁 声
游泳讲座	香 草
妇女与运动	蔚 村

提倡步行	李薰风
从前几天一场足球赛又谈到体育道德问题	一球迷
日本的运动	玉 新
谈谈水球	
谈越野	松 玖
中国棒球史	蕙
为什么要运动	霍连元
跳远练习法	纲
谈谈划船运动	划
短跑的基本练习	吕 暧
长距离赛跑练习法	
国民体育训练之趋势（续）	戴 颖
各国游戏运动代表作（续）	明
我也来谈谈体育（下）	邵 骥
北京师大体操表演队在津表演获盛誉	连 元
简 讯	

第二卷第 3 期

（治强杯足球赛特辑）
1942 年 6 月 1 日
（民国三十一年六月一日）

治强杯足球赛圆满闭幕	孙松影
从发奖到散会	波 儿
球场撷拾	俞 勋
治强杯全部结果及奖品一览	
关于治强杯足球赛	管翼贤
治强杯足球赛述感	李 洲
治强杯足球赛	小 的
第四届华北运动会田径、球类赛结果	
北京体育用品同业公会成立	
观工商春运会记	润

第二卷第 5 期

1942 年 9 月 15 日
（民国三十一年九月十五日）

每月一谈	俞 勋

京市公署秘书长吴承湜氏赴满
京运预选麟爪
庆祝满洲建国十周年，东亚竞技大会圆满闭幕
参加东运大会代表团十三日由满载誉归国
陆上竞技纪详
读者之声　　　　　　　　　　　李文举
东运杂感　　　　　　　　　　　黄　建
东亚竞技大会之体操竞技纪实　　戴　颖
东运花絮
水上模范表演、中日交欢体育、大会观后
杂记　　　　　　　　　　　　　冯　仲
足球练习法（未完）　　　　　顺风译述
夏令公开排球赛圆满闭幕
利华足球队十六日与居留民团对垒
球王李惠堂将组队来华北表演
二届华北都市体育大会在晋举行
南京或将设立体育总监
对教育当局一个建议
霍连元赴日见学
刘仁秀生活恬适
记赵恩淮
市民游泳比赛大会上月底隆重举行
编后话

第二卷第6期

1942年11月1日

（民国三十一年十一月一日）

第五次治安强化运动之释义
晋省会盛况空前，都运会圆满闭幕
都交随行采撷录　　　　　　　朱甸荼
国术家宜力求自肃说　　　　　许禹生
日本各级学校体育之重视
新韵语
对联
我国应重视体育　　　　　　　　铭
体操之种类及其由来　　　　　香　草
足球练习法（续完）　大卫·杰克著、顺风译
编后话

第二卷第7期

1943年2月1日

（民国三十二年二月一日）

每期一谈　　　　　　　　　　　俞　勋
旧历新正月抖空钟
时代下男女健儿应有的信念　　陆元欢
漫谈篮球人对人防守练习术　　王瑞生
国防化的滑雪　　　　　　　　王德鑑译
冰嬉　　　　　　　　　　　　刘雁生
清代冰上游戏
闲话溜冰　　　　　　　　　　　方　莹
滑冰与漫话专页（十三幅）
滑冰是冬令最好的室外运动
北海各冰场素描
放风筝放法和选择法概述
漫谈射箭　　　　　　　　　　　率　斋
我的掷重运动训练表　伯兰路德著、文愕译
田径赛春季练习法　　　　　　　郭　洁

第三卷第4期

1943年10月1日

（民国三十二年十月一日）

卷首语　　　　　　　　　　　　俞　勋
第一回促进华北新建设体育电影讲演大会
　开会词　　　　　　　　　　　吴逸民
　华北新建设与体育　　　　　　李　洲
　今后之华北体育　　　　　　　赵亚夫
　体育与教育　　　　　　　　　胡安善
华北三届都运画页（九幅）
第三届华北都市交欢体育大会上月在济市举行竣事
华北都市交欢体育大会座谈会将举行

下届都运会决定在津举行
华北体协会招开各地分会代表大会纪录
华北体育协会第一次全体理事会会议纪录
(1943.8.31)
华北体育协会第三次全体理事会会议纪录
(1943.9.4)
华北体育协会第四次全体理事会会议纪录
(1943.9.17)
华北体育协会年刊筹备委员会首次会议纪录
本报紧要启事
青少年团课程研究（下） 金复庆
中国体育的政治背景 勒 行
上海体育的检讨与展望 曹 辉
徒手体操纲要（续完） 勤 奋

〔典藏〕总藏 1 卷 2—3，5—6，9—10，2 卷 1—3，5—7，3 卷 4 期（1941.5—1943.10）

北京图书馆藏 1 卷 5—6 期（1941 年）

首都图书馆藏 1 卷 5—6，9—10 期（1941—1942 年）

北京图书馆藏 2 卷 5—7 期（1942—1943 年）

首都图书馆藏 2 卷 1—3 期（1942 年）

北京图书馆藏 3 卷 4 期（1943 年）

体育与健康教育

第一卷第 1 期—第二卷第 1 期
新第一卷第 1 期—第一卷第 3 期

(1941.5—1943.4)

*《体育与健康教育》，1941 年 5 月 1 日（民国三十年五月）创刊，在湖南蓝田出版，二月刊（新第一卷起改为月刊）。由湖南蓝田国立师范学院体育与健康教育研究社出版并发行。编辑人江良规、俞晋祥，发行人金兆均。1943 年 4 月（民国三十二年四月）停刊。计出版第一卷 1—6 期，第二卷第 1 期，新第一卷 1—3 期。本书全部收录。

第一卷第 1 期
1941 年 5 月 1 日
（民国三十年五月一日）

发刊词	本社同仁
当前体育之认识	陈立夫
体育真义之科学分析	金兆均
健康检查的意义与内容	赵敏学
德意志体育概况（一）	江良规
抗战后之孤岛体育	特约通讯
理想之中国体育行政系统	蒋 立
体训合一论（上）	刘绍基
足球裁判法（一）	江良规译
篮球员指南	俞晋祥译
漫谈跳高	徐汝康
器械及垫上运动图解	葛衢康、董承良
新体操教材	俞晋祥、葛衢康
附录：国立师范学院体育科概况	

第一卷第 2 期
1941 年 7 月 1 日
（民国三十年七月一日）

对于体育与健康教育研究社的展望	郝更生
体育真义之科学分析（二）	金兆均
青年的性知识	赵敏学
两种体能测验方法之试行	赵敏学、章钜林、夏国昌
对于我国空军体育应有之认识	徐汝康
德意志体育概况（二）	江良规
体训合一论（续完）	刘绍基
足球裁判法（二）	江良规译
你知道怎样去生活吗？	吴昌达译
游泳教学法	张世锡、谭植棠记
新规则施行后跳高及撑竿跳裁判法	江良规
器械及垫上运动图解（续）	葛衢康、董承良
各种器械设备图样	本 社

| 新体操教材（续） | 俞晋祥、葛衢康 |
| 各地体育通讯 | 董承良 |

第一卷第 3 期
1941 年 9 月 1 日
（民国三十年九月一日）

国防与体育	何应钦
中学体育急应改进的几点意见	金兆均
德意志体育概况（三）	江良规
食盐在健康上之价值	曾云鹗
人体关节运动概述	赵敏学辑
人体"能力"的需要及"燃料"的来源	
	江良规译
衣服与健康	张世锡译
美国体育与健康教育职业训练之调查与研究	
	金兆均
足球裁判法（三）	江良规译
中国拳术与西洋拳术	张登魁
体操教学法	俞晋祥
器械及垫上运动图解（续）	葛衢康、董承良
新体操教材（续）	葛衢康、董承良
附录：本社全体社员名单	

第一卷第 4 期
1941 年 11 月 1 日
（民国三十年十一月一日）

说中华民族本位的体育	章辑五
体育之史的探讨	江良规
英国式足球简史	张世锡译
德意志体育概况（四）	江良规
肺结核病之起因及其预防	夏国昌
学校健康教育实施纲要	金兆均
体操教学法（续）	俞晋祥
篮球规则问答	徐汝康编
足球裁判法（四）	江良规译

器械及垫上运动图解（续）	葛衢康、董承良
新体操教材（续）	俞晋祥、葛衢康
球类运动简史	裘树涵、詹海波等译

第一卷第 5、6 合期
1942 年 3 月 1 日
（民国三十一年三月一日）

年龄性别对于体育训练之关系	江良规
高空适应与体育活动	赵敏学译
德意志体育概况（五）	江良规
游戏与公民训练	吴瑯笙译
娱乐与人格	林辉煌译
各种运动在生理上的价值	
	赵敏学讲、谭植棠记
足球裁判法（五）	江良规译
田径赛运动简史	张世锡译
篮球规则问答	徐世康编
低单杠	綦官秦
短评：对于国民体育委员会的期望	蒋　立
器械及垫上运动图解（续）	葛衢康、董承良
新体操教材（续）	俞晋祥、葛衢康
附录：国立师范学院体育规程	

第二卷第 1 期
1942 年 7 月 1 日
（民国三十一年七月一日）

肌肉活动与体育训练	赵敏学
"静坐"之生理观	张世锡等
我的游戏与人生观	张世锡、陈被玉笔记
德意志体育概况（六）	江良规
游泳简史（上）	朱方东
心理学在体育教学法上之应用	江良规
运动与政治	吴瑯笙
足球裁判法（六）	江良规译
附载：国立师范学院体童科近讯	

新第一卷第1期

1943年2月28日
（民国三十二年二月二十八日）

体育教学法原则（一）教材之分析	金兆均
小学体育教材与教法	綦官秦、胡钧升译
游戏教材与教法	胡钧升译
舞蹈教材	郭文简、房惠康
速球	章钜林译
篮球防守法概论	俞晋祥译
器械操部位名称之商榷	葛衢康、綦官秦

新第一卷第2期

1943年3月31日
（民国三十二年三月三十一日）

体育教学法原则（续）	金兆均
小学体育教材教法（二）	綦官秦、胡钧升译
器械及垫上运动教材教法研究	俞晋祥译
游戏教材与教法（二）	胡钧升译
舞蹈教材（二）	郭文简、房惠康
足球基本技能教学法	章钜林
器械操部位名称之商榷	葛衢康、綦官秦

新第一卷第3期

1943年4月30日
（民国三十二年四月三十日）

从世界运动会怪杰欧文思谈到运动指导问题	赵敏学
漫谈推铅球	綦官秦
掷标枪	俞晋祥
撑竿跳高之教学	俞晋祥
跨栏	葛衢康
论跑	俞晋祥

〔典藏〕总藏1—2卷1，新1卷1—3期（1941.5—1943.4）

北京、南京图书馆藏1—2卷1期（1941—1942年）

南京大学、重庆市图书馆藏第1卷（1941—1942年）

湖北省图书馆藏第1卷1—3，5—6期（1941—1942年）

广东省中山图书馆藏第1卷5—6期（1942年）

安徽省、湖北省图书馆藏第2卷1期（1942年）

北京图书馆藏新1卷1—4期（1943年）

四川省和重庆市图书馆藏新1卷1—2期（1943年）

湖南省中山图书馆藏新1卷2期（1943年）

广东省中山图书馆藏新1卷3期（1943年）

国民体育季刊

第一卷第1期—第一卷第2期

（1941.9—1942.1）

*《国民体育季刊》，1941年9月（民国三十年九月）创刊，在重庆出版。季刊。由民国政府教育部体育委员会国民体育季刊社编辑，正中书局发行。1942年1月（民国三十一年一月）停刊，仅出版第一卷1—2期，本书全部收录。

创 刊 号

1941年9月15日

（民国三十年九月十五日）

发刊词	郝更生
特　载	
总裁对于体育之训示	
体格与人格	陈立夫
国民体育与民族精神	顾毓琇
研究论著	
恢复民族体育与抗战最后胜利	张之江
关于体格指数研究的鸟瞰	章辑五
体育的科学基础	叶 琛
战时国民体育	萧忠国
专题讨论	
师范学院体育系之缺点与改进	吴蕴瑞
实施"中等学校体育实施方案"之具体意见（一）	吴邦伟
教材教法	
踢踏舞入门（一）	高 梓
游戏教材（一）	知 白
教室内游戏教材（一）	陈韵兰
垒球训练法	宋君复
女子篮球中圈发球进攻法	田汉祥
体操比赛裁判法	吴文忠
体育史料	
中国体操学校简史	费石师
体育动态	
教育部体育委员会概况	
四川省最近体育重要消息	
湖南省体育实施概况	
广东省体育实施情形	
浙江省最近体育设施简况	
湖北省最近体育消息	
广西省体育消息汇志	
江西省体育实施概况	
甘肃省最近重要体育消息	
国立西北师范学院体育概况	
教育部体育活动简报	
体育法令	
修正国民体育法令	
教育部颁布之体育法令十四种	

第一卷第2期

1942年1月15日

（民国三十一年一月十五日）

特　载

　教育部陈部长对于体育之指示

今后之体育师资训练　　　　　余井塘

研究论著

　民族之保健　　　　　　　　金宝善

　美国娱乐协会　　　　　　　章辑五

　从体育中培养道德精神　　　吴邦伟

　日本体育概观　　　　　　　吴文忠

　闲话纳粹德国体育　　　　王毅诚译

专题讨论

　实施"中等学校体育实施方案"之具体意见（二）　　　　　　　　　吴邦伟

　整理国术教材之我见　　　　温敬铭

教材教法

　踢踏舞入门（二）　　　　　　高　梓

　故事游戏教材（二）　　　　　知　白

　教室内游戏教材（二）　　　陈韵兰

　国术基本教材——练步图解　何学诗

　双淘汰制　　　　　　　　　赵汝功

体育动态

　江西省体育实施概况

　广西省最近体育实施情形

　广东省最近体育消息

　浙江省最近体育设施概况

　陕西省体育消息

　湖北省最近体育消息

　贵阳市体育消息

　教育部国民体育委员会工作概况

体育法令

　国民体育委员会章程

　专科以上学校体育实施方案

　修正高级中学体育课程标准

　小学体育课程标准

编　后

〔典藏〕总藏 1 卷 1—2 期（1941.9—1942.1）

　　　北京、南京图书馆藏 1 卷 1—2 期（1941—1942 年）

　　　陕西省、吉林大学、复旦大学、湖北省、四川省、重庆市、贵州省图书馆藏 1 卷 1 期（1941 年）

中 国 滑 翔

第一卷第1期—第二卷第6期

(1941.12—1944.3)

*《中国滑翔》，1941年12月（民国三十年十二月）创刊，在重庆出版。季刊（第二卷起改为二月刊）。由中国滑翔出版社编辑，中国滑翔总会发行。编辑人朱惠之，发行人郝更生。1944年3月（民国三十三年三月）出版至第二卷第6期后停刊，计出两卷。第一卷第1—4期，第二卷1—6期。本书全部收录。

创 刊 号

1941年12月30日
(民国三十年十二月三十日)

发刊词	郝更生
专　论	
无空防无国防	蒋中正
以体育配合国防	陈立夫
滑翔与空军	周至柔
我们提倡滑翔运动的理由和希望	张治中
滑翔与国防	李大经
滑翔机的意义和种类	钱自诚
怎样曳引滑翔机	徐　雄
论升风飘翔	丁　钊
滑翔机的性能估计法	柏实义
滑翔机的设计原则	罗锦春
关于滑翔场	杨瑾珣
瑞士金属制高性能滑翔机	雄　飞
滑翔日记	吕明诚
滑翔花絮	瑾　珣
献　词	
蒋会长，于右任，何应钦，白崇禧，王世杰，陈树人，陈庆云，谷正纲，黄镇球，黄光锐，毛邦初，林伟成，张忠仁	
论滑翔保健	张祖德
滑翔运动的现在和将来	周坤容
现阶段的中国滑翔事业	惠　之
中国滑翔运动的现况	朱民威
会长对全国中小学推行滑翔运动手令之一	
论滑翔模型机	锦　春
模型运动在成都	诸祖荫
滑翔机模型制造法	杨浩祥
跳伞训练的四个阶段	杨瑾珣
降落的生理和心理之研究	禾　斗
新芽的成长	笑　鹏
中国滑翔总会成立记	编　者
滑翔第一课	胡希文
世界滑翔记录表	
德国来因滑翔竞赛大会记录表	
苏联十年来滑翔记录表	
蓉渝长途拖曳滑翔归来	韦鼎烈
积云飘翔脱险记	盛科译
滑翔之父奥托李林塔尔（Otto lilienthal）	
	吕雪棠
封面图：滑翔机起飞	朱念父
封底图：滑翔史画	朱念父
图画版	

提倡滑翔建设空军	张文元
纪念中国滑翔第一人韦超先生	朱念父
推行滑翔巩固国防	黄 茅
飞向强健之境	廖冰兄
推行滑翔运动建设攻势空军	黄 茅
滑翔动态	朱念父

第一卷第2期
1942年6月30日
(民国三十一年六月三十日)

一年来中国滑翔事业之回顾与前瞻　郝更生
专　论
　　滑翔运动为发展航空事业之基点　黄光锐
　　扩大滑翔机征募运动　白崇禧
　　推进中国滑翔事业之训练问题　李大经
　　体育同志对于滑翔应有之认识　萧忠国
　　滑翔运动之瞻望　李寿同
研　究
　　对于几种不利飞翔的气流的研究　赵　镇
　　滑翔机的空气动力性能　柏实义
　　层板在结构上之应用　宗泽译
　　几种表明升力系数與飞行速度相互关系的实验　洪元译
从风筝说到滑翔机　周昆容
模型飞机和滑翔机的设计　罗锦春
留空十小时的回忆　盛科译
我们滑到克利特　正照译
万里长空记飘翔　大 卫
中国第一座跳伞塔　杨廷宝
德国伞兵的武装配备　周威科
滑翔生活　寒 梅
滑翔花絮　瑾 珣
日本最初滑翔机　陶在湄
各国滑翔机机种之介绍　洪元译
史　料
　　韦超殉职经过　朱民威

本会一周年　尚树梅
封面图：陪都大田湾跳伞塔之雄姿　念 父
封底图：滑翔史画　念 父
图画版
　　训练空军的第一步　黄 芽
　　儿童时代的憧憬　志 耕
　　自掘坟墓　黄 芽
　　从滑翔到战斗　黄 芽
　　滑翔动态　念 父
图：肖像
　　韦超遗像　黄肇昌
　　李大经、韦鼎烈、韦鼎峙、周盛科、温启钧　朱念父

第一卷第3期
1942年8月31日
(民国三十一年八月三十一日)

专　论
　　滑翔教育　郝更生
　　滑翔运动之意义和价值　康心如
　　如何广泛展开滑翔运动　佩 苹
研　究
　　滑翔机之构造　钱自诚
　　大气　史超礼
　　滑翔机空气动力学民说　家瑯译
　　滑翔机之飞行特性　柏实义
介　绍
　　陪都跳伞塔　丁 钊
　　各国滑翔机机种介绍　洪元译
滑翔实录
　　滑翔生活　张平堂
　　当我第一次折断副翼的时候　希 夫
记　述
　　人类第一次六十哩的飘翔飞行　杨瑾珣
　　滑翔飘行　胡达僧
　　滑翔到"滑稽突梯"之城　朱洪元译

| 封面图：北碚上空的滑翔训练 | 朱念父 |
| 封底图：滑翔史画 | 黄肇昌 |

图画版
  陪都跳伞塔　　　　　　　　　　肇　昌
  发展滑翔邮运　　　　　　　　　李志耕
  推进滑翔模型教育　　　　　　　黄　芽
  滑翔动态　　　　　　　　　　　念　父

特　载
  中国滑翔总会跳伞塔零件设计图　丁　钊

补　白
  鸟的滑翔比
  几种动物的翼面负荷和最小巡飞速率
  一个人能发多少马力？

第一卷 4 期

1942 年 12 月 31 日
（民国三十一年十二月三十一日）

专　论
  模型教育　　　　　　　　　　　郝更生
  滑翔工业与国防　　　　　　　　罗锦春

研　究
  滑翔机的设计　　　　　鸿桂连、刘谋佶
  滑翔机之纵静稳定性　　　　　　柏实义
  各种形状不同的降落伞主伞上诸力之研究
  　　　　　　　　　　　　　　　洪元译
  飞行机塗漆法　　　　　　　　　可均译
  新涂布油　　　　　　　　　　　陶家澄

介　绍
  各国滑翔机机种之介绍　　　　　洪元译
  无尾翔飘机　　　　　　　　　　超礼译
  飘翔场地　　　　　　　　　　　家琅译
  植物界的飞行问题　　　　　　　王毓楹译
  飘翔技术　　　　　　　　　　　杨家琅译

记　述
  美国滑翔界素描　　　　　　　　陶在湄

史　料
  谁创立了世界滑翔记录　　　　　史超礼

特　载
  降落伞玩具之制造法　　　　　　杨浩祥
  封面图：我们的女滑翔员　　　　朱念父

图画版
  滑翔动态　　　　　　　　　　　朱念父
  滑翔史画　　　　　　　　　　　黄肇昌

滑翔实录
  滑翔生活底回顾　　　　　　　　田　夫

补　白
  滑翔与飘翔的执照
  三种空中运兵工具的比较

第二卷第 1 期

1943 年 2 月 28 日
（民国三十二年二月二十八日）

本刊第二年代　　　　　　　　　　编　者

研　究
  从空军的战略价值谈到滑翔与跳伞的
  训练　　　　　　　　　　　　　朱惠之
  滑翔机怎样走上运输之途　　　　陶在湄
  滑翔机机身之构造概说　　　　　罗锦春
  滑翔机为什么会飞　　　　　　　史超礼
  拖曳起飞的问题种种　　　　　　杨家瑯

专　论
  滑翔训练与制造　　　　　　　　郝更生
  滑翔运动在今日　　　　　　　　李大经

史　料
  湘粤长空飘翔记　　　　　　　　韦鼎烈

记　述
  滑翔在敦士塔堡　　　　　　　　慕　枰
  雷雨云中的飘翔　　　　　　　　周盛科
  罗伯力的冒险　　　　　　　　　郑　造

介　绍
  介绍两种滑翔模型　　　　　　　罗启基
  伦敦滑翔俱乐部　　　　　　　　张平堂

中国第一号双座滑翔机	锦 春
韦超之弟——韦鼎烈	遂 吾
滑翔生活：我们的双座机	陈 征
滑翔外史之一	编后记
封面图：百架滑翔机命名典礼	念 父
封底图：滑翔史画	黄肇昌
歌曲：我们第一次滑翔	屠夫作

第二卷第2期

1943年4月30日

(民国三十二年四月三十日)

社　论
　　本会成立二周年纪念　　　　　　　　郝更生
研　究
　　从英美组训滑翔部队说起　　　　　　朱惠之
　　滑翔部队与跳伞部队优劣的比较　　　王永常
空中列车特辑
　　什么叫做空中列车　　　　　　　　　史超礼
　　运输滑翔机应如何设计　　　　　　　陶在湄
　　飞龙　　　　　　　　　　　　　　　朱祖隆
　　我怎样试飞空中列车　　　　　　　　韦鼎崎
记　述
　　持久飘翔前后记　　　　　　　　　　谢凯芬
　　滑翔竞赛的一天　　　　　　　　　　亚　夫
生　活
　　记同学"老宋"　　　　　　　　　　廖鹏举
　　金章滑翔的故事　　　　　　　　　　王飞成
　　我的第一次跳伞
　　　　　黄天如、史永炘、杨富森、匡璧如
　　跳伞一年
补　白
　　空中列车的话　　　　　　　　　　　翰　汉
史　料
　　本会二周年　　　　　　　　　　　　尚树梅
书　评
　　读郑葆源《滑翔机之构造》　　　　　伊　祺

封面图：苏联乌克兰之跳伞塔	念 父
封底图：滑翔史画	肇 昌
歌曲：山鹰，你不要骄傲	严 极

第二卷第3期

1943年6月30日

(民国三十二年六月三十日)

专　论
　　滑翔运动与体育日　　　　　　　　　郝更生
　　滑翔与西南交通建设　　　　　　　　雷振一
　　航空文化与滑翔运动　　　　　　　　郑　造
研　究
　　中大IGX式滑翔机设计与构造　　　　马理明
　　高级滑翔机翼之制造和设计　　　　　罗锦春
　　谈谈橡筋绳　　　　　　　　　　　　徐　潭
　　风、云、飘翔　　　　　　　　　　　史超礼
　　滑翔列车　　　　　　　　　　　　　陶鲁书
介　绍
　　高级长距离的飘翔术　　　　　　　　周盛科
　　滑翔部队训练在英国　　　　　　　　建吾译
　　超高飘翔的特种积云　　　　　　　　杨家琅
　　"雏鹰号"之制造法　　　　　　　　凌　云
　　沙坪坝飞翔模型竞赛　　　　　　　　少　未
　　滑翔运动在广东　　　　　　　　　　啸　田
成都之页
　　成都滑翔场开幕典礼　　　　　　　　虹　菀
　　我学会了滑翔　　　　　　　　　　　王侠飞
　　滑翔的一日　　　　　　　　　　　　里　彦
　　滑翔旅行　　　　　　　　　　　　　程雪峰
补白：假使我生了翅膀　　　　　　　　　陈树德
书　评
　　"翱翔"读后　　　　　　　　　　　石艾辉
　　金特·格雷霍夫　　　　　　　　　　笑　佛
封面图：夏云多绮丽最宜于滑翔　　　　　念　父
封底图：滑翔史画　　　　　　　　　　　肇　昌
歌曲：模型歌　　　　　　　　　　　　　舟　前

第二卷第 4、5 合期

1943 年 10 月 30 日

（民国三十二年十月三十日）

专 论

 "八一四"空军节与滑翔运动　　　郝更生
 西西里岛的滑翔部队　　　朱惠之

滑翔生活实录专辑

 走入滑翔之门　　　希　天
 第一天　　　胡体彬
 入伍生活　　　谢凯芬
 教练速写　　　廖鹏举
 滑翔三部曲　　　罗济民
 第四阶段中一天的生活　　　举　鹏
 处女飘翔　　　陈　征
 在凤凰山上空　　　文　希
 麦田——理想的迫降场　　　张毓贵
 第二次空中拖曳　　　黄文秀
 我试飞北碚来龙山高级滑翔台的经过
   胡希文

研 究

 滑翔与风洞　　　柏实义
 模型教育之路　　　周锦前

讲 座

 风、云、飘翔（下）　　　史超礼

记 述

 珊瑚坝上　　　郑　造

特 载

 日本模型机记录规则　　　国华译
补白编后：启事
漫谈跳伞　　　冯大捷
金特·格雷霍夫　　　笑　佛
封面图：滑翔教练速写　　　念　父
封底图：滑翔史画　　　肇　昌

第二卷第 6 合期

1944 年 3 月 15 日

（民国三十三年三月十五日）

专 论

 目的乎？手段乎？　　　郝更生
 滑翔运动与航空干部之培养　　　陈独真
 空降部队的工具　　　康振黄

学 术

 怎样训练滑翔（滑翔讲话之五）　　　史超礼
 上升气流与飘翔（滑翔问答）　　　杨家琅
 模型比赛获胜的方法　　　徐宝潭

介 绍

 苏联标准的干酪胶粉　　　范迪元
 美国滑翔场地的介绍　　　凌　云
 贺尔顿兄弟的无尾滑翔机　　　周盛科

习 作

 飘式手掷滑翔机　　　萧中健
 滑翔模型的保护　　　程万里
 气油引擎的模型飞机　　　莫德祥

飞 行

 双骑木鸟升空　　　周盛科
 空中飞行　　　陶鲁书
 冬季的滑翔　　　禾　斗

生 活

 滑翔散记　　　古　远

书 评

 跳伞的理论与实践　散谈
〔典藏〕总藏 1—2 卷（1941.12—1944.3）
   北京图书馆藏 1—2 卷（1941—1944 年）

中国体育

第一卷第1期

(1942.2)

*《中国体育》，1942年2月（民国三十一年二月）创刊，在南京出版。月刊。由伪中国体育协会编辑发行，主编徐英，发行人张超。停刊日期未详，仅见第一卷第1期，本书予以收录。

第一卷第1期

1942年2月10日
(民国三十一年二月十日)

创刊献词　　　　　　　　　　张　超
言　论
　中国体育协会召开全国体育代表会议感言
　　　　　　　　　　　　　　褚民谊
　新国民运动与体育　　　　　徐　英
　国民的健康　　　　　　　　徐　震
　新国民运动与国民体操　　　顾舜华
　提倡新国民运动声中我的话　滕树谷
　从精神苦痛问题谈到提倡体育的真实目标
　　　　　　　　　　　　　　黄炳星
　改革国民体育之我见　　　　缪治捷
　首都体育过去之成绩与今后之希望　顾　栋
　体育教师的师资问题　　　　马治奎
史　料
　事变以来之中国体育　　　　徐　英
　四年来江苏体育的动态　　　马治奎
　乒乓在南京　　　　　　　　翁　仲
教　材
　击铃操——团体操教材之一　翁　菊

设　计
　推行新国民运动动员南京学生参加劳动服
　务建筑新国民体育场工程计划　徐　英
译　述
　满洲国建国十周年庆祝东亚竞技大会实施
　计划大要
名　单
　全国体育会议出席代表名单
提　案
　全国体育代表大会提案
章　则
　中国体育协会主办首都公共体育场管理
　规则
　国府还都二周年纪念运动大会竞赛规程
　草案
纪　录
　中国体育协会调整机构会议纪录
报　导
　中国体育强化机构召开全国代表会议
　还都二周年纪念日举行各省市运动会
　首都公共体育场定期开幕
　华北冰上运动大会写真
　欧林匹克会长赖都尔逝世
　海上球坛生气蓬勃龙队又将复活

附录：
  <参加东亚运动大会中国代表团报告书>
  筹备部分
    筹备之经过
    筹备工作之发动
    次期之筹备情形
    筹备委员会之产生
    筹委会组织规程
    筹备委员名单
    各组组长名单
    临时费支出概算表
    预选经过
    华中各省市预选情形
    华北各省市预选情形
    全国决选详志
    参加东运代表团名单一览
    参加东运中国代表团日程
    参加东运中国代表团团员规则
  大会之部
    大会前奏
    东方民族精神之复活
    回溯既往以昭来兹
    华侨招待热烈欢迎
    东运大会日程一览
    东运大会重要职员一览
    大会开幕盛况
    东京大会鸟瞰
    竞技项目
    日满选手活跃演出
    中华健儿精神饱满
    热烈泼剌的足球对抗
    白热化之篮球战
    战绩绚烂的乒乓赛
    东京大会闭幕
    关西大会一瞥
    美西大会开幕
    梁世长死后哀荣
    大会纪录
  代表团重要谈话及祝词文电汇集
    政府各部长官欢宴南北代表团致训词
    吾代表团谒汪主席致敬主席训词
    教部及东运筹委会茶会招待代表团训词
    代表团抵日向各界发表谈话
    教育部长对东运大会祝词
    代表团向国内广播
    褚团长在日对代表团训话之一
    褚团长在日对代表团训话之二
    汪院长对东运大会开幕祝词
东渡日志（五月二十六—六月二十日）
附　录
    东游观感　　　　　　　　　　滕树谷
    吾篮球失败原因
    下届大会在菲举行
    纪念梁世长发起乒乓赛
    梁世长纪念杯乒乓个人锦标赛规程
〔典藏〕总藏 1 期（1942.2）
　　　　　　北京图书馆、原杭州大学体育系
　　　　　　（现浙江大学教育学院体育系）
　　　　　　藏 1 期（1942 年）

现代体育

第一卷第1期—第二卷第2期

(1942.10—1944.1)

*《现代体育》，1942年10月（民国三十一年十月）创刊，在上海出版。初为月刊，第一卷第2期起改为二月刊，第二卷起改为季刊。由上海现代体育馆编辑发行，主编兼发行人为曾维祺。1944年1月（民国三十三年一月）出版第二卷第2期后停刊。计第一卷出版1—3期，第二卷出版1—2期，本书全部收录。

创刊号

1942年10月1日
（民国三十一年十月一日）

创造一个健美的世界	编　者
现代世界最健美男子	
格林密克氏锻炼臂部的经验谈	力　行
增加美的食物	莲　子
肌肉发达法真谛	曾维祺
国际举重赛之标准举重式与规律(上)	编　者
你知道怎样睡吗?	思一译
冬天如何避免冷伤风	佐定译
你自身的机器	史笃克
积极推进健身运动的现代体育馆	
拍摄体姿照的秘诀	羊　丁
我也谈谈日光浴	羊　丁
对肺病应有之正确信念	乐　人
现代体育馆简则	
钙素母对于人体的贡献	
肌肉发达法图表说明	
健美照片月赛参加办法	陈兆葵译
肌肉发达法图表(一)	兆　葵

第一卷第2期

1942年11月1日
（民国三十一年十一月一日）

献给追求超越健康的人们	编　者
现代体育锻炼法之基本原则	曾维祺
肩之力与美	拔　如
我需要多少蛋白质?	根　纳
一个医师的忠告——求强之路	丁守仁
一个病人的经验——你有肠胃病吗?	
	一个过来人
国际举重赛之标准举重式与规律(下)	编　者
现代体育馆第一次郊游会哈同花园同乐记	
	叶　艺
西洋拳之犯规击法	王　熹
介绍维他命 K. P. H	乐　人
你知道二十一种不同的头痛吗?	缪　定
眼的颜色与个性	
空气真正的价值	草　葵
大众健身运动班、杠铃运动研究班	
献给小姐们的运动	莲　子
最新的腿部运动	力　行

读者园地　　　　　　　　　　　　编　者

第一卷第3期
1942年12月25日
（民国三十一年十二月二十五日）

自爱自励！努力自强！　　　　　　编　者
锻炼对于脉搏、血压、肺、循环、肌肉的
影响　　　　　　　　　　　　　　缪　定
生命的原素（一）——钙　　　　　思　一
性教育讲座　　　　　　　　　　丁守仁
永久的战争　　　　　　　　　　　根　纳
我锻炼胸部的经过　　　　　　　　编　者
关于深呼吸　　　　　　　　　　　润　德
健康常识测验
世界著名大力士轶传——盖世无双的先道
　　　　　　　　　　　　　　　　程知义
锯形肌与外侧肌　　　　　　　　　季　和
体格发达的标准与其测量法　　　　力　行
几种天然食物的医疗价值　　　　　志　健
人体美及其欣赏　　　　　　　　　拔　如
读者园地　　　　　　　　　　　　编　者
肌肉发达法图表说明（二）　　　陈兆葵
日常主要食物中钙的含量表

第二卷第1期
1943年9月15日
（民国三十二年九月十五日）

编者呼声——青年人的光荣是其力　编　者
太极拳与生理学力学心理学之关系　知　非
生活习惯对于运动成绩的影响　　　羊　丁
颜色的神妙力量　　　　　　　　　方　译
水的生理功能　　　　　　　　　吴仁伯
最新拉力器锻炼法与课程　　　　　维　祺
怎样吃　　　　　　　　　　　　　缪　定
生命的原素（二）——铁　　　　　益　愚

简易实用的自卫术　　　　　　　佟忠义
上海最健美男子的一部
健美照赛优胜者
现代体育馆高级学员介绍　　　　洪化民君
世界人体摄影杰作选
背肌展览
二十世纪的古希腊型人体
现代体育馆新人介绍
九福制药公司滋养食品部参观记
肌肉生理的研究　　　　　　　　　若　定
健身和自卫　　　　　　　　　　Don Jose
漫谈西洋拳　　　　　　　　　　　天　明
献给初锻炼同志的几点意见　　　　戴　毅
羽毛球　　　　　　　　　　　　施养真
读者园地　　　　　　　　　　　　编　者
现代体育馆的简则

第二卷第2期
1944年1月1日
（民国三十三年一月一日）

本刊举办第一届上海健美男子比赛的意义
　　　　　　　　　　　　　　　　编　者
现代体格锻炼法之基本原则（二）　曾维祺
发达肌肉的秘诀　　　　　　　　　编　者
气候对于运动能力的影响　　　　　若　定
按摩的健身价值　　　　　　　　　羊　丁
疾病可能遗传吗？　　　　　　　季和译
笑，万灵的药　　　　　　　　　　根　纳
亚普伦——世界最强壮的人　　　　保　罗
本刊举办第一届健美比赛评判的结果与意见
　　　　　　　　　　　　　　　　编　者
上海最健美男子的照片九帧
现代体育馆新人介绍
世界著名健美男子——契克道区的锻炼方法
　　　　　　　　　　　　　　　　绿　波
约克集中锻炼腿部的课程　　　　　力　行

阔背肌的特效锻炼法	拔 如	
梁新记消毒牙刷厂参观记	编 者	
心理学常识测验		
读者园地	编 者	
编后记	编 者	

〔典藏〕总藏 1 卷 1—3，2 卷 1—2 期
（1942.10—1944.1）
原杭州大学体育系现浙江大学教育学院体育系藏 1 卷 1—3，2 卷 1—2 期（1942—1944 年）
上海图书馆藏 1 卷 1 期（1942 年）

新中国体育
第 1 期
(1944.6)

*《新中国体育》，1944年6月（民国三十三年六月）创刊，在汉口出版。由汉口中央国术体育研究会编辑发行，萧忠国主编。刊期及特刊日期不详，仅见创刊号，本书予以收录。

创 刊 号
1944年6月1日
（民国三十三年六月一日）

发刊词	陈立夫
体育科学化	陈立夫
中央国术体育研究会之使命	张之江
国术改进之管见	郝更生
国术与体育	程登科
总裁论体育之重要	萧忠国
对九九国民体育之透视	田汉祥
复兴体操教范	中训团编
垒球掷远训练法	何学诗
考尔夫球发明简史	田汉祥译
散手比赛规则试拟案	李元智
竞技运动之价值比较表	吴文忠
抗战前后之国体	吴大馨
团体分团体育动态	戴仁声
编　后	

〔典藏〕总藏1期（1944.6）
南京图书馆藏1期（1944年）

体育通讯

第一卷第 1 期—第四卷第 1 期

(1944.9—1946.3)

*《体育通讯》，1944 年 9 月（民国三十三年九月）创刊，在重庆出版。半月刊。该刊前身为体育协会重庆分会主办的《体育周讯》，1944 年 9 月由中华全国体育协进会接办，由该会体育通讯社编辑，董守义发行。总编辑梁锺瀥，编辑陈海涛、赵国庆。1946 年 3 月（民国三十五年三月）停刊。出至四卷 1 期，第一至三卷每卷出 12 期，另出《足球表演赛专号》一期。本书全部收录。

第一卷第 1 期

1944 年 9 月 1 日
（民国三十三年九月一日）

发刊词	董守义
从国防的观点论体育	白崇禧
加强体育师资训练之管见	济 武
苏联的体育制度（一）	任尚仁
遥念在米西根湖畔（本报驻美特派员）	魏振武
中美篮球友谊赛	星 源
体协招待中美球员席上	炳 泰
通 讯	
董守义氏返渝	
渝市游泳比赛	
全国体协重庆市分会成立国际体育竞赛委员会	
国际游泳比赛	
公务员运动会	
体育节举行爬山比赛	

第一卷第 2 期

1944 年 9 月 16 日
（民国三十三年九月十六日）

本会出版体育通讯半月刊征稿启事	
中国体育事业之检讨	张 泳
篮球掷篮的理论研究	吴文忠
全市游泳比赛大会九月三日在雨中热烈举行	
迈进复兴之途	
国际体育竞赛委员会主办国际游泳对抗大会	
筹募体育事业基金	
三十三年度全市篮球锦标赛	
师大校友篮球队月前正式成立	
全国各地热烈庆祝体育节	

第一卷第 3 期

1944 年 10 月 1 日
（民国三十三年十月一日）

从战争中看体育训练的成果	董守义
体育道德	范宗先
教育部长陈立夫积极提倡体育	
运动裁判会第一次会议	陈海涛记录
各地通讯	
成都青年会增设体育部	
中央日报增辟体育栏	
自贡市体育正积极进行	
遵义高专员重视国民体育	
西北师院体育系在城固	陈海涛

陪都全市篮球锦标赛
张伯苓主持参政会议

第一卷第 4 期
1944 年 10 月 16 日
(民国三十三年十月十六日)

谈谈"体育"一词如何解释的问题	袁敦礼
竞赛裁判问题研究	董守义
体育道德（续）	范宗先
昆明市第四届运动大会志盛	曹旭东
国防科学运动周	
青年体育论文竞赛	
重庆市分会主办全市篮球锦标	
陪都体育界响应智识青年从军运动	
黔北第五区运动大会的观感	赵捷民
苗民的体育生活	史麟生
成都体育大游行	
金陵女大体育系概况	
小通讯	

第一卷第 5 期
1944 年 11 月 1 日
(民国三十三年十一月一日)

论体育与民主教育	济　武
泸县小学体育教员概况	少　周
竞赛裁判问题研究（续）	董守义
陪都体育界响应知识青年从军	
国防科学运动周	
本会重庆分会主办全市篮球锦标赛	
李惠堂来渝	
公务员运动会篮排球决赛	
教育部组织巡回视导团	
本会三十四周年纪念日，全体同仁征战江北	
兰州区运动大会	
成都本年冬季体育大比赛	

昆明中美田径对抗
贵阳中美篮球赛
川北绵阳运动大会
本会编本年度总报告，拟明年工作计划
各分支会三十四年度工作计划与进度编拟要点

第一卷第 6 期
1944 年 11 月 16 日
(民国三十三年十一月十六日)

世界运动会的英文会名与会旗意义及历届大会概况表	吴文忠
泸县小学体育教员概况（续）	少　周
竞赛裁判问题研究（续）	董守义
沙坪坝体育秋讯	君　平
社会教育扩大运动周	
陪都三十三年度篮球锦标赛参加队名一览	
小消息	

第一卷第 7 期
1944 年 12 月 1 日
(民国三十三年十二月一日)

竞赛运动的教育价值	李鹤鼎
竞赛裁判问题研究（续）	董守义
中华全国体育协进会运动裁判规则（民国三十年五月公布）	
西北师范学院体育系速写	张开运
燕京大学体育必修课概况	林启武
足球表演赛志盛	
陪都杂缀	
贵州第三区全区运动大会志盛	
成都青年会健身班扩充班次	
宁夏省运动会开幕	
足球常识测验揭晓	
加城华侨小学第一届联运会	

第一卷第8期
1944年12月16日
（民国三十三年十二月十六日）

体育的将来　　　　　麦克乐原著、范宗先译
竞赛裁判问题研究（续）　　　　　董守义
陪都全市篮球锦标赛
青年远征军政工班注重体育
蜀健足球队再战英联队
本会结束全年工作
本会重庆分会修缮场地
陪都杂缀
兰州体育简报
成都中央日报杯球赛
燕大校庆体育表演
西安足球表演赛
昆明两广同乡会主办赈济难民篮球义赛
经过盛况　　　　　　　　　　　曹旭东
宁夏筹组体协分会，实施体育日

第一卷第9期
1945年1月1日
（民国三十四年一月一日）

运动上智力的训练
　　　　　　　　威廉姆士原著、穆殿芳译
竞赛裁判问题研究（续）　　　　　董守义
三十三年度直属自贡支会工作报告书
泾南体专的剪影　　　　　　　　张步云
重庆市足球锦标赛开始报名
重庆市篮球锦标赛圆满结束
远征军政工人员训练班体育活动实施概况
劳军义赛
书荒中的好消息
美国来鸿——"雷鸟"生活的片断
小通讯

第一卷第10期
1945年1月16日
（民国三十四年一月十六日）

耐久力的训练　　　威廉姆士原著、穆殿芳译
竞赛裁判问题研究　　　　　　　　董守义
鸿羽部队的面容
三十三年度自贡市支会工作报告书（续）
体育影片开始放映
重庆裁判会市区支会第二次会议（足球规则
讨论会）
重庆市分会筹募基金加强推动体育
励志杯篮球赛
庆祝元旦球赛汇志
小通讯

第一卷第11期
1945年2月1日
（民国三十四年二月一日）

学术界、政府、民众　　　　　　　济　武
体育师资应有的认识　　　　　　　潘良云
竞赛裁判问题研究　　　　　　　　董守义
我的自述——由体育场走上战场　　刘慎旃
美国禁止"垒球"运动之解释　　　敬　言
本会直属宝鸡县支会三十三年度工作报告
苏州市公共体育场概况　　　　　　廖中威
重庆市足球锦标赛
陪都体育界响应智识青年从军连络处工作纪要
华侨马戏团来渝为国术体育事业募集基金
学府风光
陪都零讯

第一卷第12期
1945年2月16日
（民国三十四年二月十六日）

从"强国先强身"的观点论国术　　朱国福

竞赛裁判问题研究（续） 董守义
巡回视导归来 范宗先
重庆全市足球赛消息
陪都杂缀
本会欢迎美空运大队莅渝表演
马约翰氏来渝
昆明网球队访问陪都
各地通讯
 （贵阳）杨主席（森）提倡体育
 劳军篮球义赛
 （加城）羽毛球协会成立十周年
 （自贡）"耀荣杯"篮球赛
 （迪化）溜冰比赛大会
 （成都）新闻界球赛
 （恩施）鄂省篮球冠军明星队复活
 （城固）西北工学院分院举行院内竞赛

第二卷第1期（总第13期）

1945年3月1日
（民国三十四年三月一日）

妇女体育事业 李玛珀原著、王毅诚译
竞赛裁判问题研究 董守义
美空运大队篮球队莅渝表演分志 编者
昆明网球名手在渝表演
本会重庆市分会主办之三十三年度全市足球锦标赛
教育部朱家骅部长重视学生健康
大量储备体育师资教育部筹谋有效办法
各地通讯
 （西安）中美篮球赛西联队告捷
 （兰州）袁敦礼将赴美讲学
 （成都）空军运动会下月举行；省立体专校长易人
 （贵阳）省运会筹备会举行首次会议
 （迪化）新省举行滑雪比赛
 （昆明）悠悠体育会旅行指南

 （綦江）青年军炮营入团典礼

第二卷第2期（总第14期）

1945年3月16日
（民国三十四年三月十六日）

妇女体育事业（续） 李玛珀原著、王毅诚译
竞赛裁判问题研究（续） 董守义
我们的发明——板羽球 陈海涛
美空运篮球队函谢本会
精神总动员六周年纪念，陪都举办体育表演
留美空军体育竞赛成绩优异
大公报著文论述提高民族健康必须提倡运动
陪都杂缀
各地通讯
 （西安）劳军篮球赛；三八节女子篮球赛
 （成都）毽球、圈球盛行
 （恩施）篮球友谊赛
 （西北）山头人的舞蹈；缅甸人的歌舞
名人与体育——罗斯福总统
学府风光

第二卷第3期（总第15期）

1945年4月1日
（民国三十四年四月一日）

妇女体育事业（续） 李玛珀原著、王毅诚译
我们的发明——板羽球（续） 陈海涛
陪都首届儿童运动会定期开幕
世界青年周我青年团热烈响应
陪都银行界篮球锦标赛举行
本会同仁征江北
五月中旬第四届市运会将开幕
译员训练
陪都杂缀
各地通讯
 （成都）空军运动大会特写

（兰州）第三届"正伦杯"篮球比赛
（西安）第四次中美篮球赛
（南郑）庆祝青年节筹备体育活动
（贵阳）黔全省运动大会定期六月六日举行
（北碚）首届赛马会
（昆明）中美网球赛

名人与体育（二）——马歇尔元帅

补白：留美学飞二三事

第二卷第4期（总第16期）

1945年4月16日

（民国三十四年四月十六日）

妇女体育事业（续） 李玛珀原著、王毅诚译
竞赛裁判问题研究（续） 董守义
陪都儿童大集合
陪都举行体育活动庆祝第二届青年节
陪都杂缀
青年节沙磁区运动会追记
各地通讯
  （贵阳）庆祝青年节举办体育活动
  （璧山）纪念青年节举行运动会
  （西安）青年节体育表演
  （吐鲁蕃）冬季篮球赛结束
学府风光
  金陵女大体育系消息
  重大主持周末球类比赛
名人与体育（三）——艾森豪威尔元帅

第二卷第5期（总第17期）

1945年5月1日

（民国三十四年五月一日）

妇女体育事业（续） 李玛珀原著、王毅诚译
竞赛裁判问题研究（续） 董守义
陪都儿童大集会
国术家集合陪都，较场口准备擂台
南岸春季运动会
国术馆拟组巡回表演团
本会同仁春季旅行
袁敦礼抵渝
第四届市运会
全市足球锦标赛
各地通讯
  （贵阳）省立体育场五月底可完成
  （成都）救难胞，育儿童，赛马大会
  （恩施）体育杂讯
  （迪化）篮球友谊赛
  （西安）体协会扩大组织
  （自贡）蜀光中学春运会
名人与体育（四）——巴顿将军

第二卷第6期（总第18期）

1945年5月16日

（民国三十四年五月十六日）

妇女体育事业（续） 李玛珀原著、王毅诚译
竞赛裁判问题研究（续） 董守义
国立师范专科学校概况 湛厚博
重庆市体育事业基金筹募委员会结束
四届全市运动会
本会理事章辑五氏来渝
师大校友队出战蓝队
沙磁区各校联合运动会
教育当局通令施行"加强国民体格锻炼"
南开八届春运会
教场口打擂台
各地通讯
  （大理）"三月街"盛况
  （贵阳）省运会展期举行
  （汉中）李宗仁氏重视体育
  （吐鲁蕃）举办排球比赛
名人与体育（五）——海尔赛上将
学府风光

第二卷第 7 期（总第 19 期）

1945 年 6 月 1 日
（民国三十四年六月一日）

谈谈师范学校体育	汪铁影
运动与处世作人	济　武
竞赛裁判问题研究（续）	董守义
沙磁区专科以上学校运动会记	尹志文

六届全代会重视国民健康
重庆市男女排球赛按期举行
市运会展期至六月二日开幕
国术竞赛大会志盛
记金女大五月舞会
陪都国术馆即将举行奠基礼
各地通讯
　　（成都）体育讲习会结束
　　（贵阳）市运会积极筹备
　　（兰州）篮球锦标赛将结束
　　（恩施）仿鲁杯篮球赛
学府风光
名人与体育（六）——尼米兹上将

第二卷第 8 期（总第 20 期）

1945 年 6 月 16 日
（民国三十四年六月十六日）

本会第二届理监事联席会议
本会运动规则审定委员会开会
重庆市四届市运会盛况空前
本届国民体育委员会通过国民体育实施计划
马约翰、宋君复先后来渝
重庆市分会主办公开排球赛
重庆市教育局选送公费体育师资
青年会游泳池开放
袁敦礼氏首途飞美
各地通讯
　　（贵阳）省、市运动会即将举行
　　（昆明）中美田径对抗赛
青年军动态
学府风光
名人与体育（七）——杜立特将军

第二卷第 9 期（总第 21 期）

1945 年 7 月 1 日
（民国三十四年七月一日）

妇女体育事业（续）	李玛珀原著、王毅诚译
游泳常识	陈　磊

本会总干事董守义氏前往西北领导分支会
蒋梦麟谈教育
教育新猷举办暑期讲习会
社会部派员来会视察
龙舟竞渡
国际足球义赛

贵阳市第三届运动大会志盛	耳　东

各地通讯
学府风光

第二卷第 10 期（总第 22 期）

1945 年 7 月 16 日
（民国三十四年七月十六日）

妇女体育事业（续）	李玛珀原著、王毅诚译
竞赛裁判问题研究（续）	董守义

青年杯篮球锦标赛开始
本会渝分会欢宴刘理事长峙
教育局选送体育科学生三十余人到场应试
美国记者团来渝
各地通讯
　　（宜昌）军中体育生活
　　（贵阳）各县组织国民体委会
　　（兰州）市体协会改组

第二卷第 11 期（总第 23 期）

1945 年 8 月 1 日

（民国三十四年八月一日）

妇女体育事业（续） 李玛珀原著、王毅诚译
如何挽救国民体力下降的危机　　吴铁城
竞赛裁判问题研究（续）　　　　董守义
体育巡回辅导团返渝
改进师范学院体育教育硕果
贵州全省运动大会纪要
各地通讯
　（上海）办球队生财有道，跑马厅日赚亿元
　（西安）体协分会夏令球类表演赛　吴玉和

第二卷第 12 期（总第 24 期）

1945 年 8 月 16 日

（民国三十四年八月十六日）

妇女体育事业（续） 李玛珀原著、王毅诚译
竞赛裁判问题研究（续）　　　　董守义
桂林篮球健将在陪都大显身手
本会渝分会主办之全市排球锦标赛结束
欢送陈纳德将军
张伯苓任主席团主席
各地通讯
　（西安）体协会欢宴董总干事　　吴玉和
　（泸县）体育剪彩　　　　　　　关延煦
　（兰州）中美篮球赛
　（贵州）杨主席亲率三军"县太爷"也"打体育"
解答：垒球场之简易划法　　　　陈　磊

第三卷第 1 期（总第 25 期）

1945 年 9 月 1 日

（民国三十四年九月一日）

本刊一周年献词　　　　　　　　陈海涛
论我国体育应采取之途径　　　　马约翰
竞赛裁判问题研究（续）　　　　董守义
本会董总干事返渝
本会干事会商讨复员计划
艾森豪威尔检阅苏联体育大游行
十四届世界运动会一九四八年举行
各地通讯
　（兰州）排球锦标赛概况
　（泸县）筹组体协支会，中兵杯篮球赛
学府风光
　航校、海校、军校、陆大

第三卷第 2 期（总第 26 期）

1945 年 9 月 16 日

（民国三十四年九月十六日）

我国体育的初步改进——为胜利年"体育节"而作　　　　　　　　　　董守义
竞赛裁判问题研究（续）　　　　董守义
庆祝胜利举行篮球表演赛
本会常务理事会议纪录
国民体委会加强组织
渝分会主办爬山游泳比赛
体育家访问记
　介绍赴美讲学之袁敦礼先生　　梁钟濬

第三卷第 3 期（总第 27 期）

1945 年 10 月 1 日

（民国三十四年十月一日）

我国今后的国民体育　　　　　　王毅诚
竞赛裁判问题研究（续）　　　　董守义
读大公晚报的"太平人语"后　　阿　磊
胜利劳军拳赛
董总干事访问天津市杜副市长
本会渝分会新旧交替，程登科继任总干事
苏联游泳选手打破全欧纪录

苏聂伯河舰队举行运动会
中央团部主办青年杯篮球赛结束
各地通讯
 （宝鸡）庆祝体育节
 （兰州）体育杂讯
体育家访问记
 介绍赴美讲学之体育家袁敦礼先生
          梁钟潘
小新闻

第三卷第4期（总第28期）

1945年10月16日
（民国三十四年十月十六日）

美国军队的运动组织和实施概况 钱一勤
竞赛裁判问题研究（续）   董守义
足球的基本技术   房仲孝译
美国第二十二届全美大学运动大会 吴中光译
世界欧林匹克协会通知书   敬言译
读者之声   柳美
体育家访问记
 ——介绍赴美讲学之体育家袁敦礼先生
          梁钟潘
新闻汇志
各地通讯
陪都动态
学府风光

第三卷第5、6合期（总第29、30期）

1945年11月30日
（民国三十四年十一月三十日）

欣闻上海体育复活
我们对健康应有的态度和认识 梁钟潘
竞赛裁判问题研究（续）   董守义
足球的基本技术   房仲孝译

章辑五先生
足球协会通知书
新闻汇志
国际足协秘书处给本会的通知书
纪念国父诞辰举行体育活动
渝剧人组球队
凌道扬氏赴粤筹组广东分会
本会马振銮、李国堂分赴京沪
董守义氏访孔祥熙博士商谈有关世运会事宜
蒋主席颁手令改良人民生活习惯推行运动提倡远足
休养院实行医疗体操
各地通讯
 （上海）上海市体协会成立
    中英美苏四强会师上海举行球类比赛
 （西安）世界学生日举行篮球表演赛
 （昆明）国庆日举行全市运动大会
    马约翰受聘汽车训练班体育总教官
集 纳
学府风光
体育家访问记
 ——章辑五先生
人事动态

第三卷第7、8合期（总第31、32期）

1945年12月31日
（民国三十四年十二月三十一日）

全国体协会应从速复员
大后方体育活动沉寂了
淘汰比赛法（上）   吴中光
汽六团"征轮"队征渝特写
武训诞辰舞蹈表演会参观记   阿磊
竞赛裁判问题研究（续）   董守义

陪都动态
新闻汇志
    美海陆军足球大战，杜鲁门等亲临参观
    国民体委会举行座谈会讨论修改体育实施方案
    本会宴请内政部张历生部长
    体协会香港分会萧汉烈总干事电请本会派员前往东南各省组织分支会
    本会渝分会主办全市足球赛
各地通讯
    （广州）凌道扬等筹组体协广东分会
    （上海）中青晨友团主办晨友杯篮球赛
            中美篮球助学金义赛
            中英足球赛
    （西安）运动裁判会陕西省分会成立
集　纳
学府风光
人事动态

（北平）全国体协北平市分会成立
（河北）河北省政府加强推行体育
（北平）中美篮球赛开始
（天津）中美联欢篮球赛争夺中正延谔杯　田秩曾
        董守义氏抵津视察
        体协天津分会成立
（上海）市国民体委会成立
        晨友杯圆满结束
        首次足联赛，中外 31 队逐鹿
        足球义赛筹募
（广州）全国体协会粤分会成立
        第一次理监事联席会议摘录
        粤体协分会首次活动
（台北）台湾省分会成立
人事动态
    张伯苓赴美就医
    董守义飞平视导

第三卷第 9—12 合期
（总第 33—36 期）
1946 年 2 月 28 日
（民国三十五年二月二十八日）

可喜的现象　　　　　　　　　　　　本　社
竞赛裁判问题研究（续）　　　　　　董守义
淘汰比赛法（下）　　　　　　　　　吴中光
陪都冬季环城赛跑速写　　　　　　　阿　磊
陪都球赛杂记　　　　　　　　　　　记　者
王正廷函奥林匹克协会投票推选世运会地址
新闻汇志
    台维斯杯网球赛我报名参加
    苏联展开滑雪赛
    英国足球队将远征世界各国
各地通讯
    （南京）支团部主办中正杯篮球赛　振　銮

第四卷第 1 期（总第 37 期）
1946 年 3 月 31 日
（民国三十五年三月三十一日）

体育、艺术宝藏的发掘　　　　　　　本　社
发展中国舞蹈的第一步　　　　　　　戴爱莲
台维斯杯网球比赛的历史　　　　　　吴中光
"边疆音乐舞蹈大会"观后　　　　　　陈　磊
新疆各族舞蹈戏剧竞赛　　　　　　　中央社
冰天跃马图——记河西赛马大会　　　林　焰
美全国网球名星　　　　　　　　　　钢
公布三十五年男子篮球规则之特点并定五月一日起施行
新闻汇志
    本届世运苏德日不至被邀参加
    美海军游泳比赛
    英荷两国拟定体育互访计划
    参加本届台杯，日本曾作试探

巴黎国际网球赛瑞典获男单冠军

足球表演专号

1944年11月16日

(民国三十三年十一月十六日)

前言	董守义
足球的渊源	梁钟潘译
中国足球的光荣	陈海涛辑
战时足球在英国	赵敏恒
足球常识测验二十五题	
足球将星群	
各队阵容	
一个华侨在英国足球队的光荣	赵国
表演日程	

〔典藏〕总藏1—36期，4卷1期。

南京图书馆藏1—10，12—13，15—16，18—27期（1944年）

南京大学图书馆藏1—2,4—5,10—21,31—32期(1944—1945年)

陕西省图书馆藏1,4,10,17,31—36期(1944—1946年)

甘肃图书馆藏2—25，28—30期（1944—1945年）

湖北省图书馆藏4—6,9—10，14—16，19—22期（1944—1945年）

广西桂林图书馆藏18,20—22，33—36期（1945—1946年）

四川省图书馆藏20—21，33—36期（1945—1946年）

安徽省省图书馆藏22—24,33—36期（1945—1946年）

上海图书馆藏4卷1期（1946年）

中华体育

第一卷第1期—第一卷第4期

(1945.1—1945.7)

*《中华体育》，1945年元旦（民国三十四年一月一日）创刊，在重庆出版。二月刊。由重庆中华体育学会出版发行。总编辑江良规，副总编辑俞晋祥，发行主任龚家鹿。1945年7月出至第一卷第4期后停刊。本书全部收录。

第一卷第1期
1945年1月1日
（民国三十四年一月一日）

发刊词	
我们今后的责任	郝更生
我们需要学术研究	吴邦伟
大肌肉运动用全部学习法与分段学习法 效能之比较	吴蕴瑞
运动力学	吴蕴瑞
体育与儒家思想	陆家珺
体育之心理基础	黄启宇译
新瓶装新酒	吴之仁译
田径赛教学要点	江良规
跑的本质	江良规
女子跳跃运动的研究	范宗先译
一个健美的脊背	吴之仁
体育史研究法	俞晋祥
教育部国民体育委员会工作概况	
本会会务报告	
编 后	

第一卷第2、3合期
1945年3月1日
（民国三十四年三月一日）

我为体育界讲几句话	吴蕴瑞
中西体育思想之史的对比	江良规
运动力学（续）	吴蕴瑞
体育之心理基础（续）	黄启宇译
舞蹈之意义	黄蔷英译
训练之一般功能	柏芝蔚译
陶尔图氏心脏机构障碍测验的研究	范忠先译
篮球教学法之研讨	徐 镳
篮球遮板修改之理由与实验经过	周翰青
流线型新篮球板之介绍	袁其蓁
德国体育之发展及其后果	俞晋祥

第一卷第4期
1945年7月1日
（民国三十四年七月一日）

此次大战之结果与今后我国体育之方针	吴蕴瑞

读"我为体育界讲几句话"之后	王毅诚
中国体育之社会背景	江良规
运动力学（续）	吴蕴瑞
血中碱性之含量对于运动之关系	章钜林
德国体育之发展及其后果（续）	俞晋祥
女子篮球特订规则之解释及裁判要点	徐汝康
运动会的筹备及举办	江良规
美国空军的运动精神	黄启宇

体育通讯

〔典藏〕总藏1卷1—4期（1945.1—1945.7）
北京图书馆、复旦大学图书馆藏1卷1—4期（1945年）
南京图书馆、南京大学图书馆、重庆市图书馆藏1卷1期（1945年）

中国青年体育季刊
第一卷第1期—第5期
(1945.3—1947.5)

*《中国青年体育季刊》，1945年3月（民国三十四年三月）创刊，在重庆出版。季刊。由重庆中国青年体育季刊社编辑发行。该社隶属于三民主义青年团中央团部体育指导委员会，社长程登科，主编萧忠国，总编辑田汉祥。1945年12月出版至第一卷第4期后一度停刊，后改在南京发刊，刊名"体育"，仅出版第5期。1947年5月（民国三十六年五月）停刊。本书收录第一卷第1—5期全部目录。

创刊号
1945年3月29日
（民国三十四年三月二十九日）

发刊词	程登科
体育的新认识	萧忠国
青年体育与航空时代	郝更生
今后我国青年体育之动向	王寿羽
对于国术的观感	戴仁声
各国国民体力奖章检定之项目与标准	刘纪元
前升数之研究	田汉祥
都市儿童之发育与体育	刘纪元
体育教学程序之编制	黄桂清
拔河之力学根据及其要领	李季芳
球类运动教材	吴文忠
急行跳远法	葛天爵
青年体操	田汉祥、戴仁声
冷水摩擦浴的功效及其实施	戴笠耕
肌肉发达法	陈于青
举办青年健康竞赛之行政示导	程登科
射箭之历史及价值	温敬铭
古希腊的体育	俞晋祥
我所认识的吴蕴瑞先生	张鹏南
郝更生先生小传	但今才
中央团部体育指导委员会概况	黎源
中央干校体育活动缩影	沙荻
体育短波	天健
编后话	

第一卷第2期
（游泳特辑）
1945年6月30日
（民国三十四年六月三十日）

战后我国青年体育之动向	李学英
青年与游泳	戴仁声
游泳池之设计	田汉祥
游泳第一课	程登科
蛙式游泳	程铭盘
怎样学习自由式游泳	刘德超
仰泳之研究	宋维域
侧泳的学习方法	晏法
潜泳和立泳	刘德浩
跳水之种类及其要领	吴玉崑
游泳救生术	萧忠国

游泳卫生常识	李白秋
游泳规则问答	杨文采
球类运动教材（续）	吴文忠
古希腊的体育（续））	俞晋祥
国立西北师范学院体育系之今昔	梁钟潽
介绍赴美讲学之体育家袁敦礼先生	梁钟潽
全国各地青年体育动态要讯	天　健
读者信箱	

第一卷第3、4合期

1945年12月31日

(民国三十四年十二月三十一日)

评　坛
提倡与推行	田汉祥
从球赛说起	戴仁声
纪念体育节的希望	萧忠国
对于我国现行体育机构之意见	程登科

研　究
体育的生物论据	范宗先译
体育活动与青年儿童心理卫生	陈毓瓒
月经与体育活动	高静华
我们的发明——板羽球	陈海涛

训　练
篮球进攻时身体之机巧动作	吴文忠
英式橄榄球	吴文忠
铅球推掷法	葛天爵
单杠悬垂的方法	吴玉崑、刘天锡
床上体操	陈于青
古希腊的体育（续）	俞晋祥

报　道
一九四五年男子篮球规则之特点	吴中光
一个选手的自述	杨洪绩
国立重庆大学体育科素描	郝笃祺
董守义先生	天　健
全国各地青年体育动态要讯	天　健

| 读者信箱 | |
| 编者的信 | 编　者 |

第一卷第5期

1947年5月

(民国三十六年五月)

注重体育道德	戴仁声
蒋主席论今日我国体育之缺点	刘德超
实施我国女子体育之具体方案	姚吉昌
体育的生物论据（续）	范宗先
山岳地带儿童体格之发育	刘纪元
篮球战略提要	吴文忠
垒球初步练习法	马耀华
个人药球操	高敬武
田径赛补助运动图解	吴文忠
世界田径最高纪录漫谈	吴中光
体育场设计建筑及设备	田汉祥
体育行政实习日记	张椿楛
文县第四届运动会纪实	

封面说明：陈于青（前）戴笠耕（后）二君之健美体格

〔典藏〕总藏1卷5期（1945.3—1947.5）

北京、南京图书馆藏1卷（1945年）

复旦大学、南京大学、湖北省图书馆藏1卷1—2期（1945年）

重庆市图书馆藏1卷1，3—4期（1945年）

甘肃省图书馆藏1卷2期（1945年）

中山大学图书馆藏1卷3—4期（1945年）

北京大学、南京、重庆市图书馆藏5期（1947年）

广东体育
第1期—第4期
(1946.6—1946.9)

*《广东体育》，1946年6月（民国三十五年六月）创刊，在广州出版。半月刊（第2期起改为月刊）。由广东省教育厅国民体育委员会、广东省立体育场、中华全国体育协进会广东分会编辑发行。1946年9月（民国三十五年九月）停刊，共出版第1—4期。本书全部收录。

第1期
1946年6月1日
（民国三十五年六月一日）

发刊词
论　著
　　体育复员　　　　　　　　许民辉
　　唱游与儿童　　　　　　　何云松
技术研究
　　篮球裁判提要　　　　　　赵善性
专　讯
　　教育部改进小学体育
　　教育厅定期视导各县市体育
　　省立体育场恢复
　　中华全国体育协进会广东分会组织经过
　　省运会拟于双十节举行
　　广州各体育社团动态
运动园
　　台维斯杯网球赛
　　广州横市赛跑
　　市长杯公开男子篮球赛
　　广州市中上学校篮球联谊赛
　　市长夫人杯公开女子篮球赛
　　宝猷杯中学组男子篮球赛
专讯（六则）
各地通讯（三则）
编后话

第2期
1946年7月（民国三十五年七月）

体育先锋许民辉硕士
论　著
　　体育家与运动家　　　　　曹绍辉
学术讲座
　　人体大肌肉的位置及其运动机能
　　　　　　　　体协会广东分会推广研究股
　　怎样学习游泳　　　　　　吴华英
　　篮球裁判提要（续）　　　赵善性
专　讯
　　教育部体育委员会审定游泳规则
　　省国民体育委员会决定本年度推行工作
　　中华全国体育协进会公布全国田径赛最高纪录
　　省立体育分场开幕
各地通讯
科学新闻（一则）

读者之声
运动园

第 3 期
1946年8月（民国三十五年八月）

学术讲座
  人体大肌肉的位置及其运动功能（续）
  怎样学习游泳　　　　　　　　　　吴华英
体育节文献特辑
  运动之目的　　　　　　　　　　　蒋介石
  强身与治学　　　　　　　　　　　姚宝猷
  体育节展望　　　　　　　　　　　许民辉
  纪念体育节　　　　　　　　　　省民教会馆
何人应教授健康教育之责　　　　　　　杜汝检
各地通讯
运动园
  省民教馆举办排球训练班
  粤港游泳比赛
  三民主义学会举办粤港游泳大比赛
  俊贤杯公务员排球赛
  茂名雷队篮球访穗

军总篮球队征穗
元老球队

第 4 期
1946年9月（民国三十五年九月）

论　著
  学校健康教育之价值及其影响　　　杜汝检
  体育全民化　　　　　　　　　　　　　棣
专　载
  视导中区各县市国民体育观感　　　林宏同
  欢迎旅菲华侨黑白男、女篮球队特号
  黑白篮球队史略
  回国观光的使命　　　　　　　　　王贻源
  黑白队职员略历
  欢迎词　　　　　　　　　　协进会广东分会
  男将英雄谱
  女子点将录
〔典藏〕总藏1—4期（1946.6—1946.9）
    北京、南京图书馆藏1—4期
    （1946年）

中国体育

创刊号（试刊）— 第一卷第1期

(1946.10—1946.12)

*《中国体育》，1946年10月(民国三十五年十月)创刊，在北平出版。半月刊。由北平中国体育研究社编辑发行，该社社长为李仲三，编辑庞孝婿、齐沛霖。停刊日期未详，仅见创刊号及第一卷第1期，收录本书。

创刊号（试刊）
1946年10月10日
（民国三十五年十月十日）

发刊词	李仲三
体育与人格	燕树棠
体育之意义与目的	李仲三
体育学说浅释	程登科
本刊创立的动机和使命	庞孝婿
世界各国体育概况	齐沛霖
对于童子教育应有之认识	王继根
体育专家访问记——李仲三先生	庞孝婿
编后余谈	

第一卷第1期
1946年12月1日
（民国三十五年十二月一日）

中国体育失败之症结及今后挽救之方法	李仲三
运动对于心脏之影响	庞孝婿
敬向体育界青年同志进一言	齐沛霖
体高的发育问题（未完）	金爽田
北平励志社主办平市第一届器械体操比赛大会志盛	本社
记体专	本报记者
双十运动会特辑	
大会收获报告	
大会追忆	
双十秋运点将录	
台湾省运动会成绩惊人！	
北大体育消息三则	
本市学校体育通讯	
志成中学机巧运动热	
育英的形形色色	
北师体育近讯	
市立女一中体育新发展	
国内各地体育通讯	
编后余谈	

〔典藏〕总藏试刊号——1卷1期（1946.10—1946.12）

北京图书馆藏试刊号——1卷1期（1946年）

北京大学图书馆、南京大学图书馆藏1卷1期（1946年）

体育与音乐
第 1 期—第 5 期
(1946.11—1947.3)

*《体育与音乐》，1946 年 11 月（民国三十五年十一月）创刊，在江西南昌出版。月刊。由江西省立体育师范专科学校出版委员会编辑发行，余永祚主编。1947 年 3 月（民国三十六年三月）停刊，共出版第 1—第 5 期。本书全部收录。

创刊号
1946 年 11 月 17 日
（民国三十五年十一月十七日）

本刊的使命	余永祚
体育与科学	宋公楷
培养教育的根本热情	罗贵民
我们要有学术的修养和职业的伦理	章瑞麟
体育音乐与训育	李景贤
祝辞	龙沐仁
十年建校史略	吴伯琴
中国字源序	吴翼甫
音乐理论的学习	陆华柏
介绍两首轮唱歌曲	甘宗容
小兵士	章瑞麟、欧阳雅
国内通讯	
校闻汇报	
校友动向	

第 2、3 合期
1947 年 1 月 15 日
（民国三十六年一月十五日）

体育的功能	李景贤
本届全省运动会观感	摩天
国民体育之理论及其实施方案（上）	龚镇藩
歌曲创作之研究	陆华柏
怎样去踏入声乐之门	万昌文
体育与建筑	傅健友
公民的教学	李景贤
法国全级会议	陶敬诚译
漫谈机巧运动危险之防护方法	刘石猴
平梯运动教材	章瑞麟
党国旗剪裁方法	傅健友
介绍几个游戏的教材	余名楷
舞蹈教材：浮生若梦	刘石猴
音乐教材（二则）	
读刘石猴先生的唱游教材	芥舟
介绍龚镇藩、俞子箴两位先生合编中心及国民学校体育教材教法	西蟒

第 4、5 合期
1947 年 3 月 15 日
（民国三十六年三月十五日）

健与美	贵民
谈谈学生营养	翼甫
身心一元论与体育	王益民
运动道德	左郁文

对于国民党党歌之商榷	穆　然	
音乐神童莫查德	陶敬诚译	
篮球运动的风行	健　友	
女子篮球独特性规则及裁判要点	华　夏	
几个垫上运动的双人动作	余名楷	
几种声乐上的健身操	吴慧明	
小草歌	刘天浪	
春底天	刘石猴	

师范教育特辑
  1.陶行知先生和晓庄师范的精神　　李景贤
  2.爱的说教　　　　　　　　　　　　李景贤

〔典藏〕总藏1—5期（1946.11—1947.3）
    北京、四川省图书馆藏1—5期
    （1946—1947年）
    南京图书馆藏1，4—5期
    （1946—1947年）

体育世界月报

第一卷第1期—第二卷第3期

(1947.4——1948.3)

*《体育世界月报》，原名《体育世界周报》，1947年4月（民国三十六年四月）创刊，在广州出版。原为周刊，自第一卷5期起改为月刊。由广州体育世界月报社编辑发行，广州中华体育图书出版社出版。社长吴华英，编辑马杏修、黄鉴衡。1948年3月（民国三十七年三月）停刊，计第一卷出版1—9期，第二卷出版1—3期。本书全部收录。

注：该刊于1950年1月复刊，卷期自第三卷1期起，出版至12期，1952年2月后停刊。第三卷出版时期，因不属近代，故未收入。

第一卷第1期

1947年4月（民国三十六年四月）
创刊号

心言	编　者
国运会筹备忙（一）	本报（一）
元首杯篮球赛开幕	本　报
省运会日期项目已订定	本　报
省运当前各方练兵	本　报
路易士的"王座"还能够保存多久	伟
亚林匹克运动会的故事	华
二十五年来篮球游戏战的发展及其改进	英
美国篮球新术	英
坐在办公厅的人们你想训练你的身体吗（一）	流
篮球小引	天　石
运动人员应具备的体育道德	美
广州足球圈内拉杂谈	伦　敦
球场外话	赢马译
一幕排球龙虎斗	赢　马
一周球事	编　者
体育行脚	编　者
国内体育消息	编　者

第一卷第2期

（日期不详）

论国民体育	编　者
漫谈元首杯中学组篮球赛	天　石
省运竞赛委员及各组名单	本　报
篮球新术（二）	英　译
篮球小引（一）	天　石
田径登龙术	教　练
坐在办公厅的人们你想训练你的身体吗（二）	流
亚林匹克运动会的故事（二）	华
蹲下起跑姿势的历史	编　者
水上运动场广州有多少？	编　者
我国第一次举行的全国运动会	鲁
本省当局积极推行国民体育	编　者
旅越华侨球队征省特讯	编　者
垫上运动（一）	言西农
介绍一种起跑的利器——起跑木	赢　马

市西体育动态　　　　　　　　　　鲁　计
运动员之十要与十不要　　　　　　鲁
广东第十四届运动田径赛成绩　　　编　者

第一卷第3期
（日期不详）

请球员们注意　　　　　　　　　　本　报
省运会改期　　　　　　　　　　　本　报
越南球队回师概观定论　　　　　　本　报
世运会筹备近况　　　　　　　　　本　报
世运各项竞技日期及场地订定　　　本　报
上海拳击摔角赛　　　　　　　　　本　报
广州女子篮球动态　　　　　　　　石　珍
英国足球赛消息　　　　　　　　　本　报
美国篮球新术（三）　　　　　　　英　译
四百公尺中栏训练谈　　　　　　　嬴　马
如何看篮球比赛（一）　　　　　　流
中华全国体育协进会审订最新篮球规则
择要　　　　　　　　　　　　　　西　一
垫上运动（二）　　　　　　　　　言西晨
球场漫谈　　　　　　　　　　　　本　报
本地体育时闻　　　　　　　　　　本　报
本地体育零讯　　　　　　　　　　本　报
南顺体育通讯　　　　　　　　　　本　报
国外体育短讯　　　　　　　　　　本　报
祖路易让位么　　　　　　　　　　本　报
国内体育通讯　　　　　　　　　　本　报
邮汇杯颁奖礼　　　　　　　　　　本　报

第一卷第4期
1947年7月1日（民国三十六年七月一日）

论训育与体育　　　　　　　　　　初
对本届省运会的日期望　　　　　　黄鉴衡
世界运动大会近况　　　　　　　　编　者
我国选手选拔方法与标准　　　　　本　报

省运足球预测谈　　　　　　　　　伦　敦
运动圈内左说右谈　　　　　　　　伦　敦
省运会前零拾　　　　　　　　　　西　一
本市空前拳斗　　　　　　　　　　本　报
怎样学游泳　　　　　　　　　　　言西晨
本届省运会女子篮球应否采用男子例　嬴　马
如何看篮球比赛（二）　　　　　　流
田径赛的补助运动　　　　　　　　教　练
国内体育通讯　　　　　　　　　　本　报
国外体育通讯　　　　　　　　　　本　报
体育二三事　　　　　　　　　　　编　者
介绍俄国拳师　　　　　　　　　　本　报
南海县复员第一次运动会散记　　　楚　生
足球小史　　　　　　　　　　　　老教练
游泳的安全　　　　　　　　　　　本　报

第一卷第5期
1947年8月1日（民国三十六年八月一日）

提倡国民体育增进民族健康　　　　罗卓英
为体育界进一言　　　　　　　　　金曾澄
大会筹备经过　　　　　　　　　　丘　誉
大会观感　　　　　　　　　　　　姚宝猷
大会开幕典礼纪盛　　　　　　　　吴华英
各项球类比赛经过情形略述　　　　马杏修
各项田径决赛情形　　　　　　　　黄鉴衡
会场花絮拾锦　　　　　　　　　　石拔群
大会闭幕及颁奖　　　　　　　　　关竞持
本届各项田径赛成绩纪录表　　　　本　报
本届各项锦标总表　　　　　　　　本　报
对省运会改进的建议　　　　　　　黄鉴衡
一月来本市体育动态　　　　　　　编　者

第一卷第6期
1947年9月1日（民国三十六年九月一日）

评　论
　纪念体育节吾人责任应有之认识　许民辉

体育教师之修养问题　　　　　马杏修
广州游泳今昔观　　　　　　　黄鉴衡
女子体育与民族健康　　　　　廖坤贤
体育行政
　中学体育处各种规程　　　　本报资料室
技术训练
　篮球居中策应进攻之战术　　吴华英
　捷泳学习法　　　　　　　　谭荣瑞
　我练习赛跑的经过及决胜的策略　杨瑞渊
　拳斗比赛法　　　　　　　　本报资料室
教　材
　单杠运动图解（一）　　　　黄鉴衡
　早操教材四种　　　　　　　本　报
法　令
　国民体育法
　体育节举行办法要点
记　载
　一月来世界体育新闻　　　　编　者
　一月来国内体育消息　　　　编　者
　一月来本省体育动态　　　　编　者
　一月来体育人员行脚　　　　编　者

第一卷第 7 期

1947 年 10 月 1 日

（民国三十六年十月一日）

评　论
　省立体专的创立与使命
　　　　　　　黄麟书演讲、邓镇华笔记
　人类体力对于田径运动之估计　吴华英译
　复员后广州体育概况　　　　关竞持
体育行政
　贡献一个新的双淘汰比赛制度　陈均谟
　小学体育教材及教法（一）　吴侠夫
　中学体育处各项规程（二）　本报资料室
技术训练
　美国跨栏慧星狄拉特之跨栏妙技　马杏修译

接力跑的技术与方法　　　　　吴华英译
西洋拳学习的基本技术（一）本报资料室
健美力
　徒手运动锻炼法（第一程序）吴流道译
教　材
　单杠运动图解（二）　　　　黄鉴衡
　早操教材　　　　　　　　　马廷俊
体育法令
　国民体育实施方针　　　　　教育部
　各级学校学生健康检查及健康比赛办法
　　　　　　　　　　　　　　教育部
记　载
　一月来世界体育新闻　　　　编　者
　一月来国内体育消息　　　　编　者
　一月来本市体育动态　　　　编　者
　一月来体育人员行脚　　　　编　者

第一卷第 8 期

1947 年 11 月 1 日

（民国三十六年十一月一日）

评　论
　体育与国家的关系　　　　　许民辉
　光复后中学体育的检讨　　　吴　华
　体育训练与道德修养　　　　吴其濬
技术训练
　篮球居中策应进攻之战术（二）吴华英
　跨栏训练法　　　　　　　　苏广炽
健美力
　女性健美力锻炼的方法　　　陈咏裳
教　材
　上海市运动会联合表演教材　金兆均
　单杠运动图解（三）　　　　黄鉴衡
　垫上运动　　　　　　　　　谭荣绪
　早操教材　　　　　　　　　徐必达
　小学唱游教材　　　　　　　萧钟干
专　载

光南岭南培正三角田径对抗会经过
　　　　　　　　　　　　马杏修
我国参加十四届运动会遴选办法汇志
　　　　　　　　　　　　黄鉴衡

通　讯
　台山体育近貌　　　　　马廷俊
　五华体育消息　　　　　五华来稿

第一卷第9期

1947年12月1日
（民国三十六年十二月一日）

评　论
　当前师范体育问题　　　马鸿述
　研究中学体育课程标准草案后对于我国中学体育的感想　　　何云松
　如何达成体育教学的目的　石拔群
　怎样做一个优秀的篮球运动员　陈植庭
译　述
　美国与瑞典田径实力之比较　马杏修译
体育行政
　中学体育技术测验标准的商榷（一）
　　　　　　　　　　　　陈汝湘
技术训练
　西洋拳的基本技术（二）　本报资料室
　跨栏训练法（二）　　　苏广炽
教　材
　单杠运动图解（四）　　黄鉴衡
　小学唱歌游戏教材　　　李　林
健美力
　徒手运动锻炼法（第二程序）　吴道流译
专　载
　上海市第五届全市运动会经过　吴　华
　南京市第八届全市运动会详情　麦福来
通　讯
　汕头体育概况　　　　　陈会文
　广西苍梧体育场概况　　谢伯伦

记　载
　一月来世界体育新闻　　编　者
　一月来国内体育消息　　编　者
　一月来本省体育动态　　编　者
　一月来体育人员行脚　　编　者

第二卷第1期

1948年1月（民国三十七年一月）

报　告
　本报宗旨及计划
　本报创刊的经过与使命　吴华英
评　坛
　体育在建国途中的责任　黄麟书
　我国体育师资缺乏之原因及其补救之管见
　　　　　　　　　　　　程登科
　复兴体育刍议　　　　　薛学海
　一年来首都体育　　　　冯公智
　国术漫谈　　　　　　　朱国祥
　针对现状来提倡体育教育　郭刁萍
　运动裁判之意义及目的　梁质君
　对体育世界月报的期望　何云松
论文专刊
　如何改进学校体育　　　俞子箴
译　述
　今后十年内的体育（一）
　　　　　　　　　麦克乐著、济武译
体育行政
　中学体育技术测验标准的商榷（二）
　　　　　　　　　　　　陈汝湘
教　材
　小学游戏教材　　　　　吴侠夫
　小学唱游教材　　　　　萧钟干
　单杠运动图解（五）　　黄鉴衡
读者园地
　跳高练习的心得　　　　吴哲夫
　改进我国目前体育的建议　谭葆印

专　载
　　台湾第二届全省运动会情形　　李世昌
　　福建莆田田径队在京对抗成绩　　麦福来
记　载
　　一年来国内体育摘要　　编　者

第二卷第2、3合期
1948年3月（民国三十七年三月）

论文专刊
　　我国体育师资缺乏应如何培植及补救？
　　　　　　　　　　　　　　　李淑清
评　坛
　　体育与运动——工具与工具的应用者
　　　　　　　　　　　　　　　苏竞存
　　国术与西洋运动之比较　　朱国祥
　　普及学校体育之我见　　　吴　华
译　述
　　今后十年内的体育（完）
　　　　　　　　　麦克乐著、济武译
体育行政
　　中心国民学校体育成绩考核法（一）
　　　　　　　　　　　　　　　俞子箴
教学法
　　机巧运动之学习心理　　　周鹤鸣
技术指导
　　中距离赛跑的新训练法　　吴志钢
教材
　　第七届全国运动会大会操教材
　　　　　　　　　　　　　本报资料室
　　早操教材　　　　　　　　马廷俊
专　载
　　香港第三届运动会情形
〔典藏〕总藏1卷6，8—9，2卷1—3期
　　　　（1947.9—1948.3）
　　　　南京大学图书馆藏第1卷
　　　　6，8—9期（1947年）
　　　　江西省图书馆藏第1卷8—9期
　　　　（1947年）
　　　　江西省图书馆藏第2卷1—3期
　　　　（1948年）
　　　　南京图书馆藏第2卷1期（1948年）

体育月报

第1期——第2期

(1948.9—1948.10)

*《体育月报》，1948年9月（民国三十七年九月）创刊，在南京出版。月刊。由南京市立体育场编辑印刷，油印品，冯公智主编。1948年10月（民国三十七年十月）停刊，仅出版二期，本书全部收录。

第 1 期

1948年9月（民国三十七年九月）

发刊献词	冯公智
沈市长马副市长"九九"广播演词	
"都市体育"	马元放
专　论	
运动道德的重要与培养	杨文采
人体姿势	王毅诚
后天环境之各种条件对于人体发育之影响	刘纪元译
南京市文化体育场概况	本场总务部
京市体育	
首届垒球锦标比赛纪略	本场指导部
介寿杯排球锦标赛概况	牟乃标
本市体育新闻简讯	编辑室
通　讯	
介绍上海市儿童教养所	严军
杂　俎	
体育一课	涛流
体育场速写	吴长麟
悼"琵琶"	鲁斯逝世
征求体育通讯	编辑室
编后记	编者

第 2 期

1948年10月（民国三十七年十月）

本报的愿望	编者
迎第二届公务员运动会	本报
专　论	
对我世运选手参加比赛之回忆与观感	田汉祥
后天环境之各种条件对于人体发育之影响（二）	刘纪元译
本场一年来工作检讨	竺士贤
京市体育	
庆祝三十七年体育节活动纪要	编辑室
筹办第二届排球赛及首届女子垒球赛概况	编辑室
本市体育新闻简讯	编辑室
世运、全运、市运男女田径、游泳成绩对照表	本报资料室
本场篮球训练班及国术训练班纪略	指导部
杂　俎	
游泳比赛随笔	竺子、涛流
征求"体育通讯"稿约	编辑室
编后余谈	

〔典藏〕总藏1—2期（1948.9—1948.10）
南京图书馆藏1—2期（1948年）

（二）体育专号

进步杂志

第二次远东运动会之特载

第八卷 3 号

1915 年 7 月（民国四年七月）

*《进步杂志》，1911 年 9 月（清宣统三年九月）在上海创刊，由上海进步杂志社编辑出版。

插　画
    第二次远东运动会开幕时之摄影
    中国运动员全体摄影
    日本运动员全体摄影
    运动会给奖时摄影
    童子侦探队向国旗行礼时之摄影
    童子侦探队会操时之面面观

论　说
    远东运动会考略　　　　　　　伍廷芳
    附录译大陆报载伍博士对于远东运动会之宣言
    远东运动会与中国前途之关系　柯乐克
    运动会诱起团体进行之观念　　唐绍仪
    论童子侦探队　　　　　　　　钟文耀
    观第二次远东运动会之感言　　王正廷

纪事一
    人员表　会场图　开幕记

纪事二
    第一日之秩序情形与成绩
    第二日之秩序情形与成绩
    第三日之秩序情形与成绩
    第四日之秩序情形与成绩
    第五日之秩序情形与成绩
    第六日之秩序情形与成绩
    第七日之秩序情形与成绩

纪事三
    给奖记　成绩表　分项成绩　分数总结表
    成绩比较

人物（附图五）
    人物小传

杂俎一　剟录各日报
    远东运动会小史
    红十字会之尽职
    说十项运动
    南洋公学之欢迎
    论远东运动会
    菲律滨之少女棒球队
    儿童之爱国热
    吾国人之针砭
    袁大总统及万国运动会之奖品
    童子侦探队之说明及颂词
    西人之表同情
    南北诸名士之莅会
    童子侦探队演艺之秩序
    伍会长之欢迎

杂俎二　选译各西报
    华人手球队之胜利
    华人泅水之特长
    日人网球之特色
    万国运动会八英里赛跑记详

〔典藏〕中国人民大学图书馆、浙江图书馆、北京师范大学图书馆、北京大学图书馆、马克思恩格斯列宁斯大林著作编译局图书馆、北京图书馆。

青年进步

第 36 册体育研究号

1920 年 10 月（民国九年十月）

*《青年进步》，1917 年 3 月（民国六年三月）在上海创刊，系原《青年》《进步》两种杂志合办之刊物。由上海中华基督教青年会全国协会编行。

卷首插图	北蒙游记 　　　　　　　　马伯援
江南学生春令会全体	岳阳湖滨大学青年会襄理平耀纪略
河南华中学生第二次夏令会	郭发潜
太原青年会之会外查经班	青年界　　　　　　　　　　稻孙
青年协会画报发行所办事员	市会佳讯
体育研究	校会近闻
体育与青年　　　　　　佰海	个人递信
体育与国的健康率　　应元道	海外遥录
体育造成忠义之国民　马中原	杂　俎
新体育观　　　　　　麦克乐	文苑
游戏与儿童　　　　　麦克乐	小说
学生何以不喜体操　　中　原	新书介绍
比赛运动之训练法　　元　道	〔典藏〕北京大学图书馆、马克思恩格斯、
安坐生活者不可少的运动　傅梦良	列宁斯大林著作编译局图书馆、
记　载	上海图书馆、云南大学图书馆、
专件	中山大学图书馆。
游历北美各城市青年会会务之观察	
陈维新	

北京大学日刊

第1008号一九二二年春季运动会增刊

1922年4月23日（民国十一年四月二十三日）

*《北京大学日刊》，1917年11月16日（民国六年十一月十六日）创刊，由北京大学第二院编辑出版。

论文
 运动会的需要   蔡元培
 体育、道德与智识阶级的担负 顾孟余
 我对于运动会的感想   胡适
 体育底我见   胡春林
 进化之原   白雄远
 运动会缀言   源瑞
本日须知
 体育部通告
 运动会秩序
 职员表

运动会号数表
纪事
 冬季比赛会足球比赛记 闵文蔚
 队球队之经过及其近状
附录
 第五次远东运动会成绩表
 第九次华北运动会成绩表
 本年各运动会日期地点表

〔典藏〕北京大学图书馆、中央教育科研所图书馆、北京图书馆。

学 灯

体育专号

1922 年 12 月 25 日（民国十一年十二月二十五日）

*《学灯》，1918 年 3 月 4 日(民国七年三月四日)创刊，为上海《时事新报》副刊。由张东荪、李石岑、柯一岑等相继任主编。

中国体育进步迟缓之原因	王　庚	五种运动方法概论	王　庚
体育到底怎样解释	王　庚	〔典藏〕马克思恩格斯列宁斯大林著作编	
运动之原理	王　庚	译局图书馆、北京图书馆。	

学 生 杂 志

体育研究号
第十卷第 4 号

1923 年 4 月 5 日(民国十二年四月五日)

*《学生杂志》，1914 年 7 月（民国三年七月）在上海创刊，由上海学生杂志社编辑，商务印书馆出版发行。

青年对于体育的自觉	杨贤江
体育问题发端	钱江春
欧战与运动——运动与中国	麦克乐
体育的社会观	聂绍经
体育的原理和运动的方法	王　庚
中学校体育之设施方针	邵汝干
竞赛运动的讨论和锦标主义的批评	卢自然
对于擅长运动的学生的贡献	王怀琪
练习田径赛之诀窍	王小鹤
长距离赛跑之理论与实际	王　庚
室内运动与室外运动之利益比较观	子　权
克罗密氏运动法三种	
——摆杠运动法、木马运动法、攀绳运动法	王怀琪、吴洪兴
游泳四术	宋春舫
运动与力学	肖　傅
瑞德美柔软操式与创造中国式之关系	毓　英
男女青年与卫生常识	袁文彬
青年的性卫生	周建人
铁耳邓的网球谈	见　洪
我底家庭和我的体育	李恩顺
我国现代中学校体育上的缺点和补救方法	孙元良
对于现在"锦标主义运动"的我见	廖南星
对于学校个人卫生的我见	章启宇
选手运动之不当	腥　脓
关于女子卫生方面的一点意见	C.F女士

〔典藏〕北京图书馆、复旦大学图书馆、辽宁省图书馆、北京师范大学图书馆、华东师范大学、厦门大学图书馆、南京大学图书馆、上海图书馆、四川大学图书馆、南开大学图书馆、湖南省中山图书馆、上海科技图书馆、云南大学图书馆、四川省图书馆、浙江省图书馆、山东省图书馆、中央教育科研所图书馆。

南洋周刊

体育号

第三卷第 11 号

1923 年 12 月 15 日（民国十二年十二月十五日）

* 《南洋周刊》，1919 年 7 月（民国八年七月）在上海创刊，由南洋公学学生会编辑出版。

图　画
　　行将兴筑之本校体育部
　　申国权肖像
专　论
　　我对于本校体育设施的计划　　申国权
　　体育与学校课程　　李庭三
　　体育略谈　　张有桢
　　提倡台球之刍议　　陈文松
　　中国在远东失败之原因及其补救方法
　　　　　　　　　　　　　　沈昌等
专　载
　　本校足球编年史　　杨恒辑
　　九年来南洋与约翰足球成绩　　程坚等

本校历年田经赛略史　　施家俊
本校越野赛跑略史　　如
本校参与本年上海体育竞进会越野赛跑记
　　　　　　　　　　　　　　蒋凤五
各级越野赛跑记评　　蒋凤五
技术部详记　　侯毓麟
赴澳洲赛球见闻　　申国权
校　闻
历史小说
　　第九十九才子绣像绘图足球演义　雪　球
〔典藏〕北京大学图书馆、四川大学图书馆、中央教育科研所图书馆。

新 教 育

体育专号

第十卷第 4 期

1925 年 5 月（民国十四年五月）

*《新教育》，1919 年 2 月（民国八年二月）在上海创刊，原由上海中华教育改进社编，自第十卷起，改由上海初等教育季刊社与新教育编辑部合编。

游戏与教育之关系	麦克乐
体育与物理学	丁嘉福
体育在教育上生物学之关系	麦克乐
欧美体育史	卢颂恩译
体育与普通精神病理学的关系	麦克乐
体育上兴趣学说与努力学说之比	麦克乐
习惯与姿势	陈荣祖译
灭除蚊蝇之应用方法	麦克乐
女子篮球	赵秉衡译
体育组织与管理	卢松恩译
最新游戏法	黄斌生译
国内教育消息择要	编者
国内教育新闻汇编	编者

〔典藏〕北京图书馆、北京大学图书馆、北京师范大学图书馆、中央教育科研所图书馆、上海图书馆、华东师范大学图书馆、南京大学图书馆、中国社会科学院世界史研究所资料室、复旦大学图书馆、浙江图书馆、福建省图书馆、安徽省图书馆、吉林师范大学图书馆。

南洋周刊

体育专号

第八卷第7号

1926年（民国十五年）

* 《南洋周刊》，1919年2月（民国八年二月）在上海创刊，由上海南洋大学（即原南洋公学）学生会编行。

中国体育不发达之十大原因	丁人焜	运动一得	周家骐
体育振作民气之功能	黄文建	学生军与童子军	定 一
南洋体育之改造	垣	小学生十五年来体育训练上之变迁	沈维桢
南洋过去各项运动之成绩及缺点	黄文建	小学生体格检查之一得	沈维帧
余之体育观	沈维桢	组织江南大学体育协会经过大略	
普及体育告诸生	凌鸿勋	〔典藏〕福建省图书馆	
健身房内普通体育班施教之研究	金翊文		

康健杂志
全运会专号
第一卷第 6 期

1933 年 10 月 5 日（民国二十二年十月五日）

*《康健杂志》，1933 年 5 月（民国二十二年五月）在上海创刊，由上海康健杂志社编辑出版。

名人题词【六面】	
本社职员肖像	
二十二年全国运动大会会歌	
修正二十二年全国运动大会筹备委员会组织规程	
到会须知	
各单位总领队须知	
运动员须知	
二十二年全国运动大会竞赛规程	
保护健康与牺牲健康	褚民谊
历届全国运动会之追溯及本届之希望	郝更生
运动与生理测验	宋国宾
如何普及健康教育	鲁义培
积极之卫生	郭调梅
怎样可称为康健的人	蔡白萍
运动与生理的机能	孙思亮
运动员肋膜炎之预防及其疗养法	何卓医师
运动员感冒之预防及应急疗法	牟鸿彝医师
游泳时应注意的胃痉挛和肌肉痉挛	刘惠之
新秋头痛症的分析	维宝
吴鉴泉氏的太极拳	陈振民
拳斗精神的话	陈德全译
中国国术学会草案	振民拟
运动员临阵指南	紫气
唇部观相法	蕙风
银幕上的美	凡器
江陵归途琐记	金光宇
插　图	
首都全国运动大会会场全景之一	
首都全国运动大会会场全景之二	
全运会场及首都名胜形势图	
大会大门正面	
大会大门背面	
大会之队球场	
大会游泳池之一	
大会游泳池之二	
大会之国术场	
大会国术场之外景	
大会游泳池之外景	

〔典藏〕上海图书馆、四川省图书馆、北京大学图书馆、湖北省图书馆、北京图书馆、南京图书馆、北京师范大学图书馆、吉林大学图书馆、复旦大学图书馆、南京大学图书馆、重庆图书馆、兰州大学图书馆、浙江省图书馆。

科学的中国

体育专号

第二卷第 8 期

1933 年 10 月 15 日（民国二十二年十月十五日）

*《科学的中国》，1933 年 1 月（民国二十二年一月）在南京创刊，由南京中国科学文化运动协会编辑出版。

体育专号引言
体育的两个标语与三种主张　　　　　褚民谊
由社会方面观察的体育　　　　　　　张　咏
由物理方面观察的体育　　　　　　　吴蕴瑞
（补白）睡疫
中国女子体育问题　　　　　　高梓、张汇兰
第十届世界运动大会之回顾　　　　　宋君复
世界远东及全国田径赛最高纪录比较表
世界及全国女子田径赛最高纪录比较表
民众体育　　　　　　　　　　　　　尚树梅
第十七届华北运动会概况　　　　　　郝更生
游泳之学理　　（日）有坂胜久著、徐伯康译

体育新书出版（补白）

〔典藏〕北京图书馆、中国科学院图书馆、上海图书馆、四川省图书馆、重庆市图书馆、北京大学图书馆、中国人民大学图书馆、北京师范大学图书馆、南京大学图书馆、中山大学图书馆、吉林大学图书馆、华东师范大学图书馆、南京图书馆、清华大学图书馆、山东大学图书馆、福建省图书馆、广西桂林图书馆、湖南省中山图书馆。

东方杂志

第五届全国运动会号
第三十卷第 20 号

1933 年 10 月 16 日（民国二十二年十月十六日）

*《东方杂志》，1904 年（清光绪三十年）在上海创刊，由苏继顾主编，上海商务印书馆发行。

东方画报风汉编
  发球
  国内时事
  忆飞机队之荣归
  南京中央体育场之景色
  黄河水灾
  古巴首次革命
  国际运动新闻
  台维斯杯网球比赛
  上海市运动会
  天津市之运动比赛
  海外各地之海浴狂
  暹罗之拳战
  公开游泳比赛
  制造界之新贡献
祝第五届全国运动会 戴季陶
东方论坛
  双十节 允恭
  从全国运动会想起 良辅
  华北形势又趋严重 作舟
  军缩会议的重开 国网
中国体育之前途 王世杰
对于全国运动会之我见 郝更生
学校体育之谬误趋势亟宜纠正 蒋湘青
体育有益于人生之探讨 张东屏
从体育的本旨谈到全国运动会的意义 尚树梅
太极拳在体育上的价值 胡朴安
体育的健康运动与技术表演 褚民谊
体育的歧途 虚白
发展国民体育刍议 扁舟
全国运动会之历史的回顾 市隐
  附第五届全国运动会成绩表（备填）
世界运动会与吾国体育 东序
远东运动会之起源及其发展 志刚
读者作者与编者
第五届全国运动会各项运动规则摘要（附录）
时事日志
教育栏
  又一次师范学校课程的修订 一岑
  全国运动会开幕的感想 重立
  关于体育的意见 灵影
  二十年来关于师范教育言论之分析 庄泽宣
  苏俄与意大利师范教育之比较 熊洁
  德国汉堡市师范教育的新制 赵演译
  内向性与外向性之测验法 郝耀东
文艺兰
  古龙先生 靳以
  出自角门抑出自象牙门 李丹译
〔典藏〕北京图书馆、中央教育科研所图

书馆、中山大学图书馆、四川省图书馆、重庆市图书馆、上海图书馆、北京大学图书馆、吉林大学图书馆、中共中央党校图书馆、吉林师范大学图书馆、上海科技图书馆、湖北省图书馆、湖南省中山图书馆、云南省图书馆、上海交通大学图书馆、贵州省图书馆、福建省图书馆、武汉图书馆、厦门大学图书馆、广西桂林图书馆、甘肃省图书馆。

时事月报
全国运动会特大号
第九卷第 4 期
1933 年 10 月（民国二十二年十月）

*《时事月报》，1929 年 11 月（民国十八年十一月）在南京创刊，由南京时事月报社编辑出版。

卷头语
 题词
  林主席
  蒋委员长
  居院长
  孙院长
  戴院长
时事插画
 全国运动会会场各景   梁中铭
 本届运动会男女健将
 前称雄一时之女运动健将
 其他一月来之时事照片
专 文
 创造适合中国国情的运动：一个建议
          陈立夫
 中国体育之前途   王世杰
 体育救国   王正廷
 急切需要的国术救国   张之江
 国术与体育   褚民谊
 体育与劳动   褚民谊
 大学与体育   马约翰
 中国近代体育发展史略   吴蕴瑞
 德国的体育   程登科
 日本体育杂谈   陈虚舟
 世界运动会史略   沈嗣良
 全国运动会史略   陆翔千
 历届全国运动会之追溯及本届之希望
          郝更生
 全国运动会之意义   张信孚
 远东世界及全国田径赛纪录一览
 中国地方行政之新趋势 甘乃光
 积极办理善后中之华北种种 林振镛
 平绥路沿线考察记   铂 郎
 罗斯福的经济计划与美国的经济控制政策
          刘觉民
特 载
 竞赛规程
 国术比赛规则
 网球规则
 田径赛全能运动规则
 足球规则
 排球规则
 篮球规则
 垒球规则
 游泳规则
 女子篮球规则
 业余运动规则
国内时事
 宋子文返国与庐山重要会议（内政）
          陈 言

外交部长兼司法部长罗文干飞新视察
（外交） 陆　俊
行政院通过救济失业华侨办法（侨情）
　　　　　　　　　　　　　萧吉珊
藏军侵滇与法国在滇势力（边事）蒋默掀
全国经济委员会扩大组织（财政）刘振东
中俄贸易之近况与前瞻（实业）　吴承洛
中菲航线试飞成功（交通）　　　徐宗士
黄河暴涨灾情惨重（水患）　　　孙本文
全国运动会之前夕（教育）　　　刘迺敬
国外时事
　国际小麦协定在伦敦签字（国际）程锡庚
　广田继任日外相（日本）　　　　墨　卿
　苏联本年前五月之国外贸易与中国（苏俄）
　　　　　　　　　　　　　　　徐宗士
　伊拉克国王逝世（西亚与非洲）　赵景园
　英国海外投资额之新统计（英国）傅吉人
　义俄签订互不侵犯条约（南欧与西欧）
　　　　　　　　　　　　　　　宋国枢
　希土互卫协约签字（巴尔干）　　赵镜元

古巴二次革命和美国的干涉（拉丁美洲）
　　　　　　　　　　　　　　　潘　伦
德国国社党大会之经过（中欧与北欧）
　　　　　　　　　　　　　　　陈允文
科学丛谈　　　　　　　吴启中、曾昭揄
时事漫画　　　　　　　　　　　梁中铭
文　艺
　老牛　　　　　　　　　　　　志　义
　阴霾　　　　　　　　　　　　冀　舲
时事日志(二十二年八月)

〔典藏〕北京图书馆、中国科学院、南开大学图书馆、北京大学图书馆、上海图书馆、上海复旦大学图书馆、清华大学图书馆、北京师范大学图书馆、南京图书馆、四川大学图书馆、南京大学图书馆、华东师范大学图书馆、福建省图书馆、厦门大学图书馆、中国人民大学图书馆、吉林大学图书馆、云南大学图书馆、安徽省图书馆、武汉图书馆、甘肃省图书馆。

现代学生

体育专号

第三卷第1期

1933年10月（民国二十二年十月）

*《现代学生》，1930年10月（民国十九年十月）在上海创刊，由孟寿椿等编辑，上海大东书局发行。

插图
海浴（三色版）
体育专家褚民谊博士之体格
沪江大学之健美会
江南八大学第六届女子篮球锦标暨南大学篮球队
江南八大学第六届足球锦标暨南大学足球队
体育专家陈柏青君
体育专家王庚君
第二届全沪中等学校联合运动会得甲乙组团体及个人四锦标队
江南八大学第六届篮球锦标大夏大学篮球队
减轻体重法九段运动之姿势
美国加州大学中国女生之赛跑
由讲求体育而转弱为强之赵竹平君的体格

题辞	蔡元培
对本届全国运动会的希望	孟寿椿
全运会田径赛各方实力观	薛学海
中国田径赛之前途	谭邦杰
体育之科学的研究	王　庚
精神身体与事业	王造时
太极操与国民健康	褚民谊
美国体育的一瞥	潘大逵
记德国的运动园……T.R.Ybana	明辉五译
今日之日本体育	王雄飞
中国体育运动过去之弱点及其补救方法	赵竹光
中国体育史料述略	陈柏青
对体育运动界的箴言	胡云翼
网球的进展	洪
社会情形与体育之发展	张　咏
体育与家庭幸福	马邦之
最新减轻（妇女）体重法	Andrey Ouington 作、平君译
介绍沪江大学的健美会	伍　才
积极扩充中之日本空军	王雄飞
救国之路	余自明
勇武爱国之秦良玉与沈云英	徐用仪
西游拾零……在波兰纪中	杨　廉
清新的小品文字	郁达夫
文艺本质新论	张资平
幽灵似的影子	刘大杰
苦恋	渭　华
动物文化绪论	曹　华

诗

再寄鸦片酒	李唯健
偿还	拾　名
病中思病	蒋畏林

读者园地

青年文学应力戒颓废和谩骂　　袁　琦
上西山　　　　　　　　　　　婴祥瑞
约翰逊及其父　詹姆士鲍尔文著、杨心诏译
失踪者的一封信　　　　　　　　璞
现代学生杂感　　　　　　　　允　宜

附　录

民国二十二年全国运动会比赛规则

〔典藏〕北京图书馆、北京大学图书馆、清华大学图书馆、中国社会科学院世界史研究所资料室、上海图书馆、湖北省图书馆、重庆市各图书馆、中国人民大学图书馆、安徽图书馆、厦门大学图书馆、湖南省中山图书馆、四川省图书馆、广东省中山图书馆。

小学教师

运动游戏号

第一卷第 16 期

1934 年 5 月 1 日（民国二十三年五月一日）

*《小学教师》，1933 年 9 月（民国二十二年九月）创刊，由镇江江苏省教育厅编印。

扉 言
  小学运动游戏问题从何谈起 编 者
原则研究
  儿童的运动游戏 李伯棠
  小学实施游戏教学应有之认识 龚稽唐
  游戏与儿童 吴康葆
  乡村小学的运动游戏 盛占福
教法讨论
  小学球类、田径运动训练的研究 王振尧
  怎样教学舞蹈 吴肇基
  怎样处理儿童的课外游戏 龙德渊
  怎样指导儿童利用沙盘 张明东
  小学体育教师应有的常识 水 莲

教材教具
  小学游戏教材三十二种 刘哲庵、嵇宇经
    谢鹤松、宗汉梁、于华章
    高嘉贤、芮志麟、李伯棠
  几种简易运动游戏器械的制作 王振新
  关于本刊自制教具号的一点意见 谢鹤松
鉴赏参考
  漫画两幅 余忘我
  读勤奋月刊小学体育专号《画报介绍》
    宗汉梁
〔典藏〕华本师范大学图书馆、中央教育
  科研所图书馆、浙江图书馆、吉
  林大学图书馆。

华 美

第十届远东运动会专号

第一卷第 3 期

1934 年 6 月 10 日（民国二十三年六月十日）

*《华美》，1934 年 4 月（民国二十三年四月）创刊，在上海出版。陆锡桢等编，上海华安出版社出版。

远东运动会座谈　经义孟、沈嗣良、郝更生、	全能运动
周家骐、沈昆南、陈晁德、黎宝骏、	游泳
冯建维、沈　鸿、潘公展	女子游泳
出席远运会经过　　　　　　王正廷	表演
我国代表访问记　　　　　　记　者	日记
我国代表团全体名单	总评
归国选手谈话拾零　　　　　树　谷	日菲非法解散远东体协之经过
开幕典礼	常年大会关于竞赛部议决案
足球	远东体育协会会章
篮球	舆论一斑
排球	历届远东运动会回顾　　　　家　贤
女子排球	实地采集记　　　　　　　　沈昆南
网球	远东运动会花絮　　　　　　冯有真
女子网球	〔典藏〕北京大学图书馆、上海图书馆、
棒球	安徽省图书馆、厦门大学图书
田径赛	馆、湖南省中山图书馆、四川图
健儿奋斗记	书馆。
田赛杂记	

新中华

全国运动大会特辑

第三卷第 19 期

1935 年 10 月 10 日（民国二十四年十月十日）

* 《新中华》，1933 年 1 月（民国二十二年一月）在上海创刊，编辑发行者倪文宙，由上海新中华杂志社出版。

插　图
　　力之 Formula（美术摄影）
　　国际时事
　　国内时事
　　石英奇趣（参看石英的新探讨一文）
　　六届全运大会前夜（一）——大会会长及筹委会——大会的场所
　　六届全运大会前夜（二）——各场内景
　　六届全运大会前夜（三）——俊才几辈
　　时事漫画
时代镜　　　　　　　　　　　　　　编　者
以阿问题与第二世界大战　　　　　　钱亦石
以阿冲突对于远东政局的影响　　　　金仲华
满铁之雄姿　　　　　　　　　　　　方秋苇
艰苦奋斗中的土耳其　　　　　　　　储玉坤
法国国际贸易之现状及其趋势　　　　萧月宸
石英的新探讨　　　　　　　　　　　郭公嘉
国际政治情势图解　　　　　　　　　卢文迪
全国运动大会特辑
欧美体育史　　　　　　　　　　　　余　容
全国运动会之历史意义　　　　　　　郝更生
全国运动会之回顾与感想　　　　　　张子奇
从第六届全运会说到我国参与第十一届世运会应有的准备　　　　　　　　吴　澄
全国运动会的使命　　　　　　　　　方万邦
本届运动会各种竞赛锦标之预测　　　蒋湘青
民族复兴的体育动向　　　　　　　　王复旦
今后体育界应有之努力　　　　　　　程登科
从全国运动会说到民众教育与民众体育
　　　　　　　　　　　　　　　　　王　庚
运动测验标准的研究　　　　　　　　徐　镛
运动员平时练习应注意的事项　　　　方万邦
第六届全国运动大会筹备概述　　　　邵汝干
附　录
鼓上蚤（创作小说）　　　　　　　　予　且
〔典藏〕上海图书馆、南京图书馆、重庆市图书馆、北京图书馆、复旦图书馆、四川省图书馆、云南省图书馆、中国人民大学图书馆、华东师范大学图书馆、南京大学图书馆、湖南省中山图书馆、广东省中山图书馆、福建省图书馆、北京大学图书馆、安徽省图书馆、上海科技图书馆、四川图书馆、云南大学图书馆、浙江图书馆、广西桂林图书馆、甘肃省图书馆、吉林师范图书馆、陕西省图书馆、中国科学院图书馆。

江苏教育

体育专号

新第四卷第 12 期

1935 年 12 月 15 日（民国二十四年十二月十五日）

*《江苏教育》，1930 年 10 月（民国十九年十月）在江苏镇江创刊（原为季刊，1932 年 2 月改为月刊，卷期另起，加"新"字）。由镇江江苏省教育厅编审室编行。

教育论坛
 为体育界进一言　　　　　　　　周佛海
 对于江苏省体育设施之期望　　　郝更生
 普及体育声中各方应有之觉悟　　吴邦伟
教育译注
 对苏省中等学校体育普及刍议　　程登科
 苏省学校体育今后调整之商榷　　吴　澄
 体育之前观与推进中小学之体育　吴蕴瑞
 江苏体育之现在与将来　　　　　吴邦伟
 运动与劳作的不同　　　　　　　裴熙元
 小学体育问题的商榷　　　　　　吴敬乔
国际情报
 列强青年体育训练之实效及各国今后青年
 体育应有之动向　　　　　　　　程登科
 各国体育之动向与我国体育应有之改进
 几点　　　　　　　　　　　　　林　涵
 日本青年体育训练之现况　　　　盛子鹤
教学研究
 小学体育科教学研究　　　　　　通师附小
 小学体育成绩考查　　　　　　　周方滔
 游戏十二则　　　　　　　　　　冯公智
 室内游戏教材　　　　　　　　　王质夫
 理想的教学　　　　　　　　　　唐盛元
特别记载
 江苏省中等学校体育实施纲要　　周佛海
 苏省四届全运之飞跃　　　　　　编　者

〔典藏〕北京师范大学图书馆、中央教育科研所图书馆、清华大学图书馆、北京大学图书馆、辽宁省图书馆、厦门大学图书馆、湖南省中山图书馆、中山大学图书馆、四川省图书馆。

图书展望

体育专号

第二卷第7期

1936年5月10日（民国二十五年五月十日）

*《图书展望》，1935年10月（民国二十四年十月）创刊，由杭州浙江省图书馆编行。

插　图	体育童子军训练与青年训练　　高尚志
朱主席题词	建议本省当局举办定期"青年夏令营"
许厅长题词	张祥麟、高尚志
奥令匹克世运会会场	爬山　　　　　　　　　　王元振
世界田径最高纪录保持者	世界、远东、全国、全省田径最高纪录比
全国运动会会场（上海市运动场）	较表　　　　　　　　　　编　者
全国田径最高纪录保持者及其他	浙江省第五届全省运动会各项章则
浙江省立体育场	浙江省立体育场
浙江省运动会会歌	浙江省立体育场概况
卷　端　　　　　　　　编　者	浙江省立体育场辅导组
杂　评	体育图书提要
国耻的五月与体育　　　力　行	运动会
体育哲学　　　　　　　豪　楚	体育行政
从青年训练说到国防　　陈柏青	体育场建筑及设备
赠与参加省运同学　　　　李挈非	田径赛运动
浙省运动会之展望　　　　心　丝	女子游泳训练法
全省运动会与浙风　　　　陈训慈	铁尔登网球成功术
世界运动会史的回顾　　　启　俊	个人与团体之运动
远东运动大会史略　　　　高泳源	滚翻运动图解
全国运动大会小史　　　　董启俊	个人田径赛运动成绩之测量
浙江全省运动大会小史　　植　耘	女运动员临阵以前
身心一元的体育原理　　　祝家声	游泳训练法
体育与教育　　　　　　　胡绳系	五项十项训练法
体育与情绪之控制　　　　王毅成	新书月报　　浙江省立图书馆二十六年
运动员之临阵先后　　　　徐汝康	三月份到中日文书目

〔典藏〕北京图书馆、上海图书馆、浙江图书馆、浙江大学图书馆、武汉图书馆、福建省图书馆、北京大学图书馆、清华大学图书馆、北京师范大学图书馆、湖北省图书馆、四川省图书馆、厦门大学图书馆、四川大学图书馆、复旦大学图书馆。

教 与 学

体育教育专号
第二卷第 7 期

1937 年 1 月 1 日（民国二十六年一月一日）

*《教与学》，1935 年 7 月（民国二十四年七月）在南京创刊，由南京教与学月刊社编辑，由正中书局出版。

题字	王正廷	学校体育	
步兵歌	杨达真作歌、刘己明作曲	小学教师的体育责任	吴邦伟
插图		小学体育教育的基本原则	陈奎生
青年训练		小学体育的视导问题	裴熙元
一九三六年世运鳞爪		小学体育教授细目施行后的实际问题	
德意的健康标准			戴驾山
教育评论		推进中小学体育的两个重要问题	冯公智
西安事变与教育	陆殿扬	中学体育教授细目施行后的实际问题	
为西安事变敬告教育界	韩德溥		赵汝功
体育短评		中学体育教育的基本原则	金兆均
改革体育力求普遍之我见	褚民谊	国民体育	
国术与体育	张之江	推进国民体育的实际问题	程登科
关于今后我国体育行政之商榷	郝更生	推进国民体育之实际问题	陈柏青
世运会我国失败之前后责任问题	吴蕴瑞	国民体育训练与民族复兴	章廷俊
体育与健康教育	沈子善	女子体育	
论　著		中国女子体育问题	高 梓
参加十二届世运会事前应有之准备	沈嗣良	体育史料	
中国体育师资训练问题	袁宗泽	我国参加十一届世运会之经过	王洁卿
学校体育与社会体育	张东屏	各国体育教育趋势	
目前中国小学体育教学之缺点及其改进		美国	金兆均
	应 毅	意大利	金兆均
我国建立体育国策之必要	袁子明	捷克	吴 澄
我国体育教育的错误及今后之改进途径		瑞典	邵汝干
	卢绍稷	苏联	宋如海
非常时期之我国体育	吴自强	德国	吴 澄

奥国	吴　澄
匈牙利	吴　澄
波兰	王洁卿
日本	王洁卿
教育文化消息	韩德溥辑
作家小传	编　者
编后杂谈	编　者

〔典藏〕南京图书馆、四川省图书馆、北京图书馆、厦门大学图书馆、北京大学图书馆、中央教育科研所图书馆、中国人民大学图书馆、北京师范大学图书馆、上海图书馆、云南大学图书馆、吉林大学图书馆、湖南省中山图书馆、重庆市图书馆、广东省中山图书馆、安徽省图书馆、首都图书馆、上海科技图书馆。

教 与 学

体育专号

第五卷第 3 期

1940 年 5 月 31 日（民国二十九年五月三十一日）

*《教与学》，1935 年 7 月（民国二十四年七月）在南京出版，后迁至重庆，由教与学月刊社编辑，重庆正中书局出版发行。

论　著
　　体育广义化　　　　　　　　　陆殿扬
　　为体育教学进一解　　　　　　郝更生
　　正当消遣与抗战建国　　　　　吴蕴瑞
　　世界各国体育军事化的例证　　程登科
　　建立我国体育体系之商榷　　　吴德懋
　　三育并重与体育之新认识　　　吴邦伟
　　最近十年美国体育测量研究工作的介绍
　　　　　　　　　　　　　　　　章辑五
　　对战时体育教学困难问题之补救的意见
　　　　　　　　　　　　　　　　董守义
　　战时学校体育的实施问题　　　萧忠国
　　体操之教与学　　　　　　　　吴　澄
　　中学女子体育教育的几个实际问题　黄蔷英
舞蹈教学法（教学法）　　　　　　高　梓
器械运动教学法（教学法）　　　　周鹤鸣
教育文化消息　　　　　　　　　　编　者
　　世界学生服务社援助我国大学生美国人士发起中国问题征文
　　美国儿童慰问我国难童　　　　杜德三
　　造幻灯成功　汪联松发明图解几何上三大问题　国民参政会第五次大会关于教育方面之报告及决议案　教育部颁布中正奖学金办法教育部制定高中以上学校学生参战奖励办法　教育部制定抄写民校课本办法
教育论文索引　　　　　　　　　　编　者
编后杂谈　　　　　　　　　　　　编　者

〔典藏〕南京图书馆、四川省图书馆、北京图书馆、南京大学图书馆、江西省图书馆、甘肃省图书馆、湖南省中山图书馆、厦门大学图书馆、武汉大学图书馆、湖北省图书馆、陕西省图书馆。

世界月刊

第七届全国运动会特辑
第二卷第 11 期

1948 年 5 月 1 日（民国三十七年五月一日）

*《世界月刊》，原名"世界半月刊"，1946 年 11 月（民国三十五年十一月）在上海创刊，由上海世界书局出版发行。

第七届全国运动会特辑
  体育社会化   李石曾
  本届全运会筹备经过及其意义   郝更生
  体育新闻的采访和报导   米星如
  希望于全运会之后的几点   林素珊
  本届全国运动会十九项锦标名称及说明
              叶琛
  第七届全运会竞赛单位及注册单位汇志
              郑秉礼
  世界各国女子田径最高纪录一览表
  世界各国男子田径最高纪录一览表
  中国、世界及第十一届世界
    女子田径游泳纪录对照表
  中国、世界及第十一届世运
    男子田径游泳纪录对照表
  上海市体育场总地盘

世运会的几个精彩镜头
文物展览会在台湾   李宗侗
克拉克先生与世界联邦政府运动   相衡
从欧洲局势展望三次大战   朱伯奇
停做递交与添发库券   士林
这一月（新闻报导）
教育社会化   马客谈
世界大学与世界和平（下）   袁月楼
四月艺文坛   风信子
舒拿佛斯   毕修勺译
为官一年   朱梅
浮生六记   孟立
川中记游   光坻

〔典藏〕北京图书馆、上海图书馆、重庆市图书馆、广东省中山图书馆、中山大学图书馆。

（三）体育专刊

精武本纪

1919年10月（民国八年十月）出版

* 陈铁生编，上海中央精武体育会出版。

孙中山先生序文		纪袖镳	程子英
胡汉民先生弁言		论弓矢	郑宪成
朱执信先生序文		复旦公学技击纪	赵连和
言　论		中华工业专门学校技击纪略	赵连和
大精武主义	陈铁生	东亚体育学校技击班	姚蟾伯
精武之真精神	陈公哲	松江江苏省立第三中学校技击纪	陈铁生
祝精武体育会	吴荣煦	纪澄衷学校技击课	赵连和
事　实		岭南中学校技击纪	黄维庆
会址之历史	陈铁生	青年会之技击班	黄汉佳
会旗纪	陈铁生	工界青年励志会	黎惠生
服式纪	陈铁生	爱国女学纪	宁竹亭
徽章纪	卢炜昌	上海广东小学记	浦阔亭
授盾纪	罗克己	青年俱乐部志	姚蟾伯
沪城分会纪	霍东阁	培德两等小学校纪	霍东阁
第三分会纪	宁竹亭	纪培本小学	黎惠生
精武公园第一声	陈铁生	崇德女校体育科记	陶志超
精武村初唱	霍守华	中国体操学校授课图	卢炜昌
技　击		吴淞水产学校授课图	李振江
运动会纪	陈铁生	南洋女子师范学校授课图	
技击之三级毕业记名	陈铁生	云南蒙自教授技击图	刘庹臣
技击大会操记	陈宸臣	评判松江运动会纪	陈铁生
健儿团记	卢炜昌	武术（十字战全套）	陈铁生
励志团缘起	郑灼辰、冯兰皋	出版纪略	陈铁生
纪安步团	金光曜	武库	陈铁生
惜阴团纪	陈士超	兵　操	
精武女子模范团纪略	陈士超	精武兵式操纪略	郑灼辰
体育真相	陈铁生	技击术军用实施法	陈铁生
跋姚君像	邵廷玉	文　事	

临池会纪	陈铁生	乒乓图	
夕阳鸦阵图（古画）	高凤翰	平台运动图	
图画成绩	陈公哲	木马运动图	
摄学部成绩	陈卢雪英	杠子运动图	
插画三幅		秋千铁球铁饼镖枪运动图	
（一）三潭夕照设色玻璃版	陈公哲	跳高跳远运动图	
三潭夕照题词	汪精卫	文　苑	
（二）苏台烟景设色玻璃版	陈士超	文	
精武影戏纪	郭唯一	技击丛刊序	吴敬恒
（三）挥戈逐日图三色铜版	杨左匋	潭腿序	汪兆铭
返光镜装置近镜之新发明	程子培	诗	
旅行用之摄影暗箱	程子培	赠精武诸子	李葭荣
测光表	黄怡生	题铁生肖像	潘飞声
论摄学	陈公哲	杂　俎	
医学纪	简玉鹏	此中人语	卢炜昌
精武医学部宣言	罗伯夔	盾墨余沈	陈铁生
雄辩团纪	梁少田	谒红花岗记	陈铁生
论国语	云作丞	新青年杂志主笔听者	陈铁生
游艺		试与风霜战一场	翁耀衡
说棋	曾启文	雪将军	王汉礼
粤乐拉杂谈	陈卓枚	混成之游戏	黄畹香
余之京戏谈	陈卓枚	会员赴学之小车代涉	黄善祥
泰西弦乐纪	陈卢雪英	靴阵	黄　癡
记梵玲 Violin	陈公哲	聚餐会	莫甘棠
俄国音乐大家	吴见真	体育场之平民大会	简伟卿
纪网球	姚蟾伯	题　赠	
纪篮球	周锡三、陆象贤	孙中山先生题额	
足球	卢炜昌	林隐青先生书条幅	
溜冰	唐琼相	王秋湄先生书手卷	
拔河	陈启英	朱执信先生题额	
凌空术	李国荃	魏𪠽先生题额	
畋猎	黎永锦	朱会长书手卷	
远足（一）	邱　亮	崇德女校赠花篮	
远足（二）	沈季修	各界赠品	
台球图		颂　祝	
自由车旅行姑苏图		上海中区商团颂词	
铁哑铃运动图	黄惠龙	韬怀商团颂词	

洋布商团颂词
复旦大学祝词两通
广肇公所祝词
徐峙嵩君赠诗六首
沈梦轩君侠士行
东亚体育学校祝词
爱国女学颂词
工界青年励志会颂词

表
　上海精武会职员教员摄影
　上海精武会历任职员教员表
　上海精武会派往各团体教授技击职员记名
　上海精武会员表

外　篇
　前南浔分会纪　　　　　　　邱　亮
　汉口精武会纪略　　　　　　张文德
　广东精武会纪
　开办广东精武体育会实纪（香江附）
　　　　　　　　　　卢炜昌、陈铁生

　课卷汇刊

补　篇
　组织全国精武体育协会刍言　陈公哲
　八年中初两级毕业会员补载
　圣约翰大学纪　　　　　　　陈铁生
　上海女子体操学校拳术班摄影
　上海精武第一分会纪
　上海中国公学技击班摄影
　上海晏摩氏女学技击班摄影
　上海广肇女学技击班摄影
　上海精武会建筑中之雨操扬摄影
　建筑中之上海精武公园大门之摄影
　建筑中之上海精武村摄影
　对于国技之疑点　　　　　　王元辉
　特别游艺会纪　　　　　　　陈铁生
　精武自制之技击术影戏片目录　陈公哲
　中国精武会章程　　　　　　陈公哲

〔典藏〕中央教育科研所图书馆、中国体
　　　　育博物馆。

东亚体育学校校刊

1920年11月（民国九年十一月）

* 上海东亚体育学校校刊编辑部编。

照 片
    现任教职员摄影
    学生全体摄影
    第一二届毕业生摄影
    第三四届毕业生摄影
    篮球比赛摄影
    足球队摄影
    垒球比赛摄影
    队球比赛摄影
    篮球比赛摄影
    嘉穗童子军全体摄影
校 歌
本刊启事
发刊词　　　　　　　　　　庞醒跃
中国最近体育的沿革和本校的实况　庞醒跃
体育定义之研究　　　　　　鲁也参
体育原理　　　　麦克乐讲、孙和宾记
球术教授法摘要　　　　　　孙和宾
说传染病　　　　　　　　　宋淑庠
体育进步很慢的原因　　　　汤有声
嘉穗童子军一览　　　姚麟书、俞元爵
童子军必须研究之课程　　　姚麟书
童子军常识　　　　　　　　俞元爵
作曲法的大概　　　　　　　闵湘琴
唱歌教材　　　　　　　　　闵湘琴
素描　　　　　　　　　　　丰子恺
体操教材
    （一）仿效体育　　　　　庞醒跃
    （二）优美体操（哑铃徒手混合）庞醒跃
    （三）优美体操（彩旗两种）庞醒跃
    （四）优美体操（拍掌操）　孙和宾
    （五）优美体操（进行哑铃）孙和宾
    （六）优美体操（二人木棒）孙和宾
    （七）优美体操（双彩圈）　孙和宾
    （八）柔软体操（徒手次序十个）
    　　　　　　　　　本校第五届生合编
    （九）柔软体操（哑铃四部）庞醒跃
    （十）柔软体操（棍棒三部）孙和宾
    （十一）舞蹈　　　　　　蒋志英
附 录
    田径赛运动评判表　　　　杨洪源
    本校章程
    本校职员一览表
    本校毕业生状况
    本校学生一览表
〔典藏〕首都图书馆。

体育丛刊

1924年1月（民国十三年一月）

* 北京体育研究社编

插　图
　　北京体育学校举行第一班学生毕业式摄影
　　北京体育学校第二班学生毕业式合影
　　北京体育学校学生演习国技摄影(剑术)
　　北京体育学校学生演习国技摄影(棍术)
　　北京体育学校篮球队摄影
　　体育研究社及附设北京体育学校游艺会摄影
　　体育研究社附设夏期国技音乐讲习会摄影
　　体育研究社暨北京体育学校参加上海全国
　　武术大会代表同人摄影
　　靳翼青先生题词
　　瘝午楼先生序文

丛言
体育研究社提倡体育之大纲　　　　　袁　良

论　说
　　提倡拳术应保存其固有之真精神说　许霨厚
　　余之武术观　　　　　　　　　　　一　峰
　　改良拳术之我见　　　　　　　　　张四维

名　著
　　松溪坠绪　　　　　　　　　　　　拳　庵
　　射经　　　　　　　　　　　　　　李呈芬
　　乡射直节　　　　　　　　　　　　何景明

译　述
　　女子健康法　　　　　　　　　　　石梓寿
　　穆勒尔氏之儿童强身术　　　　　　韩菊侯
　　体育上身心之关系　　　　　　　　YWS
　　柔道大义　　　　　　　　　　　　许禹生
　　柔道教范　　　　　　　　　　　　金之铮

研　究
　　拳术教练法　　　　　　　　　　　许霨厚
　　罗汉行功法　　　　　　　　　　　许霨厚
　　太极拳术单式练习法　　　　　　　许霨厚
　　拳术蠡言　　　　　　　　　　　　李剑华

教　材
　　剑术基本教练　　　　　　　　　　许霨厚
　　国技徒手操　　　　　　　　　　　张家顺
　　国技舞蹈　　　　　　　　　　　　张家顺
　　行进游技　　　　　　　　　　　　张家顺
　　舞蹈游技　　　　　　　　　　　　张家顺
　　表情游技　　　　　　　　　　　　张家顺
　　循环行进　　　　　　　　　　　　苏　健

传　记
　　拳师纪德传　　　　　　　　　　　杨季子
　　宗眉公行状

调　查
　　北京体育团体一览表　　　　　　　近　瘝
　　天津武术团体一览表　　　　　　　卓　然
　　调查京内外中等以上学校体育情形一览表

成　绩
　　孔廉白先生批评体操实习摘要　　　张家顺
　　我国体育不发达之原因　　　　　　章凌信
　　游戏精神与人生　　　　　　　　　唐镇坤
　　达摩谓修养身体有洗髓易筋之别试述其义
　　　　　　　　　　　　　　　　　　刘祖源
　　拳术流传有武当少林之别试详言二者不同
　　之点并述其各在体育上价值　　　　王文彬

近世体育家颇主身心合一之说我国太极拳术运动时以精神为主颇合其意试任择一式而述其运劲之法　　　　　　刘祖源
枪术棍术均贵四平姿势其要点安在　刘祖源
试述形意拳术之内外三合并身法步法之运用　　　　　　　　　　　　张四维
说太极拳之要点及其功效　　　　张家顺
形意拳术所谓体骸运动一致与太极拳运动之完整联贯是否相同　　　　王文彬
试言中国古代体育与宗教之关系　杨少庚
试详述教材及口令之变换方法　　姜庚年
因材施教说　　　　　　　　　　姜庚年
瑞典式体操其基本形式中何以将准备运动冠之于首能言其理由否　　　章凌信
全身姿势与部分姿势其区别若何　章凌信
运动时附以呼唱有无利弊　　　　杨少庚
自由运动与规律运动之区别若何　杨守礼
试述体育于经济上之价值　　　　杨守礼
试述人之厌倦因何而生并详言厌倦与疲劳之差点安在　　　　　　　杨寿椿
吾人未感疲劳之先如何预防既感疲劳之后如何治法试申论之　　　　杨寿椿
古今体育之比较若何诸生研究体育之目的安在并详论体育与美的观念有何关系
　　　　　　　　　　　　　　　杨寿椿
试述内分泌之意义并列举属于内分泌之器官以对　　　　　　　　　章凌信
试述神经传导兴奋之种类　　　　章凌信
试述动脉血由心脏到全身经络之大概
　　　　　　　　　　　　　　　丘修文
试述脊髓神经前枝的大略　　　　丘修文
试拟学校身体检查表　　　　　　张家顺

杂　俎

精神上之修养说　　　　　　　　谔　言
水浒传武技评注　　　　　　　　杨季子
左纳　　　　　　　　　　　　　刘希哲
百年生活　　　　　　　　　　　刘希哲

专　件

体育研究社提出全国教育会联合会拟请提倡中国旧有武术列为学校必修科案
体育研究社提出全国教育会联合会请设国立体育学校案
体育研究社呈教育部请规定武术教材文
体育研究社呈教育部请通行各省令讲演所实行讲演体育问题文
体育研究社呈教育部请酌派学生赴各国留学体育并选派各校教职员赴各国调查体育状况文
体育研究社呈京都市政公所请设立京都市公众体育场及儿童游戏场文
体育研究社呈教育部为请饬各省教育机关转令各学校应兼授体育理论文
北京体育学校呈教育部请将本届毕业学生通令各省区尽先聘用文
世界教育会关于体育议决案之报告

记　事

体育研究社略史　　　　　　　　伊见思
体育研究社十三年来社务经过　　伊见思
北京体育学校之组织　　　　　　伊见思
演技助赈记　　　　　　　　　　伊见思
赴中华全国武术运动大会记　　　郎晋墀
小学体育研究会记事　　　　　　苏绍眉
十二年夏期体育讲习会记事　　　许小鲁
体育研究社北京体育学校春季游艺会记事
　　　　　　　　　　　　　　　郎晋墀
北京体育学校第二班学生毕业式记事
　　　　　伊见思、金丽卿、郎晋墀、许小鲁
体育研究社附设夏期国技音乐讲习会记事
　　　　　　　　　　　　　　　伊见思

附　录

体育研究社章程
北京体育学校简章
体育研究社职员名单
体育研究社社员名单

体育研究社名誉职员一览表
北京体育学校校董一览表
北京体育学校第二班职教员学生一览表
历届体育讲习所毕业生服务状况
体育学校第一班毕业生服务状况
体育学校第二班毕业生服务状况
致各省中学以上学校调查体育状况函
全国急募赈款大会致谢函
王华杰致许禹生讨论武术函
王华杰致许禹生再讨论武术函
答函
马子贞致许禹生邀同仁加入武术运动大会函　其二其三
袁观澜致沈商耆言太极拳术南方应提倡函
全国武术运动大会致谢函
刘谷孙致许禹生先生函
答函

〔典藏〕陕西省图书馆、吉林大学图书馆。

中华全国体育协进会年刊

1927年8月1日（民国十六年八月一日）

* 上海中华全国体育协进会，蒋湘青编。

序一	王正廷
序二	张伯苓
序三	沈嗣良
编辑小言	蒋湘青

中华全国体育协进会简章
中华全国体育协进会职员录
中华全国体育协进会临时董事会开会记录
全国体育
 第一二三届全国运动会成绩
 第七届远东运动会全国预选大会成绩
 一九二六年华南华东足球分区比赛纪
 一九二六年华东华北棒球分区比赛纪
 全国田径赛米制新纪录
远东运动会
 赴第七届远东运动会之经过及成绩纪详
 历届远东运动会成绩
 历届远东运动会锦标赛一览
 远东运动会田径赛米制新纪录
 远东运动会游泳米制新纪录
世界运动会
 第八届世界运动会之田径赛游泳成绩
华北体育
 华北联合运动会章程
 第十二届华北运动会成绩
 一九二五年华北球类比赛成绩
华南体育
 华南体育会章程
 华南体育会史略
华中体育
 华中体育联合会章程
 华中体育联合会董事会简章草案
 华中运动会略史
 第三届华中运动会成绩
华东体育
 一九二五年华东公开运动会成绩
 一九二六年华东公开运动会记详
 华东大学体育联合会第十一届运动会成绩
 华东大学体育联合会第十一届球类比赛成绩
 华东大学体育联合会第十二届运动会成绩
 华东大学体育联合会第十二届球类比赛成绩
 江南大学体育协会第一届运动会成绩
 江南大学体育协会第一届球类比赛成绩
附录一
中华全国体育协进会在沪试办各项运动成绩
 第一二三届上海足球联合会成绩
 第二届上海篮球联合会成绩
 一九二六年上海中华网球会简章及会员比赛成绩
 第二届上海网球联合会成绩
 一九二六年上海华人网球单打双打公开锦标赛比赛结果
 第一届上海棒球联合会成绩
 上海美国式足球之发韧及其比赛经过
 第一届上海中葡二国足球锦标比赛录
 第一届上海万国运动会中华预赛成绩
 第一届上海万国运动会成绩

第一二三届上海万国篮球锦标赛比赛成绩
　　第十四届上海万国足球锦标比赛成绩
　　一九二六年上海万国竞走成绩
附录二
　　华东大学体育联合会章程
　　华东大学体育联合会比赛细则
　　江南大学体育协会章程及细则
附录三
　　中华全国体育协进会经济报告

南华体育会年刊

1928年7月（民国十七年七月）

*香港南华体育会编

职员及委员表
总务部事略
利故会长哀思录
征求
 第十一届征求结果
历届征求一览表
举办马票筹款之成绩
 马票委员一览表
本会邀请檀香山华人垒球队回国参加第八届远东运动会经过
 港政府拨给本会之加路连山球场图则说明
足球部
 本会参加全港正式比赛之结果及各队队员
 本会参加特别银牌比赛结果
 全国分区垒球比赛及星洲华人足球队来港比赛之经过
 民国十六年夏令足球比赛会之成绩
垒球部
 民国十六年获全港垒球比赛冠军之本会龙队及虎队队员加入十七年全港垒球比赛之本会垒球队及队员
 举办全港华人垒球比赛会
篮球部
 参加全港公开比赛及荣膺冠军头衔之经过
排球部
 举办全港华人公开排球比赛
 参加公开排球比赛之本会排球队成绩及队员
绒球部
 民国十六年参加全港团体绒球比赛会之本会绒球队成绩及队员
 民国十七年参加全港团体绒球比赛会之本会绒球队成绩及队员
径赛部
技击部
游泳部
 举办第四届全港华人游泳比赛大会成绩
 建筑永远游泳场之筹备及游泳场图则
 民国十七年参加水球比赛之本会队员
桌球部
 会员平赛成绩表
 会员甲组让赛成绩表
 会员乙组让赛成绩表
音乐部
游戏部
 举办会员乒乓平赛让赛之经过
 乒乓平赛表
 乒乓让赛表
 象棋比赛结果
 民国十六年参加全港乒乓比赛之本会队员及成绩
 参加民国十七年全港乒乓甲乙组比赛之本

会队员
童子军部
　　体育运动
学务部
　　耀庭两等小学
　　耀庭两等义学

智育部
　　开办国语研究班纪事
损益表
〔典藏〕原杭州大学体育系（现浙江大学教育学院体育系）资料室。

浙江体育专门学校运动特刊

1928年12月（民国十七年十二月）

* 浙江体育专门学校，孔墉等编

发刊词　　　　　　　　　　　孔　墉
颂　词　　　　　　　　　　　傅沛然
言　论
　我们应负的责任是什么　　　孙　樋
　打倒腐化及不忠实的体育同志　程登科
　对于浙江体专筹备运动会之感想　袁　浚
　党童子军的认识　　　　　　周伯平
　体育与卫生　　　　　　　　王再稚
　我国体育之厄运　　　　　　张尽忠
　柔软操的意见　　　　　　　孙纲球
科　学
　运动会组织法及评判概要　　程登科
　田径赛运动之选配方法及运动时之注意
　各点　　　　　　　　　　　傅政霖
　网球场之建筑　　　　　　　徐素瓯译
　拳术的历史和研究　　　　　吴志洪
　毒瓦斯之种类与作用　　　　郑耐夫
　剧烈运动时偶发脑充血之救急　王再稚
　关于运动外伤性出血之止血法和伤口保持
　清洁法之必要　　　　　　　王再稚
　体操教材四种　　　　　　　孙纲球
讲　演
　哲学博士罗公陶先生在本校演讲录　姚　浩
文　艺
　体育是什么　　　　　　　　陈钜皋
　什么是体育　　　　　　　　时醒华
　怎样来提倡体育　　　　　　徐缙典
　我之体育观　　　　　　　　钱养候
　运动会的宗旨和价值　　　　余学韶
　游金山寺（诗）　　　　　　孔　墉
　归里自薛岙抵城途中口占（诗）　孔　墉
　落花（诗十首）　　　　　　孔　墉
　钱塘观潮歌　　　　　　　　孔　墉
　哀乐陵　　　　　　　　　　孔　墉
　运动歌　　　　　　　　　　王　佐
　毕业期间感谢诸师长序　　　郦宝琅
　望卡（小说）　　　柴霍夫著、徐素瓯译
通　信
　致毕业同学书（一）（二）　孙纲球
校　闻
　布告（一）（二）
　本校党童子军团部组织大纲

〔典藏〕原杭州大学体育系（现浙江大学教育学院体育系）资料室、浙江图书馆。

江苏省国术馆年刊

1929 年 7 月 31 日（民国十八年七月三十一日）

* 江苏省国术馆宣传科编

叙　言
　　钮馆长叙
　　钱副馆长叙
　　编者叙
图　片
　　本馆职教员暨省政府各厅处职员志愿班摄影
　　本馆职教员暨师范讲习所女子传习所业余露天学校摄影
　　钮馆长摄影　钱副馆长摄影　孙教务长摄影
　　师范讲习所学员练习武当剑摄影
　　本馆教习披身砍刀独立式摄影
　　本馆教习与省府卫队长合练单刀破花枪摄影
　　本馆教习练习护手钩对棍摄影
　　本馆教习练习形意五形生克第一手摄影
　　本馆教习练习武当剑摄影
　　本馆女教习练习武当剑摄影
　　师范讲习所学员练习太极按膝拗步摄影
　　女子传习所学员练习太极拳摄影
　　师范讲习所学员练习少林拳摄影
　　师范讲习所学员练习形意三体手摄影
　　露天学校童子班练习少林斜身用掌摄影
　　露天学校成年班练习太极三通背第二手摄影
　　张之江先生题字
　　李景林先生题字
　　刘崇峻先生题字
　　钮馆长题馆训
组　织
　　本馆组织法
　　本馆董事会组织法
　　县市支馆组织法草案
记　事
　　本馆过去一年中的回顾
　　本馆大事记
言　论
　　本馆成立宣言
　　馆长对于师范讲习所开学日的训话
　　本馆过去的工作与今后进行的方针
　　本馆开办业余国术露天学校宣言
　　为镇江业余运动大会告民众书
　　国术运动——为答复谢君关于国术的疑问种种作
　　中央党部审定本馆标语
学　术
　　拳术述闻
　　太极拳义
　　运动、生理、国术
　　三民主义立场上的国术观及今后的希望
　　国术之管见
章　则
　　办事总则
　　文书科服务规则
　　宣传科服务规则
　　总务科服务规则

公文处理简则
馆务会议细则
请假规则
值日规则
会客规则
勤务服役服务规则
附设师范讲习所章则
 甲、师范讲习所组织大纲
 乙、师范讲习所招生简章
 丙、师范讲习所职教员服务规程
 丁、师范讲习所会议规程
 （一）所务会议规程
 （二）教务会议规程
 （三）训育会议规程
 （四）事务会议规程
 （五）系统表
 戊、师范讲习所学业考试规程
 己、师范讲习所学生应守规则
 （一）请假规则
 （二）讲堂规则
 （三）膳堂规则
 （四）宿舍规则
 （五）会客规则
 （六）诊断规则
附设女子国术传习所简章
附设业余国术露天学校简章
公牍
 呈省政府通令各县长克日组织县支馆并由县长兼任馆长由
 提案省政府委员会议为遵令筹议师范班办法暨预算详表缮请公决由
 提案省政府委员会议为补助县市支馆经费请令财厅转饬县财务局核拨的款以利推行由
 呈省政府为遵拟各县国术支馆分期成立计划由
 函中央大学为请令各县将国术支馆附设各该县体育场内函复办法由
 函各县各队及苏市府为检送师范讲习所招生简章请保送学生应试由
 呈省政府请准设立各县国术馆由
职员录
 本馆教职员进退记略
 本馆现任职教员履历一览
学生录
 师范讲习所学生一览表
 女子传习所学生一览表
 业余露天学校学生一览表
附载一
 学拳卮言一
 学拳卮言二
 学拳卮言三
附载二
 武当少林之异点
 国术教育与学校教育
 对于提倡国术的我见
 习拳一得
 国术谈
 国术界的弱点——派别
 国术浅言

〔典藏〕北京图书馆、北京大学图书馆、南京大学图书馆、四川省图书馆。

爱国女学体育科十六届纪念刊

1929年8月(民国十八年八月)

*上海爱国女学校体育科第十六届毕业班，石水英等编

卷头语	石水英	英国土风舞 The Black Nag	
序	季 通	朝庭舞	
题字	黄炎培	英国土风舞 New Castle	
校长季通像		妇女哑铃	
教职员像		优秀舞	郭竹凤
留别诸同学序	蒋秀林	蛙舞（土风舞）	蒋秀林
级史	石水英	萤舞（土风舞）	张崇泰
同学照片及介绍		西宫舞（土风舞）	韩瑞珠
照片二十四幅		同乐舞（土风舞）	朱保翘
论 文		对舞（土风舞）	朱保翘
本校体育科之经历及前途贡献	张英谷	混合徒手操	韩静庄
女子体育教师应负提倡小学体育的责任		仿傲操	顾 琛
	蔡雁宾	仿傲操	殷李澈
体育的背景	赖 川	徒手操	刘孟慈
游戏教育	程登科	徒手操	冯佩卿
评判论	程登科	徒手操	沈韵琴
女子体育的使命	刘孟慈	行进徒手操	俞佩璋
女运动员应当注意的种种	石水英	抢司令台	石水英
女子宜重体育	沈韵琴	连字游戏	韩媚媚
一点小贡献	顾斌毕	传掷竞争	仲文婉
从画片讲到束胸	石水英	抢位子	叶士英
我所希望于诸同学者	佩 章	迎春舞	沈韵琴
记叙（四则）		杂集（诗六则）	
教　材		同学录	

广东体育专门学校特刊

1929年12月5日（民国十八年十二月五日）

* 广东体育专门学校，陈本编

封　面
　　陈总指挥济棠题字
总理遗像　　　　　　　　　　　遗嘱
插　图
　　校门
　　创办人全体拍照　　　关崇志、袁节卿
　　　　　陈剑生、陈本、区声白、司徒优
　　校长肖像　　　　　　　　　　陈策
　　常务校董肖像　正主席温仲良、副主席司徒优
　　校董肖像　陈铭枢、金曾澄、陈济棠、欧阳驹、关崇志、袁节卿、陈剑生、区声白、伍大光、邹殿邦、陈本、丘纪祥、黄澄秋、冯天如、黄季宽
　　本校全体员生摄影
　　本校参加全省运动员生拍照　礼堂侧面
　　校务处、成绩室
　　本校足球队、本校学生生活图之一、学生生活图之二、学生生活图之三、学生生活图之四
题　词
　　自强不息　　　　　　　陈主席铭枢
　　长足进步一日千里　　　金委员曾澄
　　锻炼强健之精神　　　　许厅长崇清
　　修养身心必先强其体魄　林市长云陔
　　发展大无畏精神　　　　陆局长幼刚
　　自强不息　　　　　　　张处长惠长
　　力矫颓风　　　　　　　欧阳局长驹

校歌
发刊词　　　　　　　　　　　　陈策
序　　　　　　　　　　　　　温仲良
祝词
　　精武体育会　　　　　陈本、梁庆年
校史　　　　　　　　　　　　陈剑生
本校行政组织
本校概况　　　　　　　　　　　　干
本校未来之计划　　　　　　　　　干
论　著
　　论中国有提倡体育之学说　　陈本
　　勗体专学生　　　　　　　　道魁
　　中国新青年应有之准备　　　　干
　　读国府颁布国民体育法感言　林战存
　　我们为什么要提倡体育　　　　兴
　　训练足球之我见　　　　　　林战存
　　采王船山成说证中国有尚武民族　陈本
　　论体育之要贡献于本校诸生　陈本
　　本校一周年纪念的意义　　　唐寅
　　向体专学生自治会说一句话　黄节严
　　我之学生观　　　　　　　　木一
　　孔教之尚武精神　　　　　　干公
　　普及体育为救中国民族的根本问题　李仕锐
　　创办体专学校为救国之基础　籐俊
　　本校学生自治会成立我的感想　刘卫真
　　本校一周年我之回顾　　　　谭洁瑜
　　中国体育之现势　　　　　欧阳杰芳
　　对于提倡体育的文字之我见　牖民

体育与民族之关系	吕瑞涛
运动—生理—体育	元 元
论体育有关于女子的姿势	陈少坤
中国古代的妇女观	木 一
吾校诞生纪念意义	许焕珍
研究国术的我见	始 也
我国将来的责任	麦秀云
对于女界身体残毁之改革谈	元 元
告有志于体育事业者	健 者
我也谈谈振兴体育	刘世雄
为了一封信的感想	何志文
体育与人生之关系	李子云
说三民主义是救国之基础	秦 雄
我对于女子体育的感想	劳任廷

文 艺

中国古代文法学研究	陈干兴
文学探源	陈干兴
我对于国文科之蠡测	干 兴
革命的文艺	李景衡
中国古代学术源流考略	陈 本
论中国民气衰弱之由	陈 本
从文字上推测古代注重体育之历程	陈 本

诗 甲

秋怀四首	干 公
秋日杂兴	干 公
自慨	前 人
自欧警	前 人
感怀	前 人
秋怀	前 人
秋夜感怀	罗海雄
西湖闲步重阳邀友赏菊九日郊行	李福纯
苏轼	李国华
本校一周年纪念有感	欧鼎常

诗 乙

祝体专的诞生	吕瑞涛
一周年期中恭祝本校的将来	川 投
运动	卿
庆祝本校一周年纪念	谢士良
我的心（纪念本校一周年的余感）	唐 寅
庆祝和愿望	谢士良
今天是我们学校的成立纪念	吴铁荣
"真生命"	李仕锐

词

凤栖梧"郭北茶寮小坐"	颖川二郎
望江南"菊"	李国华

课 艺

体育为救国之基论	欧鼎常
非战说	陈驭文
本校一周年纪念大会记	曾 松
重阳登高记	曾 松
子产不毁乡校论	谭作谋
有志者事竟成	范乃树
无神辩	范乃树
体育治病胜于良医论	孙永康
论体育与卫生之关系	齐鸿飞
防俄论	龙文杰
体育为救国之基论	陈绮痕
释氏慈悲墨子兼爱试论其异同之点	孙永康
造就学业为爱国之根本说	杨佩芳

记 述

本校创办之过去与将来	关崇志
本校一周年纪念大会纪盛 附演说词	干
广东体育专门学校学生自治会成立宣言	
本校学生参加全国童子军检阅典礼于南京记	卢有吾

特 载

军事教育之概况	
垒球简要规则与方法	关崇志编
低网排球简要方法及规则	关崇志编
排球简要方法及规则	关崇志编
篮球简要规则及方法	崇志择编
本校课外运动之概况	干兴述
本校预科国文教学大纲	陈本拟

图 表

校董一览表
教职员一览表
学生一览表
课程表
球类成绩表

校　闻

中国国民党中央执行委员会训练部复函
本校员生赴京参加全国童子军总检阅大会消息
本校致中央党部党童军总司令部函
本校成立校务委员会消息
本校扩充中学部消息

本校增设自动电话消息
本校装设自来水消息
本校招生消息
捐款鸣谢
编话后

启　事

本校启事一
本校启事二
本刊启事一
本刊启事二

〔典藏〕中央教育科研所图书馆。

(第四届) 全国运动大会总报告

1930年4月（民国十九年四月）

* 杭州第四届全国运动大会筹备处编行。

开会辞	全国运动大会之使命　　周象贤
序　言	对于全国运动大会的感想　　马　昇
张序　　　　　　　　张人杰	运动与自卫　　吴琢之
何序　　　　　　　　何应钦	演说辞
会旗	1.本会开幕日之演说词
会徽	会长致开幕词
证章	筹备主任朱家骅报告
标记	中央党部代表邵委员元冲致训词
会长主任摄影	国民政府蒋主席再致训词
各股干事摄影	中央委员吴稚晖演说词
各组组长摄影	中央委员褚民谊演说
会场摄影	外交部长王正廷演说
全体指导员摄影	运动员代表袁敦礼答词
大会奖品摄影	2.大礼堂欢迎会中之演说词
筹备处摄影	国民政府蒋主席演说
运动员宿舍摄影	戴会长演说
各项运动摄影	3.浙江省党部省政府欢迎运动员会中之演
优胜运动员摄影	说词
题词	民政厅长朱家骅代表致欢迎词
颂　词	蔡孑民先生演说词
张副会长颂词	蒋梦麟先生演说词
何副会长颂词	浙江省党部常委叶溯中演说词
论　著	浙江教育厅长陈布雷演说词
何以提倡体育　　　　　胡汉民	章　则
由中国历史文化上见到的体育的意义	全国运动大会筹备处章程
戴季陶	全国运动大会办事处章程
对于全国运动大会的感想与今后的希望	全国运动大会办事处办事通则
朱家骅	全国运动大会章则委员会章程

全国运动大会办事处设计股规则
全国运动大会办事处工程股规则
全国运动大会办事处事务股规则
全国运动大会办事处竞赛股规则
全国运动大会办事处警卫股规则
全国运动大会办事处文书股规则
全国运动大会办事处会计股规则
全国运动大会事务股宣传组委员会规则
全国运动大会事务股交通组委员会规则
全国运动大会事务股奖品组委员会规则
全国运动大会事务股招待组委员会规则
全国运动大会警卫股纠察组委员会规则
全国运动大会警卫股消防组委员会规则
全国运动大会竞赛委员会章程
全国运动大会竞赛委员会法则组委员会规则
全国运动大会竞赛委员会场地组委员会规则
全国运动大会竞赛委员会注册组委员会规则
全国运动大会竞赛委员会纪录组委员会规则
全国运动大会竞赛委员会秩序组委员会规则
全国运动大会竞赛委员会裁判组委员会规则
全国运动大会竞赛委员会田径赛及全能运动组委员会规则
全国运动大会竞赛委员会游泳组委员会规则
全国运动大会竞赛委员会篮球组委员会规则
全国运动大会竞赛委员会网球组委员会规则
全国运动大会竞赛委员会排球组委员会规则
全国运动大会竞赛委员会棒球组委员会规则
全国运动大会掷棒球规则
全国运动大会锦标决定规则
全国运动大会第一届选派运动员须知

公　牍

运动规则
　　田径、游泳(含跳水)、足球、篮球、排球、女子篮球规则
运动项目及秩序
运动员题名
运动成绩纪录
会场纪略
事务股报告
竞赛股报告
工程股报告
警卫股报告
会计股报告
职员录
杂录
闭会辞　　　　　　　　　　　戴传贤
〔典藏〕原杭州大学体育系（现浙江大学教育学院体育系）资料室。

浙江国术游艺大会汇刊

1930年5月（民国十九年五月）

＊浙江省国术馆编行

总理遗像、遗嘱、遗教	我之国术游艺观　　方赞修
发刊词　　　　　　张人杰	民族与武术　　　　陈恤园
序　文	何谓国术家　　　　白启祥
序一　　　　　　张之江	国术关系民族之强弱国势之盛衰　杨兆清
序二　　　　　　周象贤	学武术之五戒　　　褚桂亭
序三　　　　　　郑炳垣	希望国术界　　　　潘起凤
序四　　　　　　苏景由	国术比试中吾所不能已于言者　邢一拳
序五　　　　　　王廷钊	实用技击方法之我见　王廷钊
序六　　　　　　俞玉书	为比试诸同志进一言　王廷钊
摄　影	参观国术比试以后之感想　王廷钊
张会长静江	国术家的责任　　　徐泰来
朱副会长骝先	国术是练训民众最好的方法　汤显
郑副会长佐平	国术家今后的责任　张宛如
李评判委员长芳宸	对于整理国术之我见　韩耘匠
颂　词	期望中之全民国术　张镜心
浙江省立民众教育馆	为通电征才告国术同志　张镜心
吴醒亚敬题	演　词
张之江赠优胜纪念	欢迎李主任景林、张主席致词
言　论	李主任芳宸在欢迎会中答词
浙江国术游艺大会宣言	大会开幕张正会长致词
为国术游艺大会敬告民众	省党部代表张强致词
敬告表演和比试诸同志	省政府代表朱家骅厅长致词
国术源流之意见　孙禄堂	本会郑佐平副会长致词
大会日刊发刊词　沈士远	本会主任李景林致词
论国术为救国之本　吴心谷	来宾孙少江先生致词
国术的地位和价值　李定芳	本会副主任褚民谊先生致词
国术与环境的关系　苏景由	本会副主任孙禄堂先生致词
大会闭幕宣言　李芳宸	本馆常务董事苏景由致词

比试开始郑副会长训词
比试开始李评判委员长训词
大会闭幕张正会长训词
李评判委员长致词
省党部兼省政府委员朱民政厅长致词
褚副评判委员长致词
孙副评判委员长致词
杭州市市长周象贤先生致词
郑副会长致词
本馆常务董事兼事务长苏景由致词
李评判委员长在贝庄训话
王子庆君演词
朱国禄君演词
章殿卿君演词

 会　务
  筹备之经过
  会场之概况
 图　表
  比试台设计图
  比试人员一览表
  表演人员一览表
  各地参加比试人数百分比较表
  国术比试分组表（每三十二人为一组）
  比试人员胜负次数表
  国术比试各组对试一览表
  大决赛一览表
  大决赛复赛一览表
  优胜等级及奖品表
  大会顾问题名
  评判委员录
  监察委员录
 公　牍
  呈文
  呈考试院、中央国术馆为筹备浙江国术游艺大会呈请备案由
  呈考试院、中央国术馆为呈报浙江国术游艺大会筹备委员会成立期由
  呈考试院、中央国术馆为呈报接收会章并启用日期由

 电　文
  电山东教育厅为国术游艺大会项目规则尚待订定由
  电各省市为已定表演及比试日期由
  甘肃省政府复电
  山东省政府复电
  湖南省政府复电
  陕西省政府复电
  河北省政府复电
  辽宁省政府复电
  宁夏省政府复电
  河南省政府复电
  绥远省政府复电
  江苏省政府复电
  又电
  上海特别市政府复电
  汉口特别市政府复电
  北平特别市政府复电
  山西省政府复电
  江苏省政府祕书处复电
  江西省政府复电
  贵州省政府复电
  昆明市政府复电
  山东省政府教育厅电
  海州任师长来电
  又电
 公　函
  函复中央国术馆为举行国术游艺大会并未改期由
  函浙江省政府为检送国术比试细则请查照备案由
  函各机关为通告本会成立及启用会章日期由
  函各机关征求游艺日刊题词题字联语由
  函市公安局转令保护建筑工场由

函市公安局请拨警到会站岗由
函市公安局请饬通知迁让表演台大门外木棚等由
函浙江省政府保安处、浙江警官学校电请停止工场灰线以内操练由
函市工务局请发兴工执照由
函杭州城站商借前西湖博览会招待所为本会临时招待所由
函公路局借拨汽车由
函浙江省政府请饬属资送国术游艺大会与会人员由
函浙江财政厅请借用旧抚署为国术游艺大会会场由
函请褚主任民谊早日命驾襄办一切由
函孙少江、王润生两先生请即日来杭协商进行事宜由
为分聘浙江国术游艺大会评判监察委员由
函山东教育厅送浙江国术游艺大会开始日期及比试细则由
函复上海特别市国术馆函询本会性质由
函青岛特别市国术馆感谢制赠银盾并遵照招待杨明斋等十六人由
函知杭州医院随时疗治由
中央国术馆函准筹备浙江国术游艺大会成立日期并备案由
中央国术馆函复筹办游艺大会准予备案由
中央国术馆函准浙江国术游艺大会筹备委员会接收会章请予备案由
上海特别市国术馆函询游艺性质及有无外人参加比试由
杭州市政府工务局函送比试台图样及免费许可证由
山西省政府民政厅函送国术人员与会请查照由
山东省政府民政教育厅奉省政府令选送国术人员与会函请查照由

中央国术馆公函为派送国术人员请查照由
河北省国术馆公函选派馆内两董事与会请查照由
福建省国术馆公函选派国术人员参加游艺请查照由
江苏省国术馆公函选派代表与会由
上海特别市国术馆公函为推派国术人员请查照由
上海中华体育会公函为派员参加大会请指导由
青岛特别市国术馆公函为选送国术人员及赠会之奖品银盾统请查照由
青岛特别市政府公函函送青岛国术馆参加国术游艺大会人员名单请查照由
南京特别市政府公函为据社会局续呈刘星福来杭参加国术比赛履历等件送请查照由
汉口特别市政府公函函送国术人员名单查照由
汉口特别市社会局公函函送国术人材耿霞光等七员垫付川资参加武术游艺大会请查照由
汉口特别市社会局公函选送耿霞光等六员赴会报到请查照登记由
汉口特别市社会局公函选送国术员赵壁城一员赴会报到请查照登记由
汉口精武体育会公函函送会员与会请查照由
江苏省国术馆公函为选派国术人员参与比赛请查照由
江苏省警官学校公函为函送朱国禄加入国术考试由
镇江县政府公函为保送国术人员请查照由
泰兴县政府公函为函送国术人员参加游艺请查照由
泰兴县政府公函为介绍国术人员请查照由
泰县民众国术社公函为派员与会请登记由

河北深县县政府公函函复保送国术人员侯秉瑞等由
寿昌县政府公函遣送国术人员到会参加请查照由
鄞县县政府公函函知派阮恒辉等九人参加国术游艺大会由
绍兴县政府公函函送国术比赛人员请照收由
义乌县政府公函函送参加游艺人员请查照由
嘉兴县政府公函函送国术人员与会请查照由
天台县政府公函为介绍邑民与会请查照由
吴兴县国术馆公函函送与会人员请查照由
吴兴县政府公函函送国术人员与会请查照由
浙江省立第四中学公函为本中学国术教员陈鼎山及学生等莅会献技请准予参加由
新昌县立中学校公函介绍国术人员参加游艺大会请查照由
浙江省政府公函据仙居县县长呈复奉令选送与会国术人员无人报名情形请查照由
浙江省政府公函据武汉精武体育会徐士虚电报今晚赴杭比试国术等情请查照由
浙江省政府公函镇海县呈复奉令遣送与会国术人员送办情形请查照由
浙江省政府公函据寿昌县呈复奉令罗致国术人员业遣送洪叶森等二人请查照由
浙江省政府公函据呈报遵令罗致国术人材遣送来杭情形由
浙江省政府公函据余杭县县长呈复奉令饬送与会国术人员俟征得即资遣请查照由
浙江省政府公函定海县县长呈复遵令罗致国术人员遣送来杭办理情形由
浙江省政府公函据黄岩县呈复遵令遣送与会国术人员情形请查照由
浙江省政府公函据孝丰、汤溪、浦江三县呈报遵令罗致国术人员遣送来杭与会情形请查照由
浙江省政府公函据杭县呈复遵令饬属罗致国术人员遣送来杭与会情形请查照由
浙江省政府公函据鄞县呈复遵令罗致国术人员届期赴杭与会情形由
浙江省政府公函据昌化县呈报奉令遣送国术人员遵办情形请查照由
浙江省政府公函据嘉兴县呈复奉令征求国术人员业已选派杨筊与会请查照由
浙江省政府公函据武康县长呈报给资遣送王浦赴参与国术会请查照由
浙江省政府公函据德清县县长呈复奉令罗致与会国术人员境内并无此项人才应选请查照由
浙江省政府公函准来函业令电政管理局遵办查照由
便函
函聘李景林、褚民谊、孙禄堂为大会顾问
函聘钮惕生、张岳军为大会顾问
函聘筹备委员会委员
中央国术馆李副馆长复函
上海特别市张市长来函
中央国术馆张馆长来函
江苏省政府钮主席来函
中央国术馆馆长致李主任函
上海中华体育会来函

杂　载
联语类
　会场对联
　各界赠联
标语类
　标语一束
杂著类
　安徽省国术最近趋势　　　　　　　王成美
　小八卦拳序　　　　　　　　　　　吴心谷

浙江省国术馆为游艺大会启事	
为商改大会名称复李定芳书（附来书）	
国术摘锦比赛之新发明（录新闻报）	程行之
新式打擂台（录新闻报）	独　鹤
送参加国术比试诸君行（录民国日报）	蘅　子
浙江国术轶闻（录民国日报）	大　懒
技击回忆录（录申报）	贺天健
夜访剑师李景林记事（录民声日报）	双　桥
谈谈国术比试（录新闻报）	独　鹤
从国术说到国粹（录上海报）	陈稼轩
国术大会与吾人之感想	惺　牧
李评判委员长之谈话	
编日刊后赘语	迪　民
此中人语一	罗炜昌
此中人语一	迪　民
剑光隽语	恤　园

诗词类

国术歌	瞿大椿
题浙江国术游艺大会汇刊	张志纯
己巳冬参观国术比试有感	吴剑飞
国术馆成立偶吟	汤国琛
观国术比试有感	前　人
国术比试杂咏	朱至诚
国士吟（录浙民日报）	麻　翁
有赠小引	陈恤园
临江仙	王成美
步蟾宫	蠖　盦

故事类

技艺别流	止　肃
我闻如是	一　枝

〔典藏〕原杭州大学体育系（现浙江大学教育学院体育系）资料室。

第九届远东运动会特刊

1930 年 6 月 25 日（民国十九年六月二十五日）

*上海良友图书印刷有限公司，余汉生编。

开会情形
第九届大会总职员
远东运动会之回顾
中华全体选手姓名
第九届远东运动会总秩序表
田径赛
全能运动
游泳
排球
足球
网球
棒球
篮球
闭会
女子田径
女子游泳
女子网球
女子排球
公开拳斗
日本裁判政策

大会花絮
  打破预算、无用武地、中菲女选手联欢
  埋没了孙桂云、日女生与菲选手有失检行为
  网球之两姐妹花、选手年龄新纪录
  竭诚招待、吃饭问题、十五分钟
  大会观众及卷资统计、入场券价目、小贩善于投机
  博士发愁、日女生求签字、三种文字面貌错认
第一次中菲男排球赛 许民辉
远东运动会中华篮球队失败之研究 许民辉
董守义谈话
大会之重要决议十条
是届大会之缺点及遗憾
日本人留下一污点
痛定思痛！
编后余墨
〔典藏〕原杭州大学体育系（现浙江大学教育学院体育系）资料室。

白虹田径赛队纪念刊

1931年10月10日（民国二十年十月十日）

* 上海白虹田径队编

照片
  白虹第一次运动会留影
  1928年上海万国运动会万米决赛一幕
  白虹田径队暑期训练班之寄宿舍
  白龙庙英雄小聚义
  选手运动摄影
  选手照
题字（七幅）
白虹田径队歌
队章
卷头语
弁言   沈嗣良
颂词   王仲闻
勉白虹同志兼贺其一周纪念   滕树谷
富国强兵之根基   杜诚
白虹队史略
急行跳远   陈虚舟
参加民众运动会
希望白虹一点小意见   黄翠英
对抗约翰
组织田径队之意义   宋泽安
本队运动会
最危险之思想   陈虚舟
民国初年天津田径运动之略记   钱养田
参加沪苏长途赛
怎样提倡田径   陈宝球
参加越野赛
体育家之决心   陈虚舟
运动家之出路   孙多顾
参加环城赛
八百米竞赛   陈虚舟
对抗复旦
把运动推广到军队里   健
今后我所期望中白虹同仁   孙惠培
参加五团体运动会
几个新进的人才   琳
对抗江南
中国体育不发达的原因和今后补救的方法
    任洁辉
运动之连索   昭
传统的超特技能   昭
马拉松之役
毋自馁   瑞
海上田径队   雅
万国运动会
边区提倡运动之困难   昭
本队标准成绩
陈国俊同志来函
黄钜英同志来函
吴祖宽同志来函
全国田径纪录
第九届远东运动会田径成绩总表及旧纪录世界纪录之对照
杭州全运会纪录
民二十年田径优秀成绩
队员录
经济报告
捐款名单
最后补进的一页

张之江先生国术言论集

1931年（民国二十年）

* 南京中央国术馆编行

张之江先生最近肖像
勖勉国术同志词
中央国术馆缘起
中央国术馆成立大会宣言
中央国术馆竞武场落成典礼宣言
中央国术馆和竞武场的使命
中央国术馆三周纪念大会宣言
国术家融化门派为今日之第一要着
提倡国术的要点
过去武术失败的原因及影响民族衰弱的结果
十九年五卅纪念勖中央国术馆同志
年考勖中央国术馆同志
十九年元旦日勖中央国术馆同志
二十年诰诫中央国术馆同志
劝勉女同胞应注重体育国术
复李芳宸函(附原函)
与黄文植书
复浙江省国术馆函
致夏光宇函
请审定国术为国操推行全国学校暨陆海空军省警民团实行普及以图精神建设期达强种救国案
为请定国术为国操呈国府文
为拟设体育传习所事呈国府文
浙江国术游艺大会汇刊序
江苏省国术馆师范讲习所同学录序
武术丛刊序

〔典藏〕北京图书馆。

第五届全运专集

1933 年 10 月 31 日（民国二十二年十月三十一日）

★梁中铭、陈西玲、潘志青等编，上海文华美术图书公司出版发行。

封　面
　　标准美人杨秀琼
大会主席题词
委员及各选手亲笔签名
全国运动大会史略
本届全国运动会开幕概况
东北五省选手致大会全体选手书
大会重要职员
各省代表选手
锦标一览
铜　图
　（一）大会会场各景
　　　大会重要职员
　　　会场景色
　　　大会主席及政府要人致词
　　　运动开始情形
　（二）女子田赛
　　　女子跳远
　　　女子标枪
　　　女子跳高
　　　女子垒球掷远
　　　女子掷铁饼
　　　女子推铅球
　（三）男子田赛
　　　男子跳高
　　　男子标枪
　　　三级跳
　　　男子掷铁饼
　（四）女子径赛
　　　女子五十米
　　　女子百米
　　　女子八十米
　　　女子二百米
　　　女子四百米
　（五）男子径赛
　　　男子百米
　　　男子二百米
　　　男子四百米
　　　男子八百米
　　　男子一千五百米
　　　男子百十米高栏
　　　男子四百米跳栏
　　　男子四百米接力
　　　男子一千六百米接力
　（六）五项运动
　（七）十项运动
　　　掷铁饼
　　　跳栏
　　　百米
　　　四百米
　　　撑竿跳高
　　　跳高
　　　女篮球
　　　男篮球
　　　女子排球
　　　男子排球

男足球
女垒球
男棒球
女子网球
男子网球
(八) 男女游泳
女子百米
女子二百米
女子二百米接力
男子五十米自由式
男子百米
男子四百米自由式
男子二百米俯泳
男子一千五百米
男女游泳各种姿势
(九) 国术
男子拳术
女子摔角
男子摔角
女子剑术
男子剑术
射弹丸表演
射箭
踢毽子
男子测力
(十) 大会拾零
林主席参观国术表演
最老与最少的选手
童子军露营
朱天真女士加油
长人邵金禄与长选手张锡祜
广东女选手的怕冷
五虎将之军事会议
报纸当伞
鱼美人与水怪留纪念
努力加餐
忙煞姊妹花
喂朋友起来吧

文　字
各单位参加各项锦标一览表
第一日各项成绩
第二日各项成绩
第三日各项成绩
第四日各项成绩
第五日各项成绩
第六日各项成绩
第七日各项成绩
第八日各项成绩
第九日各项成绩
第十日各项成绩
各项总成绩
锦标一览
本届男女新纪录一览表
东北五省区选手告别书
〔典藏〕原杭州大学体育系（现浙江大学教育学院体育系）资料室藏1期。

东华体育刊

1933年10月（民国二十二年十月）

*上海东华体育会编行。

题字	吴铁城	新纪录之创造者	飞 公
创刊词	编 者	日本田径队之秋收	蒋槐青
东华小史	陈锦江	中西足球界之今昔观	锦 江
动荡中之苏沪儿女英雄	翔 千	谁能夺得锦标归？	翔 千
东华一年来之回顾	梅 瘦	本季西联会甲组秩序	
市民之体育生活问题	蒋湘青		
提倡体育应多设社会体育机关	王复旦		

〔典藏〕上海图书馆、原杭州大学体育系（现浙江大学教育学院体育系）资料室。

第十届世界运动会

1933年10月（民国二十二年十月）

* 沈嗣良编，上海勤奋书局发行。

  王正廷照
  张伯苓照
插 图
  古勃丁氏照
  裴理拉都照
  中国代表团照
  编者小影
  中华选手刘长春
  美副总统面露笑
  大会比赛结果布告台
序
  郝更生序
  编者自序
世界运动会史略
  （甲）上古期（乙）近代期
世界运动会行政概况
第十届世界运动会地点之决定
第十届世界运动会筹备情形

中国参加第十届世界运动会之动机及成绩
第十届世界运动会摘要
  参加国名
  开幕礼
  比赛节目
  大会比赛成绩
  闭幕礼
  杂记
  招待情形
国际田径赛协会会议记
  资格问题
  第十一届大会地点问题
  全国田径赛最高纪录
  远东运动大会田径最高纪录
附 录
  （一）塔夫脱记事原文
  （二）世界运动会历届优胜运动员表

中央第二届国术国考专刊

1933 年 10 月（民国二十二年十月）

* 南京中央国术馆编。

封面	二届国术国考开幕典礼 证章
总理遗像　遗训　遗嘱	高师贞金鸡撒膀
插图共三十六幅	赵飞霞狮子抱球
考场司令台	八卦冲天炮
考场军乐队	太极拳推手
考场门口	中央国术馆新发明连珠刺枪术
考场警备队	李元智梅花刀
考场童子军	姜容樵青萍剑
考场警察队	李成斌自行车
开幕典礼	照片共六百余帧
评判委员宣誓	第二届国术国考名誉委员长玉照
奖品陈列室	考试委员玉照
摔跤姿势一	国考委员会顾问玉照
摔跤姿势二	发起人玉照
令胜利举手情形	筹备委员玉照
女子搏击	评判委员玉照
摔跤评判	各省市总领队玉照
男子搏击	第二届国考各省市应试员玉照
女子长枪比试	言论共二十二篇
长兵比试情形	总理提倡国术之遗教
表演太极拳	第二届国术国考纪念
表演八卦掌	提倡国术之本义
表演梅花刀	国术与国考
考场最后决试之一幕	第二届国考纪念题词
欢迎评判委员摄影	第二届国术国考赠言
国考证书	第二届国术国考纪念
徽章	第二届国考纪念
纪念章	第二届国术国考感言

过去的武术失败的原因及影响民族衰弱的结果
文官考试与国术考试
第二届国考之感想和希望
写给参加二届国考的同志们
国术界应学术并重
文官考试与国术国考
复兴民族与国术国考
总理遗教与国考
国术进化之推测
第二届国考登记股经过概况
第二届国术国考宣传股工作概略
对于中央第二届国考之感想
第一届国考之回顾

公牍共三十二件
 国民政府指令
 中央国术馆呈文
 重庆市政府呈文
 河南省国术馆呈文
 福建省国术馆呈文
 蒋委员长巧电
 何总司令篠电
 中央国术馆代电
 上海市政府代电
 汉口市政府代电
 天津市政府代电
 青岛市政府代电
 甘肃省政府代电
 江西省政府代电
 安徽省教育厅代电
 湖北省教育厅代电
 国民政府文官处公函
 国民政府考试院公函
 附中央国术馆呈文
 山西省政府公函
 陕西省政府公函
 河北省政府公函
 北平市国术馆公函
 江西省政府公函
 福建省政府公函
 聘请考试正副委员长函
 聘请考试评判各委员函
 致国考评判委员函
 致各机关征求奖品函
 再致各机关征集奖品函
 致谢各界赠送奖品函

议案十件
 第二届国术国考筹备委员会预备会会议纪录
 筹备委员会第一次会议纪录
 筹备委员会第二次会议纪录
 筹备委员会第三次会议纪录
 筹备委员会第四次会议纪录
 筹备委员会第五次会议纪录
 筹备委员会第六次会议纪录
 筹备委员会第七次会议纪录
 筹备委员会第八次会议纪录
 第二届国术国考评判委员会第一次临时会议
 第二届国术国考第二次评判会议

二届国考职员录
 名誉委员长
 国考委员会顾问
 考试委员
 评判委员
 筹备委员会
 总干事部
 文书股
 奖品股
 场地股
 招待股
 卫生股
 纠察股
 登记股
 宣传股
 会计股

庶务股
售票股
章则十二种
 第二届国考筹备委员会规程
 第二届国考筹备委员会各股办事细则
 国术考试规程
 考试委员会规程
 第二届国考报名须知
 第二届国考应试员须知
 第二届国考应试员宿舍规则
 第二届国考参观规则
 第二届国考交通办法
 第二届国考膳食办法
 第二届国考招待股管理汽车办法
 国术考试细则
履历表
 各省市总领队履历一览表
 湖南省应试员履历
 河南省应试员履历
 山东省应试员履历
 江西省应试员履历
 浙江省应试员履历
 陕西省应试员履历
 安徽省应试员履历
 山西省应试员履历
 四川省应试员履历
 福建省应试员履历
 绥远省应试员履历
 重庆市应试员履历
 河北省应试员履历
 青岛市应试员履历
 上海市应试员履历
 汉口市应试员履历
 湖北省应试员履历
 北平市应试员履历
 天津市应试员履历
 南京市应试员履历

各省市应试员号码姓名对照表
第二届国术国考考场记事
 开幕典礼详记
 张之江主任致开幕词
 林主席训词
 褚民谊代表中央及汪院长训词
 军政部曹次长代表蒋委员长训词
 钮永建代表考试委员会长训话
 评判委员长李烈钧训词
 开幕典礼秩序
 国术考试评判委员分组表
 评判委员誓词
 应试员誓词
 各单位应试员参加统计
 第一日预试情形
 第二日考场写真
 国考对联一束
 第四日表演国术
 第二届国考筹备委员会通告
 李成斌君表演自行车
 吴陈两夫人表演太极拳
 临时特刊之小品文字
 考场举行纪念周
 张主任之江演讲
 马委员子贞训话
 六华春宴会志
 国术同志通讯录
 考场写真
 国术国考杂志
 闭幕秩序
 张之江致词
 钮永建训词
 李烈钧训词
 褚民谊训词
 张溥泉训词
 国府参军长吕越代表林主席训词
 应试员答词

最后的宴会
奖品的分配办法
第二届国术国考应试员学科试卷
第二届国考奖品一览
本届应试员术科取考成绩表

附　刊

第一届国术国考公牍
第一届国考讲演辞
第一届国术国考考试职员录
第一届国术国考考试人员录

体育特刊

1933年12月（民国二十二年十二月）

*汉口市体育促进委员会编印，王河清主编。

总理遗像及遗嘱
序言　　　　　　　　　　王河清
题词
插图
开幕典礼仪式
大会全体职员一览
田径赛秩序表
运动员须知
运动员誓词
论　文
　市民运动会与民族前途　　吴绍澍
　对于本市体育界的愿望　　杨兴勤
　我对于体育上的几层意见　刘亚平

本市亟应建筑体育厅之我见　宋如海
关于提倡本市体育之商榷　　卜俊卿
对于本市体育应备的条件之我见　王河清
国术在运动会中之发皇气象　楚珩
记　载
全国运动会考证
汉口历届市民运动大会记　　范永炎
本届市民运动大会详记　钟嘉桐、李尧卿
游泳比赛
国际网球友谊赛
怒吼杯足球赛
〔典藏〕原杭州大学体育系（现浙江大学教育学院体育系）资料室。

白虹年刊

1934年1月（民国二十三年一月）

* 上海白虹田径队编，非卖品。

这一年的田径赛运动	谭邦杰	田径赛研究	陈国俊译
下届远东大会鸟瞰	孙云章	三木义雄跳栏训练	陈虚舟译
一九三三年世界田径赛菁华录	薛学海	关于吊筋问题	陈虚舟译
巴黎圣会二百米决赛之回忆	薛学海	急行跳高的探讨	陈天和
沪上长跑历届沧桑	黄胜白	民国二十二年全国田径十杰表	周国柱
杜荣棠印象记	阮蔚村	民国二十二年全国田径大事表	周国材
五届全运大会纪事	康孔昭	白虹队务报告	孙多颀

二十二年全国运动大会总报告书

1934年9月（民国二十三年九月）

* 二十二年全国运动大会筹备委员会编，上海中华书局发行。

题前
序
插　图
　会歌、会徽、证章、奖章
　中央体育场照片
　　中央体育场鸟瞰图
　　中央体育场游泳池鸟瞰图
　　中央体育场全景
　　中央体育场田径场详图
　　中央体育场国术场及网球场
　　中央体育场夜景
　　附中央体育场建筑概况
　大会重要职员照片
　　名誉会长
　　名誉副会长
　　会长
　　副会长
　　筹备主任
　　筹备委员
　　各组主任各股股长
题　辞
第一编　筹备部分
筹备之经过
各种会议纪录
　筹备委员会全体会议纪录（第一次至第三次）
　筹备委员会常务会议纪录（第一次至二十一次）
　竞赛委员会会议纪录（三次）
　竞赛委员会与裁判员联席会议纪录
　竞赛委员会与审判委员会联席会议纪录
　审判委员会纪录（二次）
　裁判员大会纪录
　奖品委员会纪录（二次）
　各组股联席会议纪录
重要文件
　提议召开全运会
　公布组织规程
　聘请职员
　召集开会及各单位报名参加
　舟车减价
　借用场地
　参加开会
　大会邮电
　宣传
　表演
　启用关防
　其他
大会职员录
　大会及筹备委员会全体职员
　裁判员
　大会职员及裁判照片
第二编　大会之部分
开幕典礼
　开幕典礼之盛况
　太极操团体表演记

附　太极操之说明及表演人数一览表
　开幕典礼中训词与贺电
　　林主席训词
　　蒋委员长贺电
　　军政部何部长贺电
　　全国商联会贺电
　　交通部朱部长祝词
　　本会筹备主任开幕词
　　张之江先生祝词
　参加之各单位
　　各单位代表姓名
　　各单位男女职员一览
　　各单位人数一览
　　各单位选手姓名单
　　各单位全体选手及职员照片
　　各单位参加各项锦标一览表
　运动秩序
　运动成绩纪录
　　锦标种类及参加单位之统计
　　大会总锦标
　　田径锦标
　　　男子组
　　　女子组
　　全能锦标
　　游泳锦标
　　　男子组
　　　女子组
　　球类锦标
　　　男子组
　　　　足球
　　　　篮球
　　　　排球
　　　　棒球
　　　　网球
　　　女子组
　　　　篮球
　　　　排球
　　　　垒球
　　　　网球
　　国术锦标
　　　男子组
　　　　拳术
　　　　摔角
　　　　器械
　　　　射箭
　　　　踢毽子
　　　　弹丸
　　　　测力
　　　女子组
　　　　拳术
　　　　器械
　　谒陵
　闭幕典礼及给奖
　会场花絮录
　招待及游艺
　本会筹备主任在中央党部报告本届运动会之经过及成绩
　大会日记
第三编　各组股工作报告
　文书组工作报告
　招待组工作报告
　警卫组工作报告（附会场童子军工作报告）
　交通组工作报告（附临时电报收发处工作报告）
　卫生组工作报告
　庶务组工作报告
　会计组工作报告
　宣传组工作报告
　场地设备股工作报告
　奖品股工作报告
　国术股工作报告
第四编　附录
　大会各项章则
　　本会组织规则暨办事细则
　　各种须知及招待办法

业余运动规则
竞赛规则
田径赛全能运动规则
足球规则
男子篮球规则
女子篮球规则
网球规则
排球规则
垒球规则
游泳规则
国术比赛规则
大会应用各种表格
论文与社评
 中国体育之前途 王世杰
 运动大会与民族关系之重要 王正廷
 体育的新趋势 褚民谊
 太极操与国民健康 褚民谊
 太极操的由来 褚民谊
 国术与体育 褚民谊
 普通的健康运动与专门的技术表演 褚民谊
 发达身体与斲丧身体 褚民谊
 体育与劳动 褚民谊
 体育救国 王正廷
 本届运动大会之意义 张 炯
 全国运动大会之意义 雷 震
 对于本届运动大会之最低希望 郝更生
 历届全国运动会之追溯及本届之希望 郝更生
 第二次全国运动大会特殊意义 马 昇
 创造适合中国国情的运动 陈立夫
 贡献全国运动大会的几句话 黄振华
 本届运动大会之精神与今后之希望 周叔禺
 大会闭幕后片感 郝更生
 全国运动会之真意义 褚民谊
 在运动场上训练国民的政治道德 罗家伦
 余对全运会之感想 刘雪松
 对于大会之感想 张信孚
 对于中央体育场建筑方面之批评 吴蕴瑞
 全运会的开幕 中央日报社评
 全运会闭幕 天津大公报
 吾人对于此次全运会之希望
   民生报：周邦武
 全运会第一日之观感 民生报：周邦武
 本届全运会之功过 民生报：周邦武
 全运会闭幕 晨报评论
 全国运动大会之使命 时事新报：蒋湘青
 体育之意义 时事新报社评
 上海得锦标之背景 时事新报社评
 运动会之代价与取偿 时事新报社评
 全运会闭幕 时事新报社评
 运动与运动场 时事新报社评
 我国今后体育上应行注意的几点 吴 澄
 君子之争 新闻报：严独鹤
 全运会之意义与希望 新闻报
 对下届大会之贡献 新闻报：裴顺元
其 他
 运动员之十不要与十要
 王会长关于全运会之谈话
 张伯苓谈全运会意义重大
 张伯苓谈话主张有体育大运动
 胡适之的健儿歌
 敬告全运会各省市指导员 张伯苓
 东北五省区选手致大会全体选手书
 警惕沉痛之东北选手告别书
 全国运动大会之考证 阮蔚村
 二十二年来之中国体育 宋如海
 中国近代体育发展史略 吴蕴瑞
 在全运会演剧的感想 程砚秋
〔典藏〕北京图书馆。

广东省体育委员会之沿革与历年会务概况

1935年2月（民国二十四年二月）

* 广东省体育委员会编

广东全省体育协进会章程
广东全省体育协进会各县市分会章程
广东省体育委员会规程
广东省体育委员会干事部办事细则
广东省体育委员会公共运动场借用暂行章程
广东省体育委员会礼堂规则
广东省体育委员会借物规则
广东省体育委员会业余运动规则
第五次公开环市长途赛跑简章
第五次公开环市长途赛跑成绩表
第五次公开环市长途赛跑各部职责
第五次公开环市长途赛跑评判部职员一览表
　广东全省体育协进会未成立前之吾粤体育事业
　广东全省体育协进会组织经过情形
　本会历届委员及职员名表
　广东全省体育协会各项球类及田径赛委员会简章（附历届特项委员会委员名表）
　广东省各县市体育委员会一览表
　本会成立后各项会务进行纪要
　广东省体育委员会廿三年度工作计划大纲
　广东省公共运动场之建筑（附第二、三期建筑省立公共运动场预算表）
　广东全省体育协进会改组为省体育委员会之经过（附国民体育实施方案）
　附各项规程
参加第五次公开环市长途赛跑之注意事项
第五次公开环市长途赛跑评判员注意事项
第五次公开环市长途赛跑各校维持秩序站岗表
公开环市长途赛跑体格检验表
广东全省体育协进会民廿年度各项体育比赛一览表
广东省体育委员会民廿三年度编印田径赛及游泳成绩最高纪录比较表
广东省参加民廿二年全国运动会委员会简章
广东省参加民廿二年全国运动会委员会经费预算书
广东省参加民廿二年全国运动会代表团团员一览表
第十届远运会预选通告
选送本省足球员出席第十届远运会预选会办法
广东省基本足球队员名表
选送本省排球员出席第十届远运会预选会办法
广东省基本排球员名表
第十届远运会中华队广东选手团团员一览表
广东全省体育协进会民廿年度男子甲乙丙组排球比赛简章
广东全省体育协进会民廿年度女子排球比赛简章
广东全省体育协进会民廿年度男子篮球比赛简章
广东全省体育协进会民廿年度女子篮球比赛简章
广东全省体育协进会民廿年度第三次田径运动比赛会简章
广东全省体育协进会民廿一年度第三届马来杯足球比赛简章
广东省体育委员会乒乓比赛会简章
〔典藏〕北京图书馆。

国 术 战 迹

1936年3月10日（民国二十五年三月十日）

＊济南健康实验学社编行

前言	弘　毅	对栾女士进一言	桂　芳
写在笔战前	编　者	胡扣屎盆子乱摸边	聘　懦
国术如何能摸到边际	栾秀云	田栾笔战打油诗	笑　我
挑战前之风云	栾秀云	我的祈求	省　之
援声	栾秀云	读栾秀云日记后	蒋蕴华
答栾秀云	志　然	胡适的女友栾秀云	慕　澄
屎盆子	民国日报	正义的疾呼	武与仁
递战表	窥　天	欢迎	华北新闻
国术革命述	田镇峰	漫谈田栾之战	武与仁
战幕的揭开	华北新闻	立场声明	华北新闻
闷葫芦	笑　我	国术边际	武与仁
一周来之战情	记　者	栾秀云的艺术拳	武与仁
答ＫＰ君	志　然	摸边总检讨	笑　我
青记者访栾秀云	民国日报	敬告栾秀云	汪味真
男合女	窥　天	春秋吟	张玉澄
三天的日记——反响	栾秀云	打酒诗	剑　修
骑马	窥　天	咏摸边将士	剑　修
混战记	编　者	战幕闭了	华北新闻
敬告栾秀云	田镇峰	附录（参考资料）	
骂者何来	志　然	栾秀云访问记	华北新闻
敬告战士们	华北新闻	山东国术省考之中心人物	求是月刊
败阵	田镇峰	田镇峰、马志然访问记	记者小云
赔礼祈合	金伯英	尾声	志　然
告摸边栏战将	志　然		

〔典藏〕北京图书馆。

国术特刊

1936年6月（民国二十五年六月）

*浙江省国术馆编

苏副馆长在国术训练员专修班第一届毕业礼讲演	潘健民记录
汪兴汉传	俞瓶叟
浙江省国术馆特设国术训练员专修班第一届毕业学员题名录	
国术教练应有之准备	邵步青
国术教练应有之准备	陈奕祉
温故知新说	陈奕祉
国术教练应有之准备	周寿龄
国术教练应有之准备	王炳麟
温故知新说	王炳麟
国术教练应有之准备	叶炽昌
新生活与武德	叶中允
新生活与武德	胡国藩
温故知新说	胡国藩
新生活与武德	叶穴虎
新生活与武德	陈萃寿
今后服务社会之感言	黄训道
今后服务社会之感言	骆天炫
今后服务社会之感言	林　震
温故知新说	林　震
今后服务社会感言	顾士歧
今后服务社会感言	童训德
今后服务社会感言	毛有水
今后服务社会感言	沈渐东
今后服务社会感言	陈海鳌
今后服务社会感言	包　天
今后服务社会感言	胡开芳
今后服务社会感言	郭廷藩
浙江省国术馆国术训练员专修班附属国术小学初级四年级毕业生题名录	
春游的感想	陈邦浔
课外学枪记	黄节松
研究几个呼应的联词	郑顺兴
远足南山记（二则）	王克顺等
我所敬仰的烈士	李红春
我的家庭	杨志兴等
勉为好人	紫焕章
赛鸢健说	毛禹钿
总理伦敦蒙难	吴拔群
约同学到灵峰观梅的一封信	李子才

第六届全国运动大会报告

1937年1月（民国二十六年一月）

＊第六届全国运动大会筹备委员会编行，上海大东书局出版。

题前
 第六届全国运动大会报告序 王世杰
 第六届全国运动大会报告序 吴铁城
 第六届全国运动大会报告序 潘公展
 第六届全国运动大会报告序 郝更生
 全国运动大会会歌
 大会职员
 各单位职员
 各单位选手
 各单位选手职员人数统计表
 党歌、大会会徽
第一编 行政之部
 通告与特订比赛规约
 运动员注册及比赛秩序之编配
 徽章证章之制发与使用
 招待与游艺
 膳宿
 会场建筑
 场地设备之布置
 票务
 交通
 警卫消防与交通之指挥
 医疗与卫生
 宣传与摄影
 奖品奖状及纪念状与纪念章
 对于下届大会之建议 沈嗣良
第二编 竞赛之部
 各单位参加项目总表
 各单位所得锦标纪录表
 球类锦标一览表
 开幕典礼
 男子径赛
 男子田赛
 全能运动
 女子田径
 男子游泳
 女子游泳
 足球
 男子篮球
 男子网球
 男子排球
 棒球
 女子篮球
 女子网球
 女子排球
 垒球
 表演比赛
 国际比赛
 男子国术
 女子国术
 闭幕典礼
 奖品一览
第三编 附录
 全国运动大会举行办法
 第六届全国运动大会筹备委员组织规程
 第六届全国运动大会竞赛委员会组织简则

第六届全国运动大会审判委员会组织简则
筹备委员会会议纪录
常务委员会会议纪录
竞赛委员会会议纪录
竞赛与审判两委员会联席会议纪录
审判委员会会议纪录
第六届全国运动大会竞赛规程
国术规则
举重规则
会计组报告
〔典藏〕原杭州大学体育系（现浙江大学教育学院体育系）资料室。

出席第十一届世界运动大会中华代表团报告

1937年11月（民国二十六年十一月）

* 中华全国体育协进会编。

题词
序文
图照
前编　中华代表团之部
　我国参加第十一届世界运动会之主旨
　筹备事项
　　开办暑期训练营
　　呈请政府津助
　　筹募经费
　　聘请选拔委员
　　聘请重要职员
　　赴华北华南接洽选拔事宜
　运动员之训练
　　田径队之训练
　　足球队之练习
　　篮球代表队之训练
　　拳击选手之训练
　　其他
　各项运动之预选
　　篮球代表队
　　足球代表队
　　举重代表及国术表演队
　　田径代表队
　　竞走代表之选拔
　　游泳代表
　　自由车代表之指派
　出国前之工作
　　办理出国手续

　　制备服装
　　印发出国须知
　　津贴候补选手
　　晋京受旗聆训
　　委派随团新闻记者
　　德总领事欢送
　　出席上海各界联合欢迎大会
　　重要职员先期出国布置
　旅途中之工作
　　沿途经过情形
　　轮中工作
　抵柏林后之工作
　　欢迎之热烈
　　团员之分布
　　入村之典礼
　　联合欢迎会
　　住室之分配
　　无名英雄墓
　　国术队赴汉
　　总领队莅村
　　驻村办公室
　　增委教练员
　　新村之生活
　　篮球赛抽签
　　篮球友谊赛
　　纷摄我影片
　　体育医师会
　大会期间之事项

参加开幕礼	中华代表团团员履历表
两项短跑赛	中编　世界运动会之部
三项中距离	本届世运会筹备一斑
竞走成绩优	筹备组织
高栏预选赛	分发请柬
田赛率淘汰	建造运动场所
女百公尺赛	医疗
长跑与接力	男女宿舍
十项中途退	播送消息
举重均落选	纪念练与橄榄树
自由车失败	邮票及捐税
拳击两被挫	表演及集会
篮球比赛忙	本届世界运动会参加国名及竞赛项目
中英足球战	本届世界运动会参加国名及人数
参加闭幕礼	本届世界运动会竞赛项目
各项国际会	本届世运会竞赛秩序
大会后之工作	火炬接力
程大使饯别	出发前宣誓
被迫出新村	经希腊途中
订宿舍规则	经保加利亚
赴各处参观	入南斯拉夫
足球队周游	抵匈国京城
授予名誉章	奥京忽肇事
考察团离德	捷京欢迎热
归程及返国后事项	全程告完成
归途中陆程	递至大会场
归途中海程	转送基尔港
欢迎之热烈	开幕盛典
茶话会欢迎	有充分准备
给各员证书	二十五万观众
分别返原籍	载送运动员
致赠纪念牌	依定时到场
戴院长赠品	希特勒检阅
编著总报告	升参加国旗
参加大会后之感想	运动员入场
前编　附录	宣言升会旗
中华代表团职员履历表	燃大会火焰

严肃之宣誓
　各项运动决赛成绩
　　田径运动
　　游泳
　　举重
　　摔角
　　拳击
　　击剑
　　射击
　　近代五项运动
　　体操
　　马术
　　自由车
　　划船
　　滑艇
　　帆船
　　足球
　　曲棍球
　　手球
　　篮球
　　马球
　闭幕仪式
　　举行时延迟
　　电炬之异彩
　　入场之次序
　　主席闭幕词
　　闭幕之仪式
　各运动员宿舍情形
　　奥林匹克新村概况
　　女选手宿舍概况
　　杜陪利士世运军营
　大会场地之新颖设备
　　田径场
　　游泳池
　　露天剧场
　　马球场
　　篮球场

　　曲棍球场
　　自由车场
　　体育馆
　　各项裁判上特殊设备
　　下届大会地点之决定
中编　附录
　全国世界大会男女田径游泳成绩比较表
　世界各国男女田径最高纪录一览表
后编　体育考察团之部
　前言
　丹麦体育概况
　　体育行政
　　师资训练
　　学校体育
　　社会体育
　　结论
　瑞典体育概况
　　体育行政及学校体育
　　师资训练
　　社会体育
　　结论
　德国体育概况
　　体育行政
　　师资训练
　　学校体育
　　德国青年训练实施概况
　　德国劳动服务实施概况
　捷克体育概况
　　教育行政
　　师资训练
　　学校体育
　　社会体育
　　结论
　奥国体育概况
　　体育行政
　　学校体育
　　社会体育

结论
匈牙利体育概况
　　体育行政
　　师资训练
　　学校体育
　　社会体育
　　青年训练
意大利体育概况
　　彭碑古城之体育遗迹
　　罗马古代体育遗迹
　　墨索里尼体育场
　　意大利巴利拉青年训练之概述
世界休闲会议记要
国际运动学员营概况及本团参加之情形
　　营地设备
　　营地招待
　　报到各队
　　我国参加本营名单
　　入营礼节
　　开幕典礼
　　体育会议
　　活动一斑
　　我队表演
　　越林赛跑
　　射击练习
　　国际乐队
　　特约演讲
　　程大使与王总领队来营慰劳
　　结论
国际体育会议名人讲演节录
　　锻炼身体的科学
　　体育的基本原则
　　芬兰人以芬兰式浴作为一种训练
　　体育的哲学
　　体育的广泛观点
本团大事记
中华体育考察团会议纪录
后编附录
体育考察团团员履历表
〔典藏〕原杭州大学体育系（现浙江大学教育学院体育系）资料室。

上 海 足 球

1945 年 7 月 1 日（民国三十四年七月一日）

＊上海业余周报社出版，周家骐主编，上海特别市体育会经售。

序	沈嗣良	球王本纪	洛　人
自序	编　者	名旅世家	旧　侣
参加运动比赛之真义	周家骐	球人列传	小　休
业余运动之旨趣	周家骐	第二代之瞻望	君　祺
足球渊源录	别　下	编者自传	
海隅足球概述	蒋石林	裁判员概论	周家骐
卅年来足球技巧及战术演变	必　力	上海足球裁判会	龙　兮
管理机构之递嬗	别　下	海上的小足球运动	东　风
上海足球联合会	两　峰	上海小足球联合会	龙　兮
上海足球会（即西联会）	云　从	教练荒	
中华足球联合会	乔　治	辫子故事	
全国分区足球赛	灿　如	逐鹿西联之华队	
埠际赛与上海代表队	别　下	铁面法官	
国际杯与中华队	紫　薇	麒麟童之华伶队	
中葡杯之断而后续	审　微	小电兔	
远运会之襟上酒痕	筱　篁	球海一勺	旧　侣
世界代表团之派遣	灿　如	老古董	
全运会上之战绩	云　龙	号召力最巨之一役	
足球鼻祖之南洋约翰年赛	洛　人	海外珍屑	
华东各大学比赛	东　豁	足联会第一届比赛成绩表	
江大足球鸟瞰	云　从	足联会第二届比赛成绩表	
江大时代之球场风光	旧　侣	中华足球联合会历届冠军	
远征史实	犹　龙	两年来小足球雁塔题名录	
十年来客军顾访记	犹　龙	首届小足球联赛之逐鹿阵	
约翰辫子军		新闻报小橡球联赛荣誉榜	
球海风波集	龙　兮	〔典藏〕上海图书馆。	

国立体育师范专科学校六周年纪念特刊

1947年11月（民国三十六年十一月）

*武昌国立体育师范专科学校编。

封面题字　　　　　　　　　　朱部长	论童子军教育运动之真谛与发展　　吴云奇
封面图案　　　　　　　　　　刘泽生	生物生活现象之化学基础　　　　　周　超
校歌	从禁舞说到全国性底消遣（专载）　朱光潜
发刊词　　　　　　　　　　　章辑五	本校国文教学之商榷　　　　　　　傅佛崖
目次	谈美化的人生　　　　　　　　　　薛诚之
本校的使命　　　　　　　　　章辑五	怎样把字写好　　　　　　　　　　吴剑飞
本校一年来教务的回顾和今后的展望　张钦若	体育学校或科系有增设童子军课程时数之
本年度毕业生实习计划　　　　智　林	必要　　　　　　　　　　　　　刘凌生
中国体育的命运　　　　　　　济　武	科学漫谈　　　　　　　　　　　　徐培志
体育测验与统计对中国体育的需要　范宗先	数学难学吗？　　　　　　　　　　刘君素
谈谈体育竞赛制度　　　　　　綦官秦	本校学生美化训练纲要
体育师资之条件　　　　　　　王　衡	本校学生服务训练纲要
推行体育应有的认识　　　　　赵允谐	本校学生健康训练纲要
国术概说　　　　　　　　　　温敬铭	本校学生公民训练纲要
心理原则在游泳教学上之应用　贝嘉德	本校概况
一九四七年美国大学篮球锦标赛中八个大学	行政组织大纲
所采用的战略　　　　　　　吴志钢	学则
漫谈掷标枪　　　　　　　　　于增新	职教员名录
跳远的分析　　　　　　　　　刘世藩	历届毕业生通讯处
论教育之渗透与放射作用之重要性　邱枢廷	本学期学生名录
身教与校风　　　　　　　　　宋隆任	统计图
摄生之道　　　　　　　　　　张淑娣	统计表
优良脊柱之培养　　　　　　　李　杰	〔典藏〕北京图书馆。
我国成年人血液中葡萄糖含量研究　周　超	

全运会特辑

1948年5月1日（民国三十七年五月一日）

＊上海体育生活出版社出版，蒋槐青、沈镇潮编辑，发行。

七届全运大会之意义
七届全运竞赛日程
谈七届全运会竞争形势
全运大会会场图
第一、二、三届全国运动会
第四届全国运动会
第五届全国运动会
第六届全国运动会
全国全运世界世运田径游泳最高纪录一览
参加世运选拔标准
七届全国运动会竞赛规程
〔典藏〕原杭州大学体育系（现浙江大学教育学院体育系）资料室。

新生体育会纪念特刊

1948年9月1日（民国三十七年九月一日）

* 澳门新生体育会印行。

发刊词	澳门体育纵横谈　　　　　梁光华
题　词	球员素描　　　　　　　　梁光华
照　片	游艺栏
名誉顾问照	游艺报告　　　　　　　李翰尧
理监事合照	游艺团员介绍　　　　　马子超
理监事个别照	错点鸳鸯谱典系　　　　李翰尧
光荣一页	文艺栏
会员个别照	南湾天使　　　　　　　　　鹏
历届纪念留影	青年人与新生　　　　　陈悦生
生活鳞爪	由澳门乒乓球运谈到新生　陈瑞桐
会场一角	对月有怀　　　　　　　陈瑞桐
本会史略　　　　　　　余汉升	环境与人生　　　　　　司徒基
总务报告："新生"的会况回顾　陈瑞桐	人生光荣与黑暗　　　　李立秾
财务报告：本会经济概况与建略　李俊明	会员通讯录
理监事介绍	本会系统图
体育栏	澳门风景
漫画：体育之光　　　黄皓明	本会章程
体育过程　　　　　　马汉荣	编后话　　　　　　　　　编　者

世界运动会
1949年（民国三十八年）

陈掌谔编者　华侨体育研究社出版

奥林比克运动会小史
第十四届世界运动会揭幕盛况
田径锦标
游泳锦标
现代五项锦标
射击锦标
剑击锦标
拳击锦标
角力锦标
骑术锦标
举重锦标
器械操锦标
自由车锦标
滑艇锦标
划船锦标
帆船锦标
曲棍球锦标
足球锦标
篮球锦标
冬季运动锦标
体育美术展览
国际体育娱乐会议
亚洲体育会筹备经过
世运足球回顾
回忆录
菲律宾华侨参加第七届全运会特载
世界世运全国全运男子田径纪录比较表
世界世运全国全运男子游泳纪录比较表

编 后 记

在我国体育发展的历史长河，近代，无疑是一个重要的发展演变时期。在这个时期中，随着西方体育文化多渠道的传播，使根植于五千年文化土壤的中华传统体育，发生了深刻的变革，并在两种文化的相互撞击和融合中，得到了长足的发展，直到今天，仍对我国现代体育的发展产生着深远的影响。

回顾一个多世纪以来我国体育的发展历程，不难看到，体育作为一种社会活动，它的发生、发展和演变，有着自身内在的规律，并不可避免地受到政治、经济、军事、文化等多种社会因素的影响。而作为一种社会文化，它的发展过程，也是人们对它的本质不断深化认识的过程。正是因为如此，了解和研究近代体育，不仅有助于我们摸清楚它的发展轨迹，更有助于我们今天去探索体育发展的规律，从而更为客观地筹划体育发展的未来。

应该说，这种文化的传承，很大程度上依赖于高水平的历史研究，而历史研究的水平，则取决于对史料的占有。对近代体育史料的挖掘、整理工作，始于上个世纪50年代中期；到上个世纪80年代，各地都出版了当地的体育志，收集了大量的珍贵史料。但总体上看，近代部分的体育史料，一是较少，二是非一手资料偏多。编辑此书，就是为了给研究者们提供更多的线索，便于他们了解和查找相关的史料。

本书收集的目录索引，大多是本人从事近代体育史料研究中，经过多年的积存，达到一定的数量，于是萌生了汇编成册的想法。为了尽可能搜集全一些，当时几乎走遍了全国各大图书馆，到过很多的旧书店，以及一些教育单位的内部资料室。一些早期报刊上体育专号，并无目录，全是一张张翻看，然后抄记下那些目录；很多馆藏期刊，都不完整，花费了很大精力去查找拼凑；一些刊物年代久远，不能复印，全凭手抄记录。当然，单凭个人的力量是不足以完成这个浩瀚的工程的，参与本书编写的还有吴永芳、朱萍华、吴永宏。应该说，本书在相当程度上是在前人相关工作的基础上汇集而成，在编写过程中还得到很多同行的帮助，在此一并表示感谢。

全书一共汇集了报刊109种，分为三类，其中：体育期刊（报）57种；体育专号21种；体育专刊31种。一些影响大、发行时间长的期刊，目录都收录在内。部分期刊至今已无法收齐，只能按实际收集的目录汇编。还收集到一些零散的期刊，缺得太多，就没有收录进来。本汇编附录了大部分期刊的典藏，由于这些年很多图书馆馆藏有了变化，无法一一核实，仅作为参考。此外，有些涉及内部资料室、个人收藏的期刊，本汇编就没再提供典藏了。特此说明一下。

最后，希望本汇编能为我国近代体育史研究起到一些微薄的贡献。

编者 张天白

吴永芳

2011年10月

图书在版编目(CIP)数据

我国中文体育报刊篇目索引：1909~1949 / 张天白主编.
-北京：人民体育出版社，2012
ISBN 978-7-5009-4199-6

Ⅰ.①我… Ⅱ.①张… ②吴… Ⅲ.①体育-报刊-篇名索引-中国-1909~1949 Ⅳ.①Z89：G812

中国版本图书馆 CIP 数据核字（2011）第 258117 号

*

人民体育出版社出版发行
三河兴达印务有限公司印刷
新 华 书 店 经 销

*

787×1092　16 开本　27.5 印张　600 千字
2012 年 3 月第 1 版　2012 年 3 月第 1 次印刷
印数：1—1,500 册

*

ISBN 978-7-5009-4199-6
定价：55.00 元

社址：北京市东城区体育馆路 8 号（天坛公园东门）
电话：67151482（发行部）　邮编：100061
传真：67151483　　　　　　邮购：67118491
网址：www.sportspublish.com
（购买本社图书，如遇有缺损页可与发行部联系）